# 日本の観光
## ――昭和初期観光パンフレットに見る
## 《東北・北海道篇》

# ❺

谷沢　明

八坂書房

# 日本の観光⑤
## ―昭和初期観光パンフレットに見る《東北・北海道篇》

# 目次

［図版提供］
東浦町郷土資料館（提供元の表示なき図版すべて）
藤井務旧蔵コレクション（図版キャプションに＊で表示）
国際日本文化研究センター・仙台市歴史民俗資料館・八戸市教育委員会（上記機関は図版キャプションに提供元を表示）

［凡例］
●引用部分の旧字体は原則として新字体に改めた。
●読みやすさを考慮してやや多めにふりがなをつけた。
●社名は企業形態の表記を原則として省略した。パンフレットなどの資料の発行元として略称・愛称が使用されている場合はそれに従った。鉄道名などの表記は資料に略称・愛称が混在しており、本文中あえて正式名称に統一することはしなかった。
●資料の表題と鳥瞰図の内題とが異なることがあるが、資料名は原則として表題を示した。鳥瞰図の内題を示すときはその旨を明記した。
●引用に際し、資料の発行時の状況を鑑みて、現在では使われない用語・表現をそのまま使用している個所がある。

# はじめに

本書は、『日本の観光―昭和初期観光パンプレットに見る』（全五巻）の完結巻である。昭和初期の観光パンフレットを手がかりに観光文化を考え、日本各地の観光地がどのようにして形づくられたのかを探ってみたい、それが、本シリーズ執筆の趣旨である。

近代的交通機関が津々浦々に張りめぐらされた大正から昭和初期、わが国は旅行ブームに沸き立っていた。第一次大戦後の好景気はつかの間、大正から昭和初期にかけての日本は、度重なる恐慌に見舞われた。暗くて、やるせない時代といわれたその時期、なぜか人びとは観光を楽しんでいた。時代の閉塞感を打ち破るかのように、多くの人が興味津々と旅行に出かけていた。なぜだろう。

その時代背景を探り、わが国を代表する観光地を厳選して概観したのが、本シリーズ第一巻である。第二巻から第五巻にかけては、地域別の各論としてややマニアックに昭和初期の観光地の姿を具体的に描いてみようと試みた。第二巻以降は、鳥瞰図を多く掲載したのが特徴である。手元の観光パンフレットを整理・分類する作業をつうじて他機関の所蔵する鳥瞰図の豊かさに気づき、その活用を思い立ったからである。

鳥瞰図に描かれた光景を読み解くことにより、その地域、その時代の発する情報に接することができ、そしてその舞台を旅してみれば、その暮らしぶりに直接ふれることができる。

旅、それは、日常から離れて未知の空間に身をおくこと。そして、そこで見聞する物事に思いをめぐらし、心をとぎすまして、自らを見つめることではないだろうか。

昭和初期の鳥瞰図に描かれた風景、これもまた未知の景観で、約一世紀前の歴史の証言である。絵の中の町並みを眺めていると、時代が変わってもその地に根を張るもの、時代とともに変化するものとが目の前に現われてくる。その不易流行の中でわたしたちは暮らしており、鳥瞰図は、さまざまな思索の素材を与えてくれる。

フィールドに出て実物に接することは、鳥瞰図を読み解くうえで何よりも大切ではないだろうか。現地を歩いて、鳥瞰図に描かれた世界を自分の目で確かめてみる。それが、本シリーズ執筆における著者の姿勢である。

鳥瞰図を手に街や山河を旅するのは、理屈ぬきに楽しい。鳥瞰図はデフォルメのある主観的な世界だからこそ、その時代の目の向け方が現われる。旅に出て百年前の世界に出会ったとき、感動が生まれる。図に描かれた山や川、街路や建物などを現地に訪れて実見することにより、描かれた光景のより深い読み解き方が見えてくる。絵師が一枚の絵を仕上げるために注いだエネルギーや心意気にもふれる思いがする。

観光案内書・パンプレットに記録された文章もまた、当時の観光対象や観光行動を知る手がかりとなる。たとえば、「慌ただしい喧噪からしばし離れ、清遊して心身の転換をはかる」、この文言がすでに一世紀前、観光地への誘いの常套句になっていた。時代を反映するこの案内文は、大正から昭和初期にかけての都市的な生活様式の拡大を背景にしているのだろう。

その時代、目的地を精力的に慌ただしくめぐる周遊型の遊覧旅行が流行する。今に受け継がれる旅行形態がすでに一世紀前に確立していたことを旅行案内書・パンフレットは物語る。せわしい旅であったが、汽車の窓から移りゆく風景を味わう、それが昔の旅人の楽しみになっていたことも案内文から教えられる。その心のゆとりは、旅の豊かさを考えるうえで示唆を与えてくれる。

本シリーズは、昭和初期の観光パンフレットや鳥瞰図を手がかりに、そこに描かれた日本の街や観光地を筆者が訪ね歩いた記録でもある。本書を手に取っていただいた方々の、新たな旅の一助となれば幸いである。

谷沢　明

# 第一章　東北の旅・仙台・石巻

## 一、東北の旅

### （一）東北遊覧旅行

大正から昭和初期、鉄道や乗合自動車などの近代的交通機関の発達に伴い、これまで近づきにくかった東北地方の山河が、身近な観光地として親しまれるようになった。

古来、「日本三景」の一つとして知られた松島（宮城県）も、大正一一年に松島電車が東北本線松島駅と松島海岸の五大堂前とを結んだ（昭和一三年休止）。さらに、昭和二年には宮城電気鉄道（現・仙北線）が仙台駅から松島公園駅（現・松島海岸駅）に通じ、手軽に松島観光を楽しめる時代が到来した。短時間では松島の奥深さを味わえぬと嘆く人もいたが、このお手軽感こそ昭和初期の観光旅行ブームを盛り上げた一因ではないだろうか。

交通機関の発達により、東北地方の景勝地が続々と新たな観光地に躍り出る。十和田湖・奥入瀬《おいらせ》渓流は、その代表例だろう。大正九年に秋田鉄道（現・花輪線）が奥羽本線大館駅―毛馬内《けまない》駅（現・十和田南駅）間を結び、大正一一年には十和田鉄道（十和田観光電鉄線に改称、廃線）が東北本線古間木《ふるまき》駅（現・三沢駅）―三本木駅（十和田市駅に改称、廃駅）間を開業し、秘境に近かった十和田湖・奥入瀬渓流が身近になった。昭和二年、十和田湖は「日本新八景」湖沼の部第一位を獲得し、大いに脚光を浴びた。ほかにも猪苗代湖・磐梯山・金華山・巌美渓・猊鼻渓《げいびけい》・田沢湖・抱返り渓谷・男鹿《おが》半島西海岸など、景勝地が人気の観光地となった例は、枚挙にいとまがない。昭和初期の旅行案内書は、東北の景勝地の特徴を、このように記す。

> これらは多く山容水態岩相樹姿の妙趣に加ふるに季節天候に伴ふ風致の変化があり、全国屈指の秀景をなして居る。（鉄道省『日本案内記』東北篇、昭和四年）

山の姿・川や湖などの景色、岩石や樹木の特徴の味わい深さに加えて、新緑や紅葉など季節による風趣の変化もあって、指折りの秀でた景色をなす、と称える。

街中の公園も遊覧地となっていたことは、各種観光パンフレットが示すとおりである。仙台の榴《つつじ》ケ《が》岡《おか》公園、山形県赤湯の烏帽子山公園、秋田の千秋公園、弘前の鷹揚《おうよう》園（弘前公園）などはいずれも桜花で名高く、遠来の客も訪れる観光地になっていた。山河の景勝地めぐりに加えて、都市公園を逍遥するのも、東北遊覧旅行の楽しみであった。

景勝地をめぐる遊覧旅行は、大正一四年、ジャパン・ツーリスト・ビューロー（以下、ビューロー）が鉄道省遊覧券（クーポン券）を発売以降、大いに盛んになった。鉄道省遊覧券とは、省線・その他の交通機関の割引切符、旅館券が一綴りになったクーポン券で、乗物傷害保険までついた優れものである。その遊覧券は、昭和三〇年に発売が開始された周遊券（翌年、均一周遊券も発売）の原型とされ、いずれも昭和期の観光旅行を盛り立てた。

遊覧券発売の翌年に出版された『旅程と費用概算』（大正一五年六月、ビューロー発行）〈図1〉は、東京発着の八つの東北地方の旅程を掲載する。四日間の旅として「磐梯山と東山温泉遊覧」「田沢湖遊覧」「男鹿半島巡り」、五日間の旅として「松島遊覧と金華山」「十和田湖遊覧」「蔵王山及山寺廻り」「月山湯殿山羽黒山参拝」「鳥海山登山」がある。山岳・湖・海岸美の景勝地の遊覧に加え、出羽三山・鳥海山などの山岳信仰の霊場を訪ねる登山も含まれている。昭和初期は、信仰に基づく伝統的な登拝が遊覧的登山に衣替えする過渡期であったことも見て取れる。

〈図1〉「旅程と費用概算」(大正15年6月、ジャパン・ツーリスト・ビューロー)

鉄道省遊覧券発売十周年記念として、全国の遊覧旅行を網羅した『旅はクーポン』（昭和一〇年九月、ビューロー発行）が出版された。ここには、「スペシメンツーア」（ツアー見本）として、東北地方の八旅程を掲載する〈表1〉。

このうち「猪苗代湖及び磐梯山めぐり」「会津めぐり」「松島見物」「松島及金華山めぐり」「十和田めぐり」の五つは、明らかに大正期の旅行の流れを受け継ぐものである。これに、「東北、奥羽めぐり」（飯坂温泉・花巻温泉・十和田湖・秋田など）、「陸羽めぐり」（仙台・鳴子温泉・山寺など）、「羽越めぐり」（温海温泉・酒田・羽黒山など）が加わる。そのツアー見本により、昭和初期の東北地方の遊覧旅行のあらましを捉えることができる。併せて、わずか一〇年間で旅行形態が温泉地宿泊を積極的に組み入

〈表1〉東北の旅「スペシメンツーア」（昭和10年）

| 東北、奥羽めぐり |
|---|
| 第一日　上野－（汽車）－福島－（自動車又は電車）－飯坂温泉（宿泊）<br>第二日　飯坂温泉－（自動車）－福島－（汽車）－花巻－（電車）－花巻温泉（宿泊）<br>第三日　花巻温泉－（電車）－古間木－（自動車）－十和田湖（宿泊）<br>第四日　十和田湖－（自動車）－毛馬内－（汽車）－秋田（市内遊覧の上宿泊）<br>第五日　秋田－（汽車）－上野 |
| **十和田めぐり（逆コースもあり）** |
| 第一日　上野－（車中泊）－　第二日　古間木－（自動車）－子ノ口（十和田湖畔）－（遊覧船）－生出－（自動車）－大湯温泉（十和田湖畔又は大湯温泉に宿泊）<br>第三日　十和田湖畔又は大湯温泉－（自動車）－毛馬内－（汽車）－盛岡（市内遊覧）－（車中泊）－<br>第四日　上野帰着 |
| **陸羽めぐり** |
| 第一日　上野－（車中泊）－　第二日　仙台（市内見物）－（汽車）－鳴子－鳴子温泉（宿泊）<br>第三日　鳴子温泉－鳴子－（汽車）－天童－（自動車）－山寺(立石寺参詣)－（自動車)－山形－（汽車）－上ノ山－上ノ山温泉（宿泊）<br>第四日　上ノ山温泉－上ノ山－（汽車）－赤湯－赤湯温泉（入浴夕食）－赤湯－（車中泊）－<br>第五日　上野帰着 |
| **羽越めぐり** |
| 第一日　上野－（上越廻り汽車）－村上－（自動車）－瀬波温泉（宿泊）<br>第二日　瀬波－（自動車）－村上－（汽車）－桑川－（遊覧船により笹川流見物）－越後寒川－（汽車）－温海－（自動車）－温海温泉（宿泊）<br>第三日　温海温泉－（自動車）－温海－（汽車）－酒田（市内見物）－（汽車）－鶴岡－（電車）－湯野浜温泉（宿泊）<br>第四日　湯野浜－（電車、途中下車善宝寺参詣）－鶴岡－（自動車）－手向（羽黒山登山、国幣小社出羽神社参拝）－（自動車）－狩川（陸羽西線）－<br>第五日　－（奥羽線経由車中泊）－上野 |
| **松島及金華山めぐり** |
| 第一日　上野－（車中泊）－　第二日　塩釜（遊覧船で松島見物）－（電車）－石巻（宿泊）<br>第三日　石巻－（汽船）－金華山－（汽船）－石巻－（汽車小牛田経由）－仙台（宿泊）<br>第四日　仙台（市内遊覧）－（汽車）－大河原－（自動車）－青根温泉（宿泊）<br>第五日　青根－（自動車）－大河原－（汽車）－上野 |
| **松島見物** |
| 第一日　上野－（車中泊）－　第二日　仙台－（汽車）－塩釜（松島見物）－（汽車）－仙台（市内遊覧）－福島又は伊達－（電車又は自動車）－飯坂温泉（宿泊）<br>第三日　飯坂温泉－（自動車）－福島－（汽車）－上野 |
| **猪苗代湖及び磐梯山めぐり（夏季に限る）** |
| 第一日　上野—（車中泊郡山経由）—　第二日　上戸—戸ノ口（遊覧船で猪苗代湖上一周）—上戸—（汽車）—川桁—（軌道）—沼尻温泉（宿泊）<br>第三日　沼尻温泉—川上温泉—磐梯山頂—猪苗代—（汽車）—会津若松—（自動車）—東山温泉（宿泊）<br>第四日　東山温泉—（自動車）—会津若松（市内遊覧）—（汽車）—上野 |
| **会津めぐり** |
| 第一日　上野—（汽車郡山経由）—会津若松—（自動車）—東山温泉（宿泊）<br>第二日　東山—（自動車）—若松（市内遊覧）—（汽車）—新潟（宿泊）<br>第三日　新潟—（汽車上越経由）—上野 |

『旅はクーポン』（昭和10年9月、ジャパン・ツーリスト・ビューロー発行）より作成

れた遊覧旅行に変わっていった姿も読み取れる。

　昭和初期の東北地方の遊覧旅行の基礎を築いた、大正末期の遊覧旅行を二つ例示しよう。一つは、「磐梯山と東山温泉遊覧」〈表2〉である。夜行列車で上野を発ち、翌早朝に猪苗代駅に到着。猪苗代湖を見て、磐梯山登山（往復八時間）後に東山温泉に一泊。次の日は東山温泉から湯川上流を探勝し、旧会津藩主松平氏の墓に参詣する。会津若松に出て、鶴ヶ城址・蒲生氏郷の墓・飯盛山を見物し、夜行列車で上野に戻る旅程である。往復は車中泊、磐梯山登山もあって体力勝負の旅行である。これを昭和一〇年の「猪苗代湖及び磐梯山めぐり」と対比すると、一〇年後には、温泉に二泊して遊覧船で猪苗代湖の湖上一周を楽しむといった遊覧旅行の性格を強める。

　もう一つが、「松島遊覧と金華山」〈表2〉である。午後上野を発って、仙台に宿泊。翌日、仙台市内の名所を、榴ヶ岡公園・政岡墓・瑞鳳殿・桜ヶ岡公園・青葉城址・芭蕉の辻と、精力的に回る。仙台から塩釜神社参拝を経て松島に向かい、五大堂・瑞巌寺に詣で同地に宿泊。次の日は船で松島の島巡りをして、夕方、石巻に宿泊。四日目の朝、石巻の日和山からの風光を楽しんだ後、石巻港から汽船で小島の金華山に向かう。黄金山神社の社務所に宿泊し、翌日にかけて金華山御山廻りをおこなう。五日目は、夕方石巻に戻って、仙台発の夜行列車で帰途につく。同様に昭和一〇年の「松島及金華山めぐり」と対比すると、一〇年後には、黄金山神社社務所での宿泊に代わり青

〈表2〉東北遊覧の例（大正15年）

| 磐梯山と東山温泉遊覧 | |
|---|---|
| 第一日 | 上野発（後9：40）［宿泊］車中、郡山経由新潟行列車 |
| 第二日 | 猪苗代着（前5:51）［観光］猪苗代湖、磐梯山（上り五時間、下り三時間）山頂は四望開濶、猪苗代一帯の風光眼下に展く、途中土津神社、天ノ庭、天狗ノ堀割、旧噴火口、弘法ノ清水を経て頂上に至る　猪苗代発（後4：28）～会津若松着（後5：20）～東山着（後5：40）［宿泊］東山温泉 |
| 第三日 | ［観光］湯川々上飛瀑探勝、松平公塋域　東山発（後2時頃）～会津若松［観光］旧城址、東山、蒲生氏郷ノ墓、飯盛山　会津若松発（後10：50）［宿泊］車中、郡山経由上野行列車 |
| 第四日 | 上野着（前7：20）帰宅 |

| 松島遊覧と金華山 | |
|---|---|
| 第一日 | 上野発（後1：00）～仙台着（後9：17）東北本線経由青森行急行　［宿泊］仙台 |
| 第二日 | ［観光］榴ヶ岡公園、政岡墓、瑞鳳殿、桜ヶ岡公園、青葉城址、芭蕉ノ辻等　仙台発（後1:05）～塩釜着（後1:35）［観光］塩釜神社　塩釜発（3：10）～松島着（後4：10）［観光］五大堂、瑞巌寺　［宿泊］松島 |
| 第三日 | ［観光］松島島巡り（大観山・屏風島・富山・新富山等）松島駅発（後3：48）～小牛田（乗換）～石巻着（後6：10）［宿泊］石巻 |
| 第四日 | ［観光］日和山公園　石巻発（前9：30石巻運輸汽船）～金華山着（前11：30）［観光］金華山御山廻り　［宿泊］金華山（社務所に宿泊） |
| 第五日 | 金華山発（後3：30汽船）～塩釜着（後7：30）塩釜発（後8：00）～仙台着（後8：30）仙台発（後10：40）［宿泊］車中、常磐線経由急行 |
| 第六日 | 上野着（前7：00）帰宅 |

『旅程と費用概算』（大正15年6月、ジャパン・ツーリスト・ビューロー発行）より作成（原文はカタカナ）

根温泉に一泊、金華山での滞在時間を短縮した遊覧旅行の性格を強める。しかしながら、会津の旅ともども、旅行の骨格は大正末期にすでに形づくられていたことは、明白である。

## （二）旅の楽しみ

東北の旅は、温泉旅行をはじめ、民俗・郷土玩具にふれるなど、多様な楽しみ方があった。那須・鳥海の二大火山帯が南北に延びる東北地方は、磐梯山・吾妻連峰・安達太良山・蔵王連峰・岩手山・岩木山・八甲田連峰・恐山などの麓に数々の温泉が湧き、湯煙が立ちのぼっている。また、飯坂・東山・青根・秋保《あきう》・鳴子・花巻・浅虫・湯田川・湯野浜・温海《あつみ》、赤湯・上ノ山・大鰐など有名な温泉場は数え切れず、「奥羽三名湯」（飯坂・鳴子・秋保）はもとより、鄙びた湯治場から、歓楽色の濃い「奥羽三楽郷」（東山・湯野浜・上ノ山）まで、その性格は多様である。

大正九年、鉄道院（同年、鉄道省に昇格）は、鉄道沿線の温泉旅行計画立案の参考にすべく『温泉案内』を刊行する。前後して『神もうで』『お寺まゐり』も発行されており、温泉旅行は寺社参詣と並ぶ主要な旅行目的になっていたことがうかがえる。鉄道の発達が、従来の「湯治」を「温泉旅行」に様変わりさせたのだろう。なかでも『温泉案内』は増補改訂（昭和三年版〈図2〉、昭和六年版〈図2・3〉）を重ね、「贅沢は敵だ！」の風潮をよそに、第二次大戦直前の昭和一六年まで刊行される。このことからも、温泉旅行の人気は、並々ならぬものがあったことが伝わる。同書は、東北地方の温泉場の特徴をこのように記す。

> 交通の便が年と共に開けるに伴ひ著しく発展しつつある。またこれ等の地方は比較的山間に在るため、人情風俗敦朴《とんぼく》にして、純真味が漂ってゐる。（鉄道省『温泉案内』昭和六年版）

東北線・奥羽線・羽越線・磐越西線・陸羽線沿線のいたるところに温泉があって、長旅でもその一夜一夜の趣の異なった温泉に浸ることができるのは、東北地方の旅ならでは、と記す。そして、人情厚く、飾り気がなく、清らかな空気が漂うのが東北の温泉場のよさである、と説く。

昭和初期、東北地方の習俗や郷土玩具も旅行者の関心を引いていた。仙台鉄道局編纂『東北の民俗』（昭和一二年一〇月、日本旅行協会発行）〈図4〉は、旅心を誘う和綴じの本である。表紙絵は青森県黒石の郷土玩具「カバカバ」で、口絵に「秋田風俗雪室」を添える。ともに勝平得之制作の味わい深い版画である。

内容は、塞《さえ》の神（道祖神祭り）・鳥追い・かまくら・男鹿半島のナマハゲなどの小正月諸行事や、津軽のねぶた・秋田の竿燈・仙台の七夕などの七日盆の行事、そのほか結婚奇習など旅行者

〈図3〉「温泉案内」（昭和6年、鉄道省編、博文館）

〈図2〉「温泉案内」函（左：昭和3年・右：昭和6年、鉄道省編）

〈図4〉「東北の民俗」右：表紙・左：口絵（昭和12年10月、仙台鉄道局編、日本旅行協会）

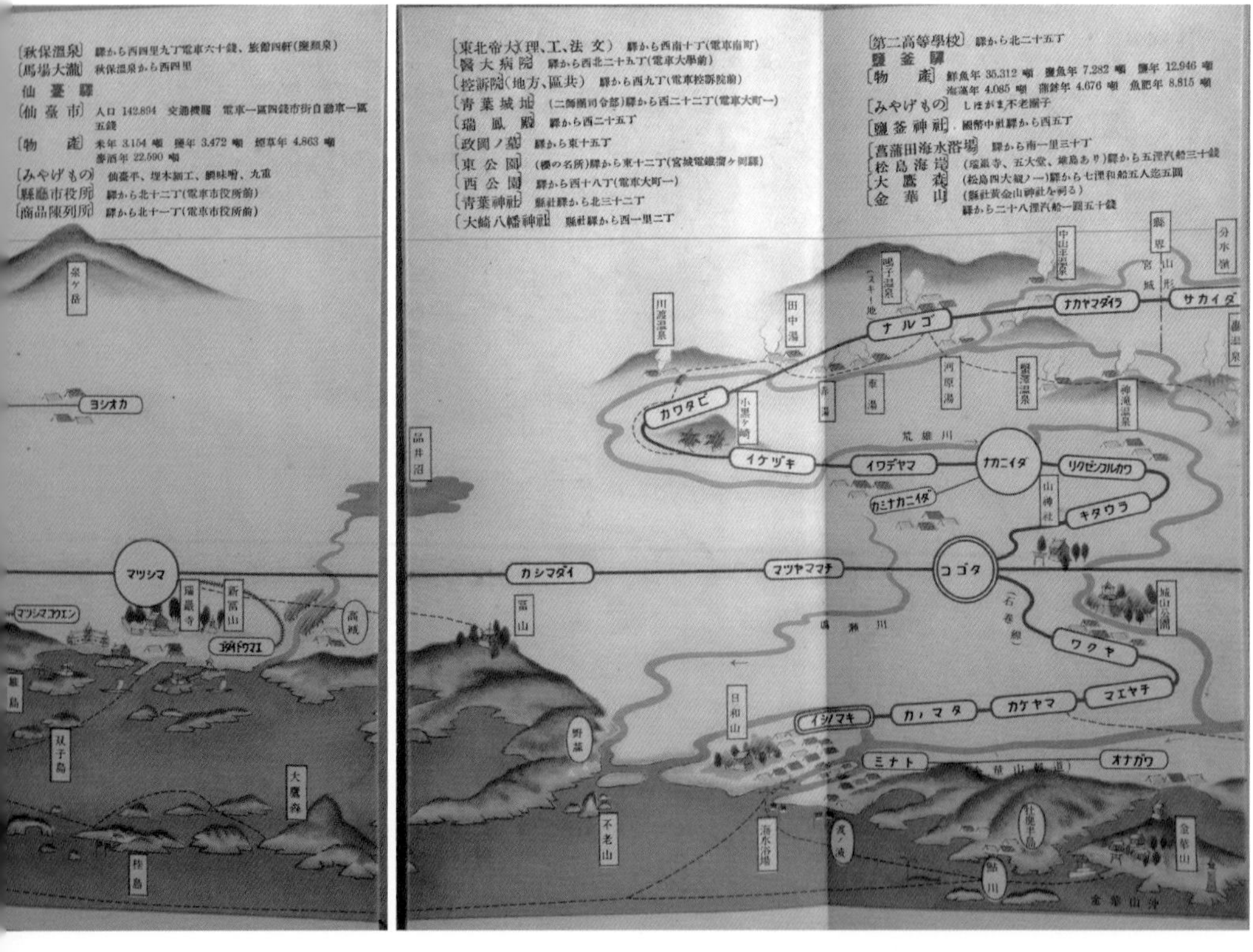

〈図6〉「スキーの東北」
（昭和10年12月頃、仙台鉄道局）＊

〈図5〉「東北の玩具」
（昭和12年1月、
仙台鉄道局編、日本旅行協会）
図1〜5著者蔵

〈図7〉左・下「車窓図絵」東北線の巻（昭和2年6月、
仙台鉄道局）部分。仙台市歴史民俗資料館提供

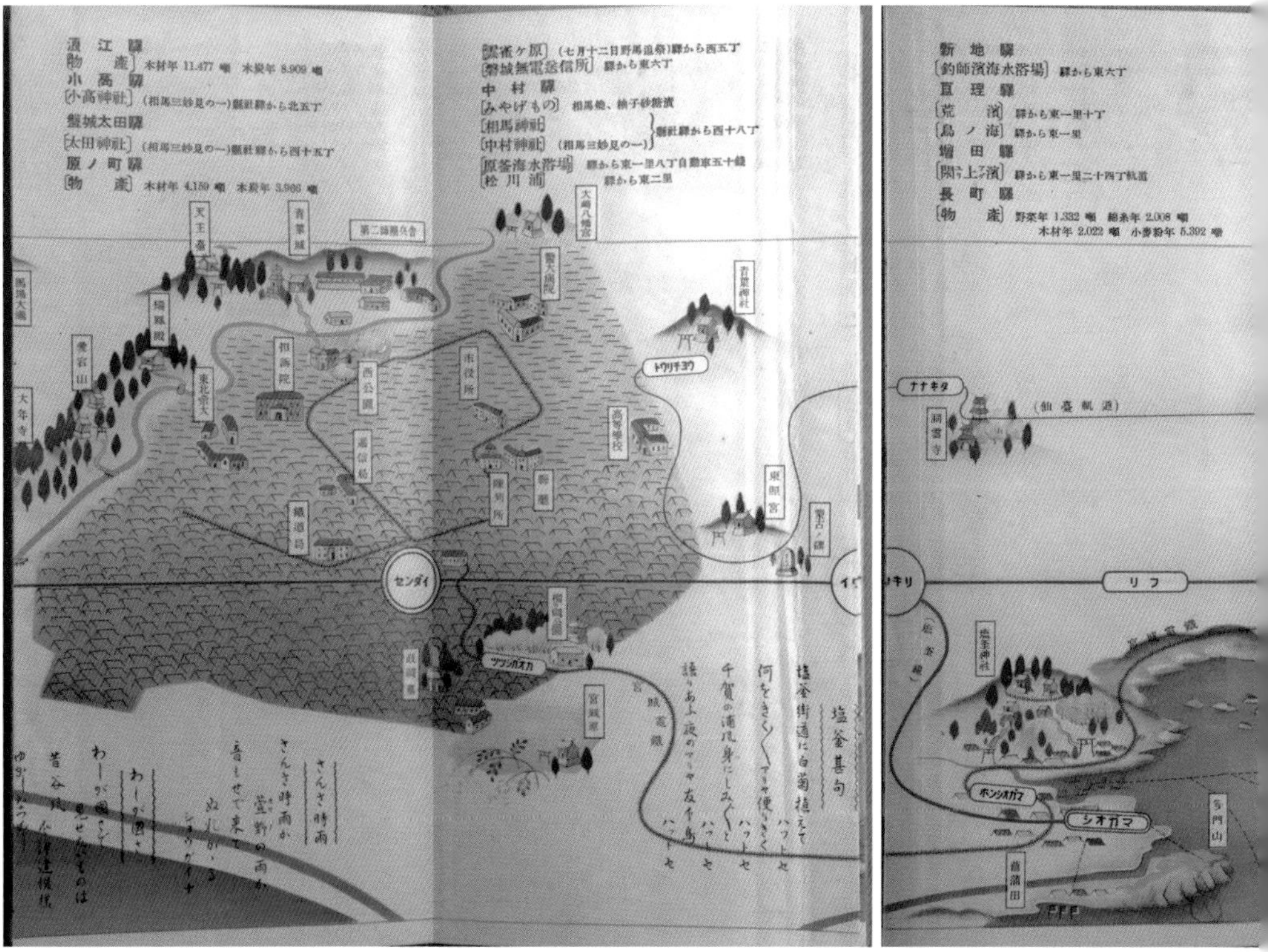

の関心を引きそうな習俗を紹介し、郷愁を誘う版画・ペン画を添える。趣旨に「東北への旅心に景物を添へ、且東北の昔からなる姿を知る一端ともなれば」とあるように、日常生活の風習は旅心に興を添えるものであった。

なお、黒石の「カバカバ」は、旧正月一五日に村の若者が福俵を家々に投げ入れ、子供たちが色紙でつくった「カバカバ」と呼ぶ男女二体の人形をもって家々をめぐり、餅・菓子などをもらう行事である。田畑の虫除けと豊作を祈ったという「カバカバ」は、戦中・戦後長らく途絶えていた（昭和五二年に復活）。同書は「東北三大祭」のねぶた・竿燈・仙台七夕にもふれ、観光化する以前の素朴な姿が記録されていて興味を引く。

仙台鉄道局編纂『東北の玩具』（昭和一二年一月、日本旅行協会発行）〈図5〉もまた、旅に興趣を添える本である。表紙は、秋田市八橋《やばせ》の土人形「牛乗天神」の絵柄（勝平得之画）で、内容は、コケシ・エジコ・張子玩具・土人形・木馬などの東北各地の玩具を県別に紹介する。なお、エジコ（嬰児籠）とは、乳幼児をいれておく藁などでつくった籠で、東北地方の農村では日常的に使われ、これが郷土玩具にもなっていた。

同書は、郷土玩具の由来をはじめ、玩具にまつわる信仰や、製作技術の伝播などを含む内容となっている。冒頭に「土玩を通ふして、その土地を囲繞《いにょう》する人情風俗の特質を味爽《まいそう》することは、決して旅先の道草ではあるまい」と記し、郷土玩具をとおしてその土地の人情風俗の特徴を解き明かすことは無駄なことではない、と主張する。

これら二書は、いずれも東北地方各駅の協力を仰いで資料収集をし、出版された。編纂に携わった仙台鉄道局に地方の各駅がこぞって協力してつくりあげたことに、時代の空気が感じられる。それは、東北地方の特色ある旅を打ち出し、旅行者を誘引しようとする機運の高まりを背景にしている、と捉えてよいだろう。

仙台鉄道局では、「スキーの東北」（昭和一〇年一二月頃、仙台鉄道局発行）〈図6〉も発行する。吾妻・蔵王・八幡平《はちまんたい》・八甲田の四スキー地を取り上げたパンフレットである。発行年はないが、納入年月を印字する。表紙は八幡平の写真を背景に、鉄道路線入りの東北地図を描き、対象の四スキー地を朱字で表示する。内容は、山岳スキーのコース図を中心に、各スキー地の概要・登路・旅館・山小屋・案内人を記す。併せて、仙台・福島からのスキー地行二割引切符の案内を載せる。東京寄りでは、吾妻連峰・蔵王連峰のスキー地を売り出すが、八幡平・八甲田は交通不便で、馬橇に長時間乗らないと到達できなかった。当時、信越地方のスキー地が東京や関西からのスキー客を集めていたのに対し、東北地方は雪こそ降れども、スキー地の吸引力は今一つであった。

### (三)「車窓図絵」から

仙台鉄道局は、「車窓図絵」(東北線の巻)(奥羽線の巻)(信越線・羽越線・磐越線の巻)を発行(昭和二年六月)する。表紙に平泉中尊寺金色堂装飾模様をあしらった折本である。下段に路線図と沿線の観光名所を描き、上段に主要駅から市町村・観光名所・温泉地への距離、物産・土産物などを示す平明な図絵である。

一例として、「東北線の巻」仙台―松島―小牛田《こごた》間を掲載しよう〈図7〉。仙台市街地を青紫で図示し、青葉城址・瑞鳳殿の丘陵の下を広瀬川が流れる。街中に西公園・榴ヶ岡公園があり、市街地辺縁に大崎八幡宮・青葉神社、東照宮が鎮座する。

仙台駅から宮城電気鉄道が松島公園駅へ、東北本線松島駅からも電車が五大堂前へ延びる。海岸に瑞巌寺が建ち、本塩釜から松島へ航路がある。松島では、眺望地点の「四大観《しだいかん》」として名高い多聞山(美観)・大鷹森(壮観)・扇谷(幽観)・富山(麗観)も描き入れる。

小牛田駅から石巻線が石巻駅へ通じ、石巻から牡鹿《おしか》半島先に浮かぶ金華山に航路が延びる。石巻では日和山や海水浴場も描く。小牛田駅から陸羽東線が荒雄川に沿って走り、山あいの川《かわ》渡《たび》温泉や鳴子温泉から湯煙が立ちのぼる。この図絵を眺めつつ、東北本線の旅を楽しんだ人々の姿が目に浮かぶ。

案内文はなく、必要最小限の情報提示である。仙台市を例示すると、人口と電車・自動車一区間の料金を示し、物産として、米・塩・煙草・麦酒の年産量を挙げる。土産物として、仙台平(絹織物の袴)・埋木細工《うもれぎざいく》・鯛味噌(鯛と鱈のそぼろを仙台赤味噌で仕上げたもの)・九重(銘菓)が見える。また、公官署・学校・名所などへの距離も掲げる。昭和の頃、駅のホームに立っていた白地の名所案内標を連想させる、簡潔な記述である。

長時間の汽車旅の途中、暇にまかせて目をやると、豆知識が増えていく図絵であり、昭和版「道中記」ともいえなくもない。以下、鳥瞰図やパンフレットをたよりに昭和初年にタイムスリップして、東北地方の主要な街や景勝地を紀行しよう。

## 二、宮城県の風景

宮城県の風景を「観光の宮城県」(昭和八年五月、吉田初三郎画、宮城県観光協会発行)〈図8〉から探ろう。表紙は雪景色の松島五大堂、背後に松島湾の島々がかすむ絵柄である。鳥瞰図は

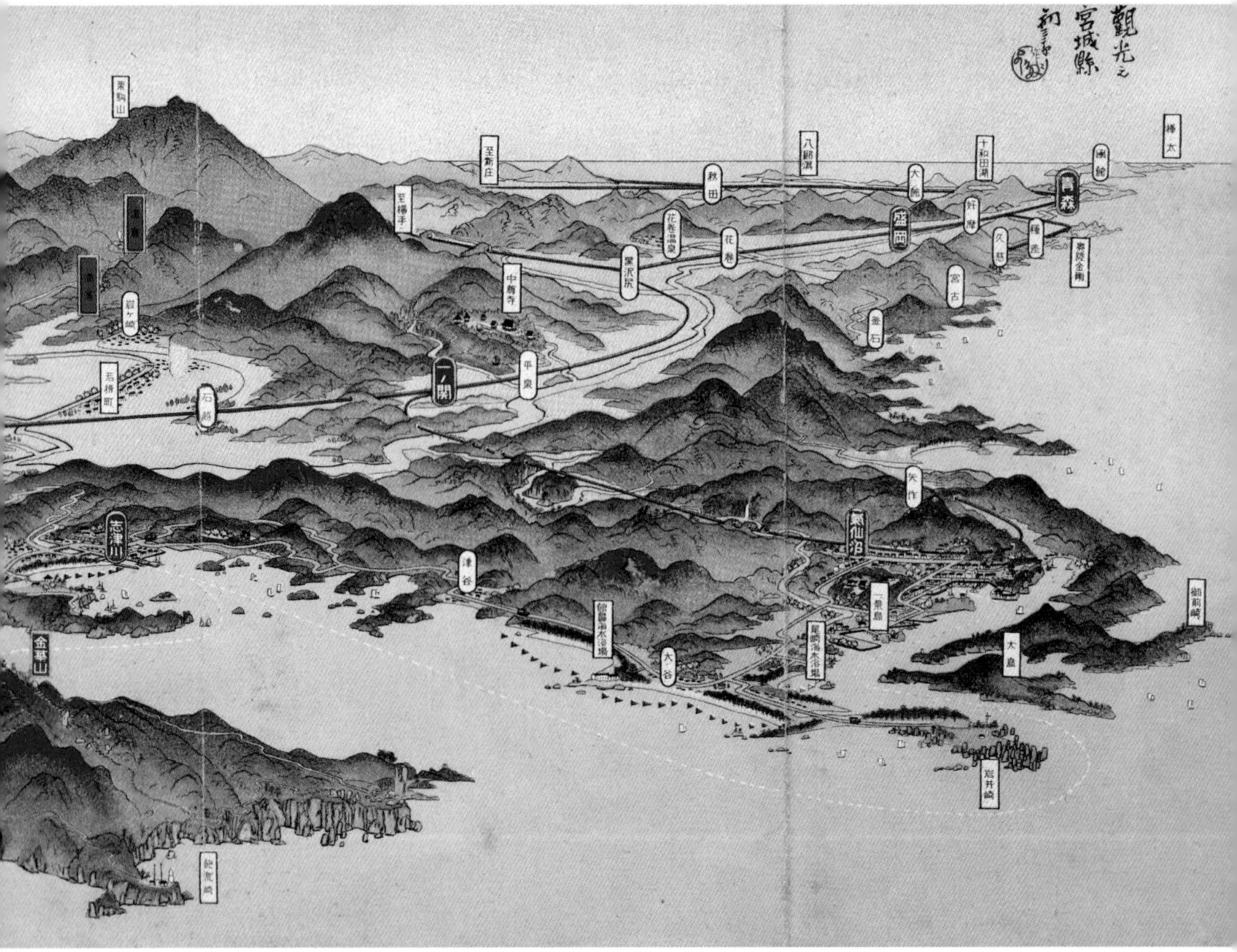

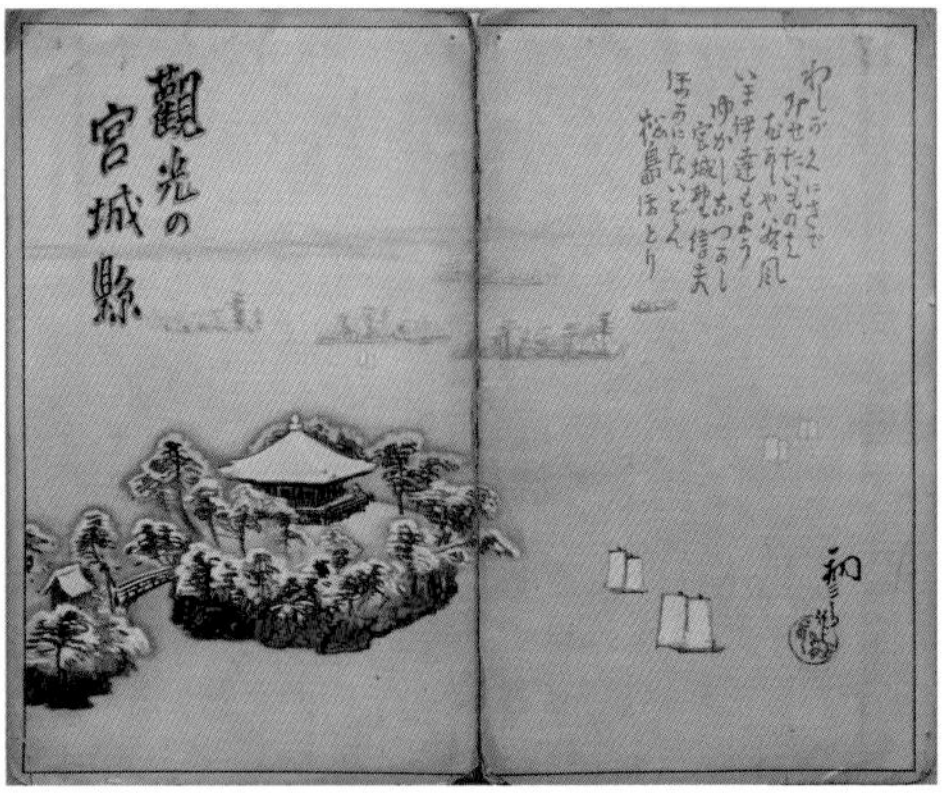


〈図8〉「観光の宮城県」
(昭和8年5月、吉田初三郎画、宮城県観光協会)

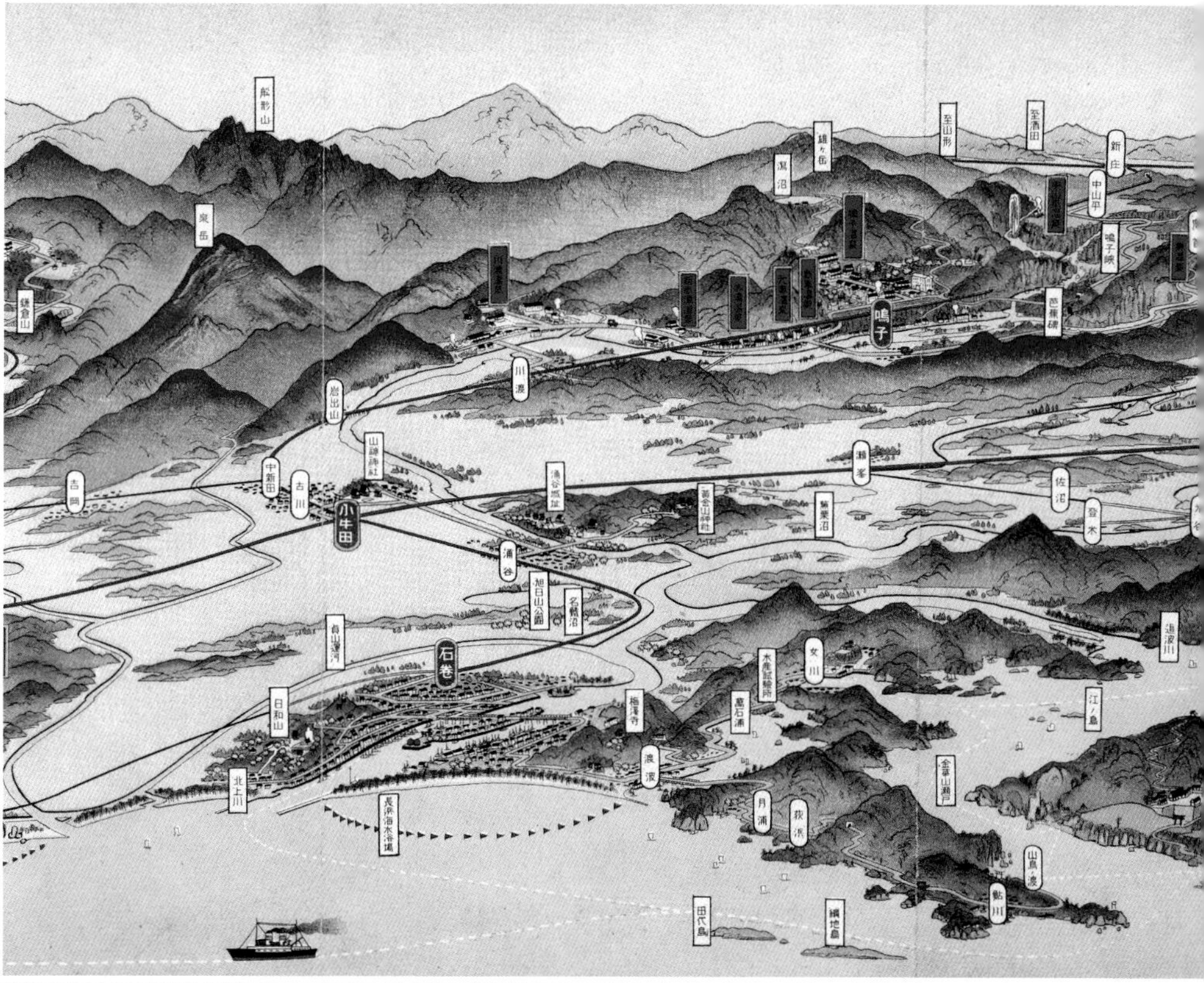

船形山
泉岳
鎌倉山
潟沼
至山形
至酒田
新庄
中山平
鳴子峡
鳴子
川渡
岩出山
吉岡
中新田
古川
小牛田
涌谷城址
黄金山神社
瀬峰
佐沼
登米
涌谷
名鰭沼
北上運河
石巻
日和山
北上川
長浜海水浴場
梅渓寺
渡波
万石浦
女川
水産試験所
月浦
荻浜
金華山瀬戸
鮎川
田代島
網地島
江ノ島
追波川

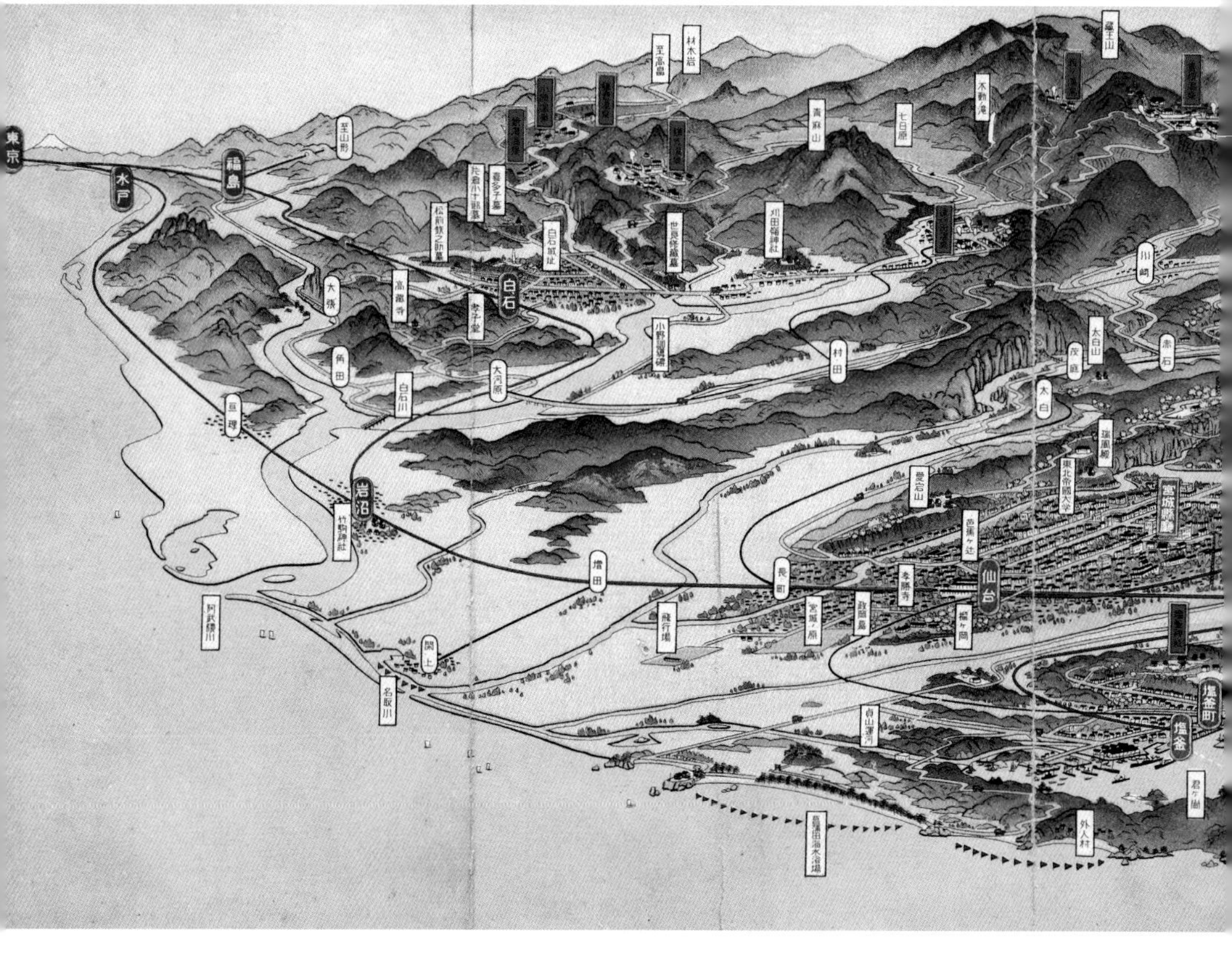

東京
水戸
福島
至山形
至高畠
材木岩
青麻山
七日原
不動滝
蔵王山
白石
白石城址
大河原
白石川
角田
亘理
高蔵寺
孝子堂
大張
村田
刈田嶺神社
世良修蔵墓
岩沼
竹駒神社
阿武隈川
名取川
増田
関上
飛行場
長町
政岡墓
孝勝寺
榴ヶ岡
仙台
愛宕山
東北帝國大學
宮城縣廳
瑞鳳殿
太白山
茂庭
太白
赤石
川崎
貞山運河
塩釜
塩釜町
菖蒲田海水浴場
外人村

石巻沖から西に陸地を望む構図で、左に白石、中央左下に松島湾、右に気仙沼・唐桑半島をおく。

海岸に目をやると、塩釜北東の松島湾に幾多の小島が浮かぶ。眺望地として名高い多聞山・扇谷・富山・大鷹森の「四大観」を示し、瑞巌寺・五大堂を描く。松島湾東の石巻湾に北上川が注ぎ、河口に港町石巻が発達する。石巻から南東に牡鹿半島が延び、半島先に大きくデフォルメされた金華山に、黄金山神社が鎮座する。牡鹿半島付け根の女川《おながわ》から気仙沼へかけて、山が海に迫ったリアス海岸が続く。阿武隈川河口から塩釜にかけては、単調な海岸線である。

奥羽山脈の麓には、温泉地が点在する。阿武隈川水系支流の白石川を遡ると鎌先温泉、七ヶ宿街道沿いに小原・鎌倉温泉がある。蔵王山麓には遠刈田《とおがった》・青根・峩々《がが》温泉が見える。仙台西方の名取川上流に秋保温泉、広瀬川上流に作並温泉もある。北上川支流の江合川《えあいがわ》を遡ると、羽後街道に沿って川渡・赤湯・新赤湯・元車湯・新車湯・鳴子・中山平の各温泉が鳴子温泉郷を形成し、景勝地の鳴子峡もある。加えて、荒雄岳南東麓鬼首《おにこうべ》に神滝・轟・宮沢・荒湯の各温泉、栗駒山南麓には温湯《ぬるゆ》・湯倉温泉と、宮城県には豊富な温泉が湧く。

仙台は、青葉城址の下を広瀬川が流れ、その東に市街地がひろがる。青葉城址に第二師団司令部がおかれ、市街地には宮城県庁をはじめ東北帝国大学・旧制第二高等学校などがある。

東北本線が福島から仙台駅を経て一ノ関駅方面へ延びる。仙台駅から作並駅へ仙山東線、岩切駅から分岐して塩釜駅へ塩釜線（廃線）が向かう。小牛田駅から新庄駅へ陸羽東線、石巻駅へ石巻線が走るが、女川駅（昭和一四年開業）には到達していない。一ノ関駅から気仙沼方面に大船渡線が陸前矢作駅（昭和八年開業）まで延伸する。案内文を見よう。

南より北に縦走する分水領は火山系に属し幾多の秀峰霊山、河川、湖沼を創り其の山麓裾野何れも多量多質の温泉に恵まれて居る。東部一帯は太平洋に面し青波漂ふ塩釜松島の絶景となり水郷石巻を抱きて霊島金華山に対す挙県これ悉《ことごと》く山紫水明の名勝観光地ならざるはなしで交通機関の四通八達と共に登山に入湯に遊覧に参詣にウヰンタースポーツに年々著しく内外観光客の増加を示して居る。

火山帯が縦走する宮城県は温泉が豊富で、松島や金華山をはじめ山紫水明の景勝地に恵まれた地である。年々観光客が増えつつある昭和初期の空気が伝わる記述である。

## 三、杜の都仙台

### （一）城下町仙台

仙台は、北・西・南の三方に丘陵をめぐらし、市街地南西部を広瀬川が流れる緑豊かな都市である。慶長五年（一六〇〇）、伊達政宗が青葉山に築城を開始し、従来の千代《せんだい》を仙台に改めた。以来、仙台は伊達氏の城下として明治にいたった。

廃藩置県後、青葉城址に東北鎮台（明治六年、仙台鎮台に改組）がおかれ、明治二一年に第二師団に改編され、仙台は軍都としての性格を帯びた。また、明治二〇年に日本鉄道（東北本線）仙台駅が開業し、交通の要衝として商業の中心地となっていく。同じく明治二〇年に旧制第二高等学校が設置、明治四〇年には東北帝国大学が創立され、学都の基礎が築かれた。「観光の宮城県」〈図8〉は、仙台をこのように記す。

広瀬の清流は西方を緩流して数多の景勝風致を現出し樹木は鬱蒼として全市を蔽ふ杜の都と称せらるる所以、……緑豊かな仙台に、すでに「杜の都」という言葉が冠せられている。当時、仙台市の人口は約二〇万人で、現在の五分の一に過ぎなかった。次いで、青葉城址である。

天主台に立って俯瞰すれば広瀬川蜿蜒《えんえん》遠く東南に流れ杜の都に点々する白亜赤壁の全市は一眸《いちぼう》の下にあつまり遥か東方には塩釜松島の翠黛《すいたい》金華山の霊境を越えて銀色にきらめく太平洋の水平線が望見される。

青葉城址は、二の丸城門（大手門）が藩政時代の姿を残していた。天守台とあるが、青葉城には天守は築かれなかった。御殿の大広間があった本丸跡から脚下に市街地を望み、遠く松島や太平洋も眺めることができた。

昭和初期の旅行案内書は、仙台の廻覧順路をこのように示す。

駅―（東照宮）―榴ヶ岡公園―孝勝寺政岡の墓―東北帝国大学―瑞鳳殿―桜ヶ岡公園―公会堂―仙台城址―（大崎八幡神社―林子平墓―青葉神社―支倉常長墓）―県庁―商品陳列所―芭蕉の辻―駅（『日本案内記』東北篇、昭和四年）

ただし、（　）を省略して廻覧する「小廻り」もある。

街の姿を「仙台市要覧」（昭和三年五月、仙台市役所発行）〈図9〉から見ていこう。表紙は塔屋を載せた竣工間近な仙台市役所庁舎と、榴ヶ岡公園の花見を組み合わせた絵柄で、裏表紙に松島の五大堂・萩咲く宮城野・神社の石段（大崎八幡宮か）の三景を図形にはめ込む。榴ヶ岡は、江戸期から桜の名所として知られていた。所収の鳥瞰図は街の姿を鮮明に描き、裏面に各種統計資料を掲載し、表紙裏に仙台市の地勢・沿革・名所を簡潔に紹介する。

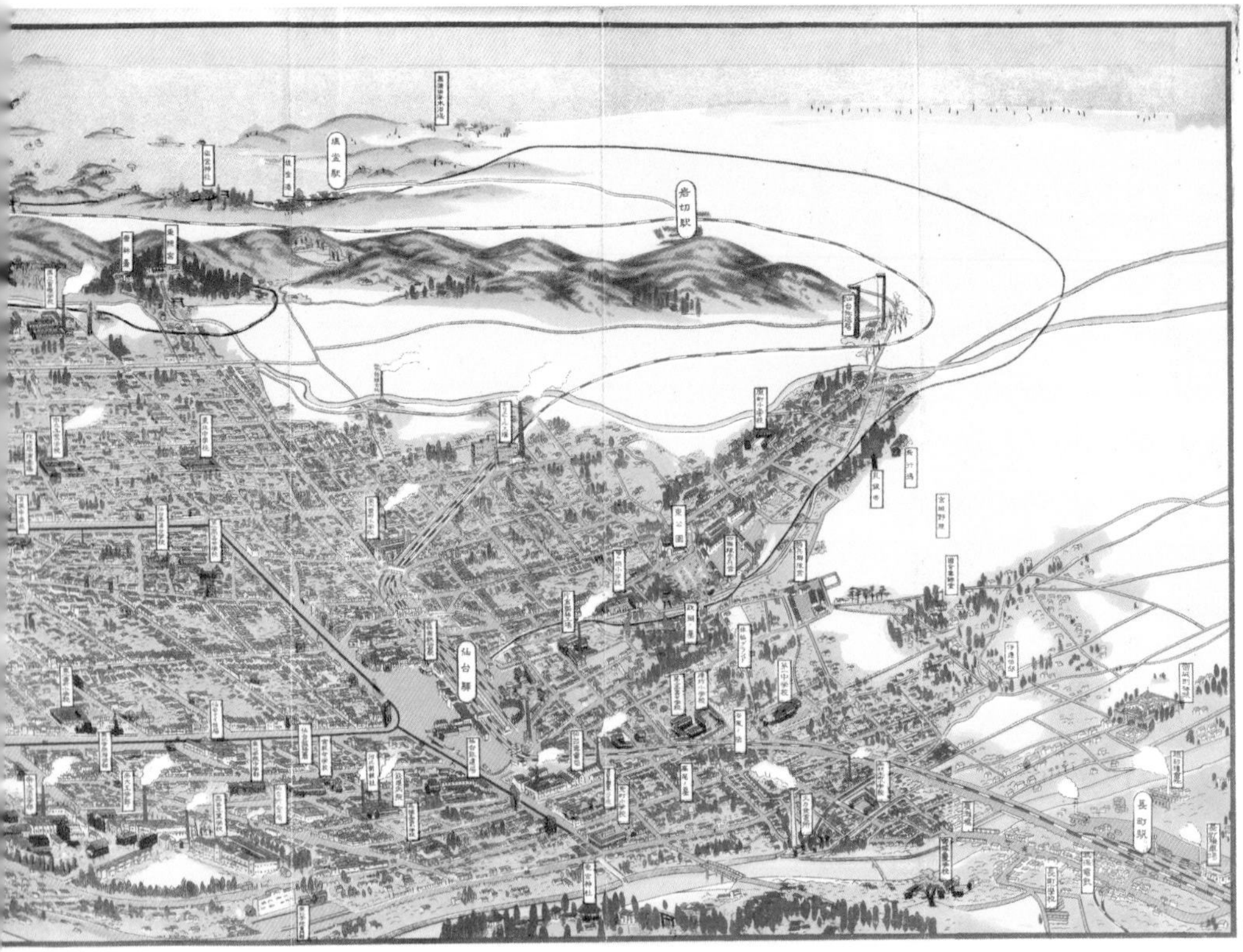


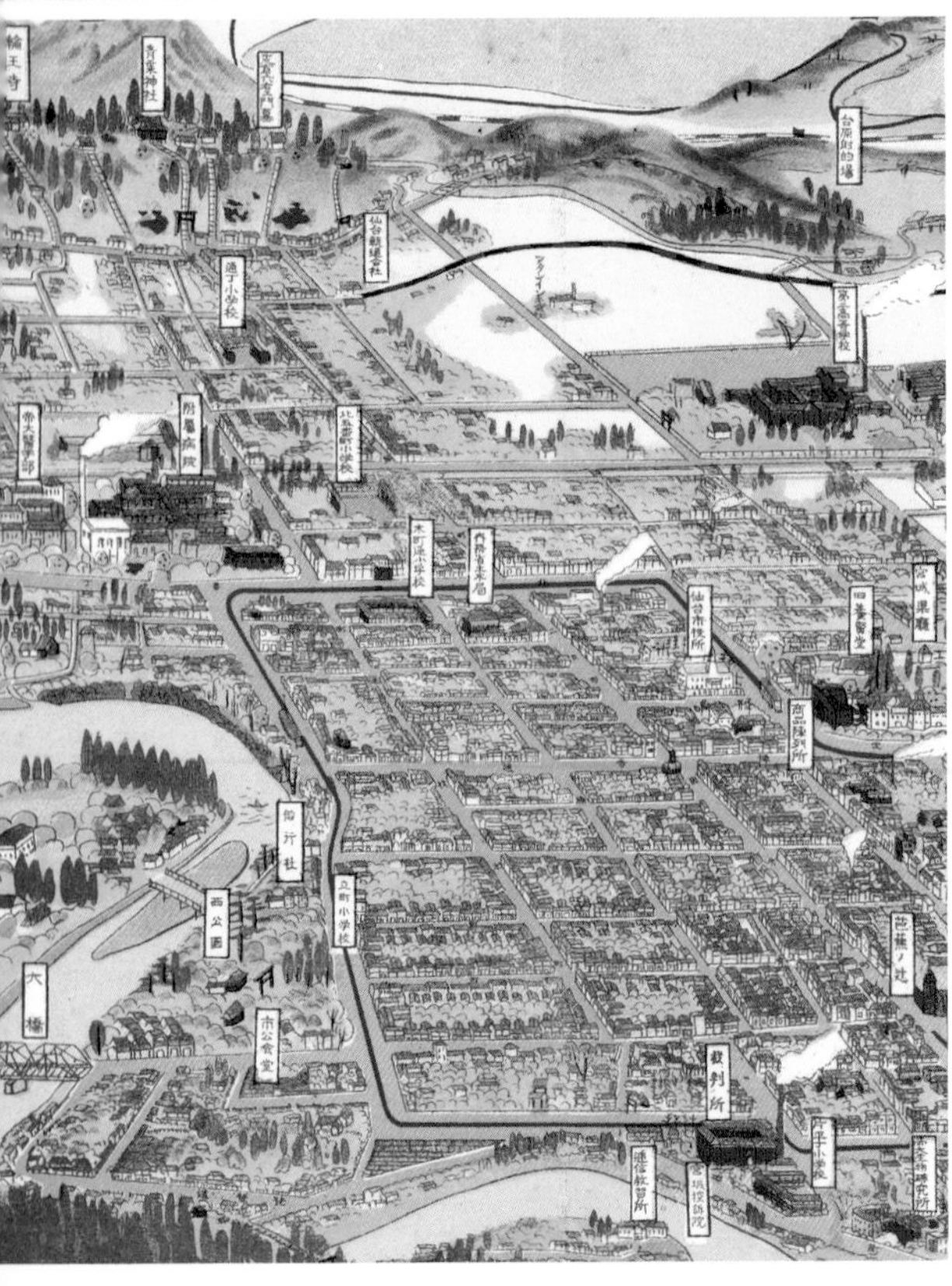


〈図9〉「仙台市要覧」
(昭和3年5月、仙台市役所)
仙台市歴史民俗資料館提供

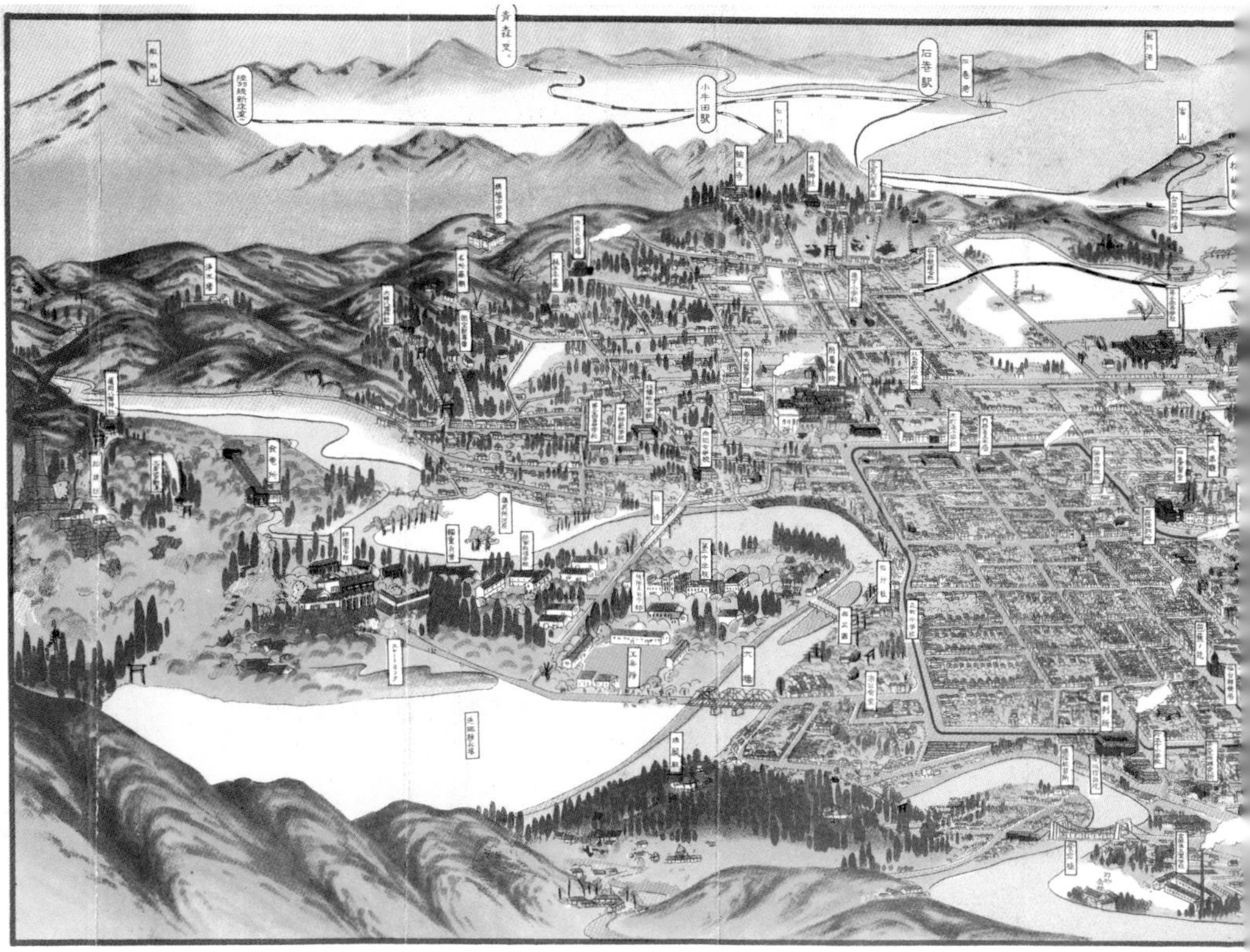

鳥瞰図は宮城県工業学校（同じ位置に宮城県工業高等学校として存続）から北に宮城県庁方面を望む構図で、左に青葉城址、右に宮城野原をおく。青葉城址の下を蛇行するのは、広瀬川である。画面上に松島・太平洋・金華山なども描く。

広瀬川には上流から澱橋《よどみばし》・大橋・愛宕橋などが架かるが、愛宕橋と示すのは霊屋橋《おたまやばし》の誤植で、その下流にあるのが愛宕橋である。なかでも大橋は、青葉城大手門と城下とをつなぐ重要な橋で、図ではトラス橋となっているが、昭和一三年に現在のアーチ橋に架け替えられた。霊屋橋は、瑞鳳殿などの伊達氏の霊屋と城下とを結ぶ橋である。

大橋を渡り、丘陵に向かって一筋に延びる道を進むと師団司令部が建ち、二階建ての巨大な門を構える。これは戦災で焼失する以前の青葉城大手門で、仙台のシンボルであった。司令部背後の山に招魂社（現・宮城県護国神社）が鎮座し、隣接して巨大な塔が建つ。一帯は青葉城本丸跡で、巨大な塔は第二師団の戦没者を慰霊する昭忠碑（明治三五年建立・現存）である。

大手門前に連隊区司令部・陸軍教導学校・工兵隊・輜重《しちょう》兵舎と、陸軍の諸施設が建ち並ぶが、江戸期の水沢伊達家屋敷跡などを利用している。大橋南の川沿いの広い空き地は、練兵場である。練兵場近くのスケート場は、三の丸外周の堀・五色沼である。広瀬川を隔てて西公園（桜ヶ岡公園）があり、公園北側に偕行社が建つ。仙台駅東方の東公園（榴ヶ岡公園）にも歩兵第四連隊、隣接して騎兵第二連隊があり、歩兵第四連隊兵舎（明治七年頃）は、仙台市歴史民俗資料館として現存する。

青葉城址から広瀬川を隔てて仙台の町並みが発達する。大橋から東にのびる大町通と、それに直交する奥州街道を基軸に城下の町割がなされた。この二つの道が交わるところが仙台の中心をなす「芭蕉の辻」（道路元標が設置）で、図に見える塔屋を載せた洋館は七十七銀行本店である。

芭蕉の辻から奥州街道を北に向かうと、東側に仙台市役所・宮城県庁・県立図書館・商品陳列所が集まる一画があり、旧養賢堂と示す。養賢堂は仙台藩藩校であり、明治維新後、講堂が宮城県庁舎として使われていたが戦災で焼失した。養賢堂跡地は県庁・勾当公園となり、付近一帯が仙台の行政の中心地をなす。

東北本線仙台駅西口から市電が敷設された南町通が西に延び、南側の片平が文京地帯となっている。ここには東北帝国大学法文学部・理学部・工学部・各種研究所が集まり、工学部に隣接して旧制仙台高等工業学校（現・東北大学）もある。付近に東北学院や、宮城女学校も校舎を構える。また、市街地北西には、東北帝国大学医学部・付属病院、市街地北に旧制第二高等学校（現・東北大学）・宮城師範学校（現・宮城教育大学）が点在し、杜の都仙台は「学都」の感を深くする。図には、多くの教育機関が煉瓦色に彩色されているが、近代建築として描き分けているのだろうか。街は緑豊かな丘陵に包まれ、丘の上に大崎八幡宮や東照宮が鎮座する。

仙台を訪ねてみよう。広瀬川に架かる大橋を渡り、緩やかな坂道を登ると大手門跡で、隅櫓が復元（昭和四二年）されている。大手門跡手前の五色沼には「日本フィギュアスケート発祥の地」のモニュメントが立つ。五色沼では明治二三年頃から外国人たちが氷滑をはじめ、同三〇年頃には米国人が子供たちに教え、同四二年頃になると旧制第二高等学校ドイツ語教師もスケートを教えるようになったという。昭和六年には、五色沼で第二回全日本選手権大会フィギュア競技が開催されるが、お城の堀を利用してスケートが盛んになったことが面白い。青葉城本丸跡に登ると、脚下に広瀬川を隔てて、市街地に林立するビルの風景が展開するが、彼方に太平洋もかすかに見えて心が和む。

大橋のたもとにひろがる緑の森は、西公園である。明治八年、武家屋敷のあった地を桜ヶ岡公園として開園した仙台最古の近代的公園である。図は園内に公会堂を示すが、大正五年建築のルネサンス様式であった。大正一五年に仙台駅前から公会堂に向けて市電が開通し、循環線が完成した昭和三年には西公園などを会場に東北産業博覧会が開催された。戦後、園内に天文台・市民図書館・市民プールなどが建設されて文化・スポーツの場として親しまれたが、それらの諸施設は移転して、今は広瀬川沿いの緑地として市民の憩いの場となっている。

明治三五年に開園したのが、榴ヶ岡公園（東公園）である。広場・緑地を中心とする園内の西にシダレザクラ・エドヒガンの古木がわずかに残るが、榴ヶ岡は江戸期からの桜の名所である。公園に隣接する榴岡天満宮北東に釈迦堂があって、その門前で芝居や相撲が興行され、榴ヶ岡は遊興の場の性格を強めた。釈迦堂は、宮城県図書館建設に伴い近くの孝勝寺（日蓮宗）五重塔脇に移築（昭和四八年）した。孝勝寺は、伊達騒動の歌舞伎をとおしてその名が知られた政岡（三代藩主の側室がモデルとされる）ゆかりの寺院で、その墓が戦前の観光名所になっていた。

仙台には、彩色鮮やかな軒裏の組み物・欄間・精巧な金工細工が目を引く伊達家ゆかりの建物が残されている。その代表格は、藩祖伊達政宗の霊屋・瑞鳳殿をはじめ、同じ敷地にある感仙殿（二代忠宗霊屋）・善応殿（三代綱宗霊屋）だろう。ほかにも、伊達政宗が岩出山から遷座造営した大崎八幡宮、二代藩主伊達忠宗《ただむね》が造営した東照宮など、贅を尽くした建造物が少なくない。それらもまた、昭和初期の仙台の観光名所になっていた。

## （二）仙台遊覧自動車

仙台には名所をめぐる遊覧自動車があって、仙台市街自動車（大正八年設立）が運行（昭和五～一五年）していた。同社は、昭和一七年に仙台市営バスとなった。「仙台遊覧自動車」（昭和六年～、仙台市街自動車発行）〈図10〉と題する、表紙絵などが微妙に異なるパンフレットを二つ例示しよう。

表紙の上部は第二次大戦で焼失前の青葉城大手門と隅櫓、下にボンネットバスを配す絵柄である。両開きのカーテンの向こうに大手門が見えるのは、バスの車窓風景とする遊び心だろう。いずれも発行年はないが「新装の県庁舎……」の記述から、二

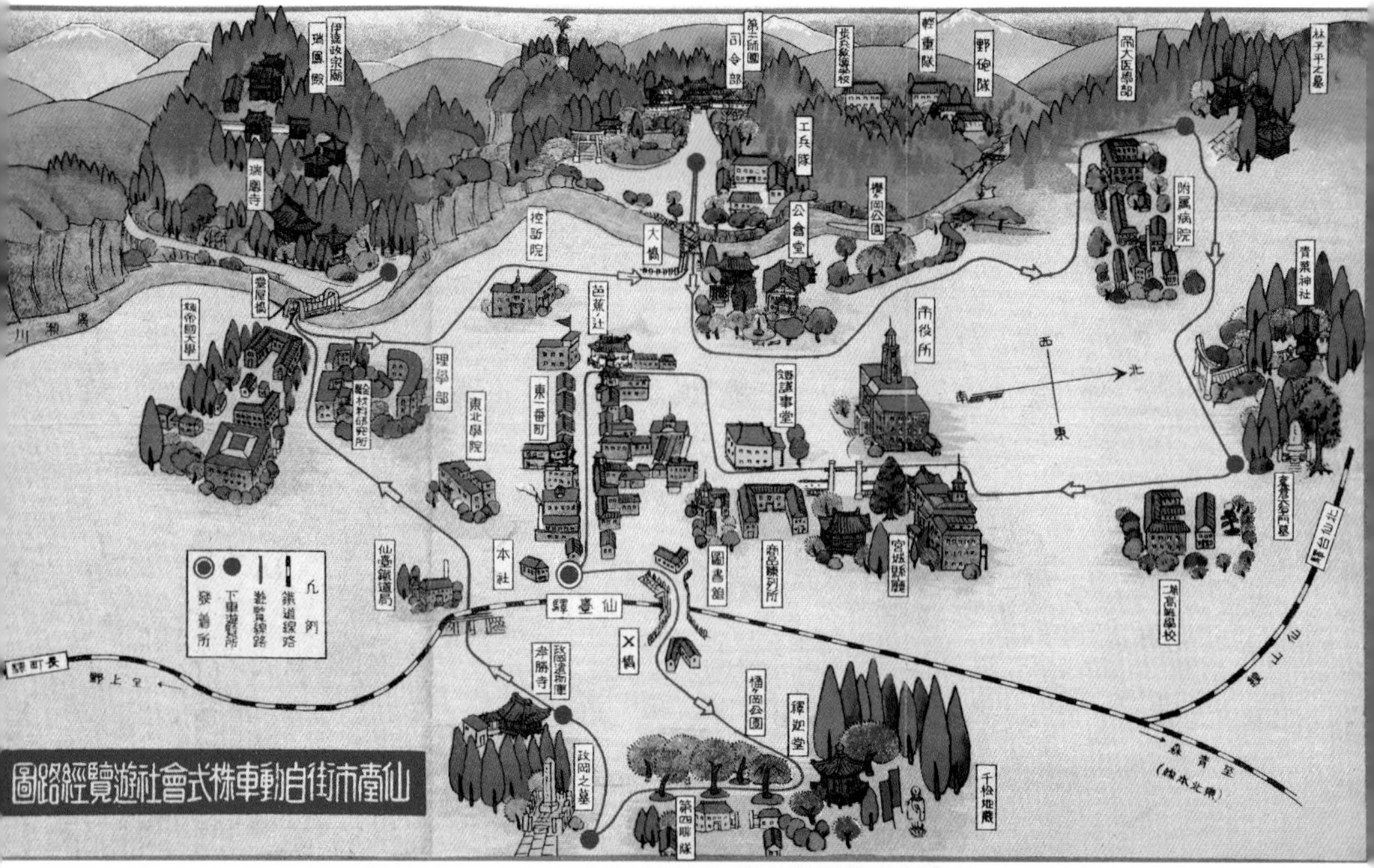


〈図10〉「仙台遊覧自動車」
（昭和６年〜、仙台市街自動車）

代目県庁舎竣工（昭和六年）間もない頃のものと思われる。遊覧経路を示す図に、仙台市内の主要建物、広瀬川を挟んで青葉城址から瑞鳳殿にいたる山なみを描く、ほのぼのとした絵柄である。遊覧順路は次のとおりである。

仙台駅前―榴ヶ岡公園―孝勝寺政岡之墓―瑞鳳殿 瑞鳳寺―青葉城趾―桜ヶ岡公園―林子平之墓―青葉神社―支倉六右衛門之墓―県庁前―芭蕉の辻―仙台駅前

所要約三時間、乗車料金八〇銭、午前・午後の二便があった。遊覧場所は先の『日本案内記』掲載のものとほぼ共通しており、

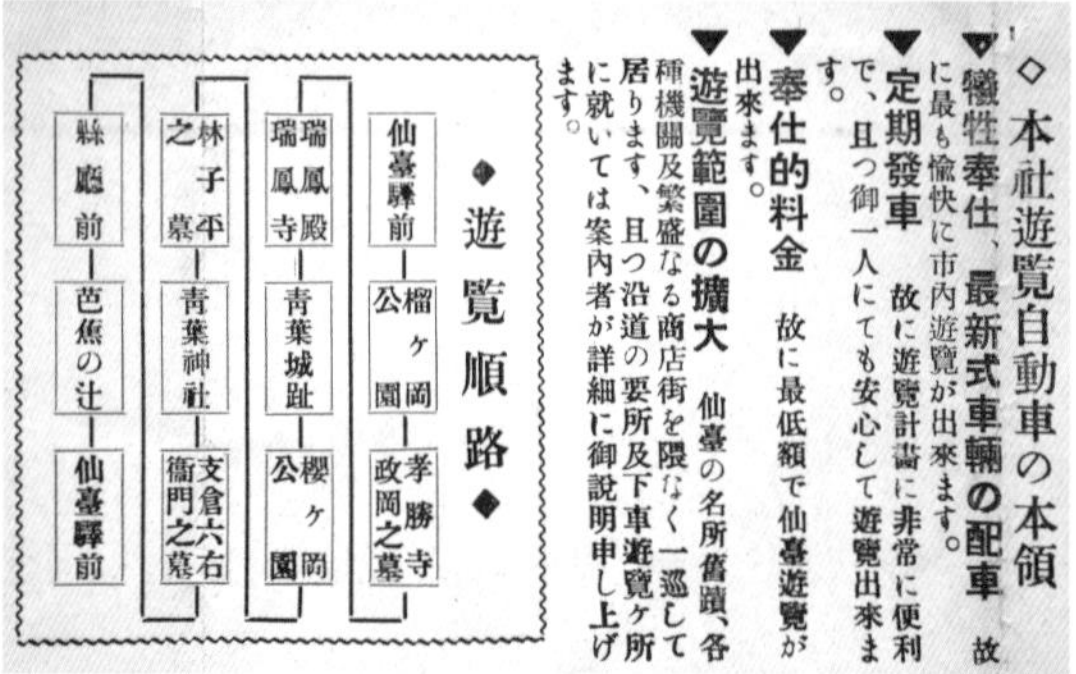
◇本社遊覽自動車の本領

▼犠牲奉仕、最新式車輛の配車 故に最も愉快に市内遊覽が出來ます。

▼定期發車 故に遊覽計畫に非常に便利で、且つ御一人にても安心して遊覽出來ます。

▼奉仕的料金 故に最低額で仙臺遊覽が出來ます。

▼遊覽範圍の擴大 仙臺の名所舊蹟、各種機關及繁盛なる商店街を隈なく一巡して居ります、且つ沿道の要所及下車遊覽ヶ所に就いては案内者が詳細に御説明申し上げます。

◆遊覽順路◆

仙臺驛前―榴ヶ岡公園―孝勝寺政岡之墓―瑞鳳殿瑞鳳寺―青葉城趾―櫻ヶ岡公園―林子平之墓―青葉神社―支倉六右衛門之墓―縣廳前―芭蕉の辻―仙臺驛前

これらが仙台遊覧のモデルコースであったことが確認できる。

なお、林子平は国防を説いて幕府から弾圧された経世家で、墓は桜ヶ岡公園北方の子平町・龍雲院（曹洞宗）にある。子平町北東の丘に鎮座する青葉神社（明治七年創建）は、藩祖伊達政宗を祀る。青葉神社に隣接する光明寺（臨済宗）に慶長遣欧使節団を率いて西欧に渡航した支倉常長（六右衛門）の墓の一つとされる石塔がある。案内文は、仙台の魅力をこのように語る。

仙台は旧伊達氏の城下として発達し来《きた》り現在帝都以北の中心都市として凡《あら》ゆる文化機関整備して居り、且《か》つ学都としての設備又欠くるものなく、地域一帯青嵐に囲《かこわ》れ、渓流、群巒《ぐんらん》其の配置の妙をなし、真に風光明眉《（ママ）》を誇り遊子を楽しますに充分なり。

仙台は東京以北の中心都市で、文化・教育機関が整い、青々とした山気が漂う風光明媚な地で旅行者を楽しませる、と前口上を述べ、このような文を続ける。

しかるに、在来東北に其旅を楽しむ人の第一に其の足跡を印する仙台に、最短時間に、経済に、しかも充分に遊覧をなし得る機関なく不便の多き事あるを察し居りしが、本社は時代の切なる要望に従ひ多大の犠牲を忍びて此の不便を除き、真に大仙台の面目を紹介せんとする……

「多大の犠牲を忍びて……」と、いささか気負い気味であるが、乗車する人はこの意を了承してほしいと切に願う、と加える。これが本旨であろう。そして「本社遊覧自動車の本領」として、このようなことを謳う。

犠牲奉仕、最新式車輛の配車　故に最も愉快に市内遊覧が出来ます。

定期発車　故に遊覧計画に非常に便利で、且《か》つ御一人にても安心して遊覧出来ます。

奉仕的料金　故に最低額で仙台遊覧が出来ます。

遊覧範囲の拡大　仙台の名所旧蹟、各種機関及繁盛なる商店街を隈なく一巡して居ります、且つ沿道の要所及下車遊覧ヶ所に就いては案内者が詳細に御説明申し上げます。

最新車輛のバスで仙台の名所旧跡をはじめ繁華街などもめぐり、案内者が詳しい説明をしてしかも経済的、とさまざまな利点を挙げる。ほかに団体遊覧の貸切の場合は、遊覧か所・遊覧時間の変更に応じるとともに指定場所へ送迎することも謳う。とにかく、顧客本位の遊覧バスであることを宣伝するのである。

後身の仙台市交通局は、現在、瑞鳳殿・青葉城址・大崎八幡宮などの主要観光地を循環するシティループバス「るーぷる仙台」を運行している。

## 四、港町石巻

旧北上川河口に位置する港町石巻は、背後に石巻平野がひろがり、東に牡鹿半島がのびる。半島先の金華山沖は黒潮と親潮がぶつかる好漁場で、石巻では漁業・水産加工業が栄えた。古くは伊寺水門《いしみなと》と呼ばれた石巻は、江戸期、北上川水運や太平洋海運の拠点であり、石巻港から江戸に米が積み出されていた。なお、北上川は分流工事（昭和九年完了）により河口が変わった。

「石巻名所図絵」（昭和三年六月、石巻町発行）〈図11〉を開こう。表紙は長汀に白帆と鷗の海岸風景の絵柄で、砂浜背後の緑の丘陵は牧山だろう。昭和初期、牧山南麓の長浜は、石巻を代表する遊覧地であった。風光明媚な長浜を中心とする石巻海岸は、昭和二年に「日本百景」に選定された名所であったが、戦後、石巻漁港築港（昭和四九年開港）により景観が一変し、さらに、東日本大震災に伴う津波の被害を受けて、その姿は大きく変わった。

鳥瞰図は北上川左岸の牧山南麓から西に石巻市街地と日和山を望む構図で、左上に松島湾、中央に石巻市街地、右下に牡鹿半島と金華山をおく。北上川河口に多くの船が行き交い、河口両岸に船が停泊する。戦後の石巻工業港（昭和四二年開港）・石巻漁港築港以前は、河口両岸が船の停泊地であったことを物語る図である。河口両岸と中洲の中瀬に複数の造船所があり、そこからも港町の姿が見て取れる。

北上川右岸の丘は日和山公園で、丘の上に鹿島御児《かしまみこ》神社が鎮座し、麓に町役場・日赤病院が建つ。日和山公園の西に旧制中学校（現・石巻高等学校）が校地を構え、北の丘に羽黒山鳥屋《とや》神社が鎮まる。羽黒山の北は石巻駅で、駅東方の川沿いの住吉公園に大島神社を祀る。左岸も牧山西麓から河口にかけて町並みが発達し、長浜海岸および東方の渡波《わたのは》の二か所が海水浴場になっている。渡波海水浴場は現存するが、長浜海岸にあった石巻町営海水浴場は消滅し、石巻漁港が築港された。

東北本線小牛田駅から石巻線が石巻駅に到達する。大正元年開業の仙北軽便鉄道が国有化（大正八年）されて仙北軽便線となり、ほどなく石巻線（大正一一年改称）となった。ほかに宮城電気鉄道（昭和一九年、仙石線）が仙台駅から塩釜・松島を経て同電鉄の石巻駅（昭和三年開業）にいたる。牧山西麓の湊小学校付近に軌道会社があり、そこから牧山南麓の海岸に沿って渡波・女川へ路線が延びる。これは大正一五年全通の金華山軌道（昭和一五年廃線）である。ほかに西は塩釜、東は牡鹿半島方面への海上交通や北上川河川交通の航路も示す。案内文を見よう。

石巻市街は北上川に跨《また》がりて石巻港に南面し、四時の気候順良町民の気風穏健質実にして常に新鮮なる魚菜豊富且《か》つ低廉なれば「頗《すこぶ》る住み心地佳き町なり」との定評あり町内到るところ景勝幽趣に富み、中にも雄大景として全国的に著名なる日和山公園、日本新百景に推薦されたる長浜海岸美を始め牧山、羽黒山、住吉公園等一々枚挙に遑《いとま》がない。

石巻では、とりわけ日和山公園と長浜海岸が遊覧地として知られていた。日和山公園は眺望が雄大で、園内にサクラ・ツツジ・サツキが咲き、牡丹園もあって、春から夏にかけて行楽客の絶えることがなかった。夏は、海や川が遊び場となった。

石巻は夏季に於て遺憾なく、水郷としての面目を発揮する。町営海水浴場は長浜海岸に開設せられ、あらゆる設備の完全と相俟《あいま》ち、夏十万人の浴客を算してゐる。それと共に北上川は宛然《えんぜん》一大自然のプールと化し、游泳、ボート、和船遊び等、避暑客の娯楽盛んにして、海に川に石巻の夏は真に暑さ知らずである。

北上川河口の東突堤から東に延びる砂浜が長浜海水浴場で、多くの海水浴客が訪れた。また、北上川も恰好な夏の遊び場になっていた。

案内文は、名産品として硨石（稲井石）・鯨牙鯨髭細工品のほかに節類・魚介缶詰・鮮魚粕漬・干魚・味醂干・蒲鉾・竹輪と、数々の海産物加工品を挙げる。石巻は海の幸に恵まれた地であることが伝わる。なお、稲井石は、牧山周辺（旧稲井町）で採掘される砂質粘板岩で、大平面に加工しやすいため硨石として好まれ、ひろく流通した。鯨牙鯨髭細工品が名産になっているのは、牡鹿半島の鮎川が和歌山県太地とならぶ我が国有数の捕鯨基地であったためである。

石巻を訪ね、日和山に登ろう。日和山は海岸近くにある標高六〇m余りの丘で、江戸期は船頭が天候を見定める山であったことからその名がついた。中世には、豪族葛西氏が城館を構えた地とも伝えられ、鹿島御児神社（延喜式内社）が鎮座する。大鳥居が立つ境内から南に太平洋がひらける眺めは雄大で、南東に牡鹿半島がのび、田代島・網地島が風景を引き締める。境内をやや東に移動して北東に目を転じると、旧北上川も見渡せる。

境内に川村孫兵衛重吉像が建立されている。孫兵衛は、元和二年（一六一六）から寛永三年（一六二六）にかけて、伊達政宗の命により北上川改修工事を手がけた人である。この改修により盛岡から石巻にいたる舟運が開かれ、葛西家滅亡後一寒村に過ぎなかった石巻は米の集散地となった。そして、河口周辺に仙台・盛岡・一関・八戸各藩の米蔵が建ち並び、江戸へ米を運

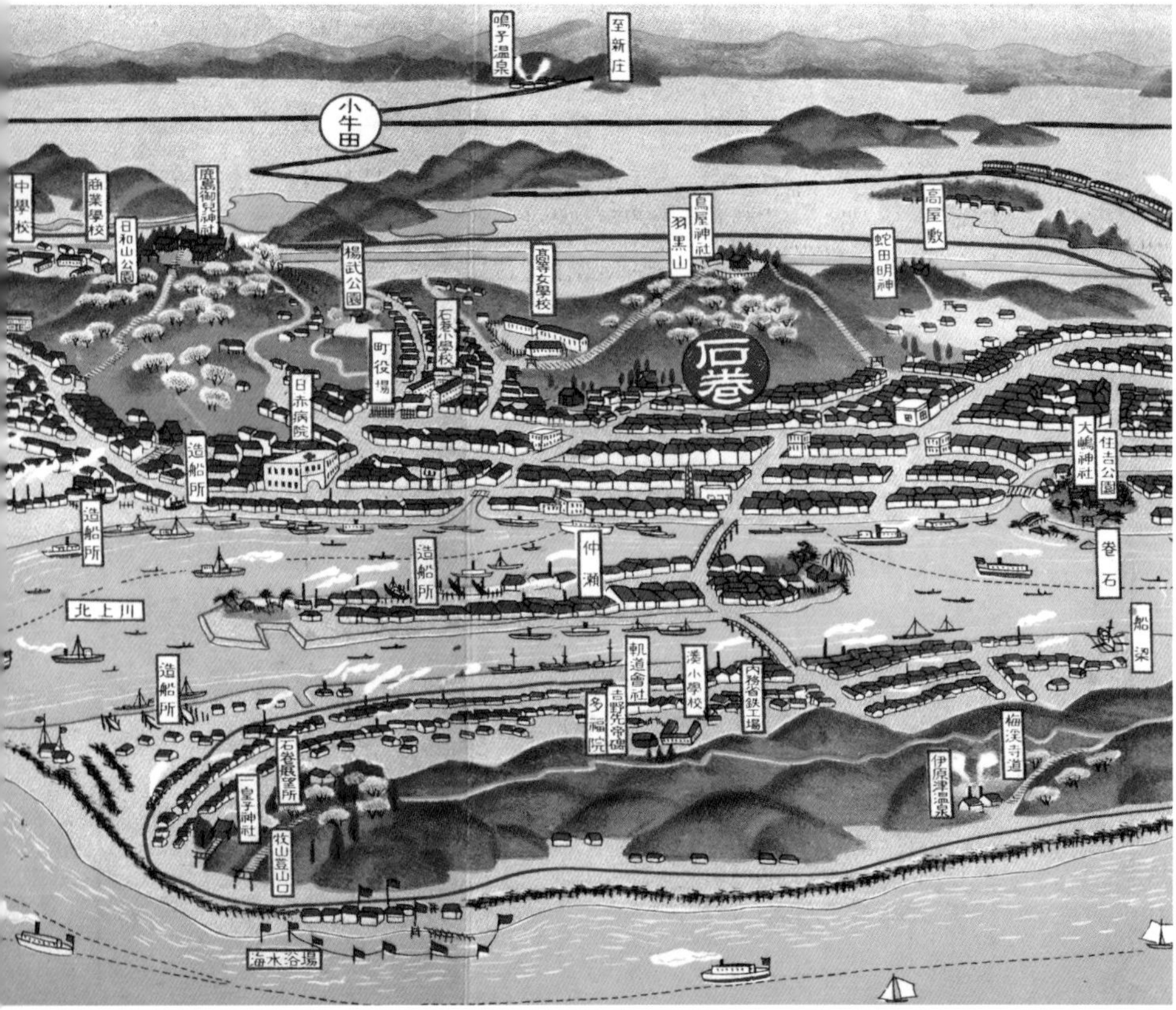
鳴子温泉
至新庄
小牛田
中學校
商業學校
鹿島御児神社
日和山公園
揚武公園
高等女學校
石巻小學校
町役場
日赤病院
羽黒山
鳥屋神社
蛇田明神
高屋敷
石巻
大嶋神社
住吉公園
造船所
造船所
造船所
中瀬
巻石
北上川
船渠
造船所
軌道會社
湊小學校
内務省鉄工場
吉野先覚碑
多福院
梅渓寺道
伊原津温泉
石巻展望所
一皇子神社
牧山登山口
海水浴場

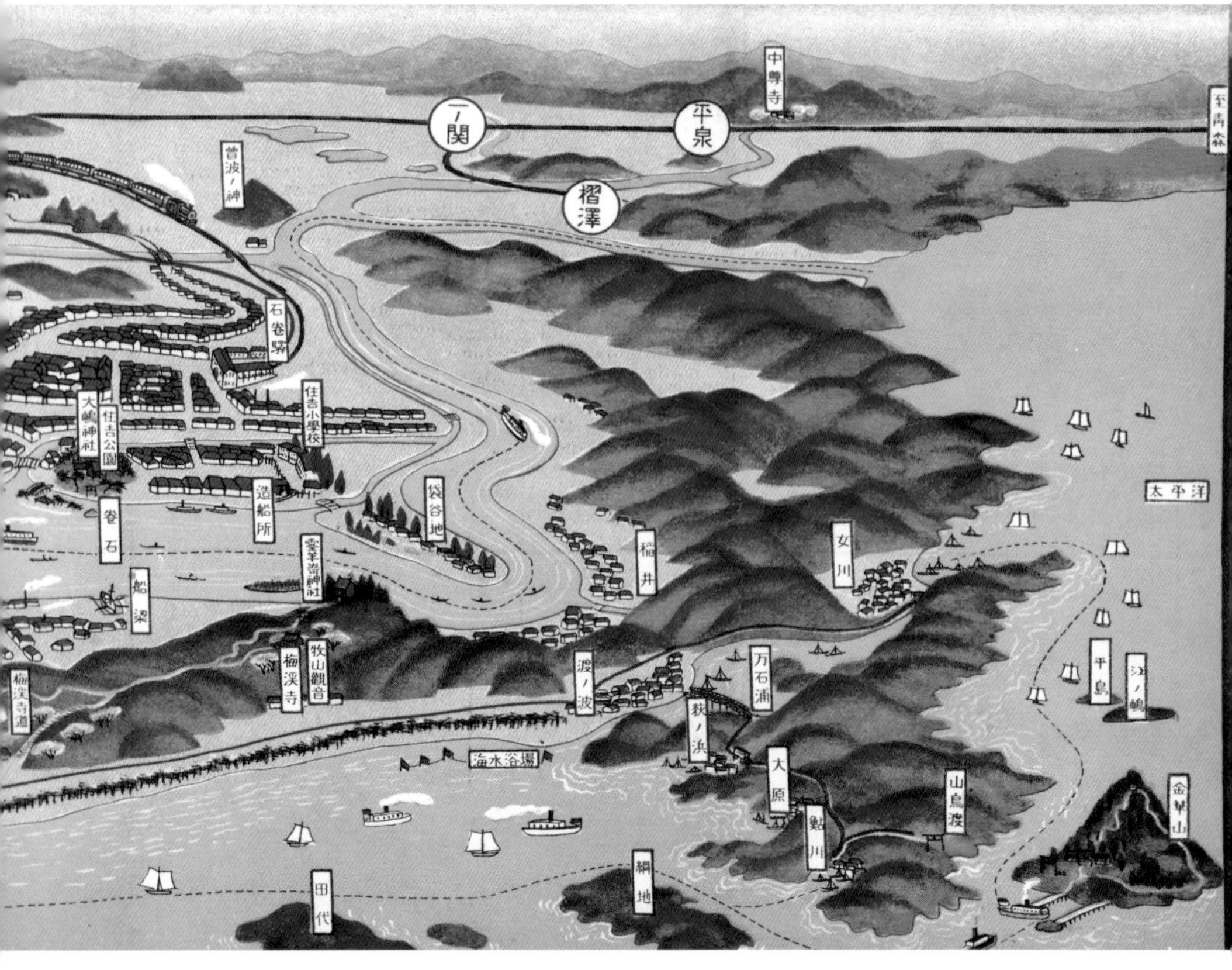
中尊寺
至青森
一ノ関
平泉
摺澤
曽波ノ神
石巻駅
住吉小學校
大嶋神社
住吉公園
造船所
巻石
袋谷地
稲井
女川
太平洋
零羊崎神社
船渠
牧山観音
梅渓寺
梅渓寺道
渡ノ波
万石浦
荻ノ浜
平島
江ノ嶋
海水浴場
大原
鮎川
山鳥渡
金華山
網地
田代

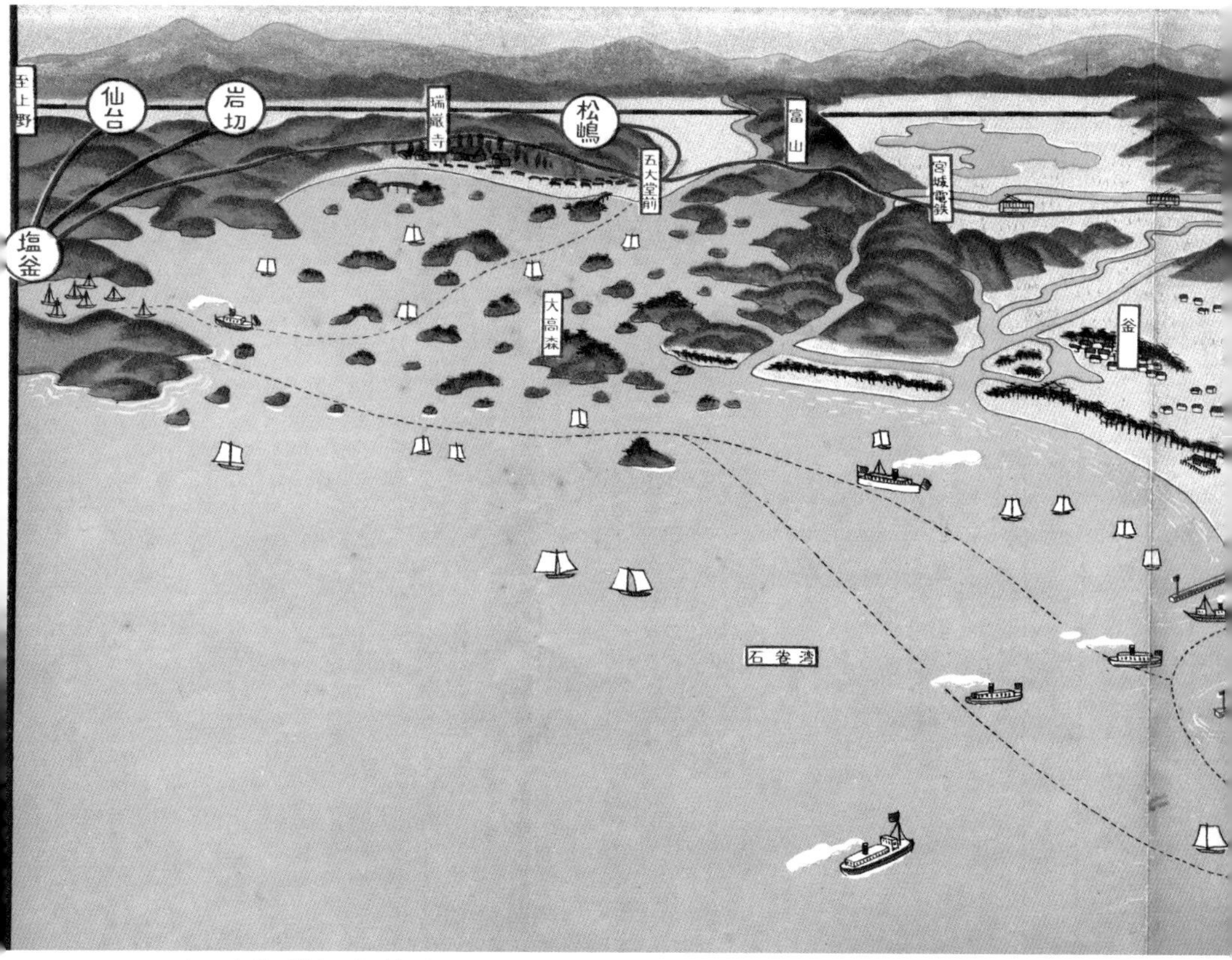


〈図11〉「石巻名所図絵」(昭和３年６月、石巻町)

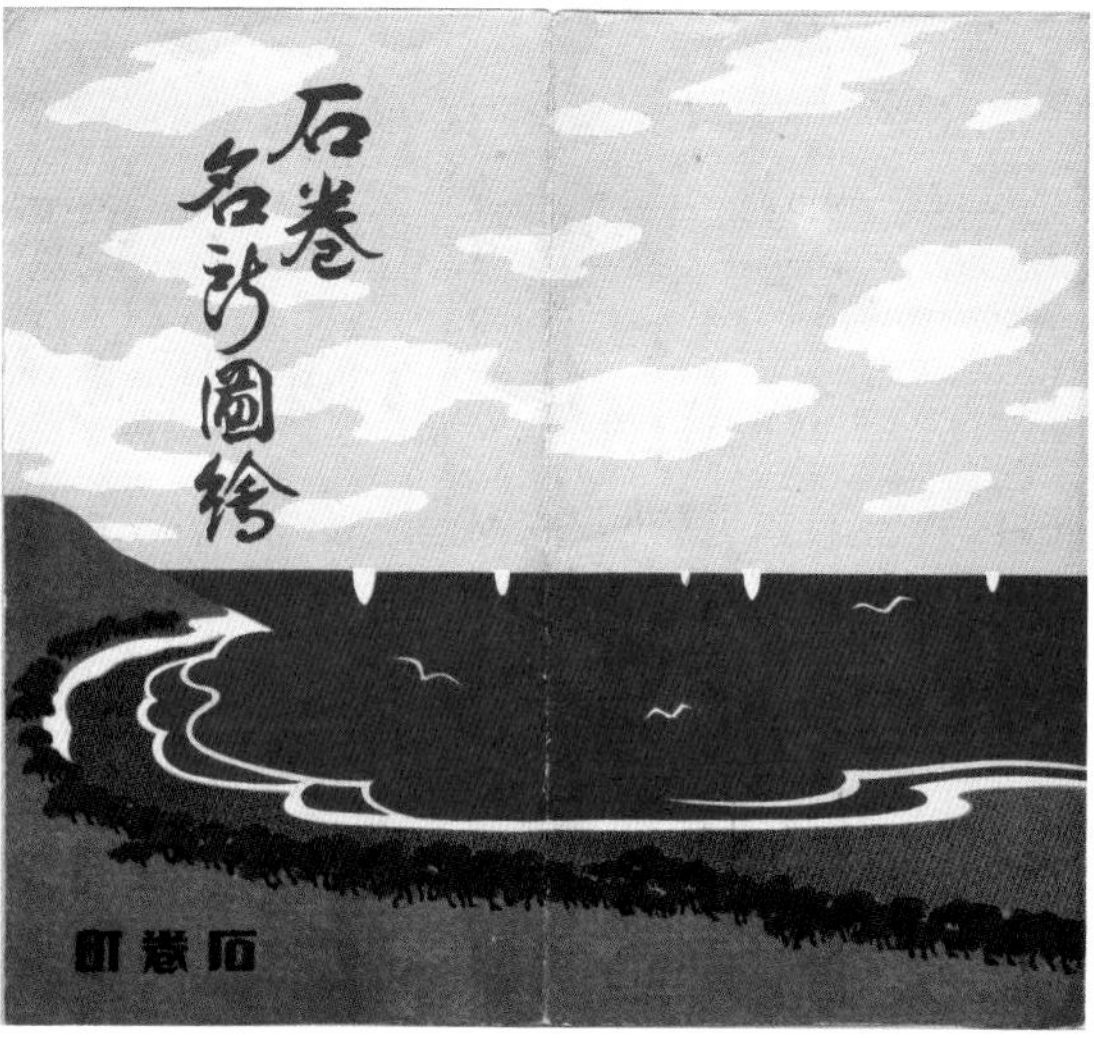

ぶ千石船が輻輳し、石巻は繁栄を極めたという。

境内を利用した日和山公園には石碑が多く、石川啄木歌碑や宮沢賢治碑なども見かける。啄木歌碑には、「砕けてはまたかへしくる大波のゆくらゆくらに胸おどる洋」と刻む。これは、明治三五年の旧制盛岡中学校卒業旅行の折に景勝地長浜海岸を訪れたという啄木が詠んだ一首である。一〇年後の明治四五年には宮沢賢治も同校の卒業旅行で北上川を「川蒸気」で下り、日和山に立ち、はじめて海を見たという。すでに明治後期、石巻の日和山や長浜が近県の旧制中学校の生徒が旅行で訪れる遊覧地になっていたことを物語る石碑である。

宮沢賢治碑に隣接する鯨の噴水の傍らに「チリ津波碑」(昭和三六年)がある。昭和三五年五月二四日に発生したチリ地震津波は、三陸海岸一帯に大きな被害をもたらした。津波で亡くなった人を悼み、津波の教訓を刻んだ記念碑には、「はるかなる海底にねむる万霊の冥福を祈るとともに常に心しよう　海難はまたやってくることを」と刻む。

大鳥居傍らに、一枚の写真プレートが飾られている。降りしきる雨の中、雨合羽をまとった人たちが、強張った表情で一心に海を見つめる光景である。石巻日日新聞社が撮影したこの写真には、「二〇一一年三月一一日一五時二六分日和山公園　津波の様子を見る人たち」と、説明文がある。チリ津波の五〇年後に発生した東日本大震災の折、高台の日和山に避難した人たちの写真に胸が締めつけられる思いがする。

大鳥居から再び海岸に目をやると、脚下の門脇・南浜地区は、芝生広場がひろがる石巻南浜津波復興祈念公園として整備され、道を挟んで門脇小学校が震災遺構として保存されている。石巻工業港築港により、急速に市街化が進んだ門脇・南浜地区は、東日本大震災の津波で一瞬のうちに三千軒を超える人家が押し流されてしまい、その跡地が公園となったのである。また、北東に見える旧北上川沿岸や中瀬の風景も一変し、中瀬にあった造船所も流されて更地となっている。

日和山を後に、北側の丘・羽黒山鳥屋神社(延喜式内社)に参り、拝殿に収められた「奥州石ノ巻図」を拝観する。文化二年(一八〇五)に、中町惣若者中が奉納した黒漆地の額絵は、会津若松の蒔絵師・長谷三吉右衛門義一が制作したもので、北上川に入港する帆船で賑わう港町石巻の光景を金・銀・朱で彩色し、描写する。この額絵は、昭和初期の鳥瞰図に描かれた北上川河口の原風景を彷彿とさせる。

羽黒山の丘から旧北上川を望むと、建物が建て込み、川面はわずかに見えるに過ぎない。しかし昔は、額絵に描かれた北上川の風景が一望できた、と宮司は話す。北上川水運や海運の衰退、そして災害復興により、港町石巻の姿は大きく変わったのである。

## 五、鳴子温泉郷

### （一）鳴子温泉

宮城県北西部、江合川上流の源流域にある鳴子・東鳴子・川渡・中山平・鬼首の五温泉は、鳴子温泉郷と総称されている。とりわけ温泉郷の中心をなす鳴子温泉は、「奥州三名湯」に数えられたことを前述した。また、鳴子・東鳴子・川渡・中山平などは、「玉造八湯」とも呼ばれた。昭和初期の旅行案内書は、「玉造八湯」をこのように紹介する。

　山紫水明の別天地、絵のやうな青巒《せいらん》が、左右に連って、荒尾《（ママ）》川の清流にその姿を映してゐる。（中略）温泉は或は山腹に或は河畔に、或は平野に、或は田圃に、到る処滾々《こんこん》として湧き出てゐる。（鉄道省『温泉案内』昭和六年版）

「玉造八湯」とは、江合川上流の荒雄川《あらおがわ》沿いに点在する川渡・田中・赤湯・元車湯・新車湯・鳴子・河原湯・中山平温泉を指す。昭和初期、これら八湯に湯坂・新赤湯・一の坂・多賀下を加えて「玉造十二湯」ともいった。温泉は、硫黄泉・塩類泉・酸性泉・アルカリ泉と多種多様で、箱根・塩原・那須・別府に匹敵する温泉郷である、と誇る。

陸羽東線敷設により、川渡駅（大正三年開業、現・川渡温泉駅）、鳴子駅（同四年開業、現・鳴子温泉駅）、中山平駅（同六年開業、現・中山平温泉駅）が設置され、交通の便に恵まれた。東鳴子駅（現・鳴子御殿湯駅）は、戦後の昭和二七年開業である。

「鳴子図絵」（大正一三年八月、鳴子温泉組合事務所発行）〈図12〉を開こう。これは陸羽東線が全通した七年後に発行されたもので、表紙は湯煙立ちのぼる山峡の温泉に楓の葉をあしらう簡素な絵柄である。鳥瞰図は荒雄川左岸から南に鳴子温泉郷を望む構図で、左に東鳴子温泉の田中湯、中央に新車湯、中央右寄りに鳴子温泉、右に鳴子峡をおく。左端を見ると、煙を吐いた汽車が荒雄川の鉄橋（赤湯鉄橋と表記）を渡る。

緑の山なみを背負い、下流から田中・赤湯・新赤湯・元車湯・新車湯・鳴子・河原湯と、温泉地が続く。荒雄川に沿った山麓には、玩具のような温泉旅館の建物が展開する。東鳴子温泉に目をやると、田中湯・赤湯・新赤湯に一〇軒、車湯・新車湯に六軒の旅館を描く。勘七旅館・大沼旅館が現存するが、旅館の栄枯盛衰は激しい。

旅館が集中するのは、温泉郷の中心地・鳴子温泉である。

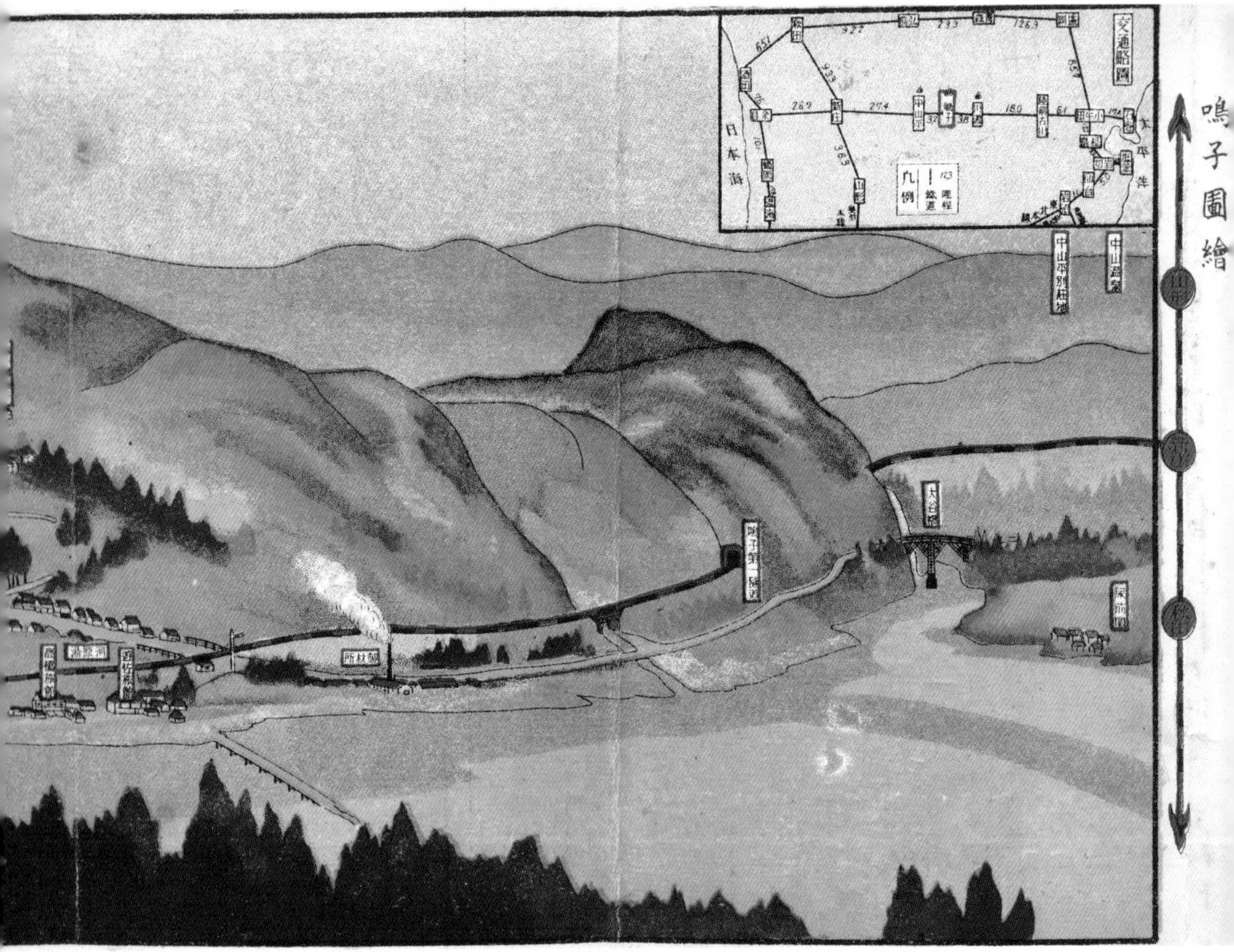

〈図12〉「鳴子図絵」
(大正13年8月、鳴子温泉組合事務所)

尾ヶ岳（雄ヶ岳と表記）中腹に潟沼があり、その麓の斜面に温泉街が発達する。潟沼は、火山活動でできたカルデラ湖である。鳴子停車場前から郵便局の角を折れると、坂道に沿って旅館が建ち並び、旅館街の背後に温泉神社が鎮座する。温泉神社裏山に「鳴子湯元」とあるから、そこから温泉街が発達したことが見て取れる。

坂道に沿って横屋・高野屋・遊佐屋・源蔵湯・升屋の各旅館、鳴子ホテルが軒を連ね、駅前に松本屋旅館も見える。また、川沿いに西多賀の湯・遊佐旅館（二軒）・高橋旅館が建つ。丘の上に小学校、町はずれに町役場・警察署が建ち、ささやかな町場をなす。町並みの中に三軒の医院を描くのは、療養地としての性格を帯びていたからだろう。温泉郷の案内文を見よう。

山紫水明にして勝景に富み、天然の鉱泉所在に湧出して互に其泉質を異にし加ふるに其湯量の豊富と顕著なる霊験とを以てす、土地高燥にして大気清爽、四時の遊楽に適し諸般の設備また年と共に改まりて欠くる処なく、まさに是《こ》れ天下稀れに見るの理想郷たり、……

荒雄川に臨み山紫水明、大気清爽な温泉地が鳴子温泉郷である。四季の遊びに適し、年々設備が新しくなっていく理想的な温泉郷である、と説く。

殊に去る大正六年十一月陸羽東線小牛田新庄間の鉄道全通以来交通運輸の便頓《とみ》に敏速となり、地方開発上非常なる効果を齎《もたら》したるのみならず、内外紳士等の来遊する者俄かに激増し、最近に於ける浴客数毎年四十万人の多数を算し、繁盛殷賑《いんしん》、実に昔日に比して隔世の観あるに至れり。

鉄道開通が、にわかに温泉街に賑わいをもたらしたことを強調する。浴客数は温泉郷の総数であろう。温泉郷の中心である鳴子温泉について、このように記す。

風光の幽邃《ゆうすい》閑雅にして眺望の絶佳なる亦《また》県下各温泉に冠たるものあり、漆器、木地細工の名産地にして商業繁盛を極む、湯元は停車場を距《へだて》る僅かに三丁の処に在りて旅館は相接して大廈《たいか》を連ね、其間遠くも二丁を距つることなし（中略）温泉の湧口は十数個あり、中に鰻湯、新鰻湯、滝の湯、源蔵湯、賜の湯、鷹の湯、多賀の湯最も名高く、……

荒雄川右岸に位置する鳴子温泉は、鳴子駅を中心に当時、人家数百戸が軒を連ねていた。木地細工として鳴子のこけしが有名である。ほかにも県内では、作並・遠刈田の各温泉地および鎌崎温泉に隣接する弥次郎集落でこけしが製作され、温泉土産として喜ばれた。なお、これらに山形県肘折温泉のこけしを加えた五系統は、国の伝統的工芸品に指定されている。

鳴子温泉は各旅館が泉主となっていて、その関係を次のように示す。鰻湯（横屋旅館）・滝の湯（遊佐屋・横屋・源蔵湯旅館）・源蔵湯（源蔵湯旅館）・賜の湯（鳴子ホテル）・新鰻湯（遊佐屋旅館）・鷹の湯（高野屋旅館）・升の湯（升屋旅館）・松の湯（松本屋旅館）である。なかでも複数の湧口がある滝の湯は、大樋小樋から落下する源泉が四隣に響くほどの豪快な音を立てていた。また、鰻湯はぬるぬるしていて、まるで鰻をつかむような肌ざわりのため、その名が生まれたという。

鳴子温泉を訪ねると、鳴子温泉駅から湯泉神社にかけての山の中腹に温泉街が発達し、高台の温泉神社参道入口に共同湯・滝の湯がある。坂道の両側に巨大なホテルが建ち並び、「大廈を連ね」と形容された景観が今風に形を変えている。滝の湯下の遊佐屋旅館がわずかに昔ながらの構えを残す。鳴子ホテルも遊佐屋旅館とともに図に現われる宿である。ほかに、源蔵湯は鳴子観光ホテルとなり、升屋旅館はその名を残すが経営が変わった。中心街からやや離れた川沿いの西多賀の湯・東多賀の湯が湯治場の伝統を受け継ぐ。鳥瞰図に描かれた温泉郷は大きく姿を変えたものの、百年後の今も、わずかではあるがいくつかの旅館に昔の名残を見つけることができる。

## （二）川渡温泉

鳴子温泉郷の門戸をなすのが、川渡温泉である。昭和初期の旅行案内書は、川渡温泉をこのように紹介する。

後に中森山を負ひ、荒尾《（ママ）》川一帯の風光を眺める景色がよい。「脚気《かっけ》川渡、瘡《かさ》鳴子」と唄はれる通り昔から名高い温泉場で、小料理屋などもある。付近には小黒崎《おぐろがさき》、白糸ノ滝、祥雲寺、石割梅などがある、……（鉄道省『温泉案内』昭和六年版）

川渡温泉は、古来、脚気に効くといわれた療養向きの温泉地である。紅葉の勝地として知られ小黒ヶ崎は、伊達政宗もその風光を愛でたというが、今日、名所としての影は薄い。

昭和初年、藤島旅館（大湯・真瘉《まゆ》ノ湯）・新湯旅館（新湯）・桔梗屋（目ノ湯）・川渡ホテル・高久旅館があったことが同書に記載されているが、唯一、藤島旅館が今に続く。鄙びた湯治場に新風を吹き込んだ川渡ホテルなど三軒が発行した「川渡温泉案内」（昭和二年～、川渡ホテル・桔梗屋・新湯旅館発行）〈図13〉を見よう。発行年はないが、川渡ホテル本館が昭和二年に落成したことが案内文にあらわれる。

鳥瞰図は、みちのくの開けゆく温泉地の明るい空気を伝える。図は川渡駅西方にあった小学校裏山から荒雄川を隔てて南を望む構図で、川渡ホテルを中心に桔梗屋・新湯旅館を描く。付近

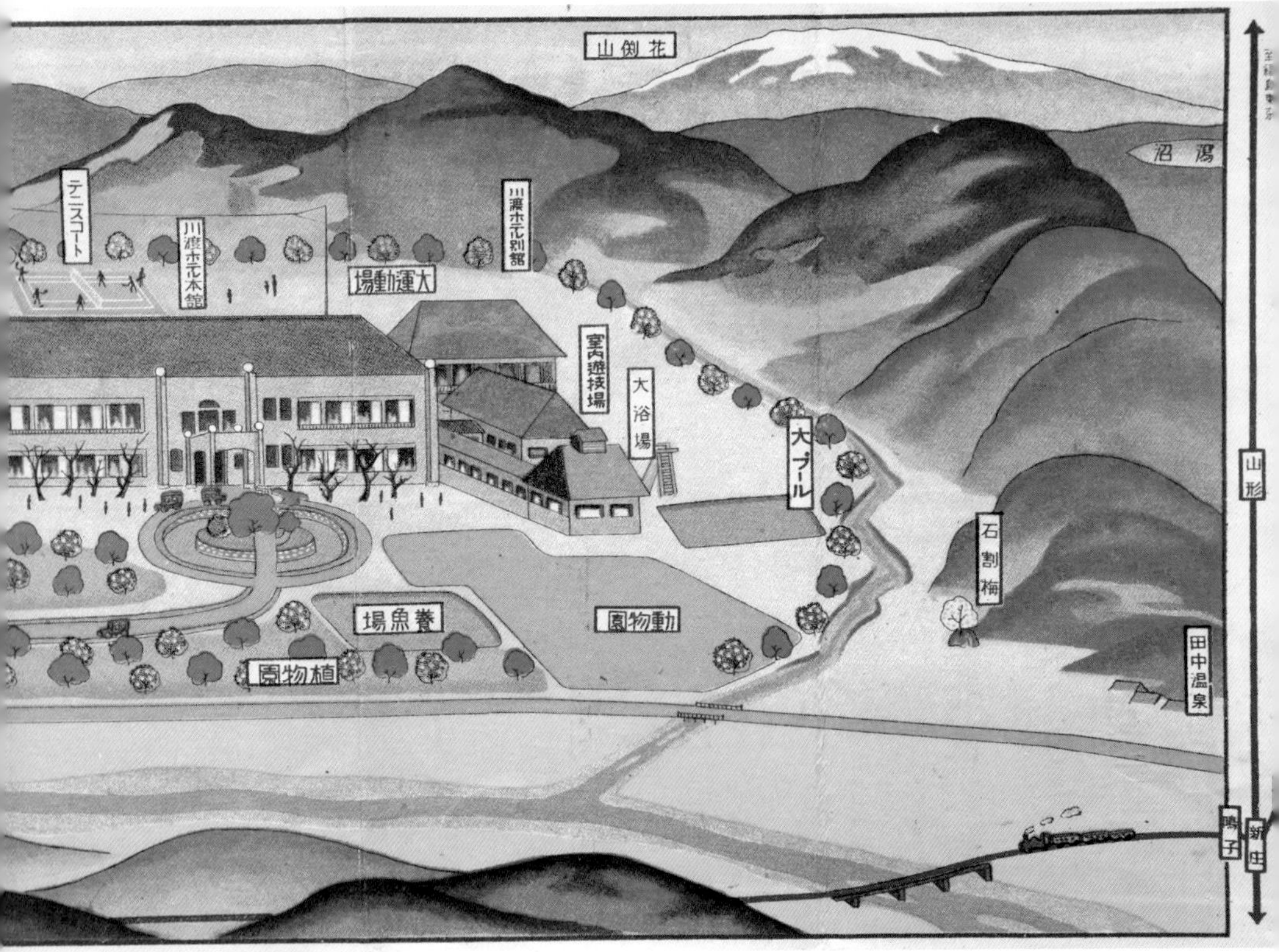


〈図13〉「川渡温泉案内」(昭和２年〜、川渡ホテル・桔梗屋・新湯旅館)

の小黒ヶ崎・白糸の滝などの名所も描き入れる。

川渡ホテルは二階建て、車寄せの前にロータリー、前庭に植物園・動物園を設け、裏に大運動場・テニスコートもある。本館に付属して別館・食堂・大浴場・室内遊技場が別棟で建ち、大浴場の横にプールも設置する。川渡ホテル東隣に入母屋造り三階建ての桔梗屋が建つ。裏に小山が二つあり、一つは湯神を祀り、もう一つは横山公園となり桜が咲く。桔梗屋の奥は二階建ての新湯旅館である。温泉街の案内文を見よう。

荒雄川の長橋を渡れば橋を距《へだ》てて南岸に温泉街が展開する、夫《そ》れが即はち川渡温泉で、戸数百余、川渡郵便局、巡査派出所等があり、旅館、旗亭、商店等が其間に軒を並べて如何にも湯の町らしい気分を漂はし、……

川渡駅から温泉街まで自動車や人力車が往来していた。川渡温泉は人家百軒余りの小さな街であったが、旅館・商店のほかに酒楼などもあって、湯の町情緒を漂わせていた。

昭和初年、この温泉街にきら星のごとく現れたのが川渡ホテルである。

宏壮なる二層楼には大小四十数個の客室、大小浴場、応接間、大食堂、売店等があり、殊に当温泉地に未設の百人一座席に宴会の出来得る大広間の設備があるなど文化の粋

を蒐《あつ》めた万端の設備整頓、就中《なかんずく》衛生と娯楽設備とには最も主力を注ぎ、動物園、植物園、養魚場を設け広潤なる庭園には四季の鑑賞樹、花卉、噴水等を配し、運動場には大弓場、大プール（游泳場）テニスコート、ブランコ其他の運動器具を置いてあり……

百人の宴会ができる大広間は、川渡温泉では最初であった。動植物園をはじめ各種運動施設は、さながら温泉地のレジャーランドといった感じだろう。

食材について、このような記述が目を引く。

川渡温泉は石巻に近い関係から河海の魚類には不自由が無く、茸、野菜其他山のもの、里のもの等の天産物が付近に多く産し、鶏肉卵、牛豚肉、牛乳等も豊富であるので、都会に住むと同様何等の不便を感ずることはない……

陸羽東線小牛田駅から石巻線が石巻駅へ連絡しているため、山中の温泉地でも新鮮な魚介類を味わえることを誇る。都会と何ら変わりがないことを売りにしているが、それが時代の気分であったのだろう。旅に出て非日常を味わうことを楽しみにする今日的感覚とは正反対である。しかしながら、東北の山あいの温泉地において都会的なものを味わえることが近在の客にとっては非日常、そのような時代であったのかもしれない。

第二次大戦が勃発する前年発行の鉄道省『温泉案内』（昭和一五年版）には、川渡温泉の旅館として藤島・高久・越後屋の三軒はあるが、川渡ホテル・桔梗屋・新湯旅館の名は掲載されていない。川渡温泉の江戸期からの湯守であった藤島旅館の当主に尋ねてみても、川渡ホテルなど三軒の宿の所在地はおろか、その存在すら忘れ去られている。

今も湯治客に愛される川渡温泉の旅舎は、不思議な雰囲気に包まれている。壁に掲げた自炊客へのお願い文「お魚を焼く時、あまりに煙を出しますと火災報知器が鳴りますので、ご注意下さい」が、何とも微笑ましい。斬新な試みで新風を吹き込んだ洒落たホテルが消え去る中で、どこか浮世離れした昔ながらの宿が脈々と受け継がれてきたのは、それを支える人たちがいたからだろう。

# 第二章　白河・福島・会津若松

## 一、福島県の風景

「観光の福島県」（昭和九〜一六年、吉田初三郎画、福島県観光協会発行）〈図1〉から福島県の風景を探ろう。表紙〈図1-1〉は磐梯山と猪苗代湖、裏表紙は霊山《りょうぜん》を背後に鎮座する霊山神社の絵柄である。鳥瞰図〈図1-2〉は太平洋から西に陸地を望む構図で、左に勿来関《なこそのせき》・白河関、中央に会津若松・猪苗代湖・郡山、右に福島・霊山をおく。発行年はないが、図を見ると、会津線が会津田島駅（昭和九年開業）まで延び、只見線は会津柳津駅から会津宮下駅まで延伸（昭和一六年）していない。

　福島県は、太平洋側の浜通り、中部の中通り、西部山間の会津に大別される。まず、浜通りを見よう。勿来関跡を越えて北上すると、小名浜《おなはま》漁港に船が停泊する。当時、小名浜漁港ではカツオ・フカ・カレイ・ヒラメなどを水揚げしていたが、今は物流・工業港に変わっている。北に進むと塩屋岬があり、平《たいら》（いわき市）の城下がひらける。平城址の松ヶ丘公園は、桜・ツツジ・菖蒲の名所であった。塩屋岬の北に白砂青松の新舞子の浜を描くが、現在、汀線の後退や東日本大震災の被害によるクロマツ林の倒壊などで景観は変化している。北に野馬追《のまおい》で知られる相馬の中村城下があり、城址一帯は桜の名所であった。

　次いで、中通りである。白河関がおかれた白河も城下で、南湖公園が名所として知られる。奥州街道を北上すると阿武隈川流域に郡山の町並みが発達し、二本松の城下を経て県庁所在地の福島市となる。郡山北西に磐梯（岩代）熱海温泉がある。信夫山《しのぶやま》の南麓に福島の町並みがひらけ、

〈図1-1〉「観光の福島県」（昭和９〜16年、吉田初三郎画、福島県観光協会）

〈図1-2〉「観光の福島県」
（昭和9～16年、
吉田初三郎画、
福島県観光協会）

吾妻富士
吾妻連峰
小野川湖
檜原湖
噴火口
五色沼
川上温泉
横向温泉
野地温泉
土津神社
猪苗代
川桁
関都
沼尻
中ノ沢温泉
沼尻温泉
上戸
熱海スキー場
熱海温泉
中山宿
岳温泉
二本松公園
磐代熱海
安子ヶ島
本宮
二本松
安達ヶ原
郡山
開成館
大神宮
翁島
長浜
スキー場
押立温泉
野口英世出生地
日和田
舞木
三春
滝桜
大越
神俣
小野新町
夏井
玉山鉱泉
折木鉱泉
久ノ浜
四ッ倉
広野
木戸
金谷川
松川

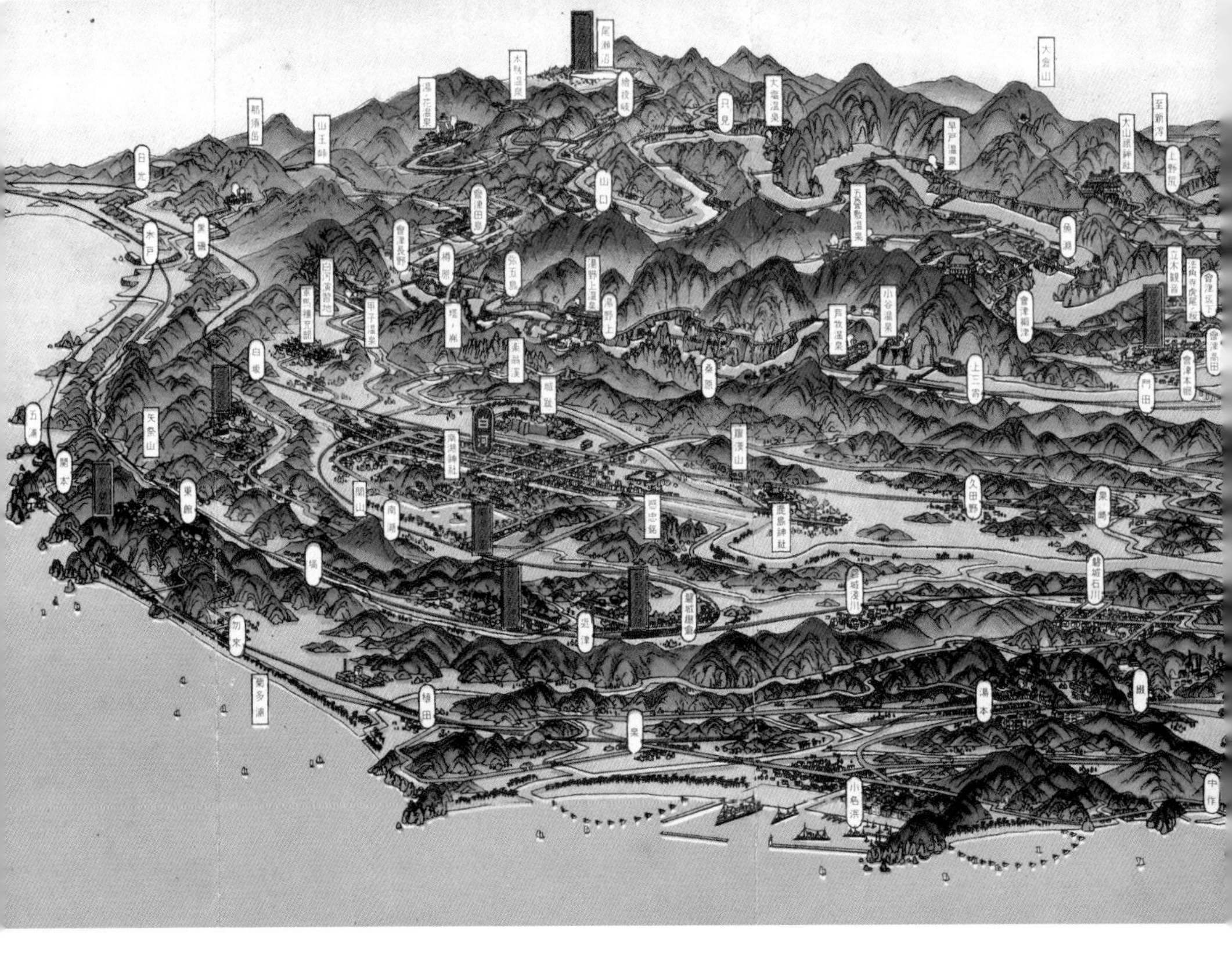
尾瀬沼
木賊温泉
湯ノ花温泉
檜枝岐
只見
大塩温泉
早戸温泉
大倉山
至新潟
大山祇神社
上野尻
那須岳
山王峠
日光
会津田島
山口
会津長野
楢原
弥五島
湯野上温泉
湯野上
小谷温泉
芦ノ牧温泉
上三寄
立木観音
会津高田
会津本郷
門田
木戸
甲子温泉
白坂
矢祭山
五浦
関本
東館
白河
南湖神社
関山
南湖
久田野
鹿島神社
泉崎
磐城石川
塙
植田
勿来
菊多浦
湯本
小名浜
中作

北に飯坂温泉が湯煙をあげる。東に霊山の奇岩怪石が屹立し、西には吾妻連峰が連なる。

会津は、磐梯山南麓に猪苗代湖が水を湛え、その西に若松の城下がひろがる。市街地南に鶴ヶ城址、東に白虎隊士が自刃した飯盛山、東山温泉などが見える。磐梯山北麓の裏磐梯には、檜原湖・小野川湖・秋元湖・五色沼が点在し、その北に吾妻連峰を負う。案内文を見よう。

史蹟名勝地は県内到る処に存在し往くとして景勝地ならざるはなく四季山川風物の妙趣を味ひ、由緒深き神社仏閣の史的興味を唆《そそ》るもの多く、殊に著名なる幾多温泉郷を有する点などは全国に冠たるもので実に本県の誇りとしてゐる。

福島県は勿来関・白河関・白虎隊の史跡や、猪苗代湖・磐梯山・吾妻連峰・霊山などの景勝地に恵まれ、飯坂温泉・磐梯熱海温泉・東山温泉などの名だたる温泉地がある、と誇る。

## 二、白河

みちのく境界におかれた白河関は、鼠ヶ関《ねずがせき》・勿来関とともに「奥州三関」の一つに数えられた。平安期以降、白河関は軍事的要衝としての役割は失せ、もっぱら歌枕として意識されるようになっていた。江戸期の白河は小峰城の城下で、寛政の改革で知られる松平定信（楽翁）ゆかりの南湖公園などの見所がある。

「関之白河」（昭和一一年二月、松井天山画、白河観光協会発行）〈図2〉を開こう。表紙は水辺に桜が咲く南湖公園の絵柄で、噴煙をあげる那須連峰を遠望する。併せて舞い散る楓を添え、秋の風情も同じ絵に描き込む。作者の松井天山（一八六八～一九四七）は、吉田初三郎より一六年前の明治元年生まれの絵師である。鳥瞰図は羅漢山西麓から阿武隈川を隔てて南に市街地・南湖公園を望む構図で、左に市街地南を流れる谷津田川と阿武隈川の合流地点、右に東北本線をおく。中央上に南湖が水を湛え、南湖の左上遠方に白河関跡も描き入れる。

阿武隈川南の石垣は、小峰城址である。小峰城址の南は東北本線白河駅（明治二〇年開業）で、駅前から白棚《はくほう》鉄道（大正五年開業、昭和一九年休止）が水郡線磐城棚倉駅に延びる。市街地東方の阿武隈川東岸に総氏神の鹿島神社が鎮座する。西方には軍馬補充部・福島種馬所があるが、白河は馬産地であった。市街地南に南湖公園があり、湖畔の鏡の山に共楽亭（茶亭）が建つ。園内に南湖神社を祀り、堤に桜並木が続く。案内文を見よう。

奥羽街道は市内を南北に貫通し岐路八方に通し交通至便商工業盛んにして県南の首都なり、而して名所旧蹟に富むこと京都以北に其類なし、……

奥州の咽喉にあたる白河は阿武隈川の清流に臨み、奥州街道が市内を貫き、商工業が栄え、白河関跡や小峰城址などの名所旧跡が多い、と語る。京都以北云々は、誇張気味である。

付近の史実を探らんには月余にしてなほ尽きず、東南に逢《おお》隈《くま》、八溝《やみぞ》の諸峰、西北に那須、甲子《かっし》の連峰ありて四季の眺望佳絶たり、近時探勝にハイキングに遊覧に杖を曳く者年月と倶《とも》に多し、……

史跡はもとより、八溝山や那須岳・甲子山の連山の眺めもよく、ハイキングや遊覧客が年々増えている様子を記す。

白河を代表する史跡は、白河関跡である。

能因の『秋風ぞ吹く』の歌に依りて知らる、和歌三神を祀れる白河神社、寛政年間松平楽翁公の建設になる『古関蹟』の碑、関守屋跡、九重楓（幌掛楓）、二位杉、旗立の桜、矢根清水、矢立の松、往古藤原清衡が白河関より外ヶ浜迄の間一丁毎に建設せし古碑『一丁仏』葛西六郎の旧城等あり。

白河関跡は、白河市街地南の旗宿と比定されている。関の廃止後、その位置さえ久しく分からなくなっていた。江戸後期、松平定信により白河神社が鎮座する地が関跡とみなされ、寛政一二年（一八〇〇）に「古関蹟」の石碑が建立された。

阿武隈川の河畔に見えるのは、小峰城址である。

結城親朝《ちかとも》此地に館を築きて小峯城と称せしが後、寛永年間丹羽長重公台命を奉して四ヶ年を費し之れを増築す、（中略）戊辰戦役と共に廃墟となる、……

最初、白河結城氏が拠点としたのは、藤沢山の白川城（搦手城）であったが、一四世紀半ば、阿武隈川右岸の小峰が岡に結城親朝（小峰氏初代）が小峰城を築いた。天正一八年（一五九〇）に白河結城氏は改易、会津藩領を経て、棚倉城から移った丹羽長重が幕命により城郭改修を手掛け、寛永九年（一六三二）に竣工した。丹羽氏の後の城主に親藩・譜代が移封されたが、城主はたびたび交替する。慶応三年（一八六七）、最後の城主阿部氏が棚倉に移ると、白河藩領は二本松藩預かり地となった。

白河駅の南約三kmの地に南湖公園がある。

寛政年間時の城主松平定信公が灌漑の便をはかり命して開鑿し、又其湖畔に吉野桜瀧田《(ママ)》の楓を移植して士民観賞の地とせらる、文化年間十六景十七勝を選びて諸国の文客、墨士に嘱して詩歌を徴せらる、実に東北公園の鼻祖なり、南に関山の秀峰西に那須霊峰の眺めあり湖畔の老樹水浪に映じ四季の風光また佳絶、楓桜の老樹その数多きこと東北第一と称せられ、……

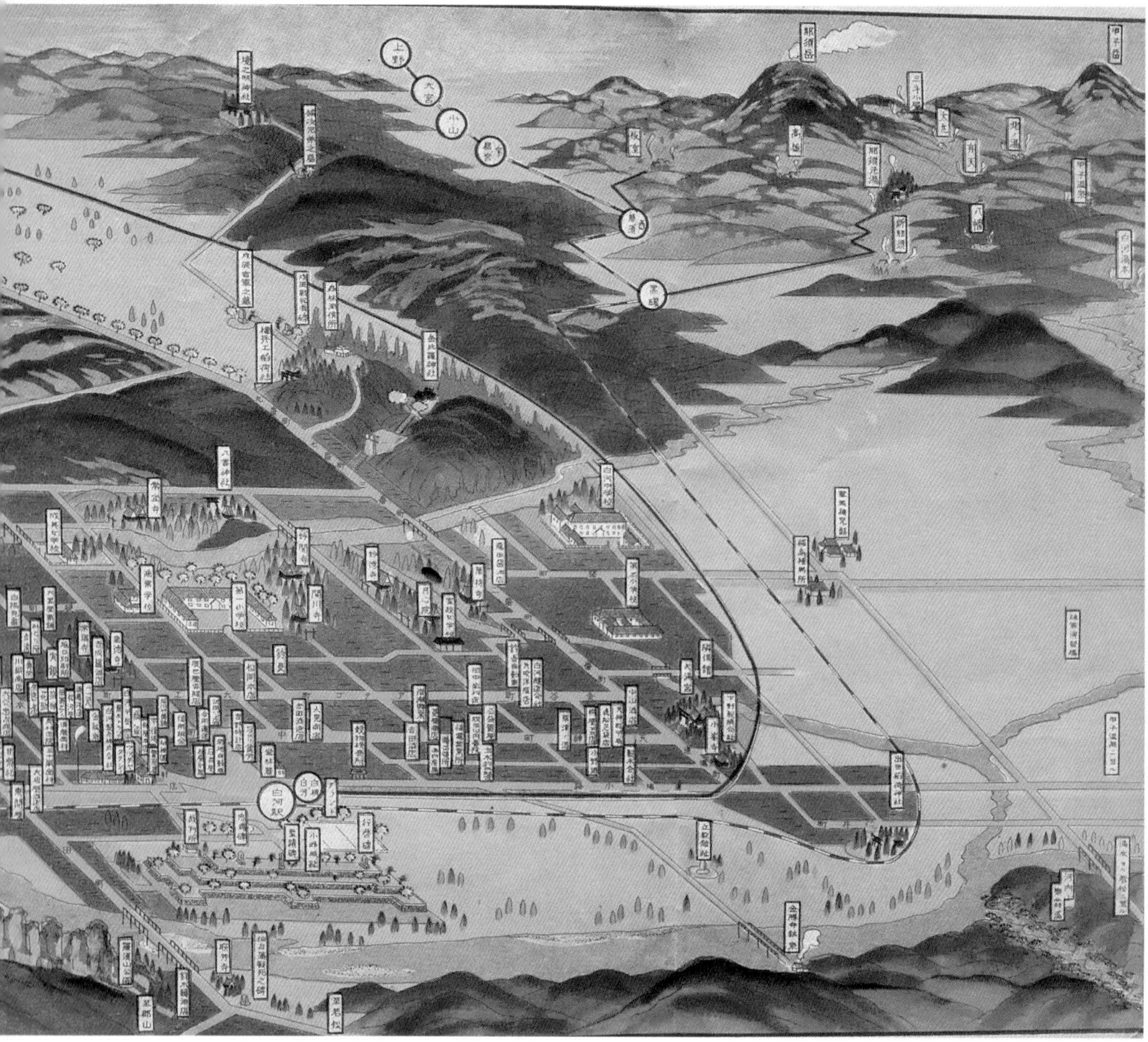


〈図2〉「関之白河」
（昭和11年2月、松井天山画、白河観光協会）

南湖公園は、もとは葦や茅が生い茂る低湿地であった。そこに堤を築き、灌漑用水を整え、吉野の桜や竜田の楓を植えて行楽の地とした。湖畔の鏡の山に共楽亭（茶亭）を建てて庶民にも開放するが、楽翁は武士・庶民共に楽しむ「士民共楽」の考えを重んじた。諸国の文人墨客に求めた詩歌は「南湖十七景詩歌碑」（文政三年〈一八二〇〉）に刻まれ、現存する。また、明治二四年には有志がそれぞれの景勝地に個別の石碑も建立している。南湖公園は、西に那須連峰、南に関山を眺望し、風光に優れる。

近時夏は水上百余のボート技を競ふあり、冬は湖上の結氷を待ちてスケートが盛んに行はれスケート場として帝都よりの便本邦唯一と称さる、

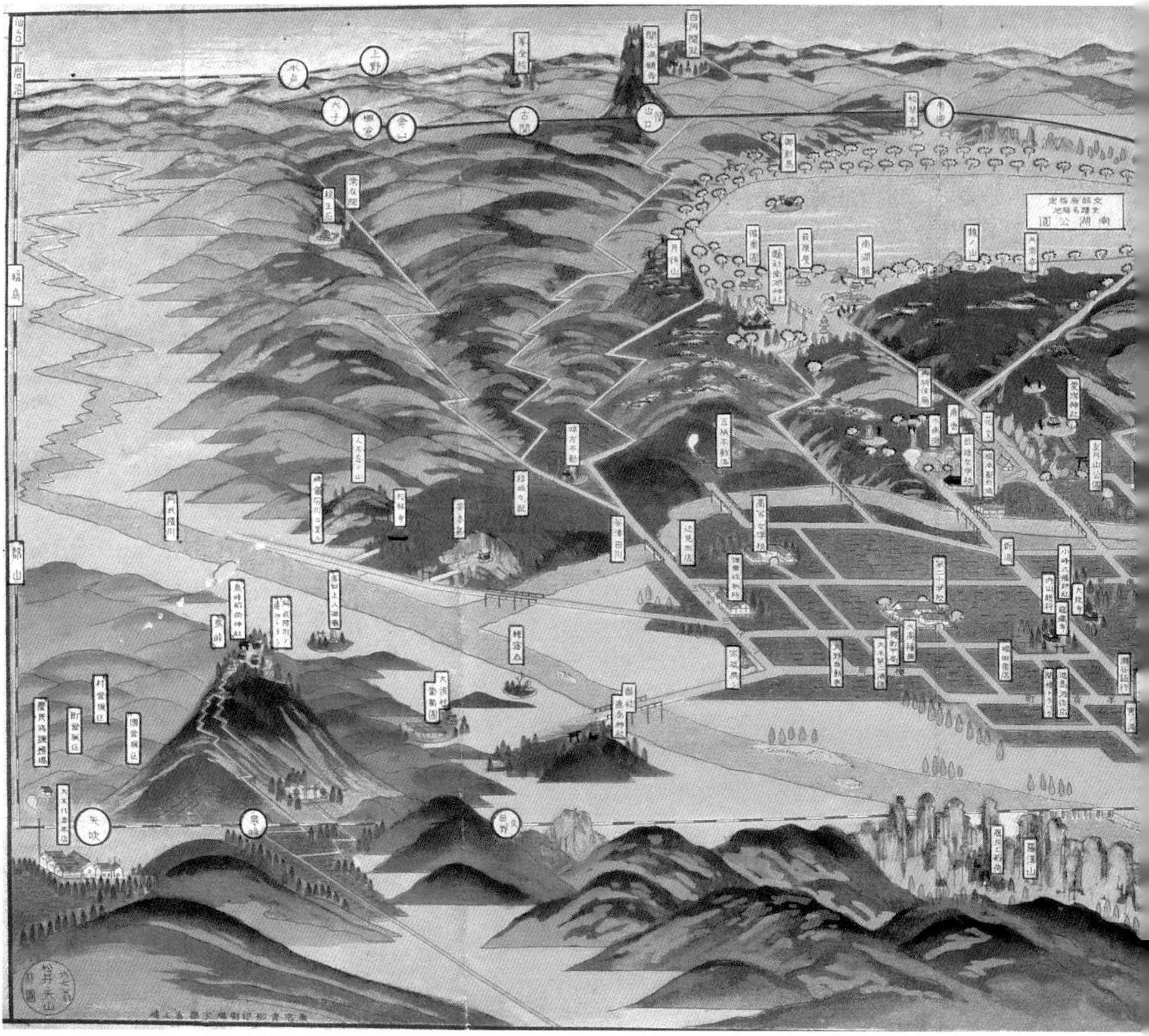


湖畔には旗亭、鉱泉等ありて四季弦歌の声絶えず、……

昭和初期の南湖は、夏はボート遊び、冬はスケート場となり、湖畔に料理屋や鉱泉などもあって遊興の場になっていた。南湖公園には、松平定信を祀る南湖神社（大正一一年創建）が鎮座する。大正一二年に楽翁ゆかりの茶室松風亭蘿月庵《らげつあん》が移築され、翌一三年には南湖公園は史跡及び名勝に指定された。

白河を訪ね、白河関跡に足を運ぼう。関跡とされている旗宿は、白河市街地から南約一二kmの東西を山で囲まれた鄙びた農村にあり、県道七六号が南北に延びる。県道東の杜に延喜式内社とされる白河神社が鎮座し、隣接して空堀・土塁を構える中世の居館跡がある。昭和三四〜三八年の発掘調査において柵列などの防御施設が見つかり、史跡に指定（昭和四一年）された。白河神社祭神の一つ、中筒男命が和歌の神とされる。

白河神社鳥居右手の玉垣の中に据えた「古関蹟」石碑を後に苔むした石段を登ると、拝殿前に古歌碑（明治二二年）が立つ。能因法師の和歌「都をば霞とともに立ちしかど秋風ぞふく白河の関」をはじめ、平兼盛・梶原景季の和歌三首を刻む。

境内で目を見張るのは、樹齢約八百年と推定されている老杉「従二位の杉」で、藤原家隆（鎌倉前期の歌人・従二位）が植えたと伝える。ほかにも、前九年の役に際し、源義家が白河関を通過した際に幌を掛けたと伝える「幌掛楓」、平家を追討すべく平泉を出発した源義経が戦勝祈願に源氏の旗を立てたという「旗立の桜」があるが、いずれも植え替えられた。また、義経が矢を射たてたという「矢立ての松」は根株の一部が残るというが、跡地に立つ小さな石碑の周りを探しても根株らしきものは見当たらない。土に埋もれているのだろうか。

参道入口の「関趾案内」と題する石碑（昭和六年）が目に止まる。表面に、「古関蹟　関守址　ほろ掛楓　二位の杉　矢立松　旗立桜□矢場　矢の根清水」と、八つの見所を刻む。一篤志者が建立したこの石碑は、昭和初期、数々の故事をしのぶ白河関跡が遊覧地になっていたことを物語る。

白河駅北の開放感あふれる芝生広場は、小峰城二の丸跡である。二の丸から堀割を越え、清水門跡を左に折れて桜門跡を過ぎると本丸跡である。本丸は、安山岩を加工した石垣をめぐらし、周囲を帯廓が囲む。小峰城に天守はなかったが、寛永九年（一六三二）、代わりの御三階櫓（三重櫓）が建築された。

幕末の戊辰戦争（白河口の戦い）で、小峰城は奥羽越列藩同盟軍と新政府軍の攻防の舞台となり、御三階櫓をはじめ建物の大半が焼失した。現在、本丸跡に木造で復元された三重櫓（平成三年）と御前門（同六年）があり、黒い腰壁上の白壁が鮮やかである。復元された三重櫓の柱・床には、豆粒ほどの穴がいくつも空いている。再建用材として用いたのが、稲荷山の樹齢約四百年の杉である。稲荷山は戊辰戦争の激戦地で、打ち込まれた銃弾跡がはからずも柱・床の穴として残された。あえてその材を用いたのは、忘れ得ぬ戊辰戦争への憎しみからであろうか。

## 三、福島と飯坂温泉

### （一）福島

阿武隈川中流、福島盆地に県都福島市がひろがる。街は北に信夫山を負い、西に吾妻連峰を眺望する。福島は、一五世紀初期から一六世紀後期にかけて米沢の伊達氏の領地であった。関ケ原の戦いの後、米沢藩重臣の統治、幕府直轄領を経て、元禄一五年（一七〇二）以降は板倉氏の城下として明治にいたった。そして近代に入り、福島城址に福島県庁がおかれた。

「福島市と飯坂温泉」（昭和九年四月、吉田初三郎画、福島市役所

発行）〈図3〉を開こう。表紙は橋の向こうの山に満月が照る絵柄で、淡く彩色する。橋はアーチの形状から架橋間もない信夫橋（昭和七年架橋）と思われるが、背景を信夫山とすると、山や月の位置は創作であろう。鳥瞰図は阿武隈川の松齢橋《しょうれいばし》辺りから西に福島市街地を望む構図で、左に信夫橋、右に霊山をおき、中央右上に飯坂温泉を描く。市街地北に信夫山三峰が横たわり、西方に吾妻連峰や安達太良山が聳える。

信夫山三峰とは、羽山（湯殿山）・羽黒山（谷山）・熊野山（金華山）である。図は羽山・羽黒山を際立たせ、羽黒山右手に熊野山をひかえ目に描く。羽山と羽黒山の間に薬師の峯（寺山）があり、薬王寺が建つ。羽黒山に羽黒神社が鎮座するように、信夫山は出羽三山の霊場である。信夫山南麓の招魂社（現・福島県護国神社）前は信夫山公園となり、東麓には岩谷観音を祀る。

信夫山の麓に旧制中学校（現・福島高等学校）・旧制高等商業学校（現・福島大学）・高等女学校が、市街地東に男子師範学校（現・福島大学）・競馬場がある。旧制中学校の伝統を受け継ぐ福島高等学校や競馬場（大正七年開設）は現在も同じ場所にあり、男子師範学校跡地に福島大付属中、旧制高等商業学校跡地に福島県立美術館が建つ。

阿武隈川と荒川に囲まれて福島市街地が発達し、市街地西端に東北本線・奥羽本線の福島駅がある。駅前の電鉄福島駅から福島電気鉄道の飯坂西線が飯坂温泉駅へ、飯坂東線が湯野温泉側の飯坂駅や霊山麓の梁川《やながわ》駅などにいたる。

福島駅前から東に大通りが延び、奥州街道の本町に商工会議所・商品陳列所・日本銀行支店が並び、街の中心をなす。日銀支店から左に折れて南下し、信夫橋方面に通じる道路は奥州街道である。奥州街道と阿武隈川に囲まれて市役所・公立福島病院・女子師範学校・県庁・県立図書館・県会議事堂などの公官署・学校などが集まる一帯は、福島城址である。図書館前の池の周囲は紅葉山公園で、園内に藩主を祀る板倉神社と武徳殿が見える。市街地南の阿武隈川右岸に弁天山が迫り、山腹に浄水場を設置する。

昭和初期の旅行案内書は、福島の廻覧順路をこのように示す。

駅―栄町通―中央公園―信夫山公園―岩谷観音―文字摺《もちずり》石―弁天山公園―紅葉山公園―駅（『日本案内記』東北篇、昭和四年）

栄町通は、福島駅前から東に延びる大通りにあたる。日本鉄道（東北本線）福島駅開業（明治二〇年）に際し、奥州街道の本町から駅に向かう道路が整備され、その繁栄を願って栄町と名づけられた。中央公園は市街地中央の福島稲荷神社が鎮座する

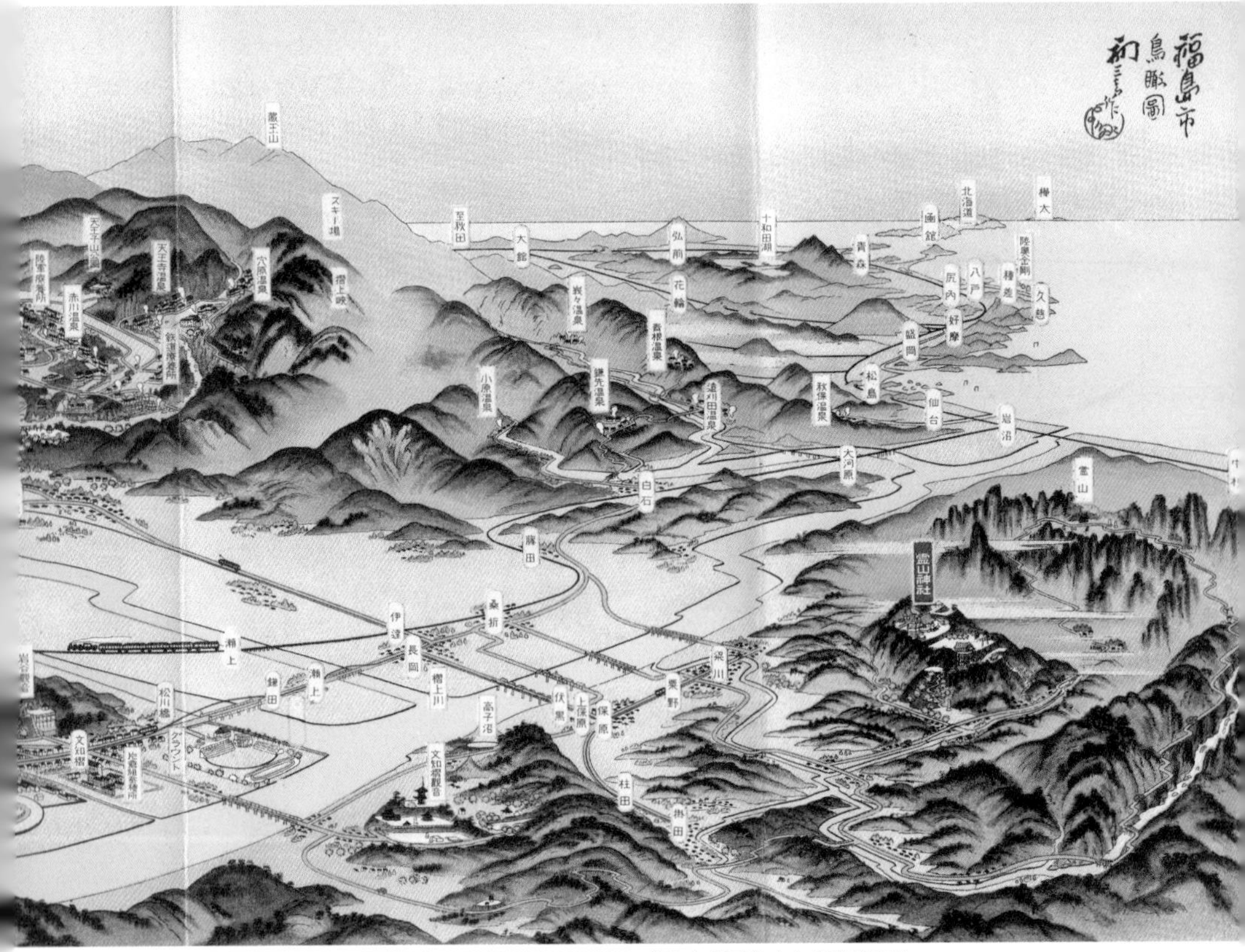


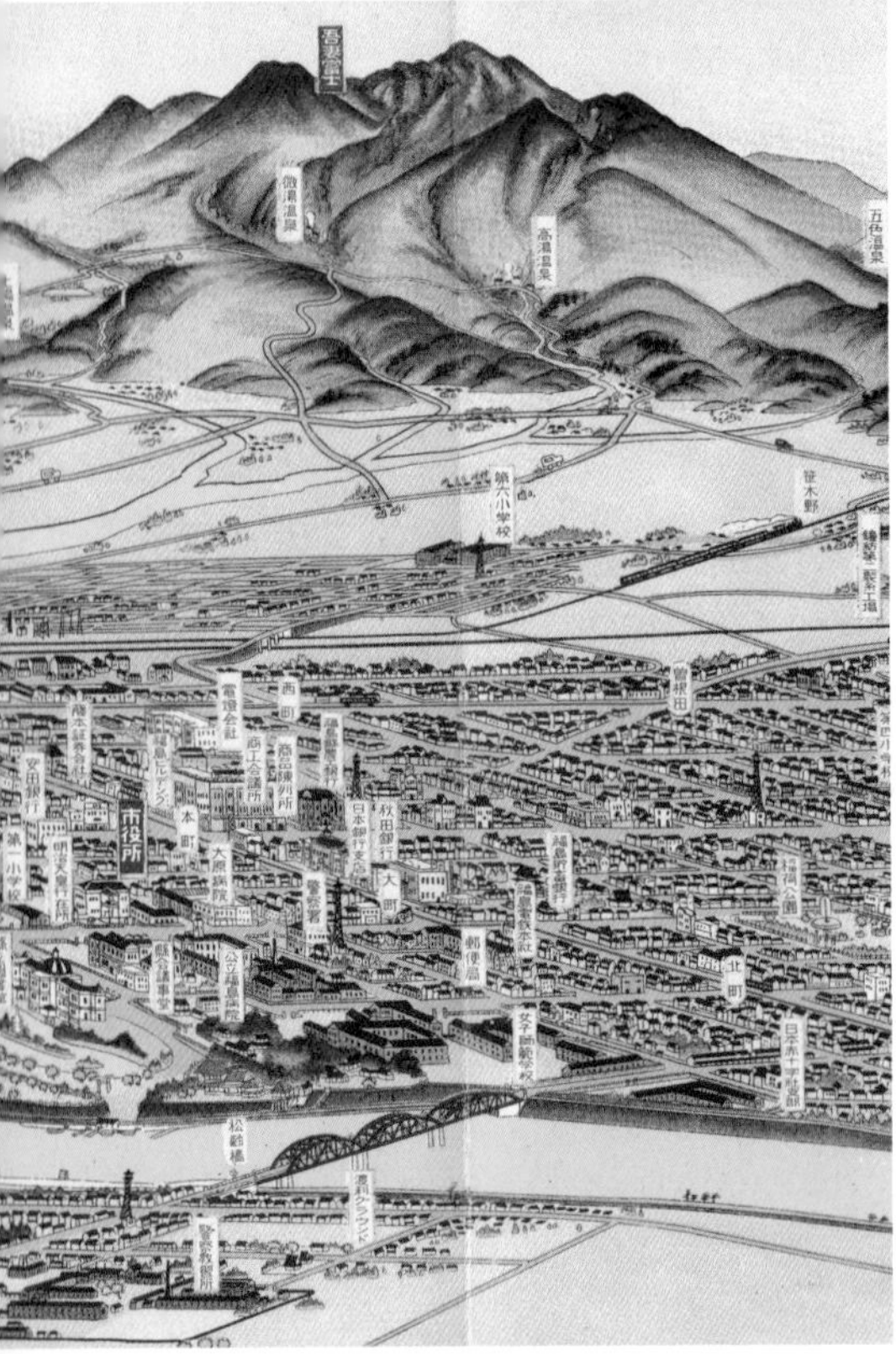


〈図3〉「福島市と飯坂温泉」
（昭和9年4月、吉田初三郎画、福島市役所）
国際日本文化研究センター提供

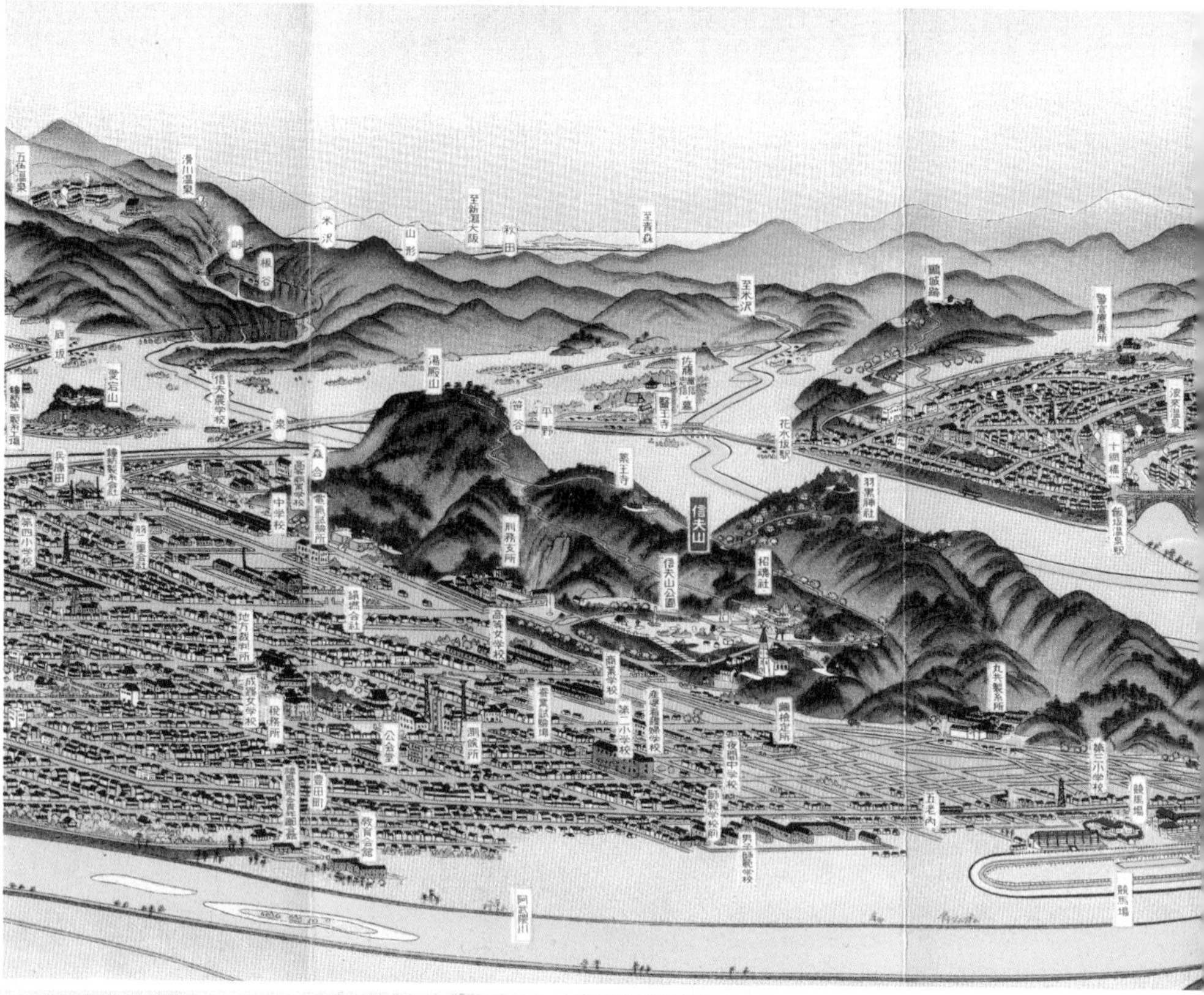
五色温泉
滑川温泉
米沢
至新潟大阪
山形
秋田
至青森
至米沢
鶴城跡
板谷
庭坂
愛宕山
信夫農学校
湯殿山
医王寺
平野
花水坂駅
十綱橋
飯坂温泉駅
信夫山
羽黒神社
森合
中学校
第四小学校
刑務所
信夫山公園
高等女学校
地方裁判所
商業学校
第二小学校
公会堂
測候所
五老内
競馬場
阿武隈川

横浜
東京
至若松新潟
磐梯山
檜原湖
安達太良山
至沼尻
猪苗代湖
川桁
沼尻
川上温泉
中ノ沢温泉
白河
郡山
二本松
三春
平
勿来
勿来関跡
瓦斯工場
第五小学校
信夫橋
須川
弁天山
配水池
水道浄水池
椿山
小倉寺観音
蓬莱岩
電鉄福島駅

地にあったが、今はない。信夫山公園は歴史の古い公園（明治七年認可）で、桜の名所として知られた。

信夫山・岩谷観音・文知摺石など、福島の名所を訪ねてみよう。出羽三山の山岳信仰の名残をとどめる信夫山は、三つの展望台から眺望が楽しめる。薬師の峯にある薬王寺境内から北東を望むと、羽黒山が目に入り、大鳥居から一筋の道が山上に延びる。この参道に沿って修験者が居住した六供集落があり、一ノ宮明神・山王宮・三宝荒神など、修験者が祀っていた祠が残る。

この三つの祠から自然石が露わになった岩坂をゆき、神仏混交時代の仁王門跡を過ぎると、三山信仰の中心をなす羽黒神社が鎮座する。社殿傍らに大草鞋が天を衝き、「奉納信夫三山暁詣り大わらじ」と記す。暁詣りは、旧暦小正月（現在は二月一〇、一一日）に三山を駆け、大草鞋を奉納する行事であるが、仁王門（神仏分離で解体）への草鞋奉納がその起源という。近年は老若男女が一気に山上に駆け上がる盛大な催しとなっている。

信夫山西方の羽山に月山神社・湯殿山神社を祀るが、いずれも小祠である。湯殿山神社背後は奇岩怪石が重なる断崖で、修験者が山駆けをした行場の雰囲気を今に伝える。祠の前に「羽黒山月山湯殿山大神千人講中」と大書した粘板岩の石塔（大正三年）が立ち、裏に信達二郡（信夫・伊達郡）の人名をぎっしり刻む。福島市とその周囲に出羽三山信仰が息づき、その地方拠点が信夫山であったことを物語る石塔である。

湯殿山神社西方の烏が崎もまた、岩肌が露わになった行場の一つで、目の前に視界がひらける。大岩の脇に設えた烏が崎展望デッキに立つと、脚下南に福島市街地がひろがり、西に吾妻連峰、南西に安達太良山を眺望する。

信夫山を下り、岩谷観音に参る。山麓から急な石段を登ると、宝形屋根の小ぶりな観音堂が建ち、背後の凝灰岩の岩肌に刻まれた摩崖仏が圧巻である。蓮を手にした柔和な聖観世音菩薩の傍らに宝永六年（一七〇九）と刻まれている。この頃から観音霊場めぐりが盛んになったのであろうか。石仏の数は約六〇体というが、ほかにも廿三夜・百庚申などと刻んだ岩があり、観音信仰だけでなく、もろもろの庶民信仰の霊場であったことがうかがえる。摩崖仏前の高台からの見晴らしもよく、岩谷観音は信仰を兼ねた古くからの行楽地であったことが目に浮かぶ。

岩谷観音から阿武隈川を渡り、中村街道を東に一・五㎞ほど行くと文知摺《もちずり》観音堂（普門院）があり、境内に「文知摺石」という巨石を据える。図に観音堂・巨石のほかに多宝塔を描くが、軒裏に彩色鮮やかな装飾を施した木造多宝塔（文化九年〈一八一二〉）も現存する。信夫地方は、昔、紋様のある石に絹をあてて染める「もちずり絹」の産地として知られた。それにちなむのが「文知摺石」で、古来、名所として有名である。

ここには、都から東国を訪れた按察使《あぜち》の 源 融《みなもとのとおる》と土地の長者の娘虎女の悲恋の伝説がある。都に戻った源融に一目会いたいと、心を奪われた虎女は観音さまに願いをかけたが、都から何の便りもなかった。ふと目をやった文知摺石に、慕う人の姿が浮かんでは消え去った。恋煩いの病に伏した虎女に都から歌が届いたのは、死の間際であった。それは、「陸奥のしのぶもぢずり誰ゆゑに乱れ染めにし我ならなくに」と、源融の心の乱れを詠んだ一首であった。

これは九世紀の話である。そこに詠まれた「信夫《しのぶ》」は歌枕として有名で、のちに松尾芭蕉や正岡子規などの文人が文知摺石を探訪する。明治八年、上記の一首を刻んだ歌碑が建立されるが、歌枕の地を顕彰する機運の高まった時期であろう。現在、巨石周辺は信夫文知摺公園として整備されている。

阿武隈川左岸の県庁舎東に隣接する紅葉山公園は、福島城二の丸外庭にあたり、藩主が池・茶屋・築山を設けた地という。昭和初期、福島城址は元の姿をとどめぬほど変貌していたことが図からうかがえるが、紅葉山公園にかすかな形跡をとどめる。

福島は、明治一四年の福島大火（甚兵衛火事）により江戸期の家並みは焼失し、城下町の面影は消え失せた。それでも、鳥瞰図に描かれた昭和初年の情景は、信夫山・岩谷観音・文知摺観音・紅葉山などから今も十分に思い浮かべることができる。

## （二）飯坂温泉

「奥州三名湯」の一つ飯坂温泉は、「福島の奥座敷」とも呼ばれた遊興地である。昭和初期の旅行案内書は、飯坂温泉をこのように紹介する。

旅館はすべて川に臨んで断崖の上から下に沿うて建ち清流に影を浮べてゐる。これを河面から望めば皆三、四層の高楼であるが、街道から見れば普通の平屋建に見える。それで内部の構造も最上階が玄関で順次地階に向って客室が出来てゐる。（鉄道省『温泉案内』昭和六年版）

飯坂温泉は摺上川《すりがみ》に沿って温泉街が発達し、対岸の湯野温泉と十綱橋《とづな》でつながる。上記は、川沿いの崖縁に楼閣が建ち並ぶ温泉街の姿が目に浮かぶ記述である。

夏の夕十綱橋上に立てば水面に紅燈が輝き絃歌おこり、京都の四条河原の情景に似てそのさんざめきにも何となく都を偲ばれるところがあり、脂粉の香が強くにじんでゐる。

（同書）

飯坂温泉は、紅や白粉の香り漂う艶やかな歓楽境であった。

「飯坂温泉案内」（年代不明、章央画、発行元不明）〈図4〉から温泉街とその周囲を探ろう。発行年はないが、鳥瞰図に湯野村役場（昭和一五年町制施行、湯野町）が見え、後述する小学校の位置からしても戦前のものである。表紙は摺上川べりの温泉街の絵柄である。表紙・鳥瞰図とも緑と黒の二色刷の爽やかな色調である。鳥瞰図は阿武隈川右岸の保原《ほばら》付近から西に飯坂温泉を眺める構図で、左下に福島市街地、右下に霊山をおく。

摺上川を挟んだ温泉街は別の行政区分に属し、町役場・村役場がそれぞれ図に見える。飯坂・湯野両温泉を結ぶ十綱橋（大正四年架橋）はアーチ橋で、現存する。摺上川を遡ると鉄道省療養所や穴原温泉がある。支流の赤川沿いにも温泉や陸軍省療養所、郊外に警察療養所と、公官庁の保養所が目につく。

福島駅より電車が飯坂温泉駅へ、伊達駅を経て湯野温泉側の飯坂駅（廃駅）へも通じ、十綱橋を挟んで両駅が立地する。所要時間は、福島駅から三〇分、伊達駅から一五分と交通の便に恵まれていたことが、歓楽境をなした要因の一つであろう。

図には、飯坂温泉駅から摺上川に沿って十綱湯・波来湯《はこゆ》・滝ノ湯と続き、川沿いに石垣を築いた楼閣風の建物が軒を連ねる。市街地中央には鯖湖湯《さばこのゆ》・透達湯《とうたつゆ》があり、付近に娯楽場や常設館が建ち、歓楽境をなしていた姿が目に浮かぶ。対岸の湯野温泉は、名称を示さないが、十綱橋から上流に仙気湯《せんきのゆ》・切湯《きりゆ》・狐湯が湯煙をあげる。

飯坂温泉駅から左手に道を進むと小学校があり、付近に郵便局・銀行・警察署・町役場などが建つ。小学校は中世の豪族飯坂氏の居館跡に位置し、明治一八年から昭和一四年までその場所に所在した（現・古舘公園）。

飯坂の町並み背後の山（舘ノ山）は鵬《おおとり》（大鳥）城址で、山上は鵬公園（現・舘ノ山公園）となっている。鵬城は一二世紀後半、奥州藤原氏の家臣で信夫郡を支配した佐藤氏が拠った砦と伝える。付近の医王寺は、源義経の家臣として名高い佐藤継信・忠信兄弟ゆかりの寺で、芭蕉が立ち寄り一句を詠んでいる。

当時、飯坂温泉は、湯野温泉を含めて五十余軒の旅館がひしめきあっていた。案内文に「日本三景の随一松島及金華山御遊覧の途ぜひ御来浴御待申上ます」と謳うが、宮城県の松島や金華山に訪れる遊覧客さえも引き寄せようとする商売熱心な姿が

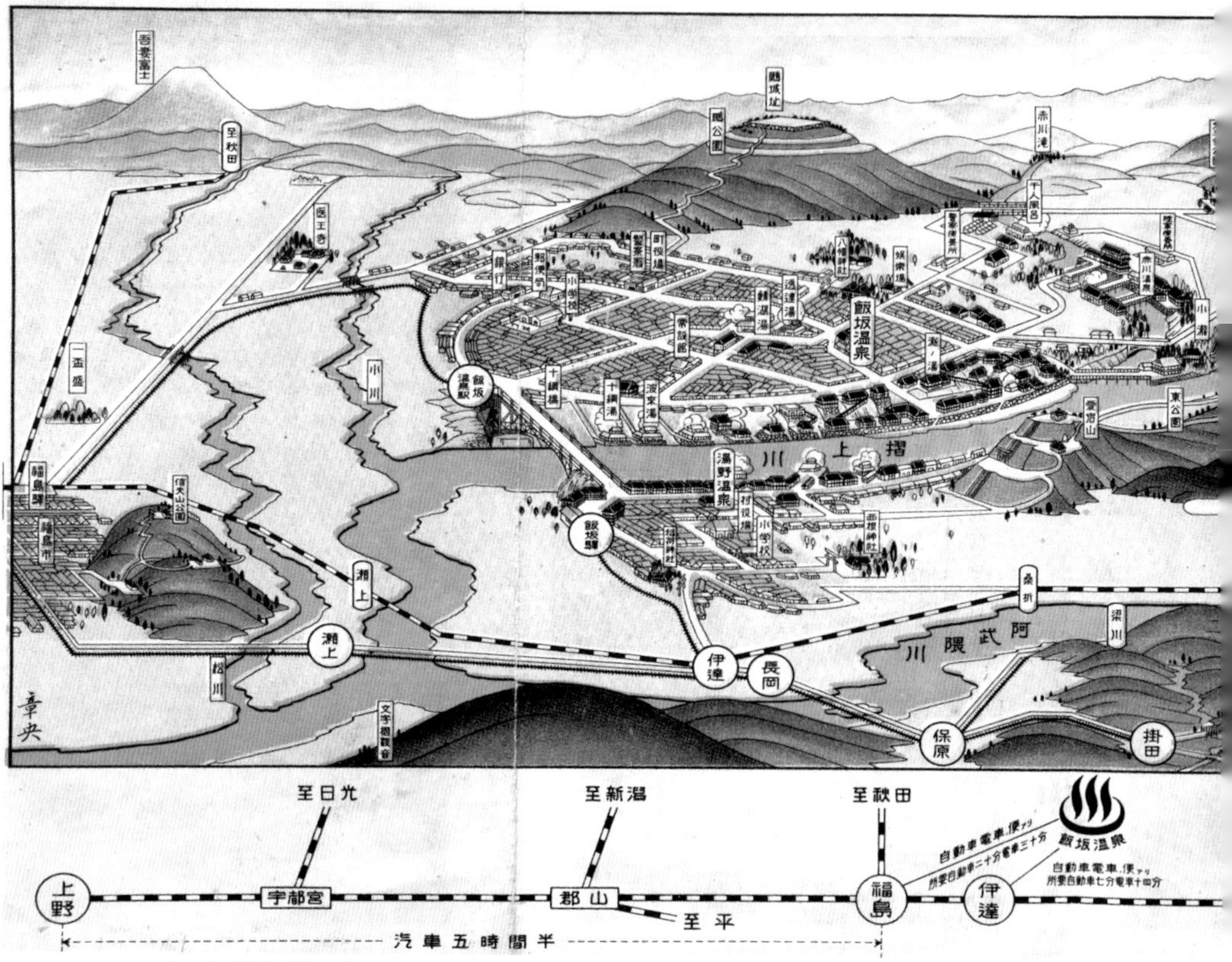


〈図4〉「飯坂温泉案内」(年代不明、章央画、発行元不明)

伝わる。名産品に、鮎・鰍《かじか》・なめこ茸・桜桃《おうとう》（サクランボ）・桃・梨・木地細工を挙げる。

飯坂温泉を散策しよう。摺上川沿いを往くと、十綱湯は移転、滝ノ湯は消滅し、波来湯が木造で再現されている。街中の鯖湖湯も木造で再建されている。対岸の湯野温泉には仙気湯・切湯が現存する。現在、両温泉あわせて九つの共同湯がある。

とりわけ風情あるのは、古い歴史をもつ鯖湖湯界隈で、周囲に漆喰塗籠造りや木造三階建の温泉旅館が残る。鯖湖湯の前に祀られた鯖湖神社から足湯にかけて景観整備された石畳の歩道が延び、一角に「芭蕉と曾良入浴の地」の記念碑が立つ。芭蕉が『おくのほそ道』の旅で医王寺に詣でた後に飯坂温泉を訪れたのは、元禄二年（一六八九）五月二日であった。

其夜飯塚にとまる。温泉あれば、湯に入て宿をかるに、土坐に筵を敷て、あやしき貧家也。灯もなければ、ゐろりの火かげに寝所をまうけて臥す。夜に入て、雷鳴雨しきりに降て、臥る上よりもり、蚤《のみ》・蚊にせゝられて眠らず。（『おくのほそ道』）

飯坂を「飯塚」と記したことは、単なる誤りではないという諸説があるが、ここではふれない。当時、内湯旅館はなく、湯に浸かった後で宿を借りたのだろう。畿内に隣接する伊賀生まれの芭蕉に、土座住まいが異様なものとして目に映ったのかもしれない。しかし、その頃の東国では、貧家に限らず、土座住まいは普通であった。東北地方にわずかに残された江戸中期の古民家がそれを物語る。ともあれ、蚤に噛まれ蚊に刺されて散々な飯坂温泉であったが、その住まいでの一夜は芭蕉が思い描くみちのくの情景であろう。

十綱橋に立つと、摺上川を圧するようにホテル・旅館が建ち並んでいる。戦前、断崖の上から清流に影を浮かべていた高楼が、コンクリートの塊に化してしまった姿は、何とも形容しがたい。それは、昭和の高度経済成長期の歓楽的な温泉街を象徴する景観である。仮に芭蕉が訪れてこの風景に接したら、「あやしき大廈也」と、感嘆するのかもしれない。

### （三）霊山

福島市の東に位置する溶岩台地の霊山《りょうぜん》（八二五ｍ）は、奇岩怪石が屹立する山である。そこは、九世紀半ばに慈覚大師円仁が開山、以後、東北における山岳修験の霊場となった。南北朝期の一四世紀前期、山上に北畠顕家《あきいえ》が霊山城を築いて奥羽地方の南朝方の拠点にしたが一〇年後に落城、その後、歴史の表舞台に現われることはなかった。

昭和九年、霊山は史跡及び名勝に指定された。奇岩めぐりのほか、秋は紅葉の名所として多くの登山客が訪れる山である。「飯坂温泉　霊山」（年代不明、福島電鉄発行）〈図5〉は、霊山と飯坂温泉を併記したパンフレットである。表紙は桜の季節の飯坂温泉、裏表紙は紅葉に染まる霊山と霊山神社の絵柄である。福島市街地から飯坂および霊山に向かう福島電鉄の路線図を中心に、飯坂温泉案内図と霊山探勝案内図を添える。発行年代を知る手がかりはないが、鉄道省・逓信省指定旅館の広告が出ているから戦前のものである。なかでも霊山探勝案内図は、二つの登山口から霊山を巡る道程や数々の奇岩を示し、戦前の探勝の姿が伝わる。案内文を見よう。

霊山は海抜八百米山勢突兀《とっこつ》、奇巌雲に峠（ママ）ち、千姿万態極りなく、幾多大家の絵になってゐる、殊に満山紅葉の美は天下に誇るに足る、南朝の史蹟として西の吉野山は花に名高く、東の霊山は紅葉に勝れてゐる、思へば勤王将士の功績は、赫々《かっかく》として花と輝き錦となって千載の後までも、国民の士気を鼓舞するものの如くである、登山容易で探勝に約二時間を要する。

山容は高く聳え、奇岩が雲に峙《そばだ》ち、さまざまに異なる姿形は限りがなく、紅葉の美しさは天下一である、と誇る。北畠顕家が城を築いて南朝の拠点とした歴史を、桜で名高い吉野と対比する。国民の士気云々は、戦前の道徳観を表わす一文であろう。

現在、石田口（行合道）から登る「霊山周遊ルート」（四・五km、二時間）が主流であるが、以前は霊山神社からの大石口（神社口）が表登山口であった。まず、大石口からの登山案内を示そう。

霊山神社表参道から、徒歩約廿町で紫明峯の全景巍然《ぎぜん》として展開し、間もなく霊山閣に達する 此処から一ノ鳥井《(ママ)》を経て、絶頂日枝神社に至るものと、紫明峰の岩の間を縫うて、同所に至るものとある。後者は道が稍《やや》困難であるが、登山趣味たっぷりで誰しも快哉を叫ぶ。

霊山神社（明治一四年創建）は、北畠親房《ちかふさ》・顕家などを祀る神社である。紫明峰は霊山北部の峰で、参道から雄大な山容がひろがる。霊山閣・日枝神社ともに、今は跡地に化している。

日枝神社から東すれば、霊山寺跡で断礎の間に懐古の情湧き、低徊去る能《あた》はざるものがある、南すれば国司館跡に至る、信達の平野一眸《いちぼう》の下にあり。又遠く渺茫《びょうぼう》たる太平洋の煙波を望むことが出来る。

霊山寺は慈覚大師円仁開山の歴史の古い寺であったが、一四世紀前期、北畠顕家が南朝の義良《のりよし》親王（後醍醐天皇の皇子）を奉じて立て籠り、堂塔はことごとく北朝方に焼き滅ぼされた。国司館跡から国司沢・錦霞渓を経て下山するコースのほか、護摩壇・東物見・五百羅漢・日暮岩を経由して錦霞渓にいたる細道をたどることもできた。もう一つの登山口は、石田口である。

自動車より降り全景を見上げつつ錦霞渓に達す、幹線によれば左に国司沢の絶景を賞《め》で国司館跡に達す。健脚の士は錦霞渓を過ぎ指導標により右に折れ、日暮岩、五百羅漢岩、東物見岩等を経て国司館跡に達するも可《よ》い、又国司館跡より西に入り、護摩壇岩等を探るのも随意である。

探勝後は、霊山寺跡を経て大石口に下山する。新緑や紅葉の季節には霊山遊覧乗車券が発売され、遊覧客を誘引した。

現在、霊山こどもの村・紅彩館の先が表登山口（標高五三〇m）となり、錦霞渓から霊山城跡と霊山南部をめぐる登山路（高低差二九五m）が整備されている。この表登山口から進むと、まず、

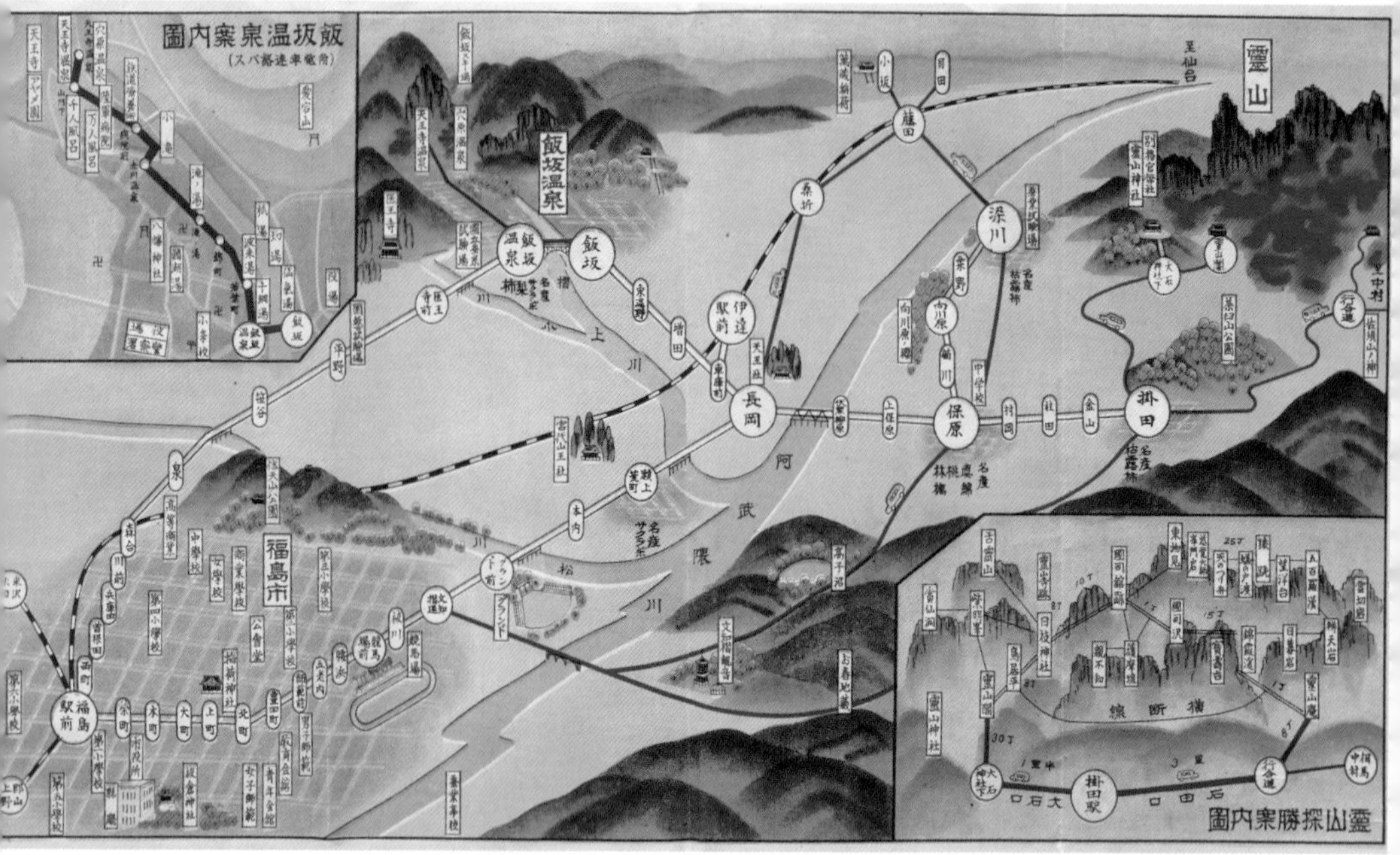

〈図5〉「飯坂温泉　霊山」
（年代不明、福島電鉄）

〈図6〉下・左「岩代温海温泉　高玉温泉御案内」
（昭和12年7月、澤田文精社図案、
岩代熱海・高玉温泉組合）

眼前に鍛冶小屋岩が現われる。玄武岩質の火山角礫岩が風化浸蝕されて形づくられた岩で、このような奇岩怪石が次々に出現する。国司沢を経て、親不知子不知と名づけた目のくらむ断崖絶壁をゆくと、護摩壇という岩場に到達する。一帯は、まさに霊場といった気配が漂う。国司館跡・霊山城跡から東物見岩・五百羅漢岩を見つつ、登山口へと引き返す。

短時間の登山ではあるが、次々に展開する奇岩怪石が異空間に誘い込み、束の間ではあるが日常の雑事を忘れさせる。山に漂う霊気は、身と心を浄化させてくれる。昔の探勝者もまた、その空気にふれ、心身の甦りを求めて霊山に足を運んだのであろう。

## 四、磐梯熱海温泉

郡山盆地北西の磐梯（岩代）熱海温泉は、阿武隈川水系の五百川《ごひゃくがわ》の山峡に発達した温泉地である。磐越西線磐梯熱海駅に近く、交通の便もよく「郡山の奥座敷」ともいわれた。

昭和初期の旅行案内書は、熱海温泉をこのように紹介する。

> 温泉は文亀二年都の殿上人が疫病にかかり、或夜の霊夢に感じて、この地に入湯療養につとめたところ全治した。よって神恩を感じてここに止り、天壽を全うして死んだ、……
>
> （鉄道省『温泉案内』昭和六年版）

これは、一六世紀初頭の開湯伝説である。やがて殿上人を不治の病に苦しむ都の高貴な女人におきかえた話も生まれた。その新たな伝説に因み、温海温泉では高度経済成長末期の昭和四七年から、誘客目的の「萩姫まつり」を開催するようになった。

「岩代熱海温泉　高玉温泉御案内」（昭和一二年七月、澤田文精社図案、岩代熱海・高玉温泉組合発行）〈図6〉を見よう。表題のとおり、当時は岩代熱海温泉と呼んでいた。表紙は河川と山岳の絵柄で、五百川および猪苗代湖から望む磐梯山であろう。鳥瞰図は五百川右岸から北に温泉街を望む構図で、左に高玉温泉、中央に熱海温泉、右に郡山駅をおく。背後に磐梯山を遠望する小ぶりな愛らしい鳥瞰図である。

温泉街の玄関口である岩代熱海駅（昭和四〇年、磐梯熱海駅に改称）は、明治三一年に岩越鉄道（明治三九年、国有化）熱海駅として開業した。駅から北に向かうと、小山の山麓に湯泉神社（温泉神社と表記）が鎮座し、付近に郵便局・駐在所・劇場・大弓場・テニスコート・野球場などがある。背後は稲荷山で、山腹の稲荷山公園に桜が咲く。町並みはずれの橋の下は水泳場で、橋を渡ると丸守発電所があり、背後の山は熱海スキー場となっている。上流の高玉温泉には、スケート場もある。案内文を見よう。

山の姿、水の流そのままが自然の与へてくれました一大公園であり楽園であります。それに名所、旧蹟を控へて居ります故静養客を楽しみます好適の探勝地に恵まれて居ます。

熱海・高玉両温泉は、自然環境豊かな地に立地し、探勝地にも恵まれている、と語る。

仰げば蓬山の秀峰、天空に聳え、俯せば紺青の清い流五百川の潺々《せんせん》としたひびきです全山を包む翠巒《すいらん》に春秋絶間なくさえづる妙なる千鳥の声、凡《すべ》ては超俗の山峡をしろしめます万物の相であり、亦《また》声であります。立騰《たちのぼ》る湯気は人間脳を救ふ起死回生《きしかいせい》の神の陽炎《かげろう》とも思はるる名湯熱海湯の町また史蹟と名勝旧蹟の地を控へて旅情を添えて居ます。

蓬山は五百川右岸にある高玉温泉背後の山で、ケヤキの大木が群生し、蓬山遊歩道が整備されている。山紫水明の仙境のような温泉街であることを強調するとともに、温泉街にはスキー場・野球場・庭球場・撞玉場・水泳場・大弓場と、娯楽施設が完備していたことにもふれる。

併せて、温泉地を拠点にめぐる名勝・遊覧地も紹介もする。

猪苗代湖と磐梯山及裏磐梯檜原湖、小の川湖、秋元湖並に五色沼は国立公園候補地として観光道路の完備し当温泉より汽車にて三十分猪苗代駅下車それより自動車にて約三十分にして達し檜原湖付近の景勝地を自動車より充分に観賞し得て当温泉に滞在中一日の清遊の地として絶好の地であります。

温泉地から足を延ばすと、裏磐梯に檜原湖・小野川湖・秋元湖・五色沼の探勝地がある。これらは、明治二一年の磐梯山噴火の山体崩壊による土石流が小野川・長瀬川などを堰き止めてできた湖沼群である。

温泉地では、四季折々の楽しみが尽きなかった。

春は桜花、夏は避暑、秋には紅葉、茸狩、小鳥山殊に夏は五百川に於ける鮎、山女《やまめ》岩名《（ママ）》、鮠《はや》等の釣、冬は付近の山野に雉子、山鳥、兎、山鳩等の銃猟に適して居ります。

紅葉の頃は景色がよく、マツタケ・シメジ狩りができた。

五百川ではアユ・ヤマメ・イワナ・ハヤが釣れ、木蔭で竿を垂れる楽しみがあった。当時、熱海温泉に旅館二〇軒・料理屋六軒・芸妓屋五軒、高玉温泉に旅館四軒・料理屋一軒を数えた。

磐梯熱海温泉を訪ね、高玉温泉に向けて五百川沿いをゆく。駅前から稲荷山麓に鎮座する湯泉神社に延びる「湯の街通り」には大型旅館が建ち並び、小路の一画に古風な元湯（共同湯）が忘れられたように残る。ケヤキや銀杏の大樹が茂る湯泉神社境内は、静けさにつつまれている。

五百川に架かる橋を渡ると、緑の山を背後に橙色の東京電力丸守発電所（大正一〇年運転開始）が鮮やかである。橋の下流に熱海頭首工が建設（昭和四八年）され、五百川の清流は堰き止められた。橋の袂にあった水泳場は消滅し、川岸は竹藪に化している。温泉地での川遊びは忘れられ、スキー・スケート場、稲荷山公園も今はない。

上流の高玉温泉の「源泉通り」は清々しい町並みで、道端に足湯を設ける。足湯背後の郡山市営温泉事務所に巨大な貯湯槽を据え、源泉は集中管理されている。「よもぎ橋」付近は五百川の清流が健在で、ここに来てようやく案内文の情景を思い浮かべることができる。

## 五、猪苗代湖と磐梯山

猪苗代湖とその背後の会津磐梯山は、福島県きっての観光名所である。「国立公園候補地磐梯山　付近避暑地及温泉案内」（大正一四年六月、松井天山画、松井哲太郎発行）〈図7〉を開こう。表紙は湖畔の松林の鳥居から猪苗代湖と磐梯山を仰ぐ絵柄で、鳥居の場所は小平潟天満宮だろうか。

国立公園候補地とあるが、候補地調査は大正九年頃から開始され、磐梯山は「史蹟名勝天然記念物調査会」が提示した一三候補地（大正一一年）の一つに選ばれた。ところが、国立公園法制定（昭和六年）に伴う戦前の一二国立公園に磐梯山は指定されず、戦後の昭和二五年にようやく磐梯朝日国立公園が誕生した。なお、発行者の松井哲太郎は天山の本名であり、猪苗代町の小林商店から発売された。

鳥瞰図を見よう。猪苗代湖から北に磐梯山を望む構図で、猪苗代湖北岸に磐越西線が延び、左に翁島駅、中央右下に川桁駅をおく。川桁駅から耶麻軌道（磐越急行電鉄に改称、昭和四四年廃線）が沼尻駅に達し、右に中ノ沢温泉を大きく描く。耶麻軌道は硫黄鉱石搬出を目的に敷設された軌道で、大正二年に川桁駅—大原駅（後の沼尻駅）間の営業を開始した。

猪苗代湖に目をやると、川桁駅付近の湖畔に小平潟天満宮が

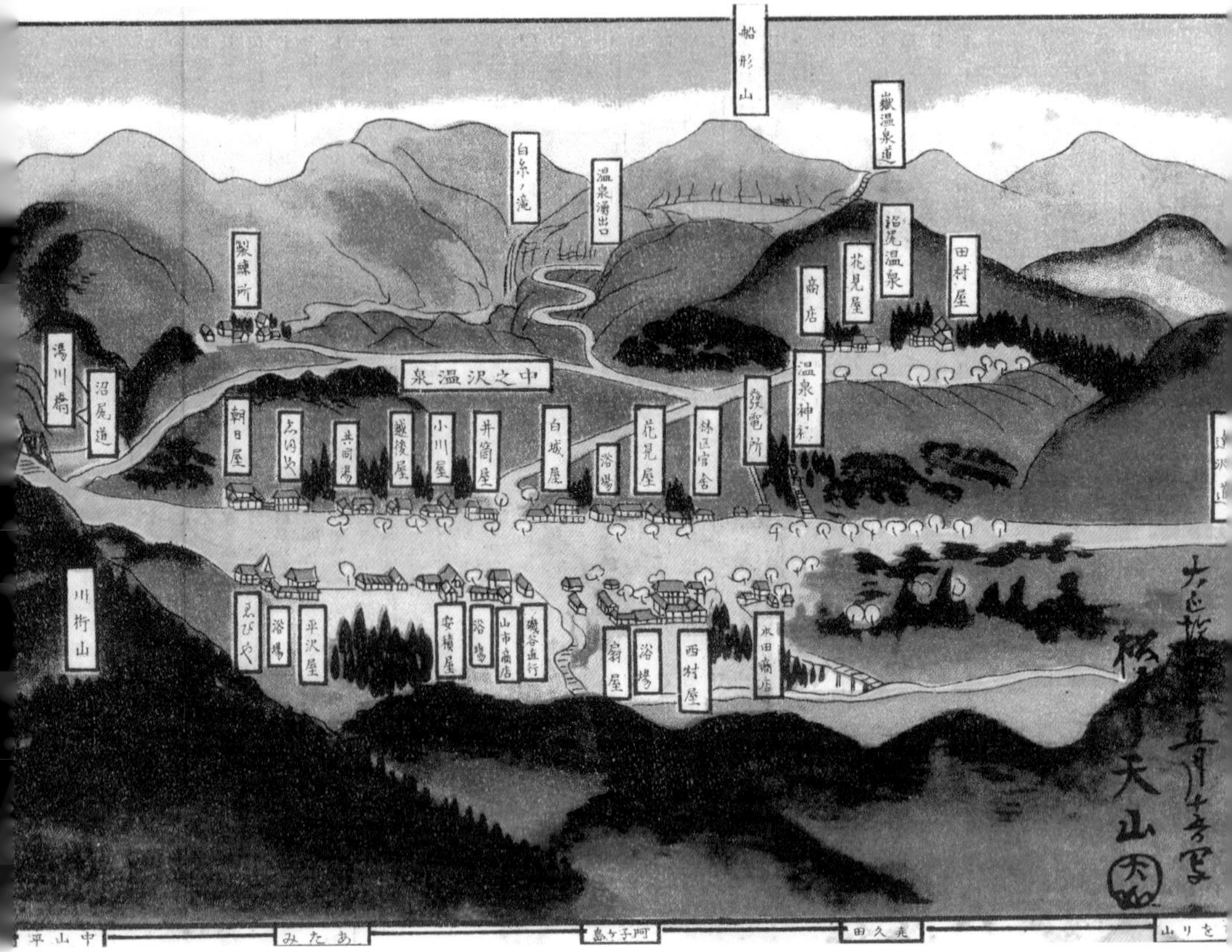


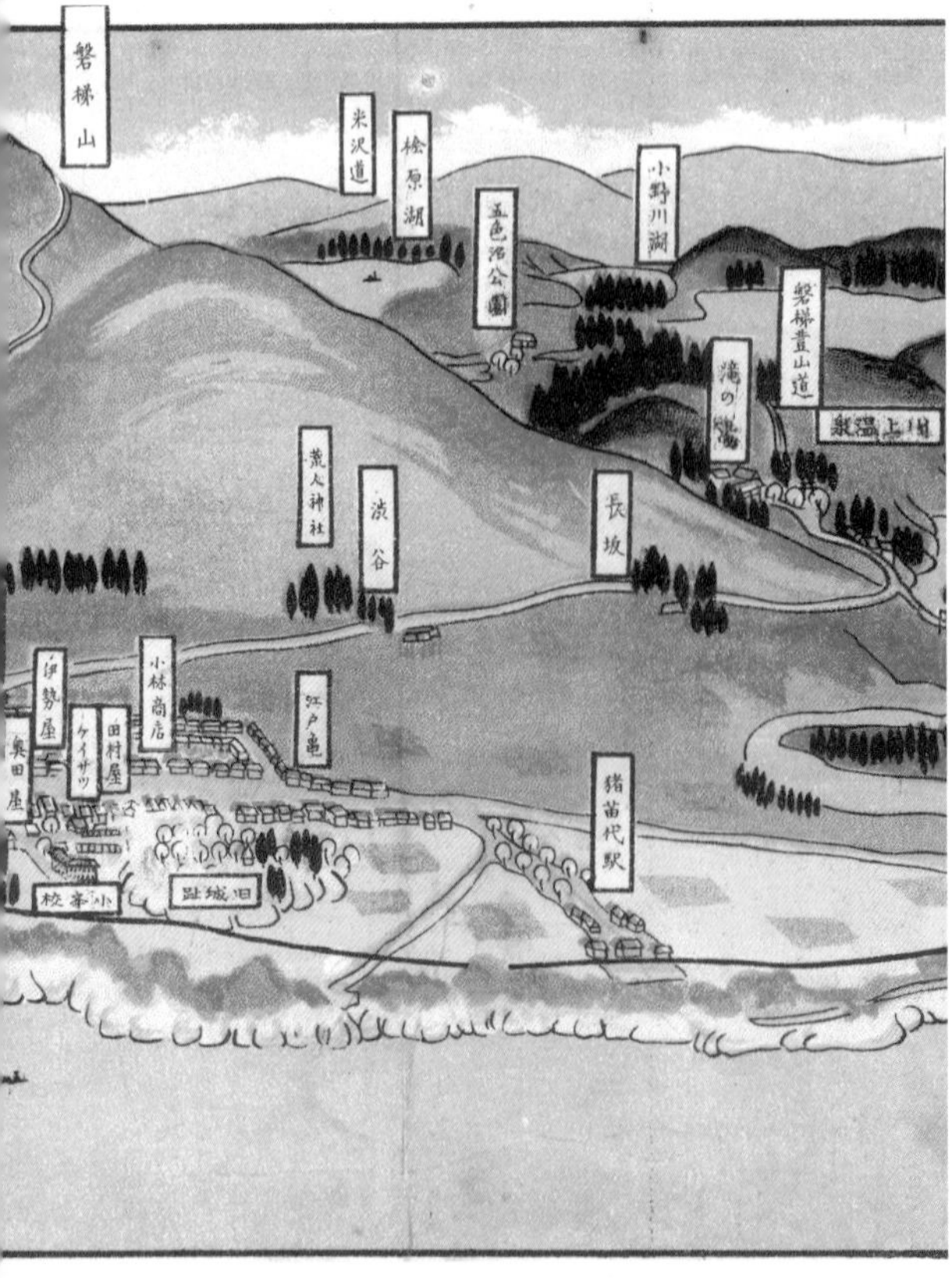

〈図7〉「国立公園候補地　磐梯山付近避暑地及温泉案内」（大正14年6月、松井天山画、松井哲太郎）国際日本文化研究センター提供

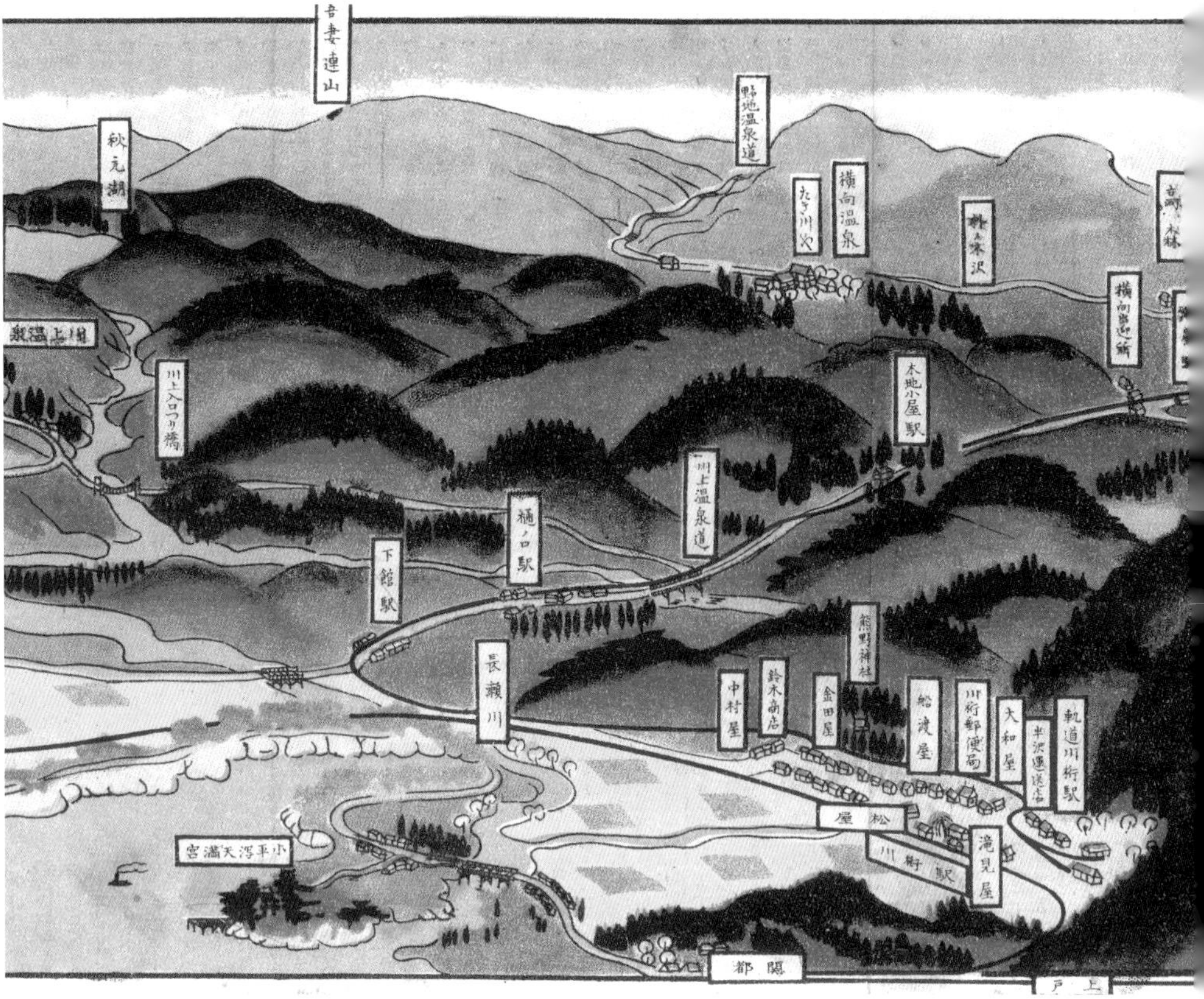
吾妻連山
秋元湖
野地温泉道
たき川や
横向温泉
横向案内所
本地小屋駅
川上温泉
川上入口つり橋
川上温泉道
樋ノ口駅
下館駅
長瀬川
熊野神社
中村屋
鈴木商店
金田屋
船渡屋
川桁郵便局
大和屋
半沢運送店
軌道川桁駅
松屋
川桁駅
滝見屋
小平潟天満宮
関都
上戸

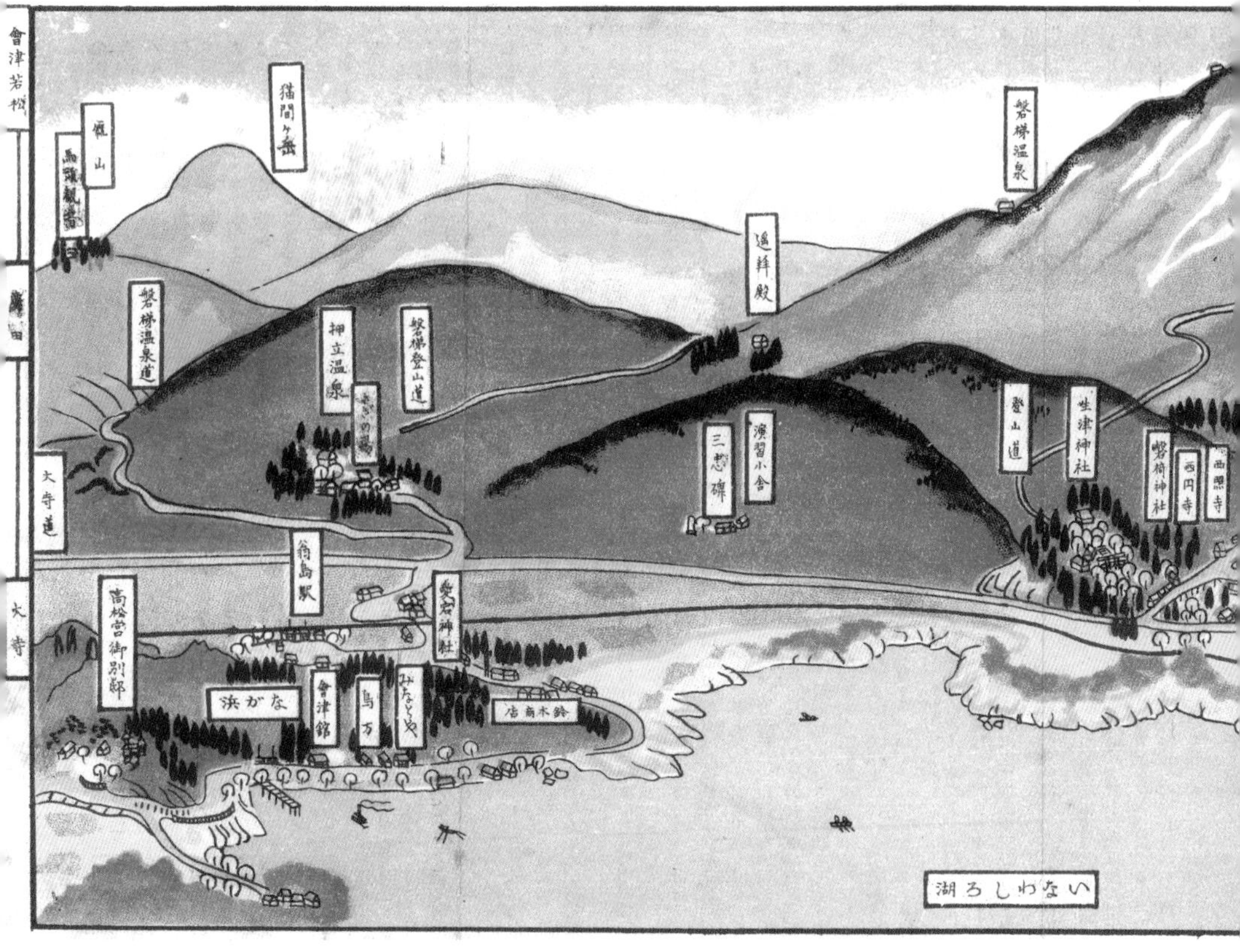
會津若松
大寺
猫間ヶ岳
磐梯温泉
遥拝殿
磐梯温泉道
押立温泉
磐梯登山道
三忠碑
演習小舎
登山道
土津神社
磐梯神社
西円寺
西照寺
大寺道
翁島駅
愛宕神社
高松宮御別邸
なが浜
會津館
島万
みなとや
鈴木商店
いなわしろ湖

鎮座し、翁島駅近くの長浜湖岸の高台に高松宮家別邸が建つ。磐梯山へは、猪苗代駅から土津《はにつ》神社を経て山頂にいたる登山道、翁島駅から遥拝殿を経て頂に行く道を描く。

耶麻軌道終点の沼尻駅で下車し、湯川橋を渡ると中ノ沢温泉に達し、温泉街の旅館・商店の名を丁寧に描き込む。その奥に沼尻温泉、沼尻駅から山道をたどると、横向温泉・野地温泉も見える。さらに、磐梯山裏に川上温泉、西側中腹に磐梯温泉、翁島駅付近の山麓に押立温泉と、磐梯山や安達太良山麓には多くの温泉地が点在する。

磐越西線が中山峠のトンネルを抜けると、猪苗代湖と磐梯山が車窓に展開し、間もなく列車は関都《せきと》駅に到着する。

中山宿の隧道を出づるや一望展開遠く左方に鏡面を眺め右に磐梯の雄姿を認めん軈《やが》て進行して関都に近くや湖面は観喜《（ママ）》し山は襟を正さしめん西行の車窓当駅付近を白眉とす（中略）当社（小平潟天神社）は湖岸絶勝の地にして白砂青松の間にありて夏期水浴場の設あり、……

関都駅付近からの猪苗代湖と磐梯山の車窓風景が特に優れており、小平潟天満宮付近は湖岸の景色がよかった。

翁島駅付近の長浜も、景色のよい湖岸の遊覧地であった。

長浜は山に椅《（ママ）》り高松宮御別邸を仰ぎ遠浅にして水泳によくボート釣舟発動機船等を備へ湖上の遊器整頓す遠く湖岸を遊覧するに便す春は桜花爛熳として湖神に捧ぐ……

長浜の丘に高松宮家別荘があった。和風の高松宮翁島別邸（大正一一年建築）、そして高松宮家が受け継いだ有栖川家別邸（洋風建築）の天鏡閣（明治四一年建築）である。保養地の性格を帯びていた長浜は、水泳やボート遊びが楽しめ、夏期は写真師・理髪師・西洋洗濯人などが出張していたことも記す。

会津の名山は、磐梯山である。

山姿雄大山下二里余の裾野を展開し裾野の尽くる処直ちに渺々《びょうびょう》たる猪苗代湖に接す（中略）磐梯山は四峰より成る大磐梯赤殖《（ママ）》の二峰は東西に並び南方に坐す櫛ヶ峰小磐梯（今は破裂の為め其形なし）は北方に対峙し是等群峯の懸崖を以て囲繞《いにょう》せらるる処を沼の平と云ふ即ち旧噴火口ならん……

雄大な磐梯山（一、八一六ｍ）は、八㎞余りの裾野を引き、果てしなくひろがる猪苗代湖に接する。磐梯山は本峰の大磐梯、赤埴山・櫛ヶ峰・小磐梯の四峰から成っていたが、明治二一年の噴火により小磐梯は崩壊した。沼の平は、九世紀初頭の噴火で形づくられた噴火口である。三登山口の中で最も登山が容易なのが猪苗代駅からの道で、ここからの案内文を要約しよう。会津藩初代藩主保科正之を祀る土津神社に参詣し、登山道をゆく。一合目天の庭から眺望が開けて猪苗代地方の全景を眺望し、南に那須の群山も望む。天の庭より二合目赤埴山頂にいたる。赤埴山頂より見下せば、近く猪苗代一帯の風景が眼下にひらける。また、遠くに会津若松や会津盆地を取り囲む連山も見え、北東には沼尻硫黄山の白煙を遠望する。三合目から噴火口沼の平に達するが、底深い断崖が壁のように立ち、硫黄のにおいが鼻をつく。少し登れば、四合目の弘法清水である。これより五丁半（約六〇〇m）の山道を登ると、磐梯山頂に到達する。

四顧豁然《かつぜん》遠く太平洋岸縹渺《ひょうびょう》として有無の間にあり後方両羽の高峯米沢平野の間に聳へ南方両毛に迫れど遠山白雲に伍して糢糊たり展望実によろしく万里双眸の中に集り壮観極りなし雲霧屢々《るる》濛々として湧き羽化登仙《うかとうせん》の概あり……

山頂から眺望がひらけ、太平洋が果てしなくひろがる。うしろに羽前・羽後（山形県）の高い山が米沢盆地の間に聳える。南は両毛の上野・下野（群馬・栃木県）であるが、遠くの山は雲と肩を並べてぼんやりしている。遠くの景色も目に映り、雄大な眺めはこの上もない。雲霧がしばしば立ちこめ、天にものぼる心地である、と語る。

磐梯山と安達太良山周辺の七つの温泉の中では、とりわけ中ノ沢温泉を詳細に紹介する。

陽春には桜花の隧道をなし旅館商店櫛比《しっぴ》して桜樹と老松に囲まれ右に磐梯の秀峯を眺め左りに吾妻連山を見て落付ある壺中《こちゅう》の仙境なり……

鳥瞰図は、温泉神社下の街道の両側に白城屋・花見屋・扇屋・西村屋・安積屋など旅館九軒、小川屋（御料理・芸妓置屋）・山市商店（土産物）・山市理髪店・磯谷直行家（木地屋）・越後屋（湯花羊羹本舗）などが軒を連ねる姿を描く。

中ノ沢温泉は、当初、明治一九年創業の白城屋・花見屋・扇屋の三軒であったが、その後、西村屋・安積屋が加わった。大正期には沼尻駅からの直通道路・橋梁を造り、源泉を引く土管を木管に改めて高熱の引湯を実現した。中ノ沢は、厳冬、湯に浸かって雪景色を楽しむとともに、スキーもできる別天地であった。

猪苗代湖を訪ね、湖畔の小平潟天満宮に参詣しよう。松林の中にたたずむ、清楚な神社である。境内の「秩父宮雍仁親王殿下野営記念　少年団連盟第一回野営大会」と刻んだ黒御影の石碑（平成八年）が目を引く。裏に「全日本の少年団幹部並に団員諸君に告ぐ」と題する碑文（二荒芳徳撰）があるので抄出する。

大正十三年八月十八日、秩父宮殿下には畏くも福島県猪苗代湖畔、天神浜に設営せる少年団日本連盟天幕に御一泊遊ばされ、申すも畏れ多き事ながら、団員と同じき食事をと

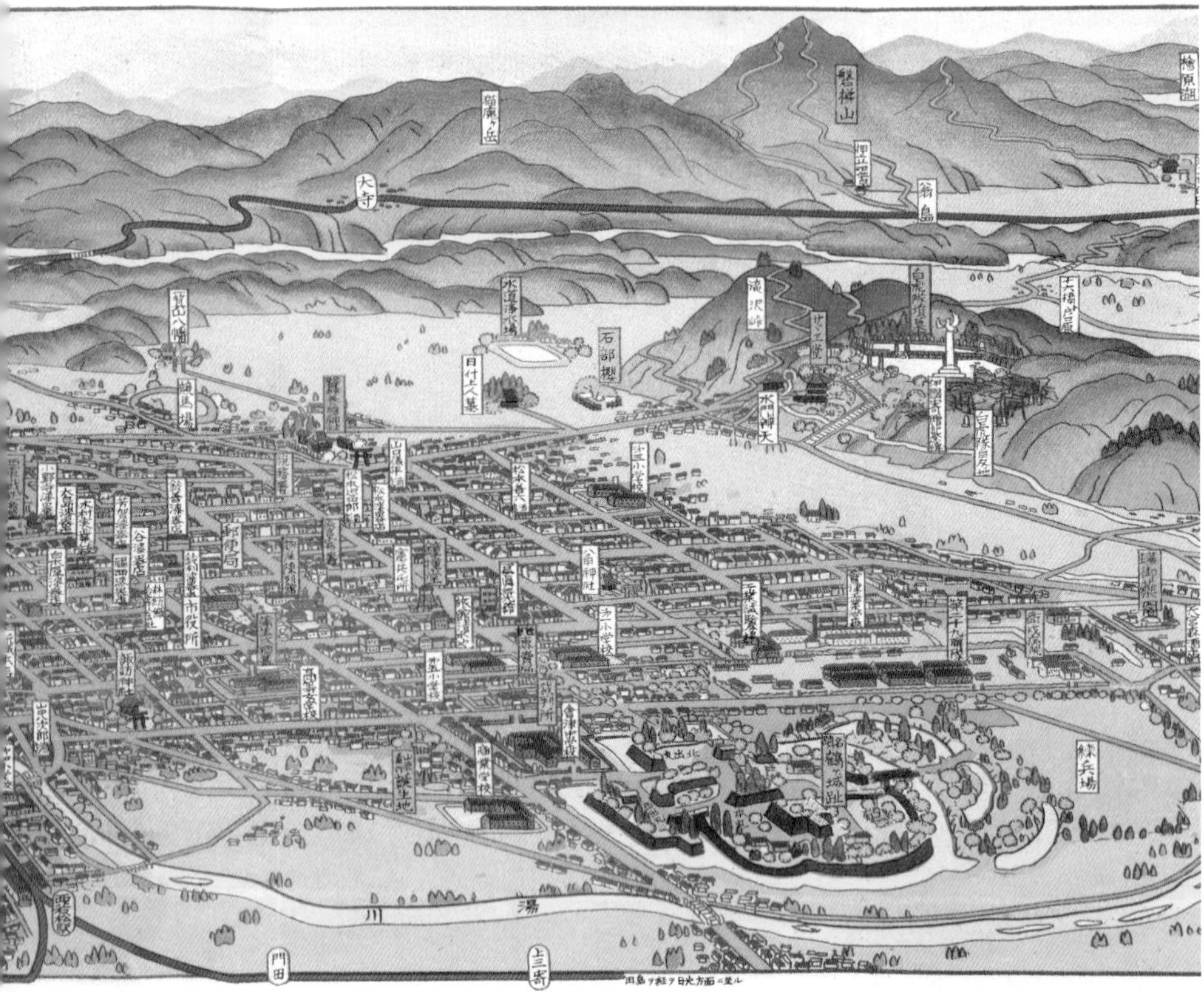

磐梯山
翁島
大寺
滝沢峠
鶴ヶ城址
練兵場
湯川
門田
上三寄
田島ヲ経テ日光方面ニ至ル

青森
函館
仙台
郡山
平
白河
上戸
中山宿
翁島
水戸ヲ経テ東京ニ至ル
羽黒神社
温泉神社
東山温泉
新東山温泉
伏見滝
向瀧旅館
新滝旅館
原滝旅館
東京

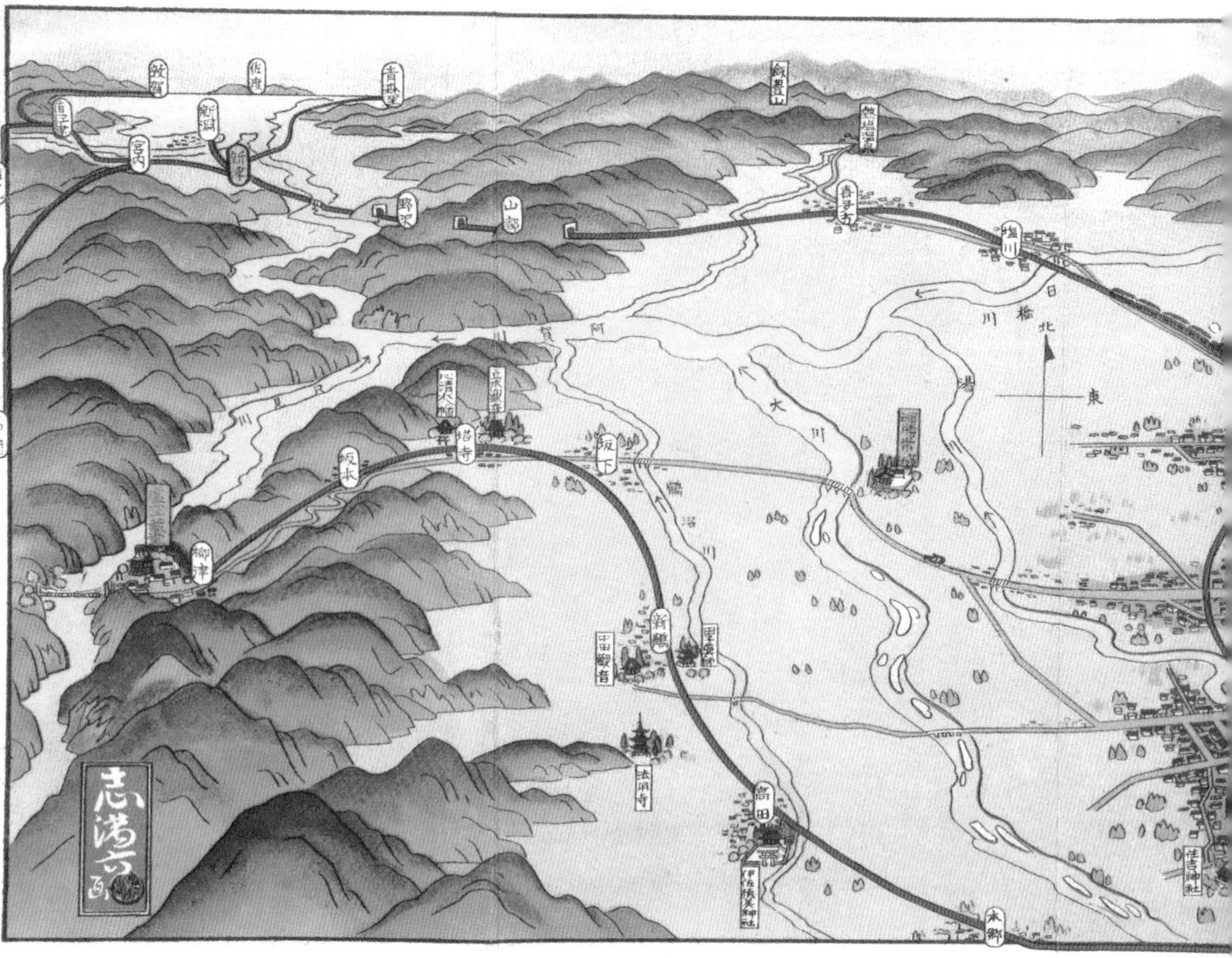


〈図8〉「会津若松市」
(昭和8年6月、志満六画、若松市役所)

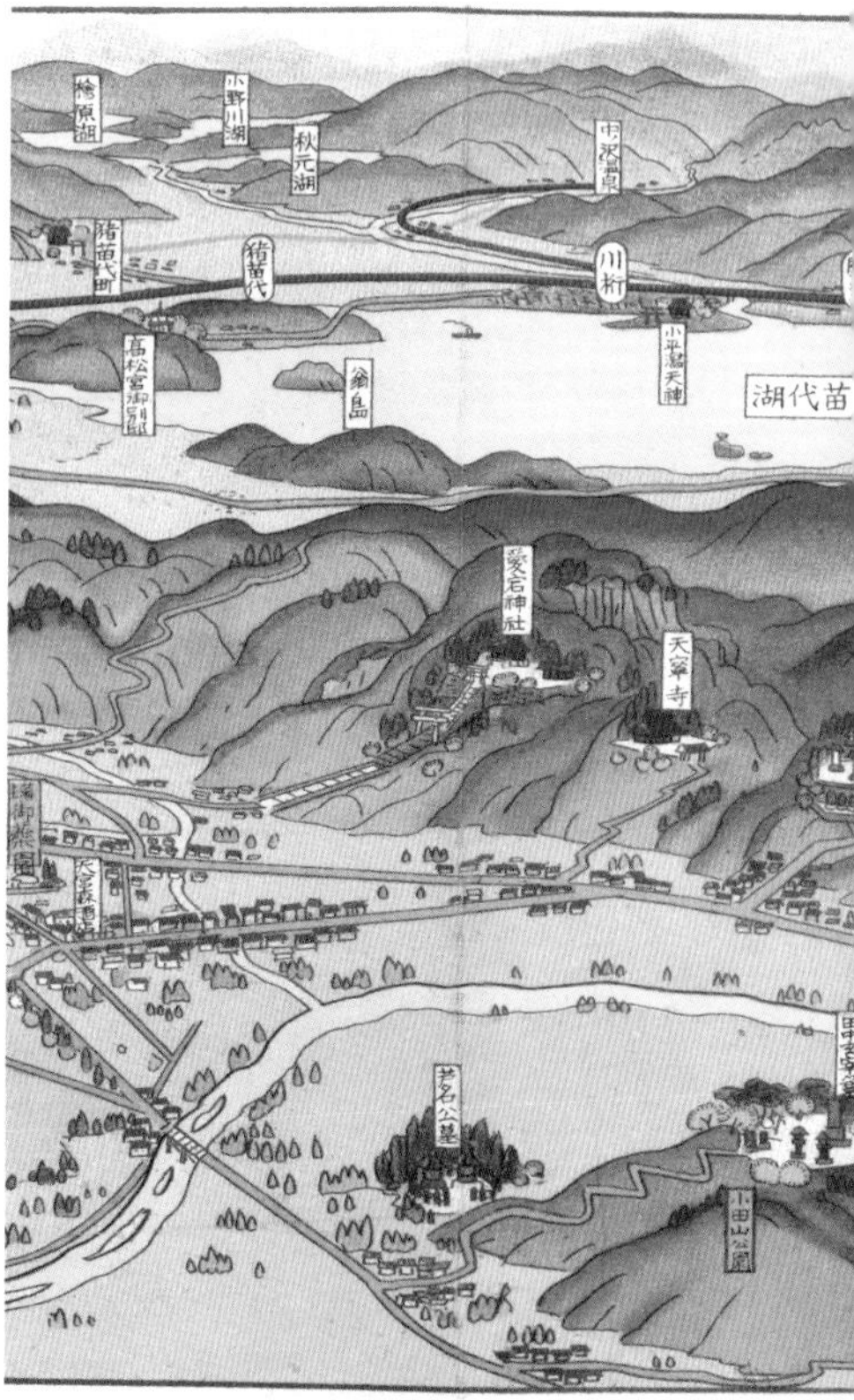

らせ給い、越えて翌日磐梯の御登山には親しく幹部並に団員の随伴を差し許し給い、更に明くる二十日には軽舟を天神浜の湖上に泛《うか》べ、一日の御清遊を試ませ給ふ。（中略）惟《おも》ふに殿下の御台臨たるや、決してこれ啻《ただ》に少年団日本連盟の光栄たるに留らず、実に全日本少年団の光栄なり。（後略）

大正一一年四月、後藤新平を総裁に少年団日本連盟（現・ボーイスカウト日本連盟）が設立された。初代理事長は、碑文を撰した二荒芳徳《ふたらよしのり》である。同一三年八月に指導者研修のため第一回全国野営大会が開催されるが、その会場が猪苗代湖畔の天神浜の松原であった。翁島駅近くの長浜湖岸の丘に高松宮別邸があることを前述したが、この別邸に皇太子殿下（昭和天皇）・同妃殿下が滞在されており、そのご機嫌伺いに来訪した秩父宮が全国野営大会の会場に立ち寄られたのである。そしてテントに一泊、団員と同じ食事をとられ、磐梯山に登山し、猪苗代湖に小舟を浮かべて清遊されたことを、まことに畏れ多いことと感慨深く綴る。

昭和三四年の皇太子殿下ご成婚記念として、ボーイスカウト福島連盟が、記念の木柱を立てたが風雨に朽ち果ててしまった。その再建を熱望する人は多く、朽ちることない石で記念碑が再建されたのである。秩父宮来訪により、猪苗代湖や磐梯山の知名度が大いに高まったことを示唆する記念碑ではないか。

## 六、会津若松

### （一）城下町若松

会津の若松は、幕末の戊辰戦争（会津戦争）で壮絶な戦いを繰りひろげた白虎隊で有名な城下町である。東に奥羽山脈、西に越後山脈が連なり、北には飯豊山地の山塊が聳える。街の歴史は、一四世紀後半、葦名氏が黒川城を築いたことにはじまる。一六世紀後半に葦名氏は滅び、天正一八年（一五九〇）、近江日野を拠点としていた蒲生氏郷が伊勢松坂を経て入封、従来の黒川を今の若松に改めた。蒲生氏郷は旧地の日野や松坂から商人を集めて城下を整え、近江から木地師や塗師も呼び寄せ、会津塗の基礎をなした。その後、藩主はいくたびか交替、一七世紀半ばに保科正之（徳川秀忠の子）が入封して会津松平家を名乗り、幕末にいたった。

幕末、京都守護職に任ぜられ尊王攘夷派の取り締まりにあたった会津藩主松平容保《かたもり》は、討幕派の恨みをかった。そして、戊辰戦争では、新政府軍攻撃により鶴ヶ城はじめ城下は戦渦に見舞われた。飯盛山へ落ちのびた白虎隊士は自刃、唯一、一命を取り留めた隊士により、その凄惨な最後が語り継がれた。

会津藩を没収された会津松平家は、家名存続を許されたものの、下北半島（青森県）へ移住させられ、斗南藩《となみ》（当初は三戸藩）

を立藩する。下北半島に移り住んだ旧会津藩士は、荒涼たる風土の中で苦汁をなめたが、わずか一年半で廃藩となった。

昭和初期の旅行案内書は、若松の廻覧順路を次のように示す。

駅—大町—七日町—大町一ノ町—馬場下一ノ町—旧馬場口—栄町二丁目—栄町一丁目—旧城—東山温泉—白虎隊墓—駅（『日本案内記』東北篇、昭和四年）

大町は若松城下の商業の中心をなす通り、七日町は越後街道・米沢街道に沿った町並みである。栄町は武家屋敷がおかれた本丁などが明治期に再編された地であるが、会津戦争でことごとく焼き払われている。会津若松駅からこれらの町並みを散策し、鶴ヶ城址を見物して東山温泉に一浴、飯盛山に登って白虎隊の墓に詣でるのが戦前の若松の廻覧コースであった。

「会津若松市」（昭和八年六月、志満六画、若松市役所発行）〈図8〉を開こう。表紙は白い円柱の上に大鷲を戴く飯盛山に立つ記念碑で、ローマ市から寄贈（昭和三年）されたものである。円柱下部に鉞《まさかり》のようなものがついている。裏表紙は鶴ヶ城の絵柄で、「少年団結白虎隊……」の白虎隊詩（佐原盛純作）を添える。鳥瞰図は鶴ヶ城址の南から北に市街地を望む構図で、左に柳津、右に東山温泉をおく。城下の東に飯盛山が横たわり、北東に磐梯山を遠望する。

図は、鶴ヶ城址の北に整然と区画された城下を描く。鶴ヶ城の本丸・北出丸・西出丸跡を堀割と石垣が取り囲む。本丸の東に堀を隔てて二の丸があり、廊下橋が架かる。二の丸東の三の丸は練兵場となり、道を隔てて北に歩兵第二十九連隊が配置され、傍らに衛戍病院が建つ。衛戍病院東に藩の薬草園の御薬園《おやくえん》が見える。

北出丸の西は旧制会津中学校（現・会津高等学校）、北に進むと蒲生氏郷墓や市役所がある。市役所から会津若松駅に延びる大町には、漆器店が軒を連ねる。大町に西軍戦死者の墓と示すが、新政府の会議所がおかれた融通寺（浄土宗）に葬られた薩摩・長州などの西軍戦死者の墓所である。大町から七日町を西に向かうと阿弥陀寺（浄土宗）があり、戊辰戦争戦死者の墓と示す。そこは、東軍の遺骸が埋葬された地である。

城下東の飯盛山には白虎隊墳墓・伊太利寄贈記念碑・白虎隊自刃地を示すとともに、山腹に栄螺堂が建つ。白虎隊墳墓は、戸ノ口原の戦いで敗れ、飯盛山に逃れて自刃した十九士の墓である。飯盛山の山なみの南、東山温泉入口の山中に会津藩主松平家墓所が設けられている。

鶴ヶ城址の案内文を見よう。

周囲は濠を囲《めぐ》らし老樹は亭々緑の色も深く桜樹、楓樹其間に点綴《てんてい》して閑雅なる四季の風光真に掬《きく》すべく殊に北出丸に至る栄町一丁目通連隊前通の桜樹は花爛漫の季、肩摩轂《けんまこく》撃《げき》の雑沓を極む。

桜の季節に、連隊前から北出丸にかけて人や車の往来が激しく混雑する様を記し、図にも城址や栄町通りと連隊前通りの桜並木を描く。

次いで、飯盛山と白虎隊である。

山上は眺望開豁《かいかつ》会津平野は一眸《いちぼう》の中にあり、白虎隊自刃の場所は山腹にして今は墓碑を建て其の霊を祀る。

極めて簡潔な案内文であるが、白虎隊墳墓前庭に立つ伊太利寄贈記念碑の説明は丁寧である。

昭和三年伊太利国首相ムッソリーニ氏が白虎隊の採りたる勇敢なる行為は我国武士道精神の発揮にして多くの英雄を出したる古代羅馬《ローマ》の精神と酷似せる点に共鳴し伊太利国の名を以て贈られたる国宝的記念碑なり。

記念碑は、白虎勇士の遺烈に敬意を捧げたローマ市から贈られたものである。これを「国宝的記念碑」とするあたり、軍国色が強まりつつある時代が見え隠れする。戦後、碑文の全文を削り、碑についていたファシスト党のシンボルである鉞（ファスケス）も撤去された。ところが、碑文のみ、昭和六〇年に会津弔霊義会により復元された。

## （二）戊辰戦争の跡

会津若松を訪ね、鶴ヶ城址を散策しよう。本丸・北出丸・西出丸を取り囲む堀が水を湛える広壮な構えは、会津が雄藩であったことを物語る。椿坂から本丸に入り、武者走りを過ぎると五層の天守が聳え、赤褐色の釉薬瓦と白壁が青空に映える。天守から南に南走長屋・鉄門が連なり、南端に二層の干飯櫓《ほしいやぐら》が建つ。戊辰戦争で砲弾を浴びた天守は、廃城令翌年の明治七年に取り壊された。現在の建物は、戊辰戦争百年祭（昭和四二年）に先立ち再建（昭和四〇年）されたものである。

天守に登り北東を望むと、飯盛山が横たわり、背後に磐梯山が三角の山容を見せる。天守を下りて本丸跡を散策すると、「萱野国老殉節碑」（昭和九年）が目に入る。戊辰戦争後、城明け渡しや藩主父子の助命嘆願に尽力し、戦争責任を一身に負い切腹した国家老をしのぶ有志が建立したものである。

城址西の住宅街に、日新館天文台跡が草に埋もれている。日新館は享和三年（一八〇三）に完成した藩校で、素読・礼式方・砲術・柔術・居合・馬術・槍術・弓術はもとより、暦学も教授していた。会津藩では独自の暦をつくっており、その天体観測施設として天文台が設置された。上に二重の基壇をおいた扇の勾配の石垣が残るが、頂上部に観測機材をその都度設置したという。現在、頂上部に石祠のようなものが据えられているが、危険防止のため石垣の上に登って確かめることができない。これは、わが国で現存する江戸期唯一の天文台跡という。広大な規模を誇った日新館もまた、戊辰戦争で焼失した。

日新館へ入学する前の子供たちの心得に「什《じゅう》の掟《おきて》」というものがあった。「年長者《としうえのひと》の言ふことに背いてはなりませぬ」など七か条を示し、「ならぬことはならぬものです」と結ぶ。「什」とは、同じ町内に住む六～九歳の藩士子弟十人前後の集団を指す。「什」の仲間は年長の什長から掟を守るように躾られ、会津武士としての規範を身につけていったという。「ならぬことは、ならぬ」、それは理屈を超えた訓えである。この「什の掟」は、会津若松を走るバスの車体にも大書するほど会津人に染みわたっている。

鶴ヶ城址から道を隔てた北側は、家老西郷頼母邸などの武家屋敷地であったが、大正一四年に歩兵第二十九連隊が配置された。市立第二中学校に、旧兵営の煉瓦造りの門柱がわずかに残る。連隊前通りに桜並木があったことが案内文や鳥瞰図に見えるが、今はない。本丸北の栄町に臨済宗の古刹・興徳寺があり、境内に蒲生氏郷の五輪塔が立つ。松平氏以前の会津若松を伝える数少ない史跡である。境内の堂宇は戊辰戦争でことごとく焼き払われ、寺域は繁華街に埋没している。

会津藩の薬草園であった御薬園には、元禄九年（一六九六）に築造された池泉回遊式庭園が残されている。池の畔に藩主が休息の場として利用した御茶屋御殿や、池泉中の島に藩主や重臣たちが納涼・茶席・密議に用いたという楽寿亭が建つ。いずれも茅葺の古建築である。御薬園は戊辰戦争の際に新政府軍の療養所となったため、戦火を免れた。

御薬園の一画に赤瓦の楼閣「重陽閣」が移築（昭和四三年）されている。重陽閣は、秩父宮殿下に嫁いだ松平節子姫（容保の孫・勢津子妃殿下）一家が会津若松に来訪する折の宿泊用に、東山温泉「新滝」（旅館）の別館として新築した建物である。

昭和三年のご成婚の儀は、会津人が慶びに沸き立った出来事である。会津藩主松平容保は、孝明天皇の篤い信任を得たにもかかわらず、会津人は戊辰戦争以来いわれなき汚名に悔しい思いを禁じ得なかった。すなわち、官軍に刃向った賊軍という名を浴びせられ、六〇年の歳月を耐え忍んだのである。それが、名実ともに晴れた慶事であった。

白虎隊士が自刃した飯盛山は、会津を代表する観光名所になっていて、エスカレーターから押し出される観光客の光景に違和感を覚えるのはわたしだけであろうか。隊士の遺骸はしばらく風雨にさらされていたが、吉田伊惣次ら村人により密かに妙国寺に運ばれて仮埋葬され、後に飯盛山に改葬（明治一六年）された。墳墓地が拡張・整備されたのは、明治二三年のことである。墳墓前庭にある「篤志の碑」（明治三三年）には、吉田伊惣次が殉難を悼みその屍を私葬したことを刻む。

　戊辰戦争で戦死した旧会津藩士の遺体は、阿弥陀寺と長命寺に埋葬された。一方、新政府軍の戦死者一七〇余柱のうち一五〇柱は、大町融通寺に隣接する地に葬られた。墳墓入口に「時宗東明寺」「西軍墳墓」と刻んだ石柱が立つが、明治一五年以降、墳墓を管理してきたのが隣り合う東明寺である。現在、東明寺は統合され、墳墓傍らに東明寺幼稚園が建つ。

　許可を得て墳墓に参ると、土佐藩（四九柱）・薩摩藩（三三柱）・長州藩（二四柱）ほか、大垣・肥州・備州・岡山・館林・越前各藩の墓石・供養塔が並び、主に戊辰戦争後の明治元〜三年に建立されている。墓石には「官軍土藩」など、「官軍」という文字を冠している。ところが、会津では新政府軍を「官軍」とはせず「西軍」とするのは、墳墓入口石柱などが示すとおりである。

　大正六年、戊辰五十年祭が執りおこなわれた。主唱は会津弔霊義会、主催は若松市長である。鶴ケ城址本丸跡を会場として、東西両軍殉難者慰霊の祭典が神仏式により厳修された。当時の新聞記事は、会場に物品交換所まで設けられて二千余人が参列した賑わいを伝える。午後は、飯盛山・阿弥陀寺・長命寺、そして東明寺において、それぞれ墓前祭が修行された。ともあれ、戊辰戦争半世紀後、西軍を含めての両軍の慰霊祭が会津の地で執行されたのである。

　西軍墳墓周辺に、数本の柿の木が枝をひろげている。墓域内に柿や梅を植えて、その収穫費をもって西軍墳墓管理費に充ててきたという。

　その墳墓も管理が行き届かず荒廃した時期もあったが、高度経済成長がはじまろうとする昭和三二年、戊辰戦役九十年法要が営まれた。それに先立ち整備されたのが、今日の西軍墳墓である。聞くと、東明寺幼稚園では、現在、園児参加の慰霊祭をおこなっているという。寛容というよりほかはない。

　鳥瞰図に描かれた一つひとつの場所から、会津人のひとかたならぬ執念が伝わる思いがする。

# 第三章 山形・蔵王・酒田

## 一、山形県の風景

山形県の風景を「温泉の山形県」（昭和五～一三年、山形温泉協会・観光協会発行）〈図1〉所収の「山形県鳥瞰図」（内題）から探ろう。発行年はないが、湯野浜温泉駅や加茂の山形県水族館（共に昭和五年開業）を描く。案内文には県内三一温泉が掲載され、温《あつ》海《み》温泉の所在地が温海村（昭和一三年町制施行、温海町）である。

表紙は蔵王連峰の樹氷とスキーヤー、最上川の川舟の写真にサクランボと農婦の絵を添える。鳥瞰図は日本海側から東に陸地を望む構図で、左に酒田・鳥海山、右に米沢・吾妻連峰をおく。背後に奥羽山脈が連なり、米沢方面から酒田に向けて最上川が流れる。盆地・平野を淡い橙色、高山を青、低山・丘陵を緑で彩色する図は、踊り出すような筆致である。

日本海沿いを羽越本線、最上川に沿って奥羽本線が米沢・山形・新庄をゆく。東西に横断する鉄道は、米坂線（米沢駅―坂町駅間）、仙山線（仙台駅―山形駅間）、陸羽東線（小牛田駅―新庄駅間）、陸羽西線（新庄駅―余目駅間）、長井線（赤湯駅―荒砥駅間、現・フラワー長井線）と多い。糠ノ目線（糠ノ目駅―二井宿駅間）は、廃線である。図には、酒田港から新潟・函館方面、さらにウラジオストックや朝鮮半島北東部（羅津・清津）への航路も描く。

最上川上流の米沢盆地に米沢の城下が発達し、西に飯豊山地、南に吾妻連峰などが聳える。これらの山岳地帯にも、多数の温泉が湧く。米沢北の山形盆地には山形の城下があり、西に朝日山地、東に奥羽山脈の蔵王連峰が聳える。蔵王には火口湖の「御釜」が見え、スキー場や高湯温泉（蔵王温泉）も示す。山形北東の立石寺は「山寺」として名高い天台宗の古刹で、松尾芭蕉が旅の途中に訪れて詠んだ一句でも知られる。

庄内平野の南に鶴岡の城下があり、近くに湯野浜温泉が湧き、漁民が篤い信仰を寄せる善宝寺が伽藍を構える。さらに南の日本海寄りに温海温泉もある。鶴岡南東に山岳信仰の霊場である月山・羽黒山・湯殿山の出羽三山が聳えるが、三山に登拝する

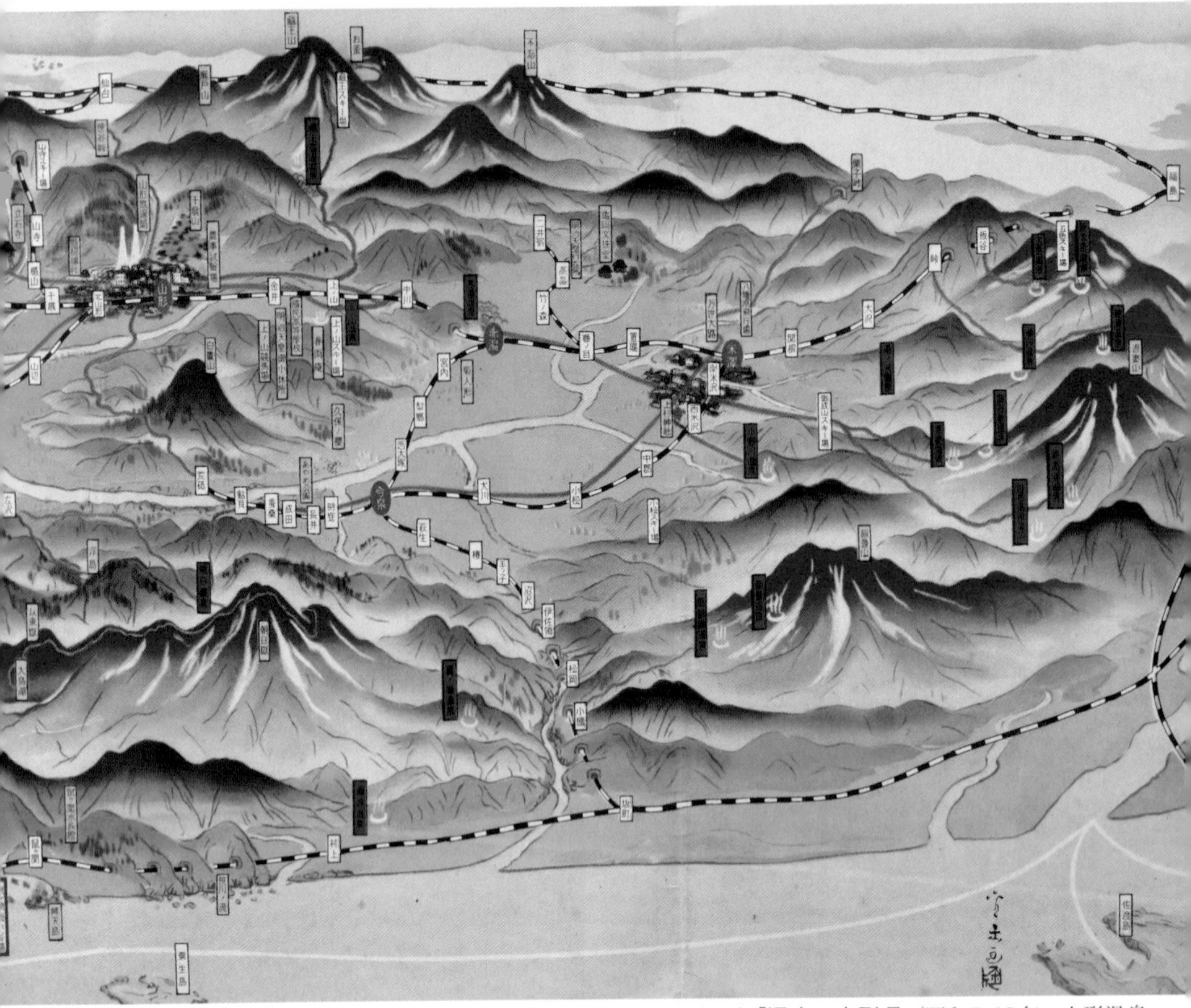

〈図1〉「温泉の山形県」（昭和5~13年、山形温泉協会・観光協会）上は「山形県鳥瞰図」（内題）

信仰の旅は、関東・東北地方で盛んであった。

山形県では山形・米沢の城下をはじめ、北前船の寄港地として繁栄した酒田、蔵王・赤湯・温海の各温泉などを訪ねてみよう。

## 二、城下町山形

山形盆地を流れる馬見ヶ崎川（最上川水系）の西側に山形城下が発達する。山形は、一四世紀半ば、斯波兼頼（最上氏初代）の築城を起こりとし、文禄・慶長年間（一五九二～一六一五）に最上義光《よしあき》（初代山形藩主）により城郭の整備がおこなわれた。元和八年（一六二二）に最上氏は改易、

その後、城主はたびたび変わり、明治維新を迎えた。明治九年に初代山形県令となった三島通庸《みちつね》が近代的な都市整備を手がけるが、明治四四年に山形大火に遭い、県庁舎など三島時代の建物の大半は焼失する。

昭和初期の観光案内書は、山形の廻覧順路をこのように示す。

駅―十日町―七日町―県庁―三島通―千歳公園―山寺―専称寺―高等学校―兵営―練兵場―駅（『日本案内記』東北篇、昭和四年）

十日町・七日町は、羽州街道沿いの山形きっての繁華街で、七日町には千歳座・旭座・霞城館・演芸館・楽天地の娯楽場が集まっていた。旧県庁舎は、山形大火後の大正五年に再建された堂々たる建物である。三島通りは、旧県庁舎前から東の旧師範学校（現・山形県立博物館教育資料館）に延びる道路で、三島通庸の名にちなむ。千歳公園は山形を代表する公園、山寺は名刹立石寺、専称寺は駒姫（最上義光の娘）ゆかりの大伽藍を誇る真宗大谷派の寺院である。兵営は山形城址に設置された歩兵第三十二連隊、その南に練兵場があった。これらをめぐるのが、昭和初年の山形の観光であった。

昭和二年、山形市で全国産業博覧が開催され、「鳥瞰の山形」（昭和二年九月、全国産業博覧会協会発行）〈図2〉が出版された。表紙は白馬にまたがり右手に剣をもつ人の絵柄である。鳥瞰図は市街地から北西に日本海を望む構図で、左に米沢、右上に酒田をおき、中央に山形市街地を描く。日本海を背後に出羽三山も見え、素朴な表現ながらも山形市街地の姿をよく伝える。

奥羽本線西側に位置し、堀で囲まれた山形城址には、歩兵三十二連隊（明治三七年秋田から転営）を配置する。市街地北寄りに山形県庁・裁判所・市役所が集まり、県庁に向かって七日町・横町・十日町の大通り（羽州街道）が南北に延びる。県庁西側は六日町、市役所南側は旅籠町である。市街地東に師範学校・旧制山形高等学校（共に現・山形大学）、市街地北東に千歳公園、その南に旧制山形中学校（現・山形東高等学校）などがある。

「森の都」と題する案内文を見よう。

　森の都　それは自然と文明に恵まれた山形市の表徴であらう。南に吾妻、飯豊、東に奥羽脊陵《（ママ）》山脈、西に大朝日の連峰。北に月山。鳥海の秀嶽をめぐらし、一大盆地を形づくるところ。（中略）其処《そこ》には鄙《ひな》に過ぎず。俗に堕せざる自然と文明の都。

山形盆地を取り巻く山々を紹介するとともに、街の性格を鄙びた田舎でもなく、過度に都市化せず、自然と近代文明がほどよく混じり合った都市、と語る。

　山、紫にして、水は清らか。明澄の空気は古めかしい山の都会を常に包んで居る。華やかさはないが落ついた都会。そこに『さくらんぼの都』『もんぺの市街』羽前の山形がしっかりと座って居る。

山紫水明の山形は、華やかさこそないが静穏な街で、サクランボが特産物である。大正期から交配育成の開発が進められてブランド佐藤錦が命名されたのは、産業博覧会開催翌年の昭和三年のことである。当時、山形県産サクランボは、北は樺太、南は山口県下関まで出荷されていた、と案内文にある。「もんぺの市街」とはやや自嘲的ではあるが、微笑ましい表現ではないか。

　コンクリートの大建築、電燈瓦斯の輝き、ラヂオのアンテナ、水道の鉄管橋。自働《（ママ）》車の軋《きし》り。□ゆる新文明の使途は、『出羽山形』の隅々にまでも沁み込み、織り込まれつつ。新興『山形』の飛躍は物凄くもまた、すさまじいものがあった。

山都に押し寄せる近代化を驚きの眼で綴った一文である。博覧会開催の年に県内最初の鉄筋コンクリートの第一小学校（現・山形まなび館）が完成し、まずは博覧会会場として使われた。

山形を代表する遊覧地が、馬見ヶ崎川に臨む千歳公園（現・薬師公園）である。

老松古欅、枝を交へて妙楽を奏し。白砂、玉礫蜿々《えんえん》として描くが如く明媚なるの地が即ち千歳公園である。公園の中央に薬師堂あり。薬師堂の裏に連らなる瓢箪池には遠く上水道より導く噴水ありて常時清水をたたへ、春は桜、夏は深緑、秋は紅葉。冬は真雪、四季とりどりの姿を地面に写す。

中央に国分寺薬師堂が建つ千歳公園では四季折々の自然が楽しめ、山形市に足を運ぶ人の多くがこの公園に遊ぶ、とも記す。また、旧四月八日の薬師祭には、前後一週間にわたり植木市が立ち、多くの人で賑わったことも述べる。植木市は、現在も五月八〜一〇日の三日間、薬師堂を中心に周辺の通りでおこなわれ、初夏の訪れをつげる風物詩となっている。

山形を訪れ、山形県郷土館（文翔館）に向かおう。文翔館は、明治四四年の大火後に再建（大正五年）された二代目県庁舎を活用した施設である。外壁を花崗岩の石張りにした煉瓦造り三階建ての建物は、中央に時計塔を載せた左右対称の大建築である。隣接する煉瓦造りの県会議事堂（大正五年）とともに目を見張る建造物で、当時、観光名所となっていたことが頷ける。

文翔館の窓から南を見ると、幅の広い道路が一筋に延びている。山形は、この道路を基軸に県令・三島通庸による都市整備がおこなわれた。大火以前の景観は、高橋由一描く油絵「山形市街図」（明治一四〜一五年頃、文翔館所蔵）が伝える。その絵画は、山形県庁に向けて大通りが延び、道の両側に塔屋を載せた洋館が建ち並び、欧化主義華やかなりし頃の山形の空気を伝える。通庸は、山形の都市整備はもとより、県内の郡役所の建築や道路建設など、建築・土木事業を強力に推し進めた人である。

三島通庸時代の建物のほとんどが明治四四年の大火で焼失したことを前述したが、唯一、済生館本館（明治一一年建築）が山形城址に移築され、山形市郷土館として活用されている。山形城三の丸跡に創設された済生館は公立病院であり、オーストリア人医師ローレツ（Albrecht von Roretz）を招聘して近代医学を教える医学校でもあった。淡い肌色の下見板、やや濃い色合いのベージュの柱と窓枠、ベランダの青い手摺りに彩られた三層四階建ての楼閣は、背後に中庭を囲む円形の廻廊に沿って部屋を配し、異彩を放つ。明治という新たな時代の気分が溢れんばかりの奇想天外な擬洋風建築を前に、目が覚める思いがする。

薬師公園（旧千歳公園）を散策すると、ケヤキの巨樹が枝を張る園内に薬師堂の赤褐色大屋根が聳え、背後の池が水を湛える。公園とはいうものの、お寺の境内といった風情である。園内に石碑・石塔類が多く、山形市大工業組合が建立した「記念碑」（明治四五年）に、明治四四年に薬師堂が類焼したため、翌

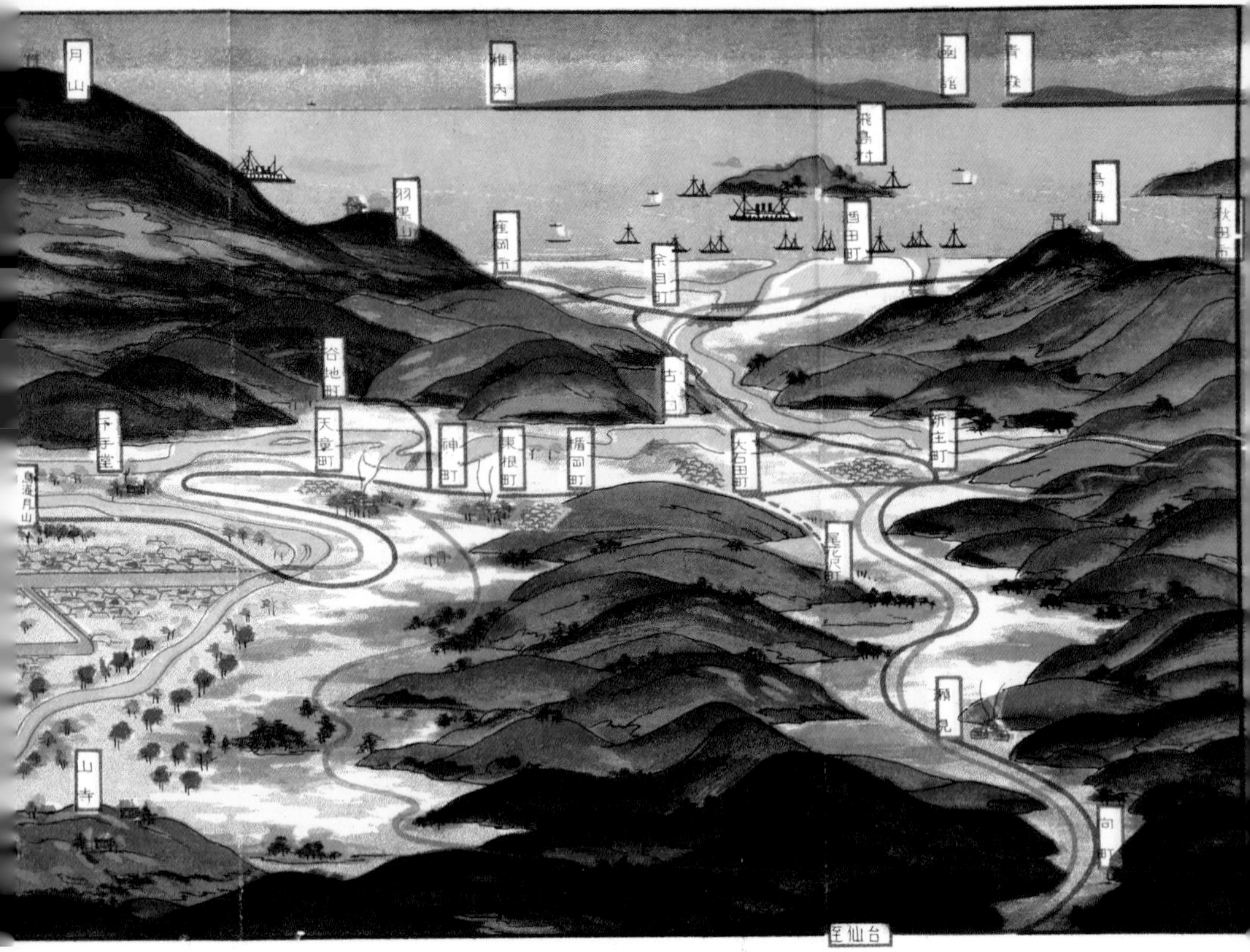


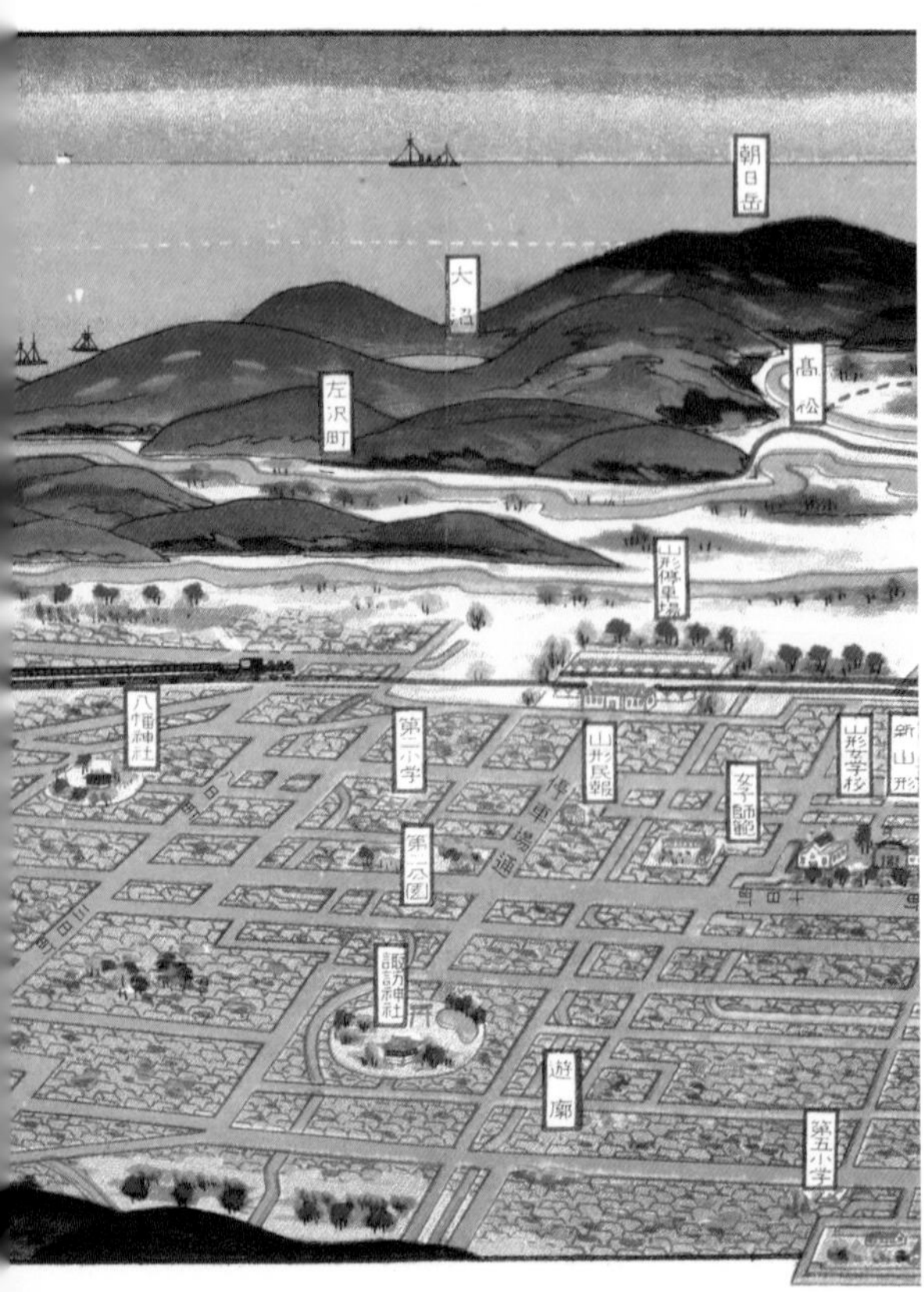


〈図2〉「鳥瞰の山形」
(昭和2年9月、全国産業博覧会協会)

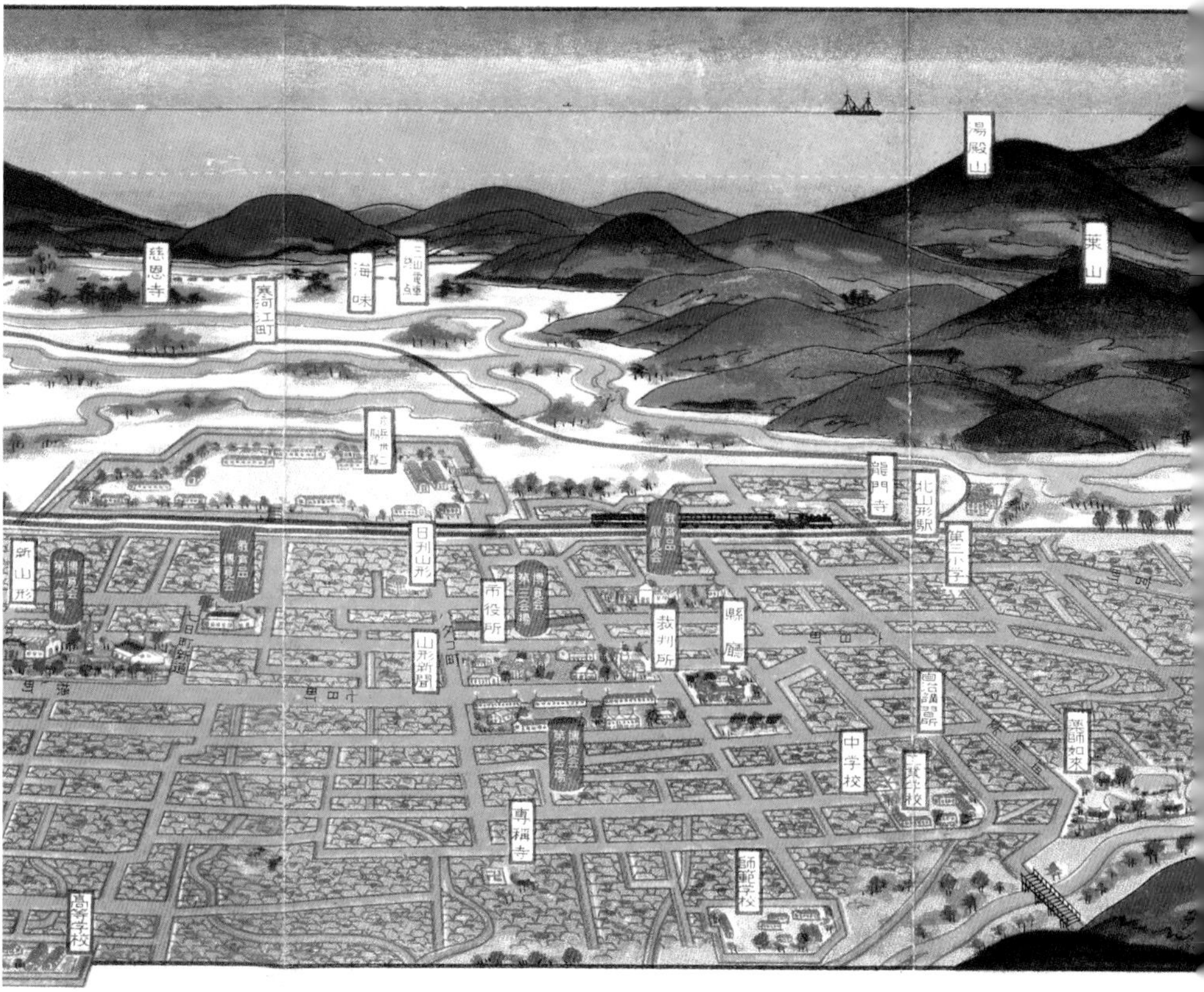

湯殿山
葉山
慈恩寺
寒河江町
海味
龍門寺
北山形駅
第三小学
新山形
日刊山形
市役所
山形新聞
裁判所
縣廳
中学校
薬師如来
専称寺
師範学校
高等学校


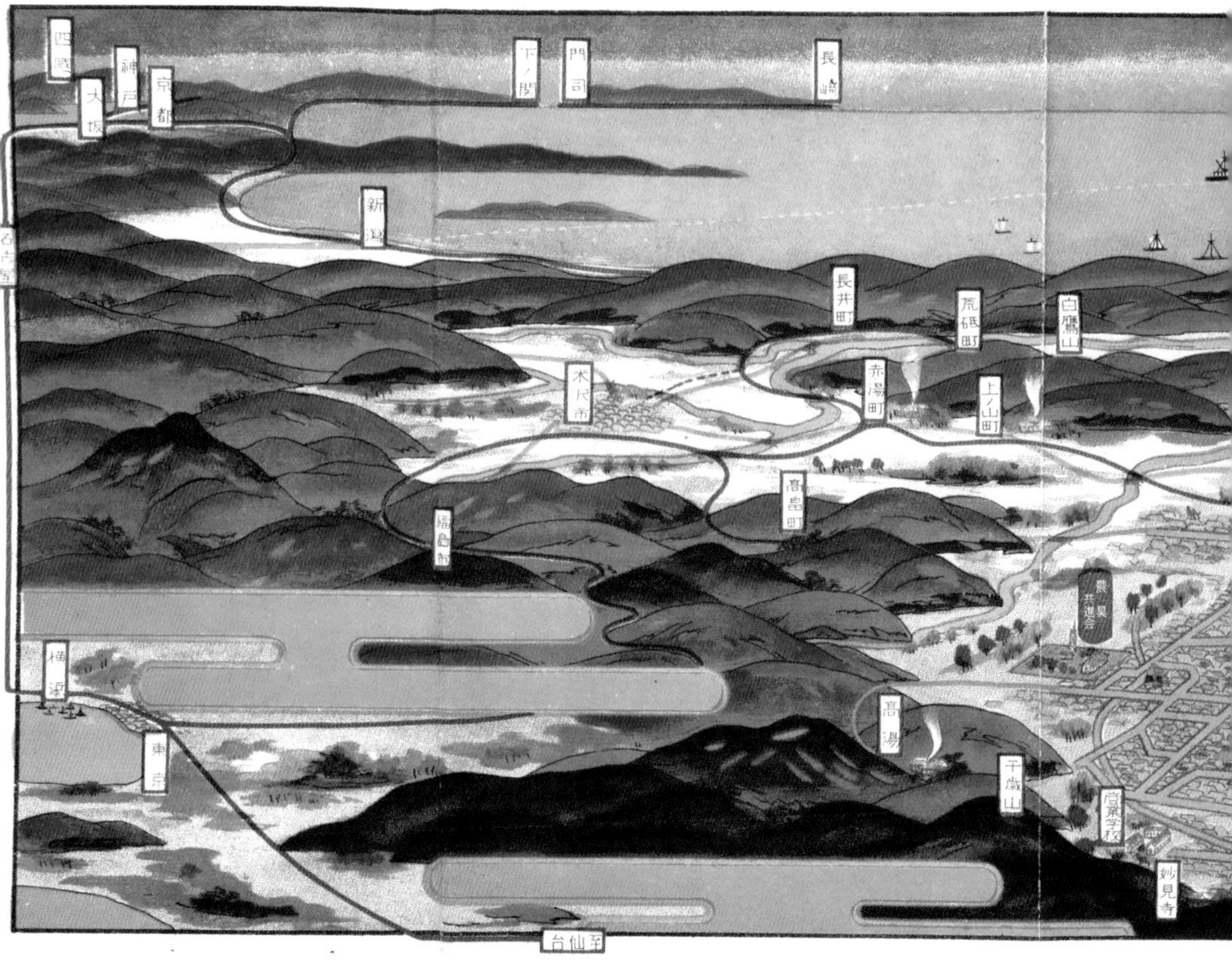

四國
神戸
京都
大坂
下ノ関
門司
長崎
名古屋
新潟
長井町
荒砥町
白鷹山
米沢市
赤湯町
上ノ山町
高畠町
福島市
横濱
東京
高湯
千歳山
妙見寺
至仙台

年、宝幢寺本堂を移築したことなどを刻む。

もう一つ目についた石塔は、「土工夫供養之碑」（明治二一年）である。脇に、「明治年来山形縣内新道従事土工夫死亡者の為に建立」と、趣旨を刻む。新道建設などを精力的に進めた三島通庸が山形県令を転任した三年後の建立である。ほかに銘文はないが、通庸が強力に推し進めた土木工事の犠牲者の供養のために建立されたもの、と考えるのはわたしだけだろうか。

再び案内文に目をやろう。山形藩祖最上義光没後三百年祭（大正二年）を記念して、翌年に創出された祭礼が義光祭である。

> 懸賞仮装行列を行ふのだが当日は全市観楽の巷と化し市北より市南光禅寺（最上家の菩提所）迄里余の道路は屋上屋外悉《ことごと》く人の山を築き未曾有の人出となる山形市唯一の市祭である。

義光祭（一〇月一七日）は戦時中一時中断したが、戦後「商工祭」として復活して昭和三七年まで続いた。翌年から蔵王（昭和三二年に山形市に編入）の観光PRを目的にした「蔵王夏祭り」となり、花笠音頭パレードが加わった。さらに、昭和四〇年には「山形花笠まつり」と名を改め、現在の姿に整えられた。

「山形花笠まつり」（八月五〜七日）は、十日町・本町・七日町の大通りを会場に、百数十団体・一万数千人が花笠を手に躍り、街は祭の興奮に包まれる。都会に移り住んだ人たちもそれぞれ「連」をつくり帰省を兼ねて参加する、郷土への思いが詰まった祭である。この祭礼は歴史こそ新しいが、青森のねぶた・秋田の竿燈・仙台の七夕とともに「東北四大祭」に数えられるほどになった。伝統は新たに創られていくことを教えられる行事の一つといえよう。その源流が、義光祭として記録されている。

## 三、蔵王

### （一）蔵王温泉

山形市南東、蔵王連峰の西側中腹に蔵王温泉や蔵王温泉スキー場がある。標高八八〇mにある蔵王温泉は、かつて最上高《もがみたか》湯《ゆ》・高湯などと呼ばれ、白布《しらぶ》温泉（米沢市）・高湯温泉（福島市）とともに、「奥羽三高湯」の一つに数えられた。高湯を蔵王温泉に改称したのは、戦後の昭和二五年である。同年、毎日新聞社主催の「新日本観光地百選」がおこなわれ、山形県民の熱狂的な投票が功を奏で、山岳部門で蔵王連峰が第一位となった。この喜びが村名・神社名、さらには温泉名の改称をもたらしたというが、時代の勢いというものであろう。

大正一四年、蔵王にスキー場が開設されると、蔵王は東北地方有数のスキー場として名をはせ、やがて、樹氷が見られるスキー場として広く知られるようになった。戦後の昭和三八年には、蔵王連峰などは蔵王国定公園に指定された。

「山形県酢川高湯温泉」（昭和五年七月、金子常光画、高湯温泉旅館組合発行）〈図3〉を開こう。表紙は蔵王連峰の鳥兜山を背後に、酢川温泉神社と湯煙立ちのぼる温泉街、左手に瀧山《りゅうざん》と盃湖を配す。表題に「酢川高湯温泉」とあるが、当時、「最上高湯」の呼称が一般的であった（鉄道省『温泉案内』、『日本案内記』は最上高湯と表記）。なお、蔵王温泉から流れ出る川が酢川で、蔵王川と合流して須川となる。

鳥瞰図は蔵王川流域から北に温泉街を望む構図で、左に上ノ山温泉、中央に温泉街、右に刈田岳をおく。山形市内から昔、旅人が一休みした甘酒茶屋を経て、温泉街に通じる山道に自動車が走る。蔵王連峰を背に酢川温泉神社が鎮座し、傍らに阿弥陀堂が建つ。神社の背後は、鳥兜山（名称は未表記）である。

神社参道の両側に温泉街がひらけ、小学校・郵便局・駐在所もあって、小規模ながら町場をなす。温泉街の北に瀧山が尖った山容を見せ、傍らに屏風岩がそそり立つ。瀧山麓に盃湖が水を湛え、湖畔の台地に遊覧場を設ける。温泉街背後に三か所のスキー場もある。鳥兜山背後に三宝荒神山・地蔵岳があり、鳥兜山と三宝荒神山に挟まれて片貝沼・ドッコ沼、地蔵岳山麓にお花畑が見える。地蔵岳から山道が熊野岳・刈田岳へ通じ、その中間に火口湖の御釜を描く。高湯（蔵王温泉）の案内文を見よう。

> 戸数六十、人口は五百を算《かぞ》へ、海抜九百米の高地ですから土地空気は清澄で、酷暑の候と雖《いえど》も八十度を超える事は殆どなく、一匹の蚊さへ見えないので避暑地として此上ないのは申迄もなく、……

高湯は、盛夏も気温二七度（摂氏）を超えることのない高所に立地する避暑地で、春の融雪期から秋の降雪期まで山形駅・金井駅から温泉街まで自動車の便があった。蚊のいないことを売りにしているが、昔の人がいかに蚊に悩まされていたかを物語る一文でもある。

> 春は山桜の色鮮かに、木の芽、わらびや筍など新鮮な山の物が食膳に上り、老鶯や杜鵑《ほととぎす》は軒端をかすめて歌ひ、又初夏の高原一帯が新緑の間を真紅のつつじに彩られるのと、秋は水のやうに澄んだ大空の下に色とりどりの紅葉が、満山錦を織りなして居る美しさとは、真に一対の好《よ》き眺めであります。

温泉宿では豊富な山の幸が食膳に上がり、鳥のさえずりも耳にする。春の山桜、初夏のツツジ、秋の紅葉と、周囲は魅力に満ち溢れている。

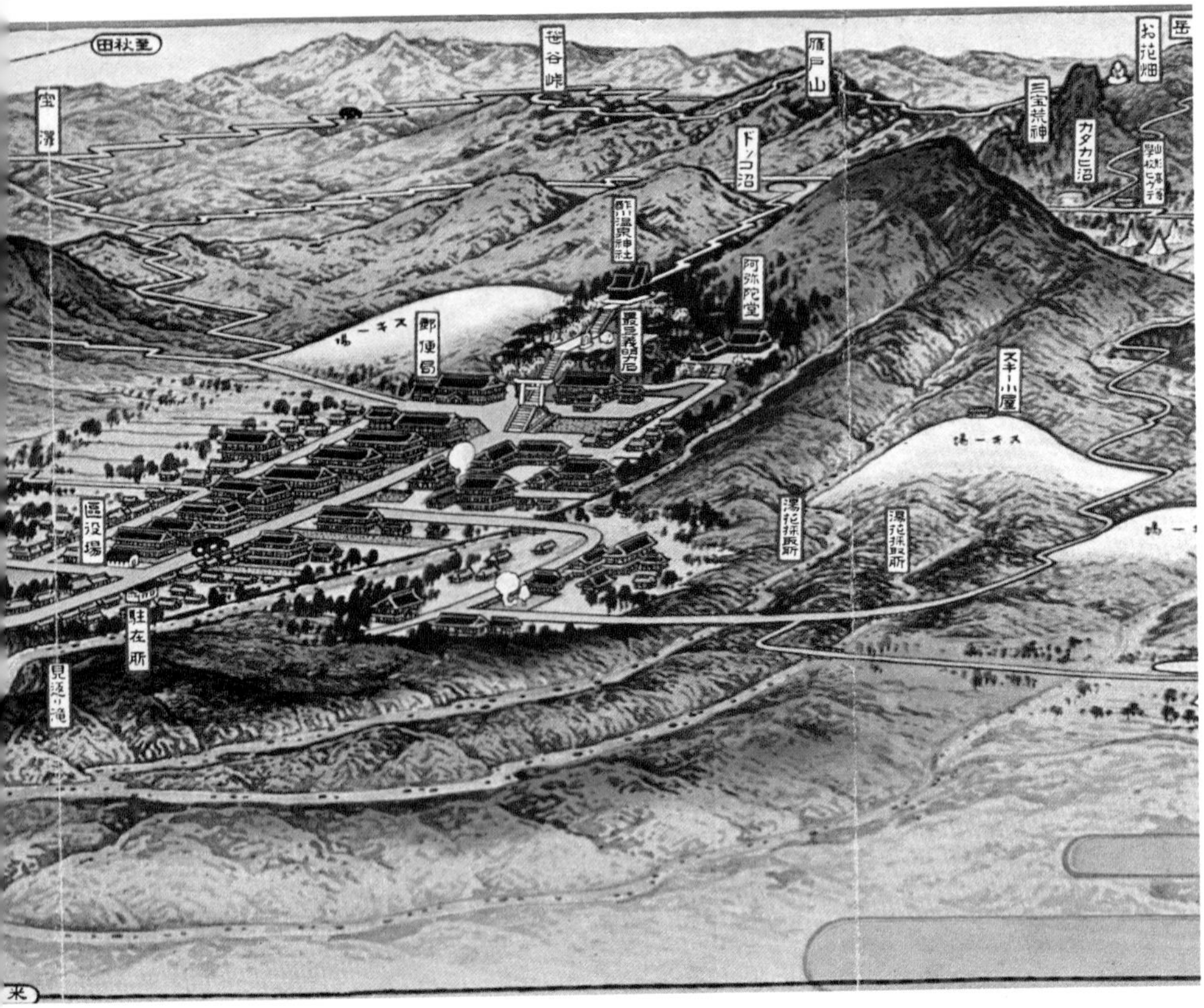


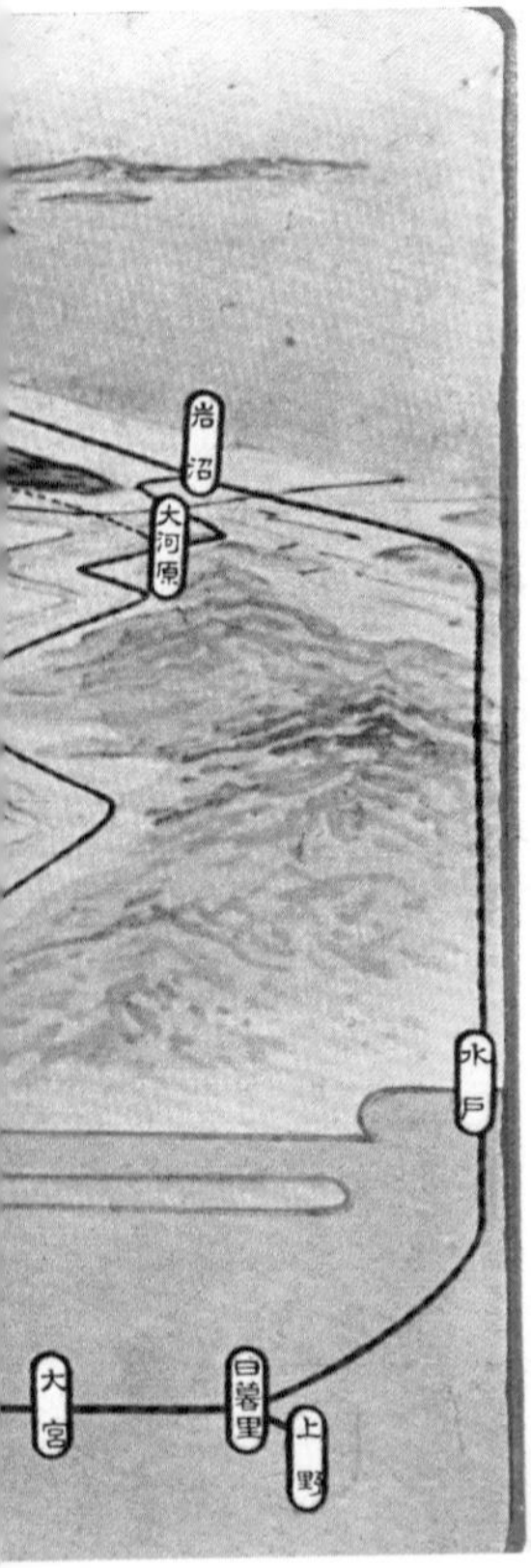


冬は白皚々《はくがいがい》の雪の上にスキーに身を托して快走を試み、山鳥、兎などを捕って浴後の佳肴《かこう》とするのも興ある事で御座ひます。

冬はスキーや狩りと、楽しみは尽きない。高湯が年ごとに賑わいを増すのは、効能顕著な霊泉であることは言うにおよばず、四季を通じた清遊に適した保養地であるから、と説く。湧出量が多い湯は綺麗で、山形城主も入湯した由緒などにもふれる。

近時は交通の発達と共に東京、北海道に到る迄名湯として知られ、逐年浴客の数を増して居るが県道の改修につれて自動車の往復も安易となり電信、電話の設備は勿論、居乍《いなが》らにして金華山沖の鮮魚南国の珍果を膳にすべく、銘酒佳人に事欠く様なことも御座いません。

道路の改修や交通の発達により自動車が通い、金華山沖の魚まで味わえるようになったのである。また、銘酒や美しい女性に事欠かない、と思わせぶりな一文も忘れない。

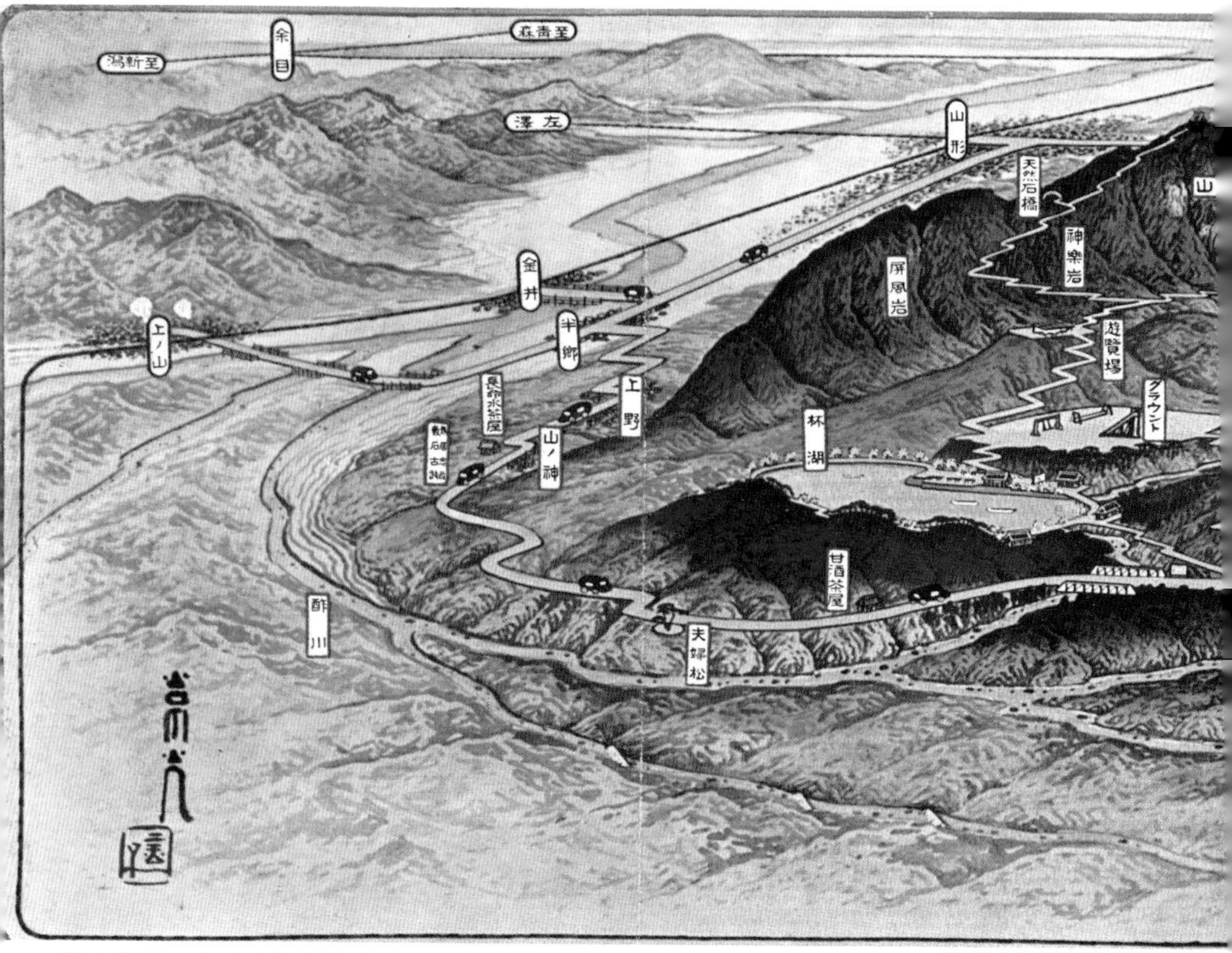

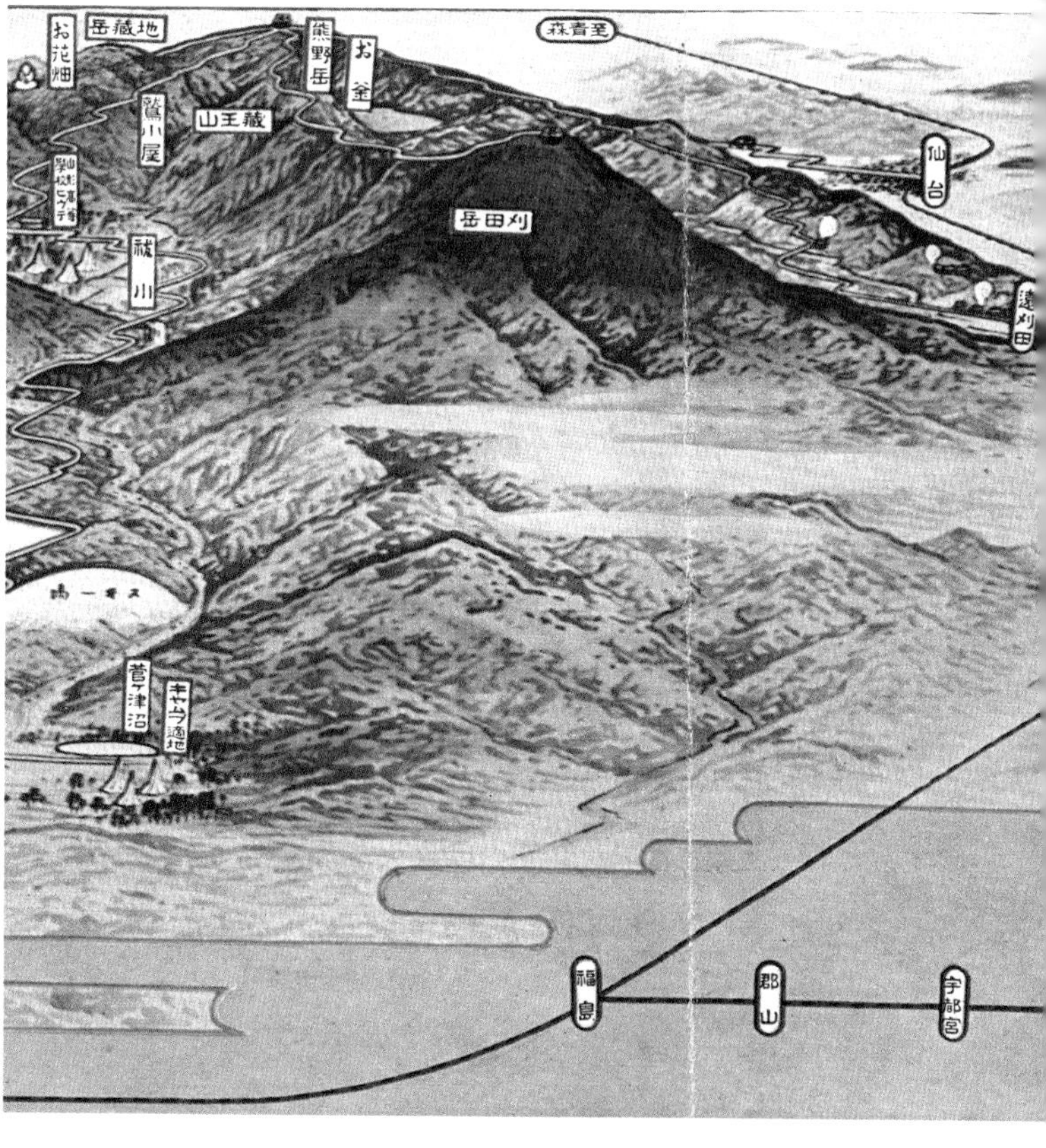


〈図3〉「山形県酢川高湯温泉」
（昭和５年７月、金子常光画、
高湯温泉旅館組合）

当時、温泉街に一七軒の旅館があった。いずれも二階、三階建ての高楼で、各旅館とも客室の採光・通風に気を配り、浴室などの改善に注意を払っていた。共同湯として大湯・河原湯があった。ほかに商家三〇余軒を数え、各種物資を備えて浴客の求めに応じていた。さらに、公設診療所を設けて浴客にも看護婦を差し向けるから安心、と謳う。

自炊客などの食料品として、生蕎麦・栄華餅《いがもち》・山筍・干豆腐・山菜類を挙げる。栄華餅とは、米粉で餡を包み、上に黄色に染めた糯米をのせて蒸し、笹の葉の上におく蔵王名物である。

## （二）蔵王連峰

高湯温泉は、蔵王連峰の最高峰熊野岳（一、八四一m）への登山基地であった。「山形県酢川高湯温泉」〈図3〉は、熊野岳とその南東の御釜についてこのように記す。

そそり立つ山型は復《（ママ）》式火山研究の好資料で、お釜と称する旧火口は直径約三百米、最深度は六十一米円形の湖をなし四時碧水を湛へて居る、又独特の有名な高山植物多く、熊野岳より名号峯を経て雁戸山に到る縦走路の完成と共に研究者や学生、其他の一般登山者毎年万を超え、高湯口は付近登山口中最も便利である、……

熊野岳から御釜・名号峰を経て雁戸山にいたる縦走路が整備されて登山者が増えたこと、高湯温泉は登山基地としてもっとも便利であることを強調する。

地蔵岳北東の鞍部はお花畑と呼ばれ、この付近から熊野岳・刈田岳にかけて高山植物が多く咲き誇った。

駒草、虫取り菫等は蔵王独特の植物として、珍重されて居るが、其他の高山植物も、六月下旬より開花し始め、七月中旬に到れば、春、夏、秋の千草、八千草、一時に美を競ひ、真に百花瞭爛の花園と化し、数多い登山者何れも其美に打たれ、嘆賞措《お》く能《あた》はざる処である。

コマクサ・ムシトリスミレは、蔵王を代表する高山植物である。古来、信仰の山であった蔵王連峰が、スキーや登山を楽しみ、火山活動の跡や高山植物を探勝する山に変わっていったことをうかがう記述である。

蔵王を訪ね、表紙絵にも描かれた鳥兜山（一、三八七m）に向かおう。温泉駅からロープウェイが鳥兜山に通じ、山頂の展望台から西に温泉街が一望できる。山中に発達した温泉街は、赤い屋根が目につく明るい家並みで、山の緑がその色彩を引き立てる。温泉街の南に鴨ノ谷地沼が青い水を湛え、北に盃湖が黄土色の湖面を見せる。盃湖の背後は、瀧山である。南東に目を転じると、三宝荒神山や地蔵岳も見える。

鳥兜山から紅葉峠を経て、片貝沼・ドッコ沼をめぐろう。ブナ林の道を進むと片貝沼の畔に到達し、三宝荒神山の麓にトニー・ザイラー（Anton（Toni）Sailer）の記念碑が立つ。イタリアで開かれた第七回冬季オリンピック（昭和三一年）でアルペンスキー三冠王に輝いたオーストリア人である。彼が主演した映画「銀嶺の王者」（昭和三五年）は蔵王がロケ地となり、銀幕を通じて蔵王の雪質や樹氷の魅力が世界に発信された。

片貝沼からうつぼ沼を経て森の中を進むと、ドッコ沼に出る。ドッコ沼は竜が棲む沼と信じられ、竜を鎮めるために金剛杵の独鈷《どっこ》を投げ入れたのが、その名の起こりという。静謐な沼の畔に、「水神」と刻んだ石塔（安政三年〈一八五六〉）が立つ。やがて竜は水神と同一視されるが、蔵王の火山活動の鎮静と雨乞いを祈願して建立した石塔と伝える。観光地になる以前の蔵王の山々を恐れ崇める人々の息遣いが聞こえる思いがする。

## （三）樹氷の蔵王

当時、蔵王のスキー場は、瀧山の麓、地蔵岳山麓などにあった。雪質は粉雪で、一二月中旬から滑走でき、地蔵岳山麓では四月中旬までスキーが楽しめた。「山形県酢川高湯温泉」〈図3〉に再び目をやろう。

白皚々《はくがいがい》たるシラカバ、シラベ帯の有名な樹氷を眺め乍《なが》ら、地蔵岳を経て熊野岳頂上を極め又それより厳冬尚紺碧の水を湛えて居るお釜を左に見て刈田岳に達し、遠刈田スキー小屋に到る大蔵王縦走路は山岳スキー家の興味を深からしめて居る。

シラベとは、シラビソの別名である。なお、蔵王の樹氷は、アオモリトドマツ（オオシラビソ）が雪と氷に覆われてできる。片貝沼の畔には当時、旧制山形高等学校のコーボルトヒュッテがあり、ここを根拠地に山岳スキーができた。

蔵王を有名にしたのは、何といっても樹氷だろう。「蔵王」（昭和一一年頃、山形駅長発行）〈図4〉を見よう。表紙は、樹氷とスキーヤーの写真の下にこのような謳い文句をおく。「ファンク博士のムービー隊は樹氷の驚異に仰天した……其の樹氷美の驚異！……蔵王の樹氷！世界に誇る！」。突飛な書き出しである。次いで蔵王の魅力を説き、「どなたも容易に登れる樹氷の殿堂……湯煙る蔵王高湯と、蔵王小屋とは白銀の世界に来るスキーヤーをお待ちして居る」と、蔵王の高湯や同温泉組合が建設した蔵王小屋へ客を誘う。発行年はないが、「新設蔵王小屋」の記述から、蔵王小屋建設および、ファンク博士来日の昭和一一年とみてよいだろう。

本文に、「蔵王山越嶺スキーコース略図」とコーボルトヒュッテ・蔵王小屋付近から撮影した三宝荒神山を背後にした樹氷の写真を掲載する。写真は安斎教授撮影とある。昭和四年、従来、

〈図4〉「蔵王」（昭和11年頃、山形駅長）＊

〈図5〉左・下「観光の米沢市」
（昭和11年〜、発行元不明）

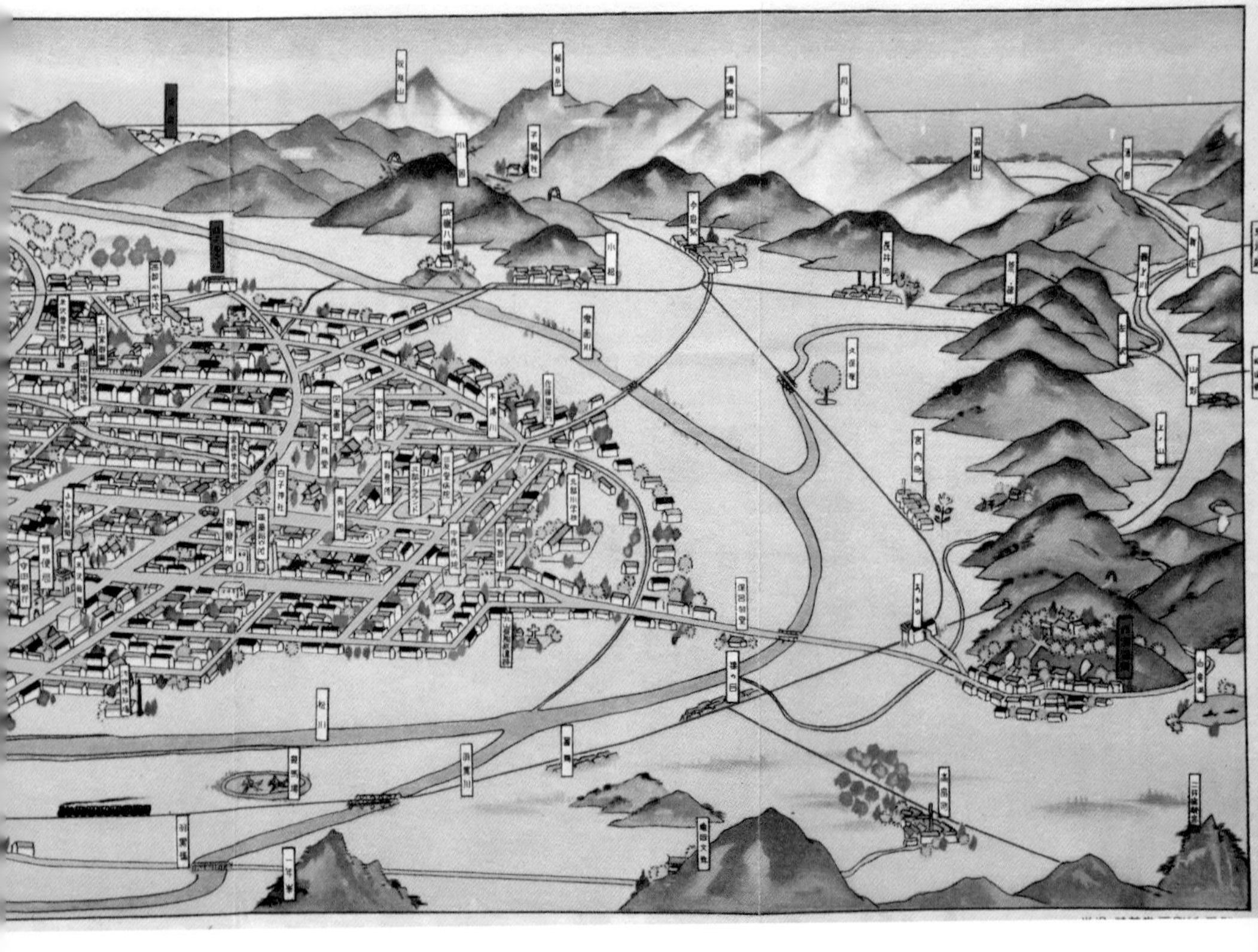

「雪の坊」と呼ばれていた氷の現象を調査し、「樹氷」と名づけて写真とともに世に紹介したのが旧制山形高等学校の安斎徹教授である。掲載写真撮影者と同一だろうか。スキーコースは、蔵王の高湯から宮城県遠刈田温泉方面にいたるもので、コーボルトヒュッテ・蔵王小屋付近から三宝荒神山・地蔵岳にかけて「驚異的樹氷美」と示す。蔵王の樹氷は映画「冬の蔵王」（昭和一〇年）で一躍有名になり、翌一一年にはドイツ人映画監督アーノルド・ファンク制作の「蔵王─白銀の乱舞」により、世界に知れ渡っていく。

「樹氷の蔵王」を山形駅長の肝いりで売り出そうとするこのパンフレットには、観光地化にむけての熱気が漂っている。

## 四、米沢と赤湯温泉

### （一）城下町米沢

米沢盆地南部の米沢は、室町初期に伊達氏の領地、戦国期にはその本拠地となり、伊達政宗生誕地でもある。関ケ原の戦いの後、豊臣方であった上杉景勝《かげかつ》が米沢に移封、以来、米沢は上杉氏の城下として明治にいたった。

「観光の米沢市」（昭和一一年〜、発行元不明）〈図5〉を開こう。発行年はないが、昭和一一年に旧米沢スキー場（御成山スキー

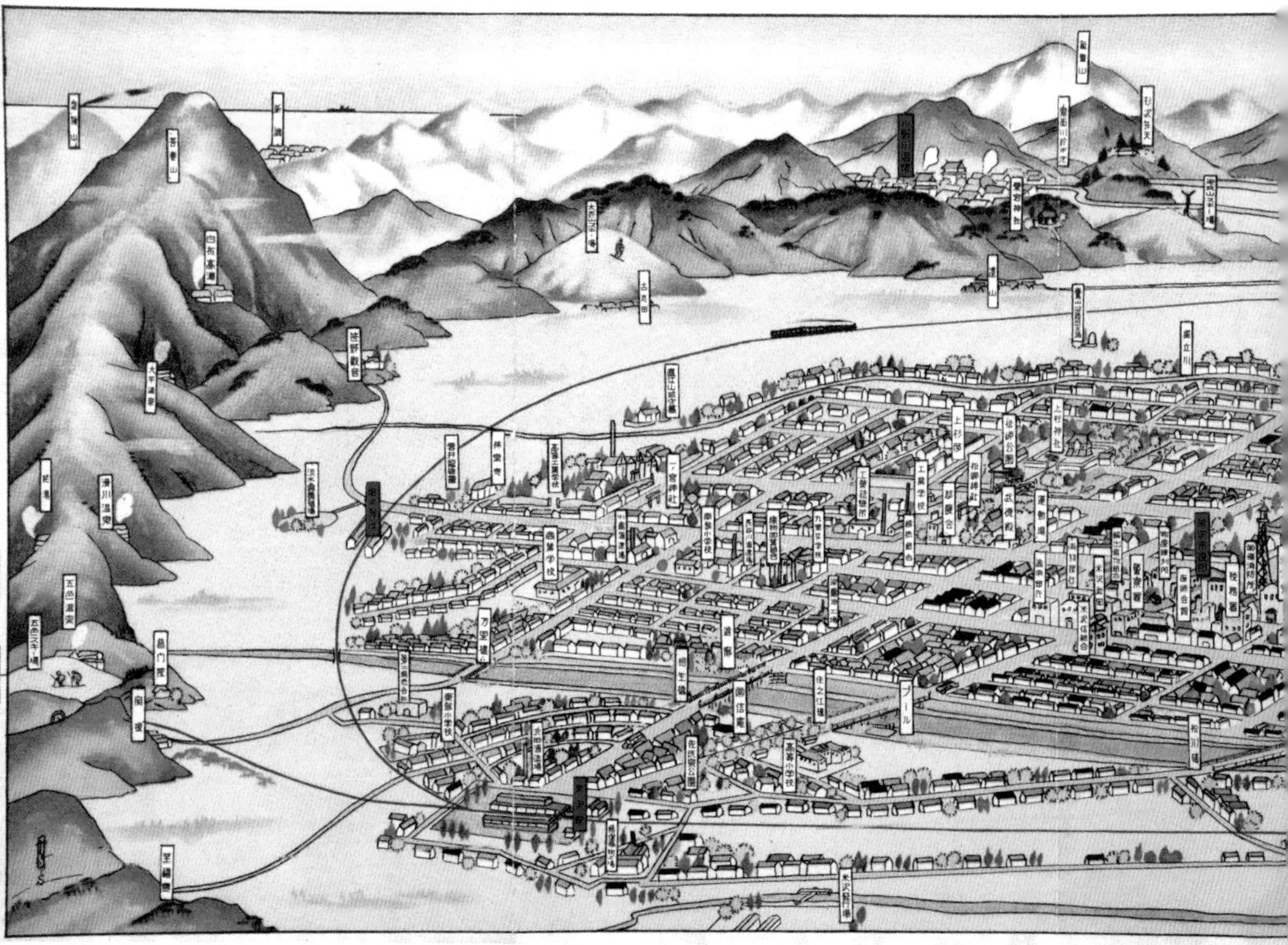

場に改称）で開催されたスキー大会に秩父宮殿下が臨席されたことを記す。また、米沢高等工業学校（昭和一九年米沢工業専門学校と改称、現・山形大学）の表記がある。表紙の写真は米沢城址の堀から舞鶴橋と上杉伯爵邸を望むもので、舞鶴橋袂に立つ一対の高燈籠も写っている。鳥瞰図は米沢駅北部から最上川を隔てて西に米沢市街地を望む構図で、左に南米沢駅、右に市街地北方の堀立川分流点をおく。右下に赤湯温泉、中央左上に小野川温泉も描きこむ。

米沢駅から駅前通りを西に進み、最上川の相生橋を渡ると、米沢の城下となる。この通りを行くと堀に囲まれた一画に上杉神社が鎮座し、松岬公園と示す。そこが米沢城址で、その南が上杉伯爵邸である。米沢城址を南に向かうと、旧制米沢高等工業学校となり、市街地はこの辺りで途切れる。案内文を見よう。

> 謙信公以来の家臣は、景勝公を奉じてこの地に移住し直江山城守の指揮のもとに城廓を築き、河川道路を改め、市区を創成して蕪地《ぶち》を開拓した。米沢の畑を耕したのは山城守であり、その畑に物を植えたのは上杉家中興の鷹山《ようざん》公である。公は数々の産業立国策を実施せられて「東北の雄藩」たる面目を遺された。

ここには、米沢の歴史が簡潔に記されている。戦国大名上杉謙信の跡を継いだ景勝は、会津百二十万石を領有する豊臣の五大家老の一人であったが、関ケ原の戦いで敗北した。そして家臣ともども米沢の地に移って城郭を築き、荒蕪地を切り拓いて暮らしを立てた。その辛苦が伝わる一文である。直江山城守は、家老の直江兼続《かねつぐ》を指す。兼続は治水工事に力を注ぎ、新田開発などに努め、藩政の基礎を築いた人である。上杉鷹山（治憲《はるのり》・九代藩主）は米沢藩の立て直しをおこなった名君で、鷹山が保護奨励した米沢織が当時、米沢の主要産物になっていた。

> その昔、森の都米沢は、大正六、八年両度の大火で市の大半を烏有に帰し、今は松岬公園と西部、北部、南部に僅かの緑林を存するのみ、されど米沢の持つ名勝旧蹟、美、ローカルの情緒豊かにして、観光の都市として印象づけられる何物かがあるであらう。

米沢は、大正六、八年に大火に見舞われ、緑も少なくなってしまった。しかし、名勝・旧跡、地方の情緒は残っていて観光都市として印象づけられる、と語る。

米沢を代表する名所は、松が岬《まつがさき》公園である。

> 春は桜花爛漫として濠に映じ美観を呈す、園内には老樹鬱蒼として市内唯一の公園である。

明治六年に城塁を壊し、翌年公園として開放したのが松が岬公園である。本丸跡に上杉謙信を祀る上杉神社、二の丸跡には上杉鷹山や直江兼続らを祀る松岬《まつがさき》神社が鎮座する。

米沢を訪れ、松が岬公園を散策すると、園内に上杉景勝公・直江兼続公主従像や上杉鷹山像などが立つ。主従像は、景勝とその傍らで「愛」の前立てをつけた兜を手にする兼続で、台座に「天地人」と刻む。NHK大河ドラマ放映（平成二一年）により、直江兼続の名が知れ渡り、この主従像が建立された。

松岬神社は、上杉神社から上杉鷹山を分祀（明治三五年）して社殿が建立（大正元年）された。境内に鷹山の「伝国の辞」を刻んだ石碑が立つ。「国家は先祖より子孫へ伝え候国家にして我私すべき物にはこれ無く候」ではじまる「伝国の辞」は、天明五年（一七八五）に鷹山が次期藩主に家督を譲る際に申し渡した心得である。以来、上杉家の家訓として伝えられた。すなわち、藩・領民は藩主の私物ではなく、藩主は藩・領民のために存在する、という上に立つ者の心構えである。

松岬神社の社殿建立時に、鳥居と燈籠が奉納された。鳥居に「南置賜郡小学校　東置賜郡小学校　西置賜郡小学校　生徒中」と、奉納者が刻まれている。置賜地方の小学生たちが小遣い銭を出し合って建立した鳥居であろう。この一事をとっても、学校教育における鷹山への顕彰熱の高まりを見る思いがする。

## （二）赤湯温泉

米沢盆地の北に赤湯温泉があり、昭和初期の旅行案内書は、このように紹介する。

> 北に青巒《せいらん》を負ひ、南は広潤な沃野に連り、商鋪櫛比《しっぴ》して小繁華の町をなしてゐる。開湯が古いだけに湯街は落着があり、上ノ山温泉と共に遊興気分が漲ってゐる。（鉄道省『温泉案内』昭和六年版）

近くに奥羽本線赤湯駅（明治三三年開業）があり、一帯は商家が隙間なく並び、ささやかながらも賑わいのある町場をなしていた。赤湯は落ち着きがあるものの、遊興気分溢れる温泉街でもあった。温泉の発見については、諸説がある。

> 源義綱が出羽の叛徒攻伐の際の発見といひ、また昔米野与惣右衛門といふ者が薬師如来の霊夢に因《よ》って発見したともいひ、又寺井の初野池付近は土が赤く水は暖かで里人はそこで牛馬を洗ってゐたが、時の領主が之を聞いて浴場を開設したと伝へる。（同書）

これらはいずれも言い伝えで、源義綱云々は一一世紀後半のことである。江戸期、上杉氏の時代に湯壺が改良され、遠近の人が赤湯に訪れていたという。

「山形県赤湯温泉」（年代・発行元不明）〈図6〉が、温泉街を知

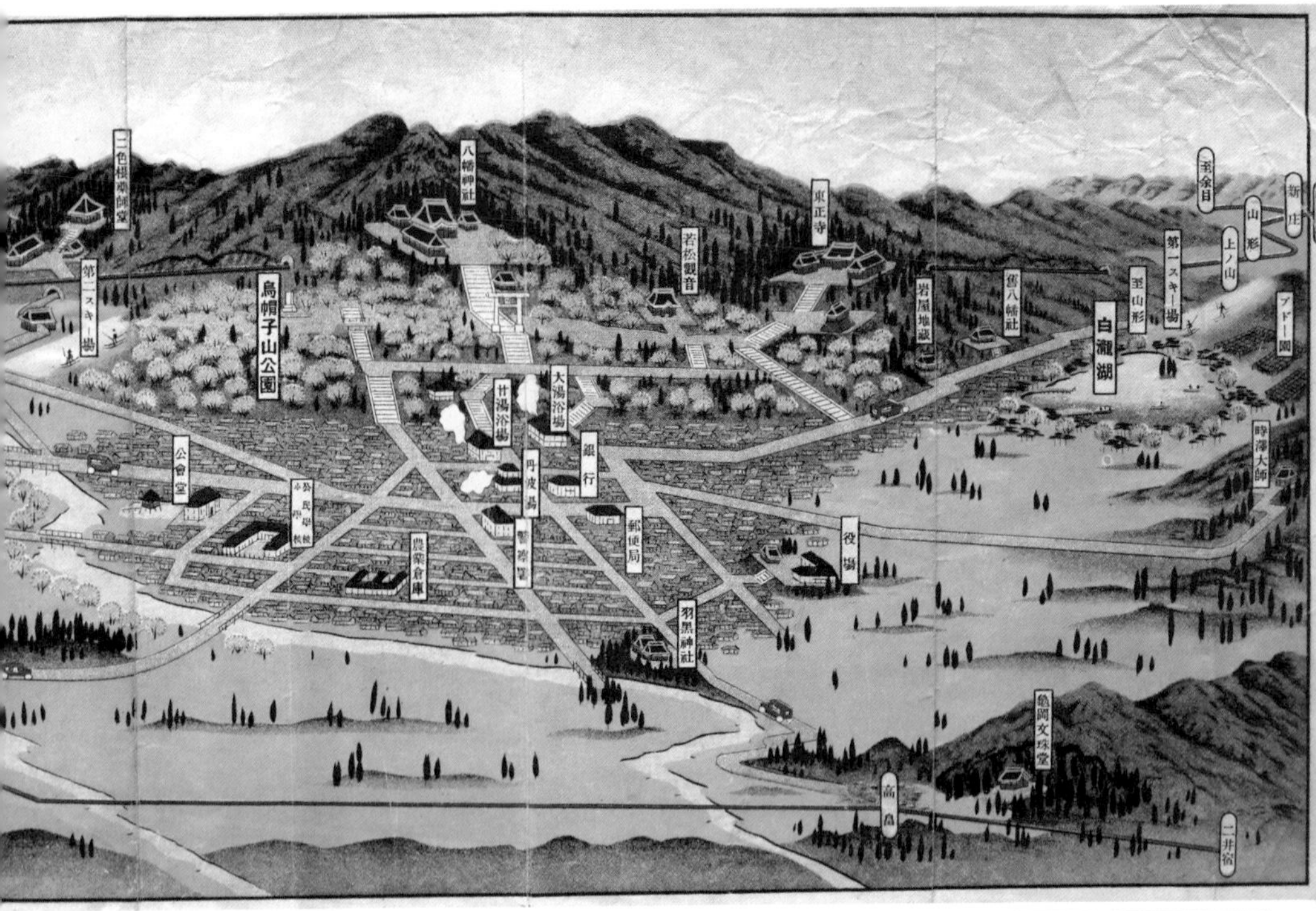


〈図6〉「山形県赤湯温泉」（年代・発行元不明）

る上で参考になる。表紙は桜満開の八幡神社から大鳥居越しに温泉街を見下ろす絵柄で、米沢盆地の背後に吾妻連峰が見える。鳥瞰図は奥羽本線高畠駅付近から北に温泉街を望む構図で、これまた桜が咲き誇る烏帽子山公園の麓に温泉街がひろがる。赤湯はまさに桜花爛漫、という感じを抱く。あいにく発行年代を知る手がかりがないが、あって然るべき「とわの湯」（昭和一八年開湯）の記載がない。

　烏帽子山公園の東に八幡神社が鎮座し、さらに東に若松観音・東正寺と続く。八幡神社下に大湯浴場・丹波湯・甘湯浴場が湯煙をあげるが、いずれも共同湯である。赤湯駅から東に延びる通りに役場・公会堂・小学校・銀行・郵便局・警察署もあって、町場をなす。案内文を見よう。

　赤湯と云へば置賜第一の温泉場上杉家の別荘のあった処。当時領内唯一の遊君を許された賑った土地。（中略）霊泉滾々《こんこん》として湧出し旅館多くは内湯を有して大廈《たいか》高楼相連

る。北には烏帽子山上爛熳の桜花を負ひ桜の名所として天下に美を誇り遥に吾妻の峯巒《ほうらん》を望んで一望十里置賜の平野は展開す。

赤湯温泉は米沢城主上杉家の別荘があった地で、歓楽境としての性格も帯びていた。温泉街には大旅館が軒を並べ、背後の烏帽子山は桜の名所として知られた。

明治維新後、市区を改良し、公園を営み、旅館の改善、浴室の完備を計った。大正四年鑽井《さんせい》工事により新に温泉を発見し旅館も増加し、愈々《いよいよ》発展の気運に向った。

大正期から旅館も増えて、赤湯温泉が発展を遂げていったことを物語る記述である。パンフレット発行当時、大湯端に御殿守港屋旅館など五軒、甘湯および丹波湯端に丹波館など五軒、森の湯に一軒、新湯温泉に五軒、その他周辺に七軒、合計二三軒の旅館を数えた。赤湯名物は、ブドウとサクランボであった。

赤湯を訪ねて烏帽子山公園の丘に登ると、西に飯豊山地を遠望し、南は米沢盆地の背後に吾妻連峰が稜線を引く。エドヒガンザクラの古木が多い公園は、わが国屈指の群生地で、「日本さくら一〇〇選」（平成二年選定）でもある。

公園から八幡神社に向け、御神坂を跨ぐ康寿橋（明治期の石橋）を渡ると、石碑二基が立つ。一つは「偕楽園記」（明治四三年）で、公園の由来をこのように刻む。明治一一年に烏帽子山を建設の地に選び、花木数百本を植え、樹間に娯楽飲食処を設け富山と名づけた。計画を進める四年の間に二回の大火に遭い、全村が廃墟となった。明治一六年に敬神講をつくり会員を募った。新たに八幡宮を山嶺に遷宮し、花木を植え泉石を配したのは明治一九年のことで、明治二六年には園地を偕楽園と名づけた。

もう一つの石碑は開園五十周年を記念する「偲開園祖」（昭和一一年）で、このようなことも記されている。明治一六年、二年続いた大火後の町の復興を図るため、敬神講の代表は多くの人々に呼び掛けて段々畑の茶畑や桑畑を買収し、公園をつくった。完成当時、偕楽園と名づけたが、水戸の名園と同じ名前であったため、烏帽子石の名をとり、烏帽子山公園と呼ぶようになった。

この烏帽子石は、凝灰岩に石塔を浮き彫りした烏帽子型の石で、八幡神社境内に現存する。公園から八幡神社にかけての丘陵は全山凝灰岩の岩山で、松や雑木が茂っていた。これらの碑文は、その岩山に地域の人々が敬神講を結成して神社を遷宮整備するとともに桜を植え、力を合わせて憩いの場を創りあげていったことを物語る。園地整備後の明治三六年、八幡神社裏山から凝灰岩を切り出して大鳥居が建立されるが、これまた地域の人たちが一丸となって取り組んだ大事業であった。

八幡神社下の山麓に数軒の温泉旅館が軒を並べる地が赤湯温泉の中心地であったことが図から読みとれる。現在、源泉は集中管理がなされ、一四軒の温泉旅館が散在する。

鳥瞰図に描かれた大湯・丹波湯は統合（平成二〇年）され、赤湯元湯の名で赤湯観光センター（銀行跡地）に隣接して開湯した。甘湯は大湯に隣接した八幡神社石段下にあったが廃止されて久しく、土地の人々の記憶から遠ざかっている。図に示されていないが、天明年間（一七八一～八九）に森の湯（現存）が発見されたことが案内文に見える。

案内文に記載がないが、昭和一八年、とわの湯が開湯してこの源泉を各施設に分湯することとなった。とわの湯は二階に畳敷きの広間があり、地元民をはじめ近在の農家の人たちも、煮物などを持ち寄って入湯を楽しんだ、と土地の人は懐かしむ。

その後、烏帽子の湯・あずま湯が共同湯に加わったが、とわの湯とあずま湯が統合し（令和四年、湯とっこ）、現在、共同湯は三つ（元湯・烏帽子の湯・湯とっこ）である。鳥瞰図が描かれてからの共同湯の移り変わりは激しいが、地元の人たちの交流の場としての共同湯は、今も赤湯温泉で生き続けている。

## 五、港町酒田

山形県北西部、日本海に注ぐ最上川河口右岸に酒田の街が発達する。寛文一二年（一六七二）、徳川幕府の命により河村瑞賢が西廻り航路を整備すると、酒田は秋田県土崎とともに出羽屈指の港町となった。庄内平野の米の集散地である酒田は、江戸期、廻船問屋・諸商人が活躍をし、商業活動が栄えた。近代に入った明治二七年に庄内地震に伴う大火で市街地の大半を焼失し、戦後の昭和五一年にも酒田大火の禍を被った。

「酒田案内図絵」（昭和八年以前、金子常光画、酒田ホテル発行）〈図7〉を開こう。表紙は発行元の酒田ホテルの絵柄である。今町に昭和三〇年代後半まであった酒田ホテルは、酒田を代表する宿であったという。鳥瞰図は日本海から東に陸地を望む構図で、左上に鳥海山、中央に酒田の町並み、右下に鶴岡をおき、右上に出羽三山を描く。

発行年はないが、本町に町役場が建っており、市制施行（昭和八年）以前の発行であることは確かである。なお、鶴岡から湯野浜温泉駅への庄内電気鉄道（昭和五年開業）が描かれておらず、昭和五年以前の発行とも考えられるが、省略の可能性もある。

最上川河口に機帆船が浮かび、小舟が川岸に停泊する。河口右岸に灯台が立ち、牛の角のような防波堤が海に突出する。冬に海が荒れる日本海は、このように河口を港としたところが少なくなかった。河口を遡ると支流の新井田川に挟まれて山居倉庫が建ち並ぶ。町並み北の海岸付近には国立倉庫もあり、いずれも庄内平野の米を保管した倉庫である。国立倉庫の北はグラウンド、付近の浜辺は海水浴場として利用されている。

酒田駅から支線が最上川河口まで延び、終点が最上川停車場（昭和一六年、酒田港駅に改称）である。停車場近くに日和山公園があり、周囲の緑豊かな土地に、日枝神社が鎮座する。川べりに水上警察署・専売局・営林署などがある。本町の通りに税務署・両羽銀行・郵便電信電話局・町役場が並び、役場付近に物産陳列場・公会堂・郡農会もあって街の中心をなす。

役場の東に本間家が邸宅を構え、道を挟んで本間家が経営する本立銀行もある。町並み北端に本間家別邸（別荘と表記）、東には本間倉庫・本間農場も見える。本間農場に隣接して旧制中学校（現・酒田東高等学校）が建つ。案内文を見よう。

**市街は碁盤割に区画され商業最も盛にして屈指の米穀集散地として知られ風光明媚の勝地なり……**

商業活動が盛んな酒田は、指折りの米穀集散地であり、風景もよい、と語る。酒田の景勝地として、日和山公園を挙げる。

**西は日本海南は最上川に臨む東北市街を瞰下し猶東南一帯庄内平野及鳥海山、月山、羽黒山、湯殿山を眺め白帆の去来する等眺望の佳麗なる他に比類なき勝地なり……**

かつて船頭が天候を見定めた日和山は公園となり、日本海をはじめ鳥海山や出羽三山の眺望が楽しめた。日和山公園に隣接して酒田総鎮守日枝神社や、本間家の基礎を築いた本間光丘（三代当主）を祀る光丘神社が鎮座する。

日枝神社は、「酒田町総鎮守たり随神門は本間家の寄進にして全部欅材にて苦心を重ねたる建築なり」とある。また、大正期創建の光丘神社の祭神となった光丘を、「翁は経世済民の実を挙げ功績極めて顕著なり」と記す。いずれも、本間家との関わりの深い神社である。本間光丘は、私財を投じて砂防林の植林を

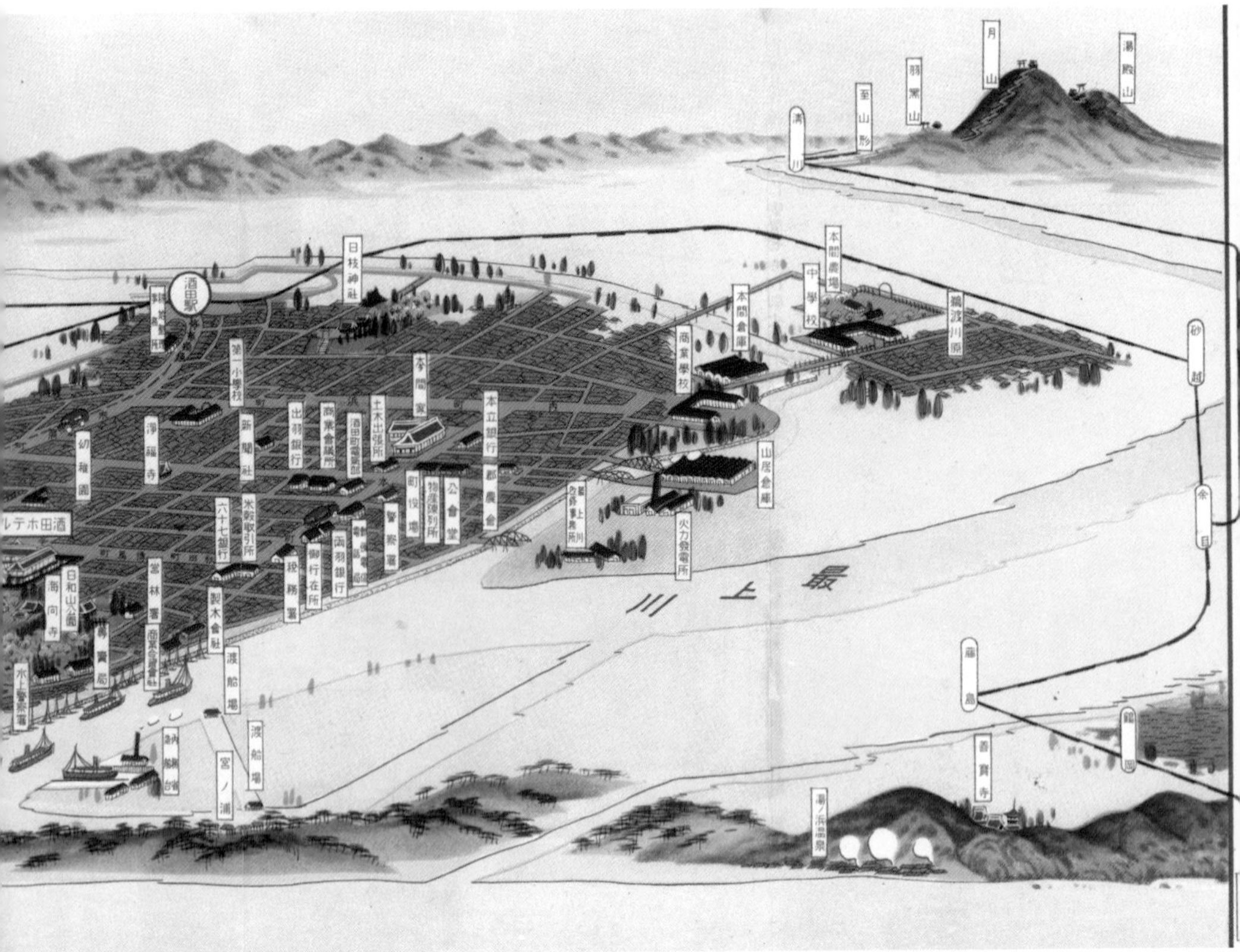


〈図7〉「酒田案内図絵」
（昭和８年以前、金子常光画、
酒田ホテル）
国際日本文化研究センター提供

するなど、地域に貢献した人として知られる。「世を経《おさ》め民を済《すく》う」の言葉を引くが、光丘は社会の利益のために尽くした人である。屈指の豪農本間家は、本町に本邸を構えていた。

東北の豪農として世上に洽《あまね》し邸宅構造質素なるも自ら威厳あり当家の家憲として信仰の念深く家人克《よ》く従ふ古来地方に関する仁恵尤も厚く実に酒田の本間か本間の酒田かと称せらる当家の直営として本立銀行並信成合資会社あり専ら農家の金融機関に備ふ小作人三千人以上を有せり……

当時、三千人を超える小作人を抱えた本間家は、農地解放以前は約一、七五〇haの農地を所有したという大地主で、「本間様には及びもせぬが、せめてなりたや殿様に」と、その繁栄が俗謡に唄われるほどであった。しかしながら、暮らしぶりは質実、かつ思いやりの心をもった家であった。

本間家は市街地のはずれに別邸も構えた。

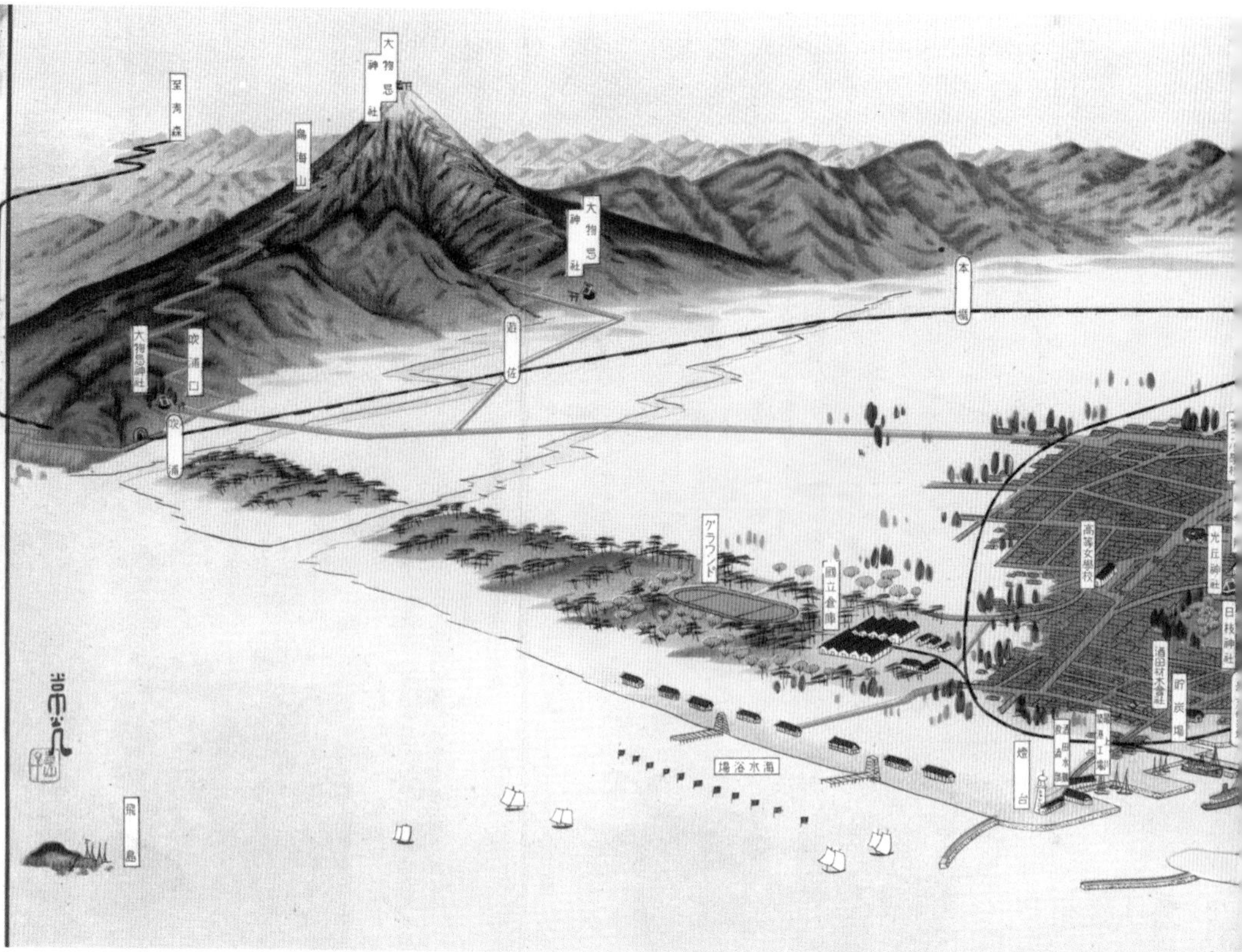


往時饑饉の際貧民救済の目的にて細民に高賃銭を与へて働かしめ一《ひとつ》は労働の神聖なる精神の高調に努む泉石幽邃《ゆうすい》稀に見る所……

別邸には江戸後期築造の鶴舞園という庭園があるが、貧民救済としてこれを築造したことにふれている。この庭園は、酒田港で働き、船の荷物の運搬にあたった丁持《ちょうもち》の冬の失業対策として築造した、と伝える。酒田に限らず、飢饉などで人々が困難をきたす時、雇用の機会を提供するのは土地の有力者の役目でもあり、「お助け普請」という言葉が各地に残されている。

米の集散地酒田を象徴するのは、山居倉庫であろう。

酒田米穀取引所の倉庫にして山居町に在り約二十棟一ヶ年入米高参拾万石に達す当倉庫米券は紙幣同様にして又米質の変らざる事全国に其の比を見ず……

山居倉庫は、明治二六年の「商品取引所法」発布に伴い設立された酒田米穀取引所の付属倉庫である。同年、新井田川中洲の山居島に建設がはじまり、明治三〇年に土蔵一五棟を数えた。連続する倉庫群は一一棟であるが、周囲に大正期までに建設された倉庫数棟があるので、「約二十棟」はそれを含めての数であろう。

「米券」とは、入庫米に対して酒田米穀取引所が発行する倉荷証券を指し、きわめて高い信用があった。その信用を担保していたのが、厳格な品位等級管理をはじめ、山居倉庫による適切な米穀保管であった。「米穀配給統制法」施行（昭和一四年）により統制経済となり、酒田米穀取引所は廃止された。山居倉庫は財団所有を経て、昭和三三年には庄内経済連の連合農業倉庫に引き継がれた。

酒田を訪ね、港町の面影を探ろう。最上川河口右岸の丘にある日和山公園の展望広場に、古い方角石がある。昔、船頭がこの丘に登って天候を見定める際に方位を確かめた石という。脚下に最上川が流れ、川沿いに発達した酒田の町並みがひろがる。

日和山公園内の池に、日本海を航行した千石船（縮尺二分の一の模型）が浮かび、河村瑞賢銅像が立つ。瑞賢が倉庫をおいた跡地のモニュメントも公園の一角にあり、いずれも港町酒田をイメージするために整備されたものである。当時の常夜燈（文化一〇年〈一八一三〉）が残され、基壇に「諸廻船安全」「酒田問屋中」、竿に「龍王宮宝殿」「金毘羅大権現」などと刻む。北前船が航行していた時代、港町の問屋商人の結束が目に浮かぶ石造物である。

公園の東に立つ山王鳥居・随神門を潜ると、松林の中に日枝神社が鎮座する。天明四年（一七八四）再建の拝殿は、赤褐色の甍が聳える仏閣風の造りで、随神門ともども神仏習合の名残をみせる。拝殿向拝の海老虹梁の上に乗った猿が木鼻を支える姿が微笑ましい。猿は日枝神社のお使いである。

本間家本邸は、南に長屋門、東に土塀と医薬門を構える広大な屋敷である。母屋は、明和五年（一七六八）、幕府巡見使の庄内視察のための宿泊所として本間光丘が新築して藩主に献上、のちに拝領して本間家の本邸として昭和二〇年まで居住していた建物である。アカマツ（臥龍の松）の老木を右手に玄関を入ると、十二畳の上座敷を中心に、数々の部屋が連なっている。庭園に配置された銘石は、北前船の下荷として諸国からもたらされたものといい、そこに港町酒田の余韻が漂う。

本邸から大通りを北に進むと別邸があり、庭園鶴舞園の中に清遠閣が建つ。文化一〇年（一八一三）、本間光道（四代当主）が藩主の領内巡視の際の休憩所として築造したものである。この庭園もまた、佐渡の赤玉石や伊予の青石など、船で運ばれた庭石を据える。明治以降、清遠閣は酒田の迎賓館として皇族・高官などの宿泊につかわれた。二階は明治四一年の増築で、階段上の梅の欄間などに技巧を凝らす。

山居倉庫は、並び建つ一一棟の土蔵群が壮観である。倉庫の西側にケヤキ並木が続くが、冬の季節風や夏の西陽を防ぐために植栽したものである。土蔵は建物とは別構造の置屋根で、断熱効果を考えての造りである。川に降りる斜面に石畳を敷いた船着き場二か所を設ける。明治末期の写真を見ると、川舟が舫う船着場に米俵を積み上げ、米俵を積んだ荷馬車が橋を渡って倉庫に向かう姿が写っている。米の搬入に、水陸両方が利用されていたことがわかる。倉庫前に運び込まれた米の入庫や、出庫の古写真もあり、米俵を背負って作業する人が「女丁持《おんなちょうもち》」と呼ばれる女性であったことに驚きを覚える。この倉庫群は、近年、米保管庫としての役割を終えた。

見所の多い酒田ではあるが、鳥瞰図の描かれた頃は、日和山公園とその界隈の社寺が遊覧地で、本間家の本邸・別邸、山居倉庫などは、生活や経済活動の場として使われていて、無論、公開もされていなかった。豊かな庄内平野の生産物が集まった最上川河口の港町の歴史を近代に受け継ぎながら生き続けてきた酒田の情景を、鳥瞰図の端々からうかがうことができる。

## 六、庄内の見所

### （一）庄内電車沿線

最上川流域の日本海沿岸にひろがる庄内平野は、米どころとして知られる。平野北端の秋田県境に鳥海山が聳え、南部に鶴岡の城下が閑静なたたずまいをみせる。鶴岡北西の日本海の海辺に湯野浜温泉が湧き、温泉街から丘陵を隔てて海に生きる人々の信仰が篤い善宝寺が伽藍を構える。庄内平野の南、山が海に迫った日本海沿岸を南下すると、温海温泉（現・あつみ温泉）を経て新潟県境の鼠ヶ関となる。

「庄内電車沿線名所図絵並案内」（昭和五～九年、金子常光画、庄内電気鉄道発行）〈図8〉を見よう。発行年はないが、庄内電気鉄道が鶴岡駅―湯野浜温泉駅間を開業（昭和五年）し、庄内電鉄に社名変更（昭和九年）以前のものであろう。表紙は善宝寺・湯野浜温泉から日本海や鳥海山を望み、一両編成の電車が庄内平野を走る、のどかな愛らしい絵柄である。

鳥瞰図は日本海から東に庄内平野を望む構図で、左に鳥海山、中央に庄内平野、右下に温海温泉をおく。図には、鶴岡・善宝寺・湯野浜温泉をつなぐ庄内電気鉄道（昭和五〇年廃線）路線を朱線で描く。庄内平野の東に月山・湯殿山が聳え、鶴岡から羽黒山の出羽神社・月山山頂・湯殿山をつなぐ出羽三山参詣路がある。湯殿山を下った参詣路は六十里越の峠を越えて三山電気鉄道の間沢駅（昭和三年開業）へ通じ、間沢駅から電車が羽前高松駅へ延びる。簡潔なわかりやすい鳥瞰図である。

主題の庄内電気鉄道の路線距離は、わずか一二・三㎞に過ぎないが、奥羽本線鶴岡駅から善宝寺参拝客や湯野浜温泉入湯客、湯野浜海水浴場に行く人を運んだ電車である。また、日本海の

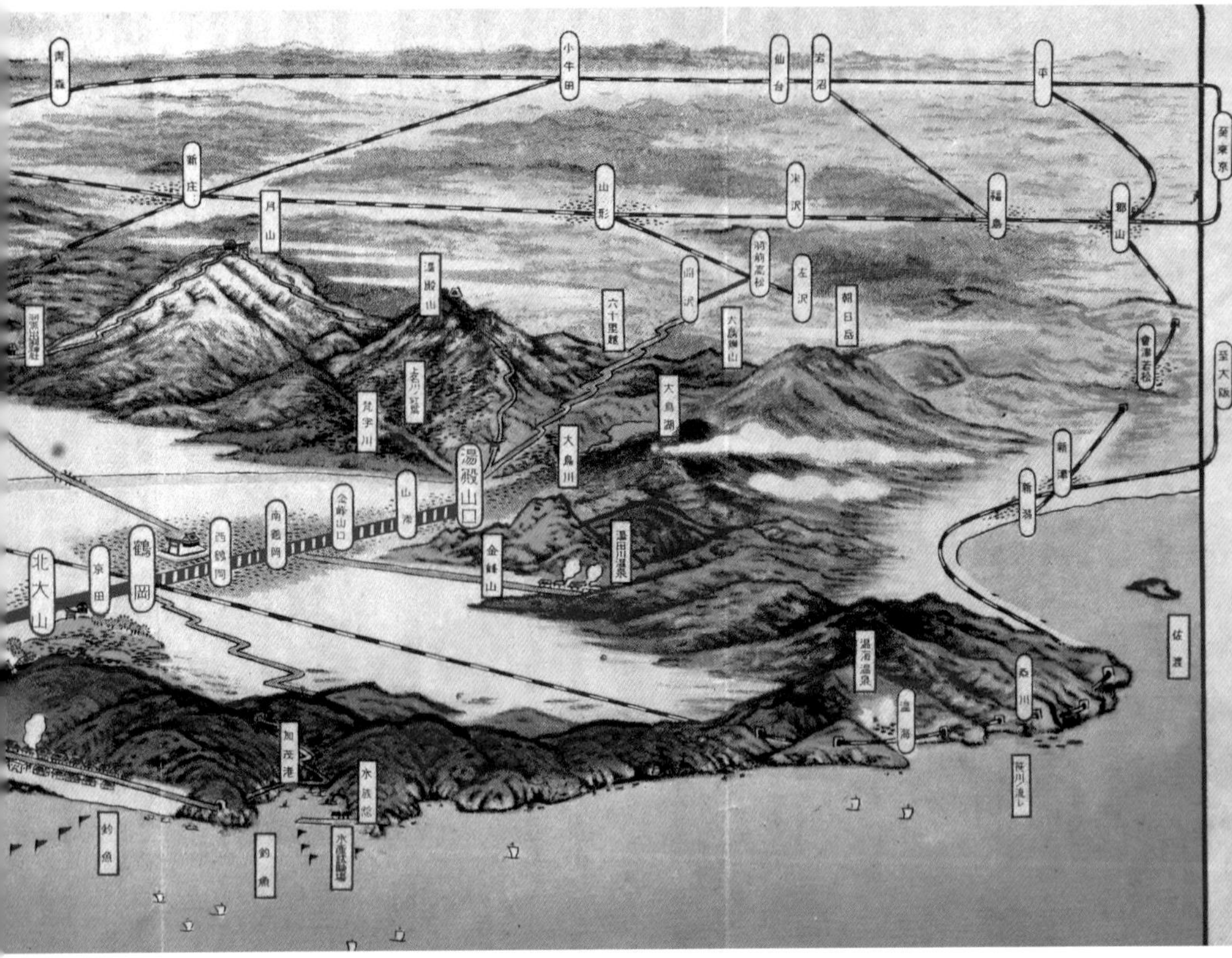
青森
小牛田
仙台
岩沼
平
至東京
新庄
山形
米沢
福島
郡山
月山
湯殿山
六十里越
朝日岳
会津若松
至大阪
大鳥湖
大鳥川
梵字川
湯殿山口
鶴岡
西鶴岡
南鶴岡
京田
北大山
金峰山
湯田川温泉
新津
新潟
佐渡
温海
加茂港
水族館
釣魚
釣魚

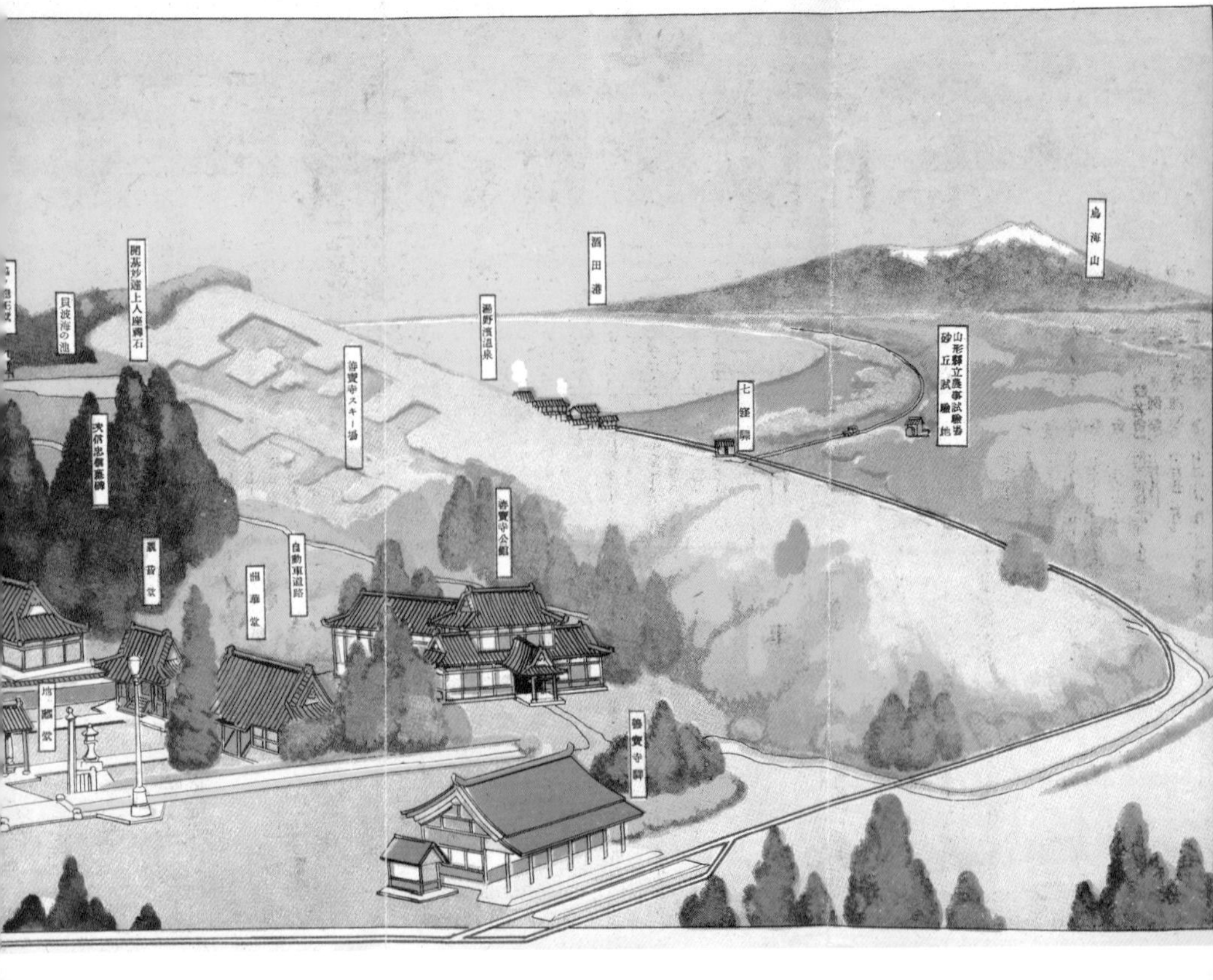
鳥海山
酒田港
湯野浜温泉
七窪駅
善寶寺スキー場
善寶寺公園
自動車道路
善寶寺駅

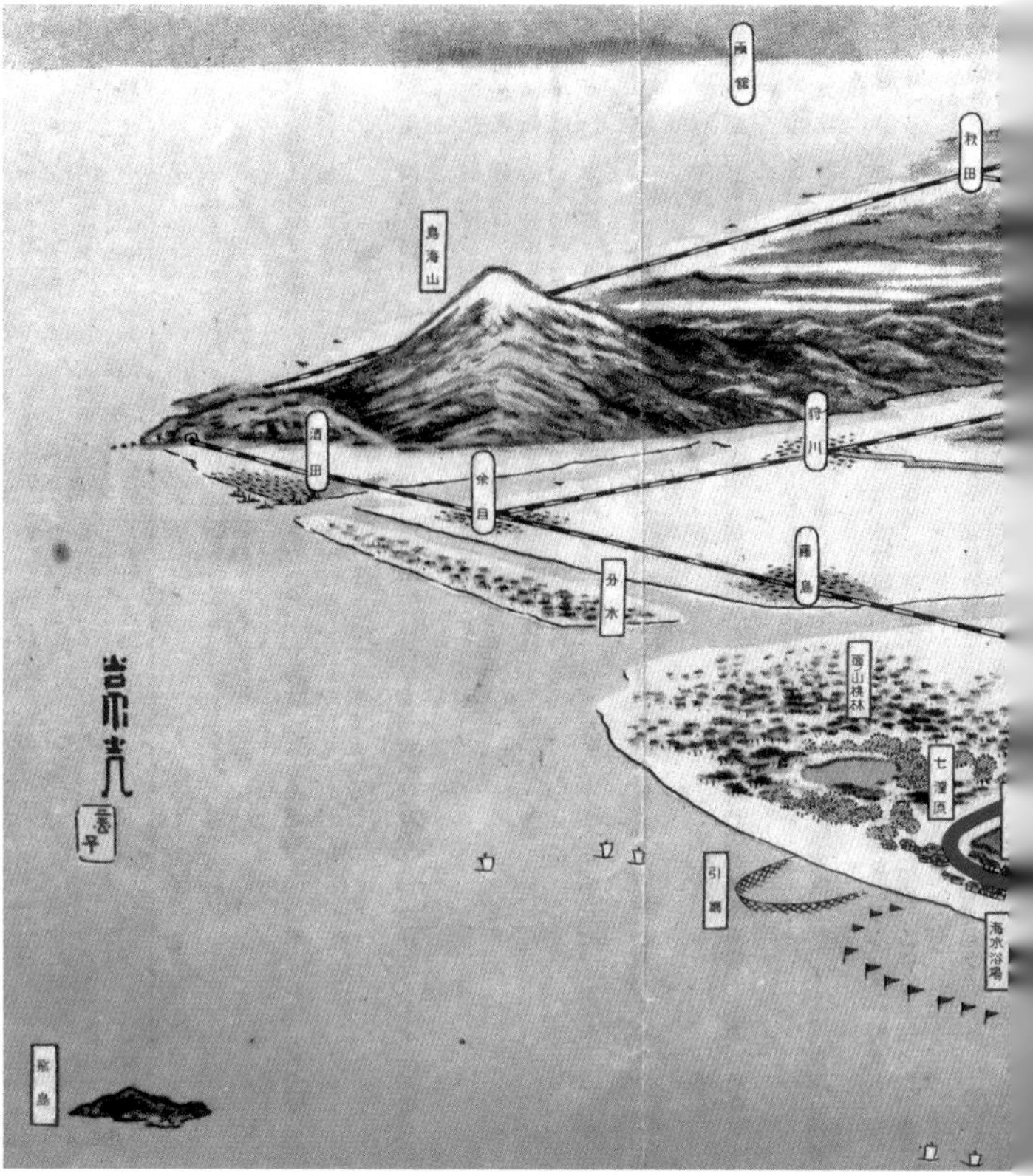


〈図8〉「庄内電車沿線名所図絵並案内」（昭和5～9年、金子常光画、庄内電気鉄道）

〈図9〉下「山形県龍沢山善宝寺全図」（昭和24年5月、善宝寺）

魚を鶴岡の街に輸送した生活路線でもあった。鶴岡から湯殿山口間が計画路線になっており、出羽三山参詣路線として企てたのであろうが、これは実現しなかった。案内文を見よう。

　庄内電車の沿線は山水、風景、温泉等稀に見る天恵の地で今や県立公園の候補地として挙げられ、其遊覧地的施設は年に月に完備されつつある……

庄内海浜県立自然公園の指定は、戦後の昭和二三年である。城下町鶴岡は、庄内平野における物資の集散地で商工業が繁栄し、出羽三山参詣の出発地の一つであった。鶴岡城址は鶴岡公園となり、桜・花菖蒲・蓮の花が見事であったことも記す。

鶴岡近郊の湯野浜温泉を、このように紹介する。

　湯あり、野あり、浜あり、湯野浜温泉と云ふ。高館山一帯の連丘緑松を負ひ西の一方が日本海に展《ひら》けてゐる、街区は南北に長く付近名勝に富み。鮮鱗《せんりん》、蔬菜は潤沢に熱泉滾々《こんこん》として随処に坌涌《ふんゆう》し気候また中和を得天恵の豊饒なる多く其比を見ない。

日本海に臨む湯野浜温泉は雄大な眺めをほしいままにし、背後の丘に松風を聴き、海水浴も楽しめた。とりたての魚や蔬菜も豊富、いたるところに温泉が湧き、気候も穏やかである、と誇る。温泉は、ある漁夫が温浴する亀を見て発見したと伝える。当時、温泉旅館は一四軒三支店を数え、その建築はいずれも三層の高楼であった。「奥羽三楽郷」に数えられた湯野浜温泉は、歓楽的な色彩が濃かった。現在、昭和初期とほぼ同数の一七軒のホテル・旅館を数え、巨大な建物が浜辺に林立する。

鶴岡と湯野浜温泉を結ぶ庄内電鉄は、廃止されて久しい。旧善宝寺駅前に昔の車両が置き去りにされ、今にも朽ち果てようとしている。

### （二）海上信仰の善宝寺

出羽の善宝寺（曹洞宗）は、航海安全・大漁満足に霊験あらたかとして、船乗りや漁民から篤い信仰を受け続けている。東北地方の日本海沿岸の漁港では、海上安全を祈る善宝寺の旗をつけた漁船を少なからず見かける。「庄内電車沿線名所図絵並案内」〈図8〉は、善宝寺をこのように紹介する。

　善宝寺には堂塔凡《およ》そ二十一宇旱魃の時の雨乞ひ、航海の安全、豊漁の祈など讃岐の金刀比羅神社と共に全国中東西の好一対である。

善宝寺は、四国の金毘羅さんとともに海の神様として信仰されている。旱魃時の雨乞いも金毘羅さんと共通するが、ともに龍神信仰がその根底にあった。人々は龍王講を組み、善宝寺に参詣した。善宝寺の姿は、戦後のものであるが「山形県龍沢山善宝寺全図」（昭和二四年五月、善宝寺発行）〈図9〉が境内の様子を伝えるので、参考までに掲載する。

　図を見ると、総門を潜ると山門、その右手に五百羅漢堂、左手に五重塔がある。石段を登ると本堂、その裏に奥の院の龍王殿が建つ。右手の池は、龍王・龍女が棲むとされる貝喰池《かいばみいけ》（貝波海の池）で、水辺に小さな龍王堂が見える。総門前には、庄内電気鉄道善宝寺駅や一両の電車も描く。

　案内文に「信仰圏は東北六県はもとより、北海道・新潟・富山・茨城・千葉・関東方面ほか各地にわたり、参拝者が年々増えている」とあり、信仰のひろがりがわかる。参拝の中心は奥の院の龍王殿であり、貝喰池にも信者の多くが足を運んでいる、と記す。

　善宝寺に参詣しよう。まず目にはいるのは、総門（安政三年〈一八五六〉）で、虹梁の絵模様などに動植物や波をモチーフにした装飾豊かな彫刻が見られる。柱に「善宝寺龍王講」と墨書した表札を掲げる。明治四四年に創始された龍王講は、龍神信仰にもとづく信者の組織で、この講に加わった人々が年会費を納めて善宝寺を支えている。二階建ての山門（文久二年〈一八六二〉）は、入母屋屋根正面に唐破風をつけた装飾溢れる建築で、獅子鼻、虹梁や小壁に精巧な彫刻をちりばめる。

　山門右手の五百羅漢堂（安政二年〈一八五五〉）は、桁行五間の総欅造りの大建築で、堂内に五百体を超える羅漢像を祀る。五百羅漢堂は、北海道松前の豪商が寄進したという。山門左手の五重塔は、明治一六年に「魚鱗一切之供養塔」として建立に着手し、同二六年に落慶した。本堂は戦後の再建、龍王殿は天保四年（一八三三）の建築である。境内に残るこれらの建物は、江戸後期に善宝寺への信仰が隆盛したことを物語っている。

　善宝寺への信仰のひろがりは、境内の奉納物からもうかがえる。一例を挙げると、山門を潜ったところに花崗岩の常夜燈（大正五年）が立ち、「寄付者北海道函館松田助八」「尾道市石工新谷真助」と刻む。松田助八は、函館で海運業・サルベージ業・船舶代弁業を営み、支店を小樽・大阪・門司・横浜に設け、大正の好景気で巨万の富を得た人である。常夜燈が尾道石工の作であることも注目される。奉納は、陸羽西線鶴岡駅開業（大正七年）以前のことで、広島県尾道から瀬戸内海・日本海を経て海路を運ばれたのであろうか。尾道石工の製品は、江戸期から船の下荷として日本海の浦々に運ばれていたが、その流れを汲むものであろう。

　貝喰池は、森の中に神秘的な空気を漂わせる池で、参道や龍

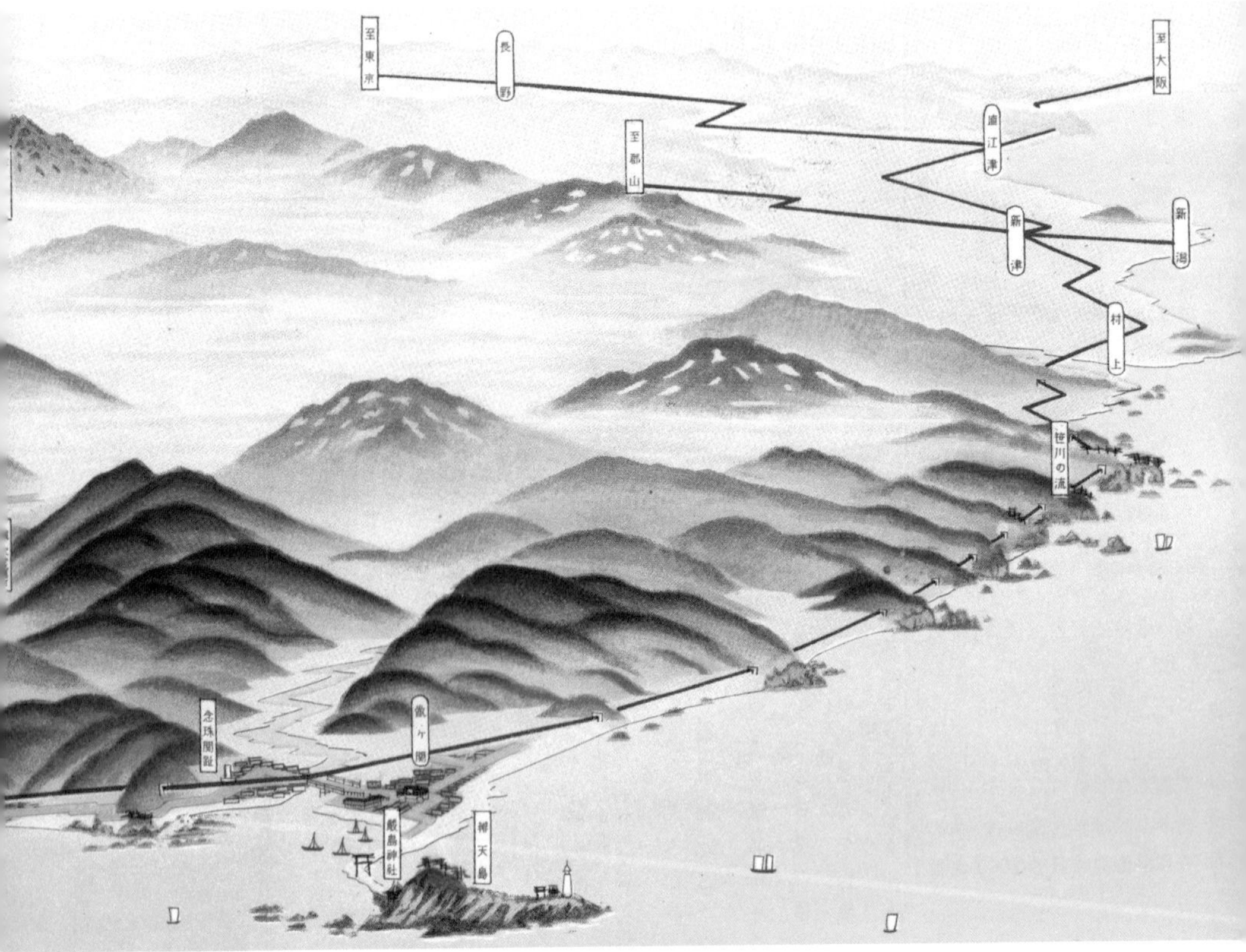

至東京
長野
至大阪
直江津
至郡山
新津
新潟
村上
笹川の流
念珠関跡
鼠ヶ関
嚴島神社
辨天島


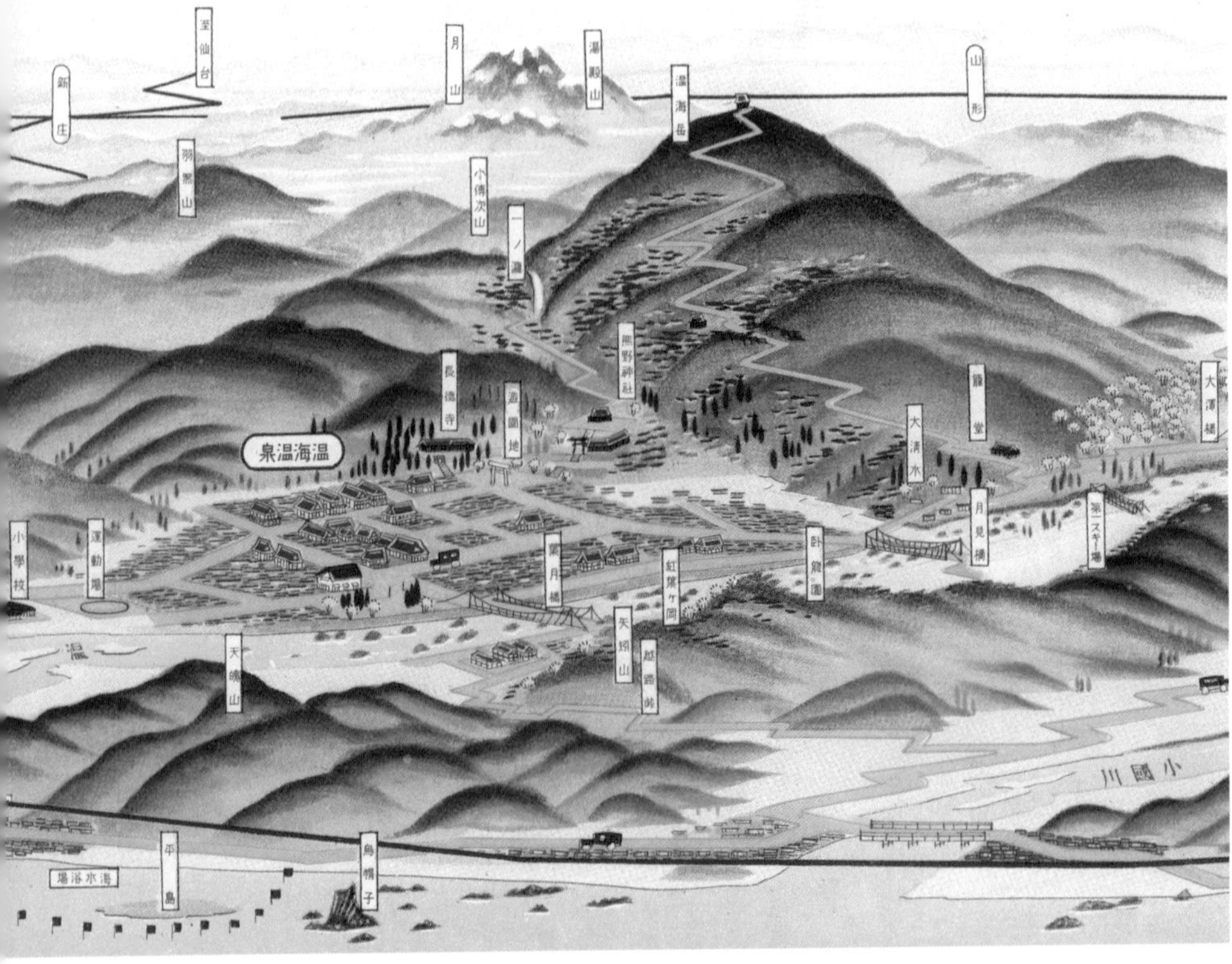

至仙台
新庄
月山
湯殿山
溫海岳
山形
羽黒山
小傳次山
一ノ瀧
熊野神社
長徳寺
遊園地
泉溫海溫
大清水
大澤橋
第二スキー場
月見橋
小學校
運動場
紅葉ケ岡
越路峠
川國小
平島
烏帽子
場浴水海

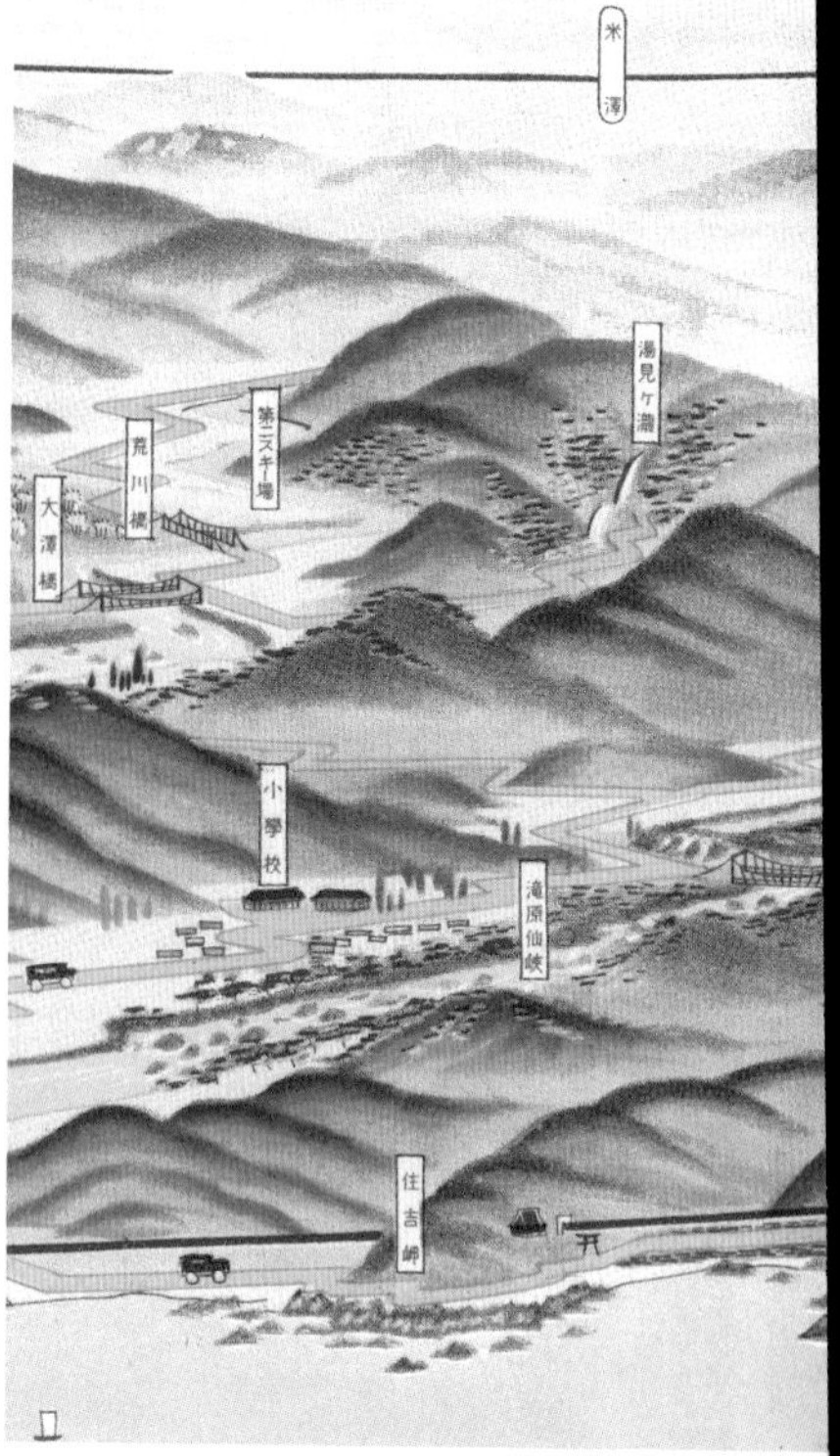


〈図10〉「温海温泉」(昭和2年8月、金子常光・中田冨仙画、温海温泉協会)
国際日本文化研究センター提供

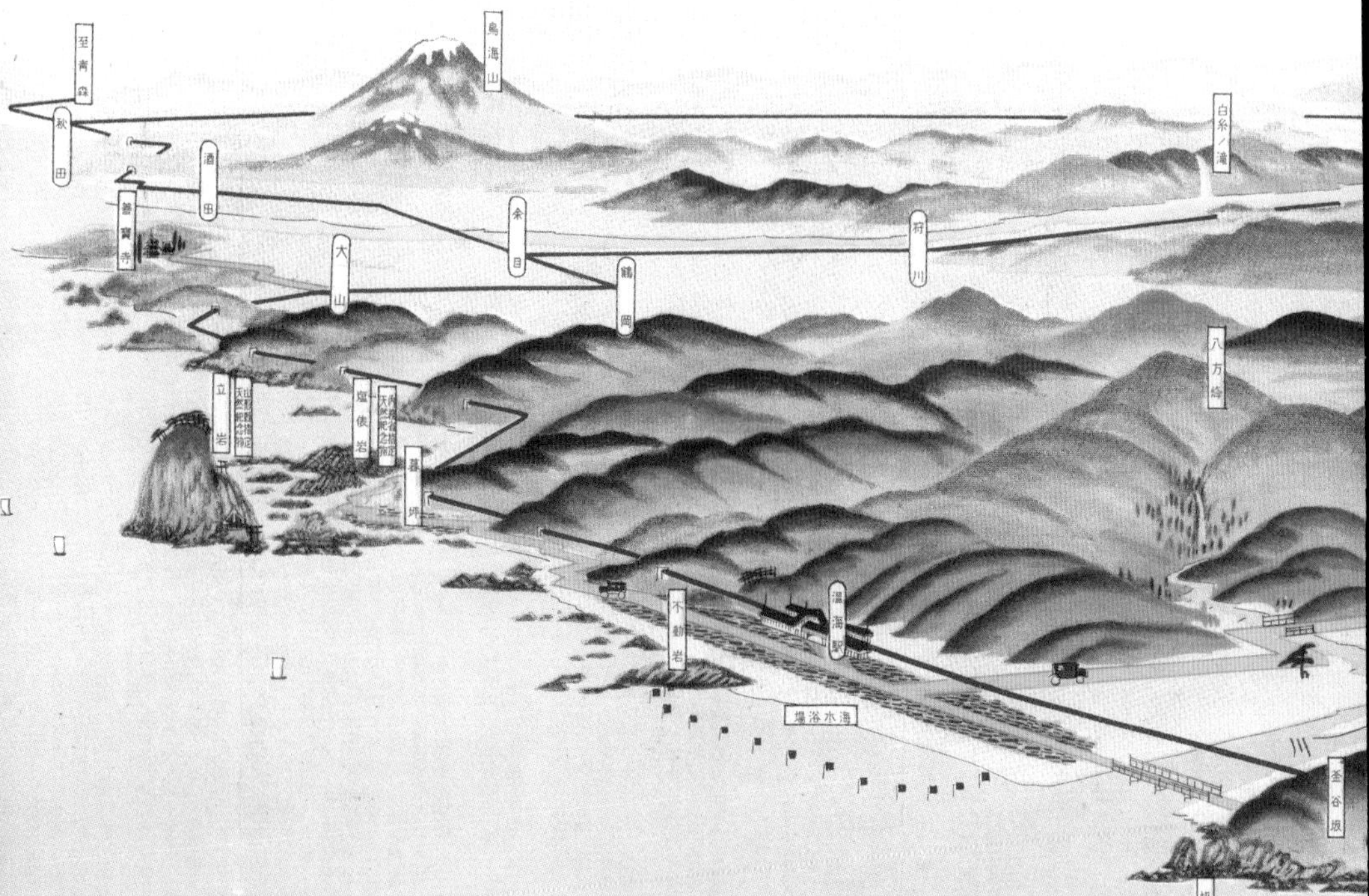

王堂の前に「南無龍道大龍王」「南無戒道大龍女」と大書した幟がはためく。目にした幟は、新潟市小杉講・新潟市室町市橋講・北海道龍神講からの奉納で、貝喰池に棲むと信じられている龍王・龍女に捧げたものである。ここにもまた、信仰圏のひろがりを見ることができる。

善宝寺では立春大祈禱お水取りが執りおこなわれ、貝喰池に注ぐ雪解けの清らかな沢水を汲んで龍王殿に供え、無病息災や家内安全などを祈願する。水への信仰が龍神信仰となり、さらには海の信仰へと発展していったことを物語る行事といえよう。善宝寺は、庄内電鉄に乗って多くの人が訪れた遊覧地ではあるが、海に生きる人々の聖地であることに、今も変わりがない。

## 七、温海温泉

山形県南西部、日本海から温海川を約二km遡った山あいに温海温泉（現・あつみ温泉）がある。昭和初期の旅行案内書は、温海温泉をこのように紹介する。

> 温泉は古来「湯温海七色《ゆあつみなないろ》」の名があつて、その色が天候により薄緑に、或は薄藍に、又薄黄など多様に彩られる。峯巒《ほうらん》四周の中に、紅葉美に知られる温海嶽（海抜七三六米）兀然《こつぜん》と東に峙《そばだ》つその麓、温海川の渓流に沿うて湯街は賑かに軒を列べてゐる。海に近いが「山峡の湯」の感じがする所である。（中略）昔から「庄内三楽郷」の一《ひとつ》といはれるところで、脂粉の香も相当に濃《こまや》かである。（鉄道省『温泉案内』昭和六年版）

温海温泉の特色は、天候によって湯の色が変化すること、とされる。背後に温海岳が聳える渓流沿いの温泉街は、海水浴が楽しめる日本海からもさほど離れていない。温泉の由来は、昔、傷ついた一羽の鶴が浴しているのを見て発見、また、弘法大師が奥州巡錫の際に見つけた、との伝説も紹介する。「庄内三楽郷」の湯野浜温泉・湯田川温泉とともに、歓楽色の濃い湯の街であった。

羽越線（現・羽越本線）全通（大正一三年）三年後、「温海温泉」（昭和二年八月、金子常光・中田冨仙画、温海温泉協会発行）〈図10〉が出版された。表紙絵の日本海に浮かぶ屹立した岩は、海辺の柱状節理の岩や、形状から暮坪《くれつぼ》の立岩であろう。裏表紙は温海温泉から鼠が関の弁天島を遠望する絵柄である。

鳥瞰図は日本海から東に温海温泉を望む構図で、左に立岩と塩俵岩、中央に温海温泉、右下に鼠ヶ関の弁天島、右端に笹川流れ（新潟県の景勝地）をおく。左上に鳥海山、中央に月山・羽黒山・湯殿山の出羽三山、右上に朝日山地の山々を描く。

温泉街は温海川右岸に発達し、背後に温海岳を負う。温海岳中腹に一の滝が懸かり、山麓に熊野神社が鎮座する。鳥居から西に延びる山裾の道の両側に大構えの家屋が並ぶが、この辺りが温泉街の中心であろう。温海川に葉月橋・月見橋が架かり、月見橋の東に大清水が湧く。温海川河口左岸に天魄山《てんぱくざん》が横たわり、河口南に平島海水浴場、北に不動島海水浴場がある。

温泉街の案内文を見よう。

羽越線の開通を見てよりは更に全国に宣伝せられ殺到的殷賑《いんしん》を来して今や裏日本屈指の遊覧地となり……

鉄道開通により大勢の浴客が訪れて温泉街に活気があふれ、賑わうようになった喜びが伝わる一文である。最盛期は日に二千人、年間の浴旅客延人員二十万人を突破する、とも記す。

旅館二十三軒何れも三層楼の宏麗な構へで山水の展望を恣《ほしいまま》にし各々内湯を有《も》ち清澄なる飲料水を引入れてあるは温泉の誇りである……

当時、旅館二三軒を数え、内湯を備えた眺めの良い楼閣が軒を連ねていた。町並みも整然とし、遠からず水道も完成するであろう、とも述べる。夏は涼しく、蝿や蚊に悩まされる心配はない、と強調する。

海から豊富な佳肴《かこう》の供給あるは申す迄もなく温海川には鱒、鰍《かじか》、鮎、やまめが季節季節に獲れる、山には椎茸、ぜんまい、わらび、なめこ類が多く産する此等食品の潤沢な事も特記する価値があります。

近くに海もあって、山の幸・川の幸・海の幸を自由に味わえる点は全国有数である、と誇る。ほかにも、江戸期、温海温泉に庄内藩主酒井氏が御殿を設けて入湯したこと、湯役所を建てて湯奉行をおいて入湯者より湯銭を徴収して営繕費に充てていたことなどにもふれる。以下、温泉街の変遷である。

明治維新後は声名益々揚《あが》り交通の頗る不便なるにも拘らず、遠近相伝へて旅人浴客絡繹《らくえき》として麇集《みしゅう》し、同十七年大火の厄に遭ひ各旅館の茅屋根平家建が面目一新二階建となり、地区も小市街の観をなし更に四十一年の大火後は各館競ふて三階の摩天楼を建築し……

明治維新後、温泉の名声が高まり、交通不便にもかかわらず旅人や浴客が絶えることがなかった。明治一七年の大火後にそれまでの茅葺の平屋は様変わりして二階建てになり、明治四一年の大火後には三階建ての楼閣が建ち並ぶ温泉街となった。このように、温泉街は火災の度に整備されていったのである。

街の南を流れる温海川が、温泉街に風趣を添えた。

白浪岩を噛むで緑蔭を乱し巒影《らんえい》を涵《ひた》して、常に一段の情趣を添えてゐる。両岸を連ねる釣り橋を葉月橋と称する、構致雅味に豊かで、橋上水声の咽《むせ》ぶを聴きながら、春花秋月の賞美、さては夏の夕、納涼の絶好適所である。

図には、温海川河床の小岩をいくつも描く。水の流れは岩にあたって白波を立て、緑の山影を映す水面が揺れる。葉月橋にたたずむと、岩にぶつかる水音が聞こえる、とも記す。

町並み背後に聳える山は、温海岳である。

山腹老杉巨木蓊鬱《おううつ》として四時景趣に富み初夏の新緑美、晩秋の紅葉美は近隣無比の麗観である。

温海岳は新緑、紅葉と四季折々の表情をみせた。温海岳中腹に一の滝が懸かり、山麓に大清水が湧き、名所となっていた。

老杉の蔭に清冽氷の如き冷水湧く、大清水と称す。樹蔭楼台を構へて名物の蕎麦を供す其野趣掬《きく》す可く、幽邃《ゆうすい》閑寂真に夏日納涼の好適所である。

大清水は、温海岳の伏流水が湧き出た名水で、現在、付近は小公園となり、「大清水」という名の蕎麦屋が商いを続けている。

羽越線全通（大正一三年）により温海温泉に大勢の客が訪れるようになったが、昭和六年の上越線全通により東京方面からの交通の便が格段に良くなり、さらなる賑わいを増した。

温海温泉を訪ね、天魄山に登ると、西に日本海がひらけ、東に温海岳を眺望する。晴れると、佐渡島・粟島・鳥海山まで見渡せるという。越路峠を温泉街に下り、温海川沿いを散策する。水面に目をやると、今も清流がサワサワと心地よい音を立てており、秋にはサケが遡上するという。川沿いの小径から、丸みを帯びた温海岳の眺めもよい。熊野神社鳥居前の山裾の通りに木造三階建て楼閣が二軒残っており、その付近が温泉街の中心地であったことを物語る。現在、左岸に大きなホテルが二棟建つが、山峡の静けさは保たれている。

戦後の昭和二六年、温海温泉はまたもや大火に遭い、半数を超える家屋が焼失した。この大火を契機にこれまでの源泉井を廃し、新たな源泉を掘削・集中管理して各旅館に給湯することとなった。火災の度に立ちあがる温泉街であるが、当時二三軒を数えた旅館は、現在、七軒に減り、歓楽色も消え失せた。図中に見る山峡の温泉街は静謐な印象を受けるが、実際に目にする温泉街もまた静寂な空気に包まれている。

# 第四章　盛岡・水沢・秋田

## 一、岩手県の風景

岩手県の風景を「産業と観光の岩手県」（昭和一二年六月、吉田初三郎画、岩手県観光協会発行）〈図1〉から探ろう。表紙は岩手山を背後に悠々と流れる北上川の絵柄である。鳥瞰図は三陸海岸から西に陸地を望む構図で、左に陸前高田から突出した広田崎、右に県境近くの種差海岸《たねさし》（青森県）をおく。

山が迫った三陸海岸に陸前高田・大船渡・釜石・宮古・久慈などの街が発達し、高田の松原や宮古の浄土ヶ浜などが名所として知られた。戦前は三陸海岸を南北につなぐ鉄道はなく、浦々を結ぶ船が主要な交通手段であった。北上盆地には、北上川に沿って南から一関・水沢・黒沢尻・花巻・盛岡などの街がある。一関・水沢・花巻・盛岡は城下町（広義の）として、黒沢尻（北上市）は北上川水運の河岸から発達したところである。

一関周辺に目をやると、西に厳美渓《げんびけい》、東に猊鼻渓《げいびけい》があり、いずれも景勝地として知られる。厳美渓を遡ると須川岳（栗駒山）が聳え、山麓に須川温泉などがある。一関の北は平泉で、中尊寺・同金色堂・毛越寺・義経堂・無量光院跡・達谷窟《たっこくのいわや》の見所を示す。今日、世界遺産として注目を集める平泉は、金色堂などがすでに芭蕉の『おくのほそ道』で有名になっていた。花巻郊外には、花巻温泉や台温泉がある。盛岡北西に秀麗な山容を見せる岩手山（二、〇三八m）は、岩手県最高峰の成層火山である。岩手県有数の観光地八幡平《はちまんたい》を描きこんでいないのは、戦前は交通不便で、注目されていなかったからであろう。

東北本線が南北を縦断し、東の三陸海岸方面に大船渡線・釜石線・山田線が延びる。大船渡線は一関駅―盛駅（昭和一〇年開業）間を結ぶが、今は途中の気仙沼駅までの呼称である。釜石線は花巻駅―千人峠駅（大正三年開業、昭和二五年廃止）間で、千人峠以東は計画路線である。陸中大橋駅―釜石駅間は、釜石鉱山から釜石製鉄所に鉱石輸送を目的に明治期に敷設された釜石鉱山鉄道である。山田線は盛岡駅―岩手船越駅（昭和一一年

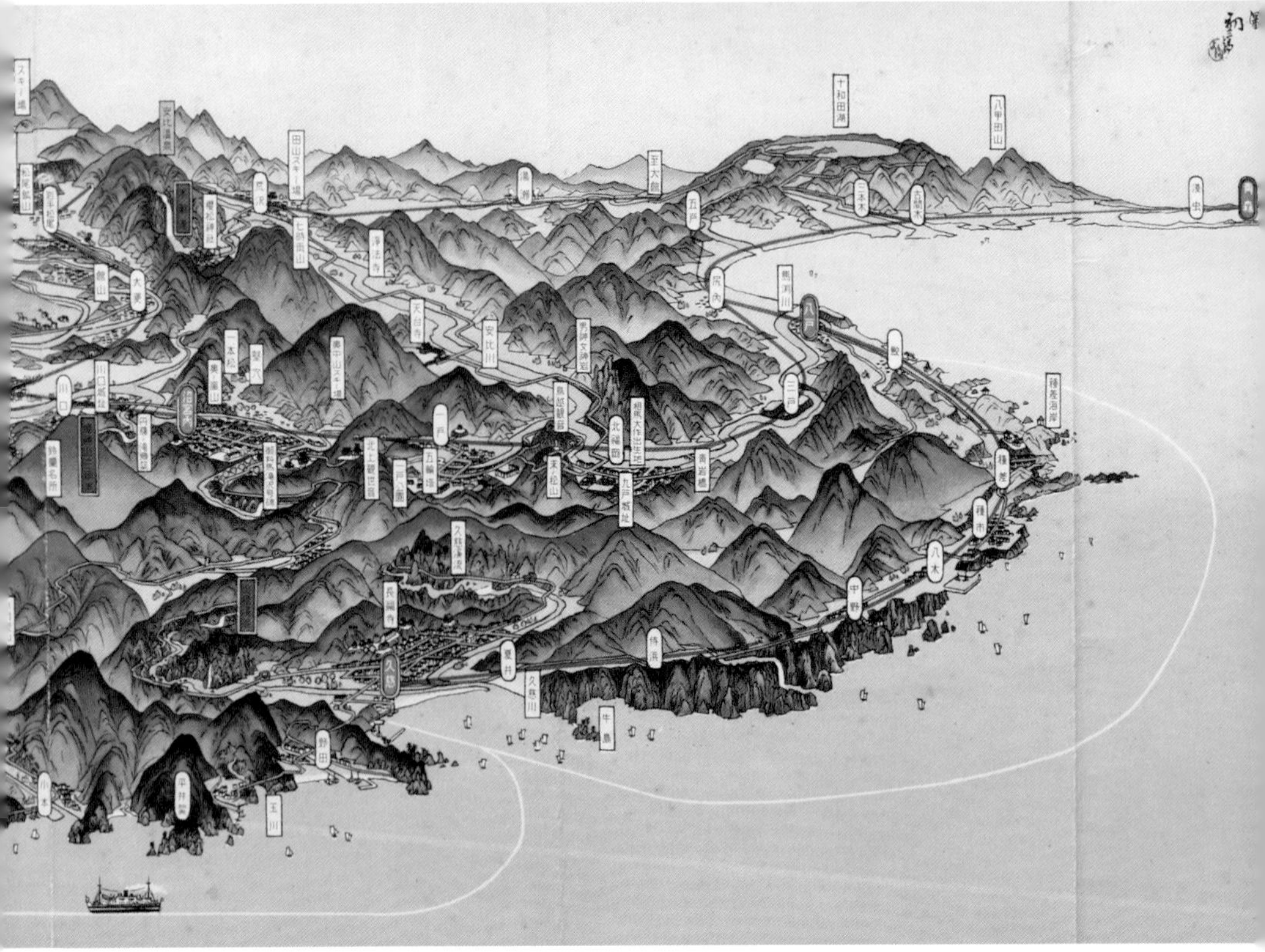

〈図1〉「産業と観光の岩手県」(昭和12年6月、吉田初三郎画、岩手県観光協会)

田沢湖
小岩井農場
雫石
花巻
北上川
高山植物
関口不動
山田
大島
日出島

金華山
石巻
小牛田
六角堂
陸中松川
広田
碁石浜

開業）間が開通するが、釜石までは計画路線である。そのほか三陸海岸では、八戸線が尻内駅《しりうち》（現・八戸駅）―久慈駅（昭和五年開業）間を結ぶ。三陸海岸方面へ鉄道が延びたのは、昭和に入ってからである。

奥羽山脈を越えて西の秋田県方面には、横黒線（現・北上線）・橋場線（現・田沢湖線）・花輪線が通じる。横黒線（大正一三年全通）は、黒沢尻駅（現・北上駅）―横手駅間を結ぶ。橋場線が盛岡駅から橋場駅（大正一一年開業）へ延びるが、田沢湖方面へは計画路線である。ここは秋田新幹線のルートとなるが、逸れた橋場駅は休止のまま草に埋もれている。花輪線は、昭和六年に東北本線好摩《こうま》駅から陸中花輪駅（現・鹿角花輪駅）に到達した。ほかに花巻から花巻温泉・西鉛温泉に通じる花巻温泉電気鉄道（大正一四年に運転開始）があるが、昭和四七年に全廃となった。

岩手県では、盛岡の城下、水沢伊達氏の要害がおかれた水沢、一関周辺の景勝地である厳美渓・猊鼻渓などを訪ねてみよう。

## 二、南部盛岡

### （一）城下町盛岡

北上盆地の北部、北上川と中津川が合流するところに盛岡の市街地がひらける。盛岡は、江戸初期に南部利直が城を築き、旧地三戸《さんのへ》から人々を移して城下とした地である。南部氏は、鎌倉初期、奥州合戦の功績により岩手県北部から青森県南東部にかけての糠部《ぬかのぶ》地方を拝領、戦国期には三戸城を拠点とした名族である。城郭が完成すると旧来の不来方《こずかた》が現在の盛岡に改められ、近江などの他国からも商人が集まった。以来、盛岡は南部氏の城下として明治にいたった。

「盛岡市」（昭和一一年四月、吉田初三郎画、盛岡市役所発行）〈図2〉を開こう。表紙は中津川に架かる橋の欄干擬宝珠越しに、春霞に雪を戴く岩手山（南部富士）を望む絵柄である。絵の額縁に桜をあしらい、春らしさを添える。鳥瞰図は雫石川が北上川に注ぐ辺りから北東に市街地を望む構図で、左上に岩手山、中央に盛岡城址と市街地、右に花巻方面をおく。

市街地南西を流れる北上川には、上流から夕顔瀬橋・開運橋・明治橋が架かる。支流の中津川に架橋された上ノ橋・中ノ橋・下ノ橋などが城址と奥州街道とを結ぶ。盛岡駅から開運橋を渡ると市街地で、盛岡城址の岩手公園が中津川に臨み、園内に桜山神社が鎮座する。岩手公園から堀を隔てて北に県庁・裁判所・公会堂・市役所・警察署・工業試験場などの公官署が建ち、裁判所前に石割桜と示す。

市街地北郊に旧制盛岡高等農林学校（現・岩手大学）や旧制

盛岡中学校（現・盛岡第一高等学校）が校地を構える。旧制盛岡中学校は石川啄木や宮沢賢治の出身校で、賢治は旧制盛岡高等農林学校にも学んだ。さらに北郊に、師範学校（現・岩手大学）・高松の池・競馬場・南部家の墓所なども見える。

岩手公園から中ノ橋を渡ると、角地にドームの塔屋を載せた旧盛岡銀行（のちに岩手銀行本店本館）や、今はなき松屋デパートが建つ。上ノ橋から下ノ橋方面に鍛冶町・紺屋町・呉服町と、奥州街道の町並みが続く。市街地南東に八幡宮が鎮座し、参道付近に盛岡劇場・三笠劇場・「馬検場」がある。市街地はずれの八幡宮参道界隈は遊興地で、劇場のほかに料理屋もあった。「馬検場」は馬市が開催（明治四五年〜平成八年）された場所におかれ、南部地方は馬産地として知られた。案内文を見よう。

市街は平坦にして北上川は其の西を流れ、中津川は中央を貫流し、橋梁各所に架設せられて、市街に一層の美観を添ふ。東北には北上山脈の衆巒《しゅうらん》を負ひ、西方遥に奥羽山脈の蜿蜒《えんえん》として南北に連るあり。又近くは岩手の秀峯を指呼の間に望み風光頗《すこぶ》る絶佳である。

山紫水明の県都盛岡市の光景が目に浮かぶ記述である。とりわけ、北上川が盛岡の街に風情を添えていた。

上流夕顔瀬橋上の眺望は頗《すこぶ》る佳麗にして遠く岩手の秀嶺を仰ぎ近く厨川の柵趾を望み長江洋々真に画図の如くである、開運橋は盛岡駅に通ずる鉄橋で車馬常に絡繹《らくえき》して絶えない、下流に架する明治橋橋上から眺むる四囲の風光亦《また》愛すべきものがある。

橋の上から眺める岩手山や四囲の風光が素晴らしかった。厨川柵《くりやがわのき》は、平安期の陸奥国の豪族安倍氏の城柵の一つである。盛岡駅と市街地をつなぐ開運橋は、人馬の往来が絶えなかった。

昭和初期の観光案内書は、盛岡の廻覧順路をこのように示す。

盛岡駅―石割桜―岩手公園―商工館陳列所―肴町通―盛岡駅（『日本案内記』東北篇、昭和四年）

石割桜は、地方裁判所構内の巨岩の割れ目に根を下ろしたエドヒガンザクラ（天然記念物）で、今も盛岡の名木として名高い。肴町は奥州街道の裏通りであったが、当時、盛岡の繁華街となっていた。廻覧順路は、これらに原敬墓所のある大慈寺などを加えた「大廻り」もある。

盛岡随一の見所は、盛岡城址を利用した岩手公園である。再び「盛岡市」〈図2〉の案内文に目をやろう。

旧盛岡城趾を開いて造ったもので石塁厳然今尚古城の面影を失はない、土地高台市中を瞰下《かんか》し遠く四囲の田園村落及山河峯巒《ほうらん》の風光を展望するによい、園内林泉の風趣に富み又

盛岡市鳥瞰圖
初三郎

門司
下関
大阪
京都
日本ライン
名古屋
東京
仙臺
松島
石巻
山田
早池峯山
盛
大船渡
矢作
氣仙沼
一ノ関
花巻
花巻温泉
八幡宮
大慈寺
市民病院
仙北小学校
仙北町
農学校

青森
北海道
函館
八戸
種差
北山
願教寺
愛宕山
上盛岡
仁王小学校
東北女学校
上ノ橋
女子師範学校
市役所
縣廳
公會堂
裁判所
櫻山神社
夕顔瀬橋
開運橋
盛岡

〈図2〉「盛岡市」
（昭和11年4月、吉田初三郎画、盛岡市役所）

巨巌到る処に屈起し亭榭《ていしゃ》を所々に設けて観望に便す、……

盛岡城は明治初年にほとんどの建物が取り除かれ、明治三九年に岩手公園として整備された。しかし、石垣は当時のままで、城郭の面影をよく残していた。崛起した巨岩では、桜山神社背後の烏帽子岩が有名である。盛岡公園は見晴らしのよい公園で、八棟の四阿《あずまや》のうち夕陽亭・望岳亭・拾翠亭の三つが昔の場所にある。

岩手公園と並ぶ遊覧地が、市街地北郊の高松の池である。

翠巒之《すいらんこれ》を繞《めぐ》る、北に岩手姫神の二峰を望み、南に市街を俯瞰す、眺望の佳なる稀に見るの勝地である、春は池畔の桜花雲と棚曳き、夏は短艇を浮べて暑熱を避け、秋は紅葉錦を彩り、又厳冬には堅氷を滑走せんとして雲集する青年男女あり四季を通じて近郊に於ける遊楽の地である、……

高松の池は、江戸期、治水を目的に築造され、池畔は高松公園として整備されていた。春は桜、夏はボート遊び、秋は紅葉、冬はスケートと、四季を通じて盛岡市民の憩いの場になっていた。

案内文は、盛岡名産として南部鉄瓶・茶の湯釜・秀平塗・南部桐製品・南部紫根染・各種菓子類を挙げるが、盛岡名物として誰もが思いうかべる「わんこそば」は含まれていない。その起源はさておき、「わんこそば」が有名になったのは、戦後、何杯食べたかを競う大会が開催されるようになってからであるという。

## （二）城下の佇まい

盛岡を訪ね、盛岡城址に足を運ぼう。盛岡駅東口から北上川の開運橋を渡り、大通りを東にゆくと盛岡城址の岩手公園（愛称は盛岡城跡公園）にいたる。中津川から水を引き入れた内堀跡の亀ヶ池・鶴ヶ池や、石垣が昔の姿をとどめる。城址は、本丸の北に二の丸・三の丸を配し、本丸の三方を淡路丸・腰曲輪・榊山曲輪が囲む。城址の一画にある盛岡藩主を祀る桜山神社に詣で、三の丸跡から二の丸跡を経て本丸跡へと向かう。

トチ・イタヤカエデ・ノムラカエデなどが影を落とす二の丸跡に石川啄木歌碑（昭和三〇年）が立ち、「不来方のお城の草に寝ころびて　空に吸はれし　十五の心」と刻む。お城の近くにあった旧制盛岡中学校から抜け出して、盛岡城址（不来方と旧名をつかう）で空を仰ぐ若き啄木の心のうちにふれる歌である。

二の丸跡には新渡戸稲造顕彰碑（昭和三七年）もあり、「願はくはわれ　太平洋の橋　とならん」と記す。盛岡藩士の子として生まれ、札幌農学校に学んだ稲造は、高名な農政学者・思想家であり、国際連盟事務次長として活躍した国際人としても知られる。この一文は、若き日の稲造の志である。なお、同じ文言（英文）を刻んだ胸像が、ゆかりの北海道大学構内に立っている。

二の丸跡の望岳亭からビル越しに岩手山を眺め、空堀に架かる廊下橋を渡って本丸跡へ進む。鳥瞰図に本丸跡の南部利祥《としなが》中尉銅像を描くが、銅像は戦時中供出され、台座のみ残る。本丸門跡を下ると淡路丸跡で、ここから見上げた本丸石垣は野面積《のづらづみ》の古形を残す。淡路丸跡から腰曲輪跡にかけて桜の古木が多いが、約二五〇本の桜が咲き誇る岩手公園は桜の名所である。腰曲輪跡南の石垣下に建つ白壁の土蔵「彦御蔵」は、盛岡城唯一現存の江戸期の建物とされる。

岩手公園を後に、中津川の上ノ橋から下ノ橋にかけて歩く。鳥瞰図に上ノ橋付近に薄茶色に彩色した公会堂を描くが、同色のスクラッチタイル張りの岩手県公会堂（昭和二年竣工）が現存する。上ノ橋欄干に青銅擬宝珠があり、「慶長十四己酉歳十月吉日　中津川上之橋　源朝臣利直」の刻銘が今も鮮明に読み取れる。南部利直が慶長一四年（一六〇九）に架橋したことを物語る擬宝珠である。上ノ橋に次いで慶長一六年（一六一一）に架橋されたのが中ノ橋である。中ノ橋は明治四三年の洪水で流失して、近代的な橋に架け替えられた。下ノ橋に慶長一六年銘の擬宝珠があるが、これは大正元年に中ノ橋から移設したものである。橋の上から中津川を覗くと、澄んだ水が音を立てて流れており、川にはアユが遡上するという。

中ノ橋を渡った角地に円形ドームの塔屋を載せる建物は、旧盛岡銀行本店（明治四四年竣工）で、煉瓦造りの外壁に花崗岩の帯がアクセントになっている。これは、東京駅や日本銀行本店などを設計した建築家辰野金吾と、盛岡出身の建築家葛西萬司が共同で手がけた建物である。隣接して旧第九十銀行本店（明治四三年竣工）や旧盛岡貯蓄銀行（昭和二年竣工）もあり、界隈は近代の息吹を感じる一画になっている。旧盛岡銀行前は、藩の高札場があった「札の辻」で、周辺の呉服町は、江戸期、近江商人などの豪商が軒を並べ、城下の商業の中心地をなしていた。近代に入ると、その呉服町に銀行が集まった。

呉服町北の紺屋町も江戸期の商業の中心地であった。紺屋町には、「莫蓙丸」という江戸後期から明治期に建築された商家が、街道沿いに格子構えの昔ながらの町家と黒漆喰の建物を連ね、屋敷裏の川沿いには土蔵が続く。紺屋町は、染め物をする紺屋が集まっていたことに由来し、南部紫や南部茜によって染められた布地は、盛岡藩の特産物であった。紺屋町には、呉服町よりもさらに昔の風景が残る。

北上川の明治橋付近に原敬墓所のある大慈寺があり、寺院と北上川に挟まれて一筋の古い町並みが延びる。そこは、城下の入口にあたる鉈屋町である。町並み一角の大慈清水が、住民の飲料水・生活用水として利用されている。江戸期に湧水があった

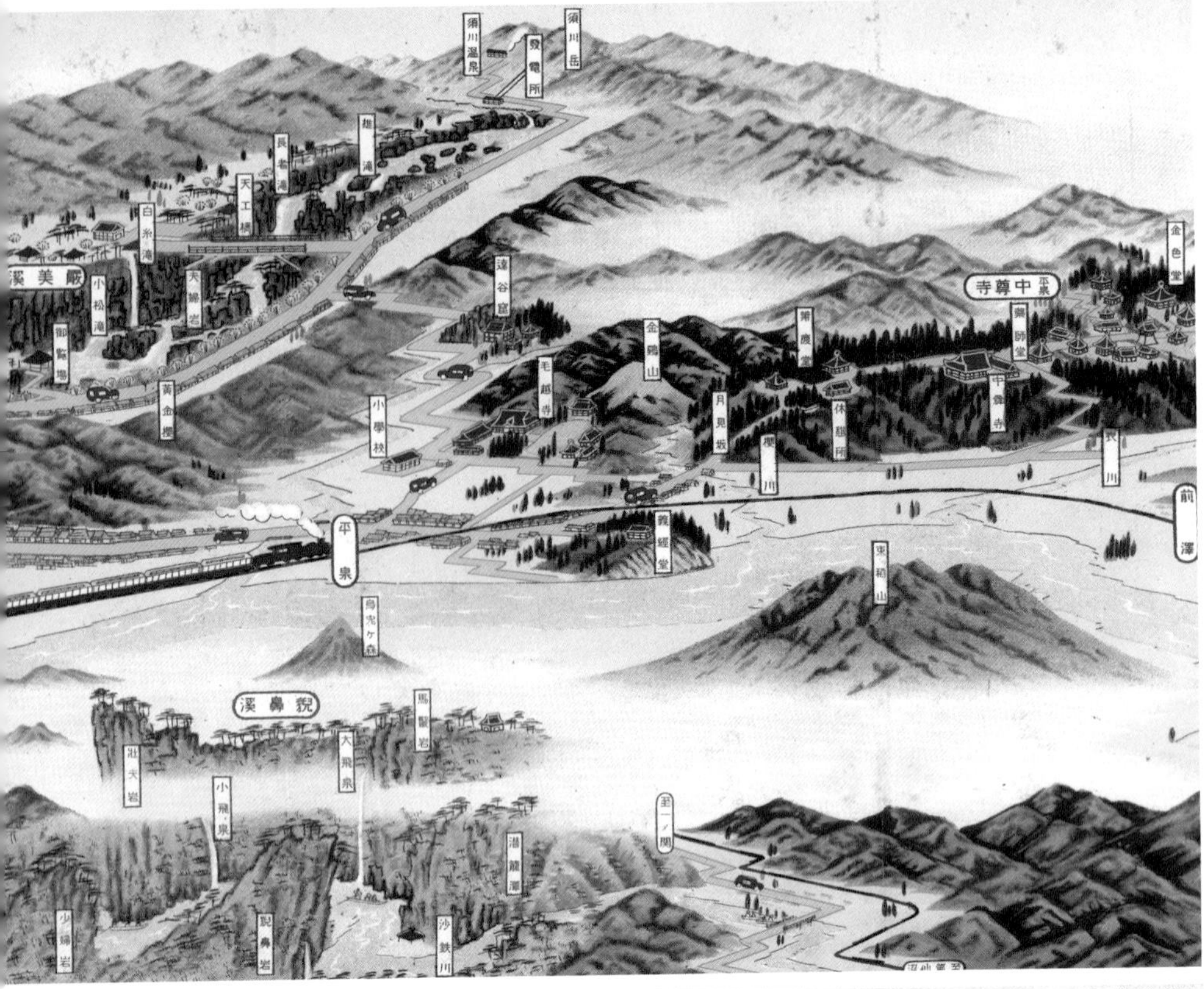
須川温泉
須川岳
發電所
雄滝
長老滝
天工橋
白糸滝
厳美渓
小松滝
天狗岩
黄金櫻
達谷窟
毛越寺
小學校
金鶏山
辨慶堂
平泉 中尊寺
金色堂
薬師堂
中尊寺
休憩所
月見坂
櫻川
衣川
前澤
平泉
義經堂
東稲山
猊鼻渓
馬鬣岩
大飛泉
壯天岩
小飛泉
少婦岩
猊鼻岩
潜龍潭
沙鉄川
至一ノ関

羽山
小櫻山
釜淵ケ滝
遊歩道
グラウンド
松雲閣別館
花巻温泉
冬季スキー場
第一スキー場
岩手山
松雲閣
紅葉館
貸別荘
千秋閣
稲荷神社
講演場
食堂
黄金湯
蓬莱湯
賣店
郵便局
運動場
事務所
動物園
花巻温泉
湯本小學校
台川
野球グラウンド
花巻
北上川

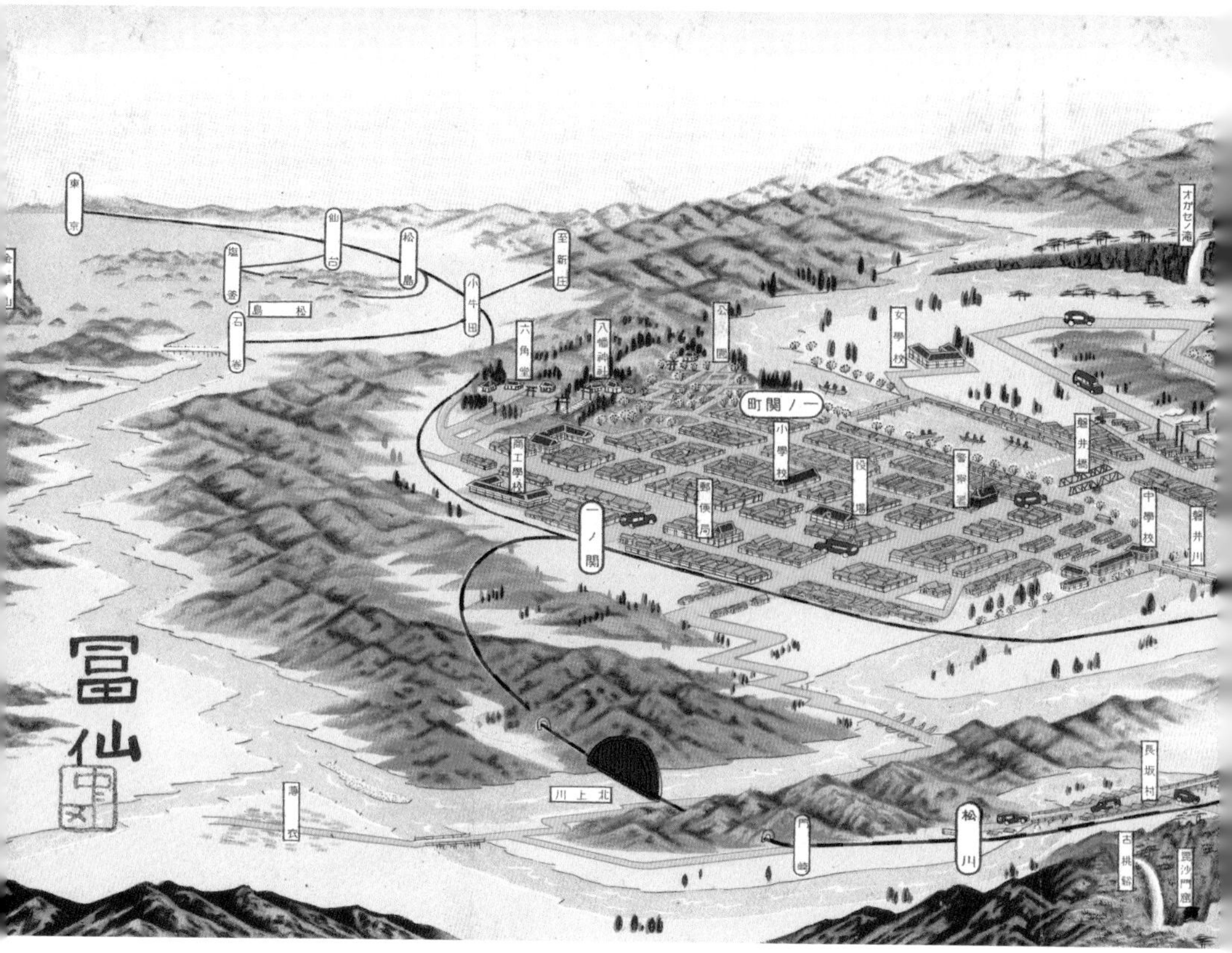


〈図3〉「一関を中心とせる名勝史蹟
花巻温泉の案内」
（昭和３年４月、中田冨仙画、一関町）
国際日本文化研究センター提供

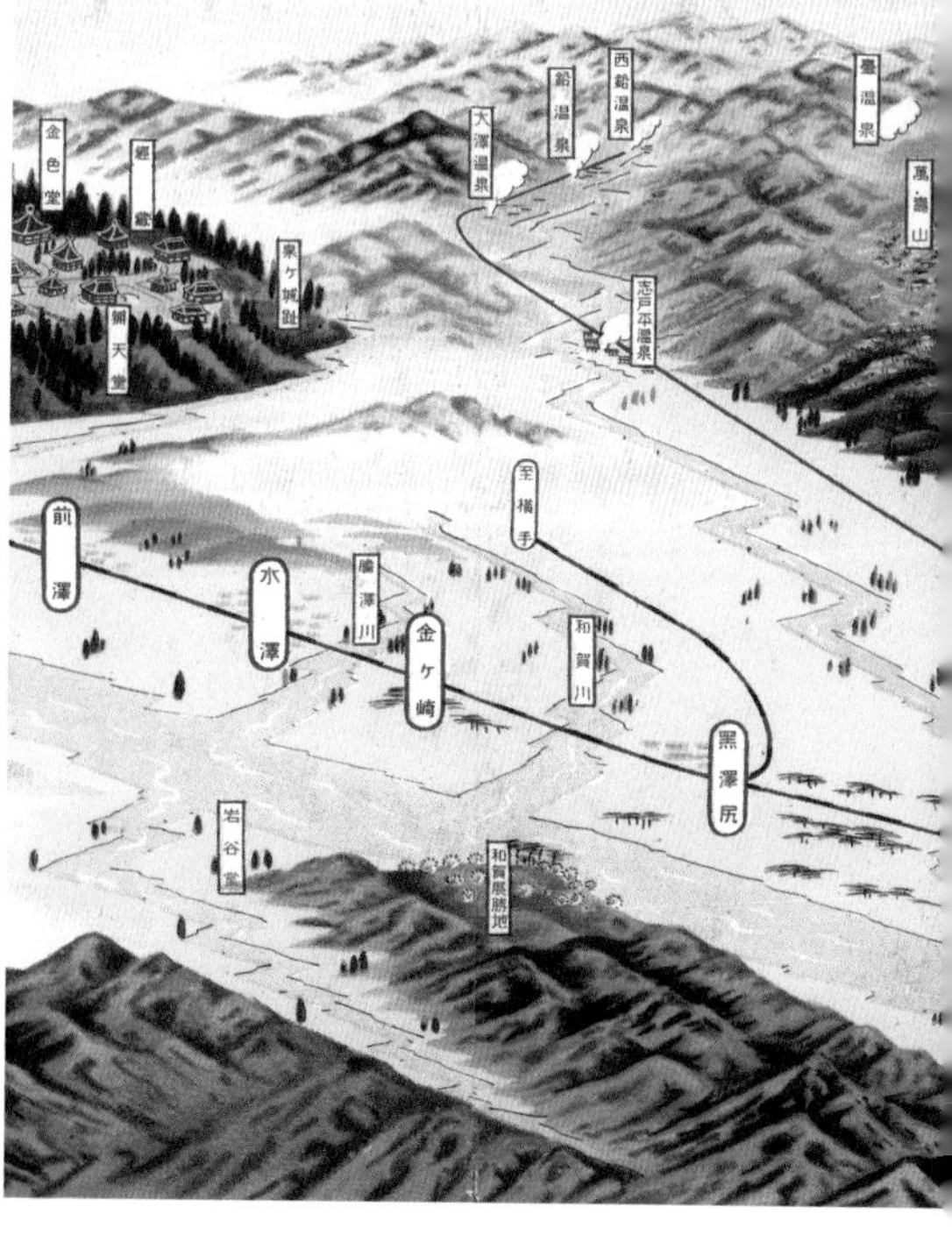

地に、明治初期に改めて大慈寺境内の湧水を引き、用水組合をつくって共同利用するようになった清水である。大慈清水は四つに分かれ、上流から飲料水・米とぎ場・野菜食器洗い場・洗濯物すすぎ場に使い分ける。近隣の人々が互いに挨拶を交わし、譲り合いながら清水を使う姿は爽やかである。

盛岡郊外の高松の池は、岩手山を遠望する風光明媚な地で、池の堤に桜の古木が残る。そこは昔、上田沼と呼ばれ、三段の小沼が連なったところであった。小沼には雑魚が多く、冬から春にかけて鶴・雁・鴨などが群棲し、湿原には芹・ジュンサイ・蓮が生育していたという。盛岡藩主南部利直が沼に堤防を築き、灌漑用水として利用したのが開発の始まりである。盛岡市制施行（明治二二年）に伴い公園化が進められ、日露戦争記念事業（明治三九年）として市民の寄付によって吉野桜千数百本を植樹し、桜の名所になった。

鳥瞰図に描かれた光景を訪ね歩く旅は、土地の暮らしの一端にふれる手がかりを与えてくれる。

## 三、猊鼻渓と厳美渓

岩手県南部の一関は、西に栗駒山が聳え、東に種山高原をひかえる。栗駒山に源を発する磐井川《いわいがわ》が厳美渓（昭和二年、名勝及び天然記念物）を刻み、大東町から流れ出る砂鉄川流域に猊鼻《げいび》渓《けい》（大正一四年、名勝）がある。いずれも、東北きっての景勝地として知られる。また、一関に隣接する平泉は、平安末期、奥州藤原氏が栄華を極めた地として有名である。

「一関を中心とせる名勝史蹟　花巻温泉の案内」（昭和三年四月、中田冨仙画、一関町発行）〈図3〉を開こう。表紙は電車を見て喜ぶ子供を連れた夫婦、裏表紙は厳美渓・猊鼻渓・中尊寺・北上川・花巻温泉などの絵柄である。鳥瞰図は北上川左岸から西を望む構図で、左に一関市街地、中央に平泉の中尊寺、右に花巻温泉をおく。中央上に須川岳（栗駒山）が聳え、その左下に厳美渓、北上川を隔てた下部に猊鼻渓が見える。一関周辺の見所を絞って書き込んだ、明快な図である。

磐井川が浸蝕した厳美渓は、上流から雄滝・長者滝・白糸滝・小松滝・鈴振滝・オガセノ滝が流れ落ちる。中央に天工橋《てんぐばし》が架かり、渓谷に臨み御覧場・臨泉亭の四阿が建つ。左岸の堤の桜並木は、伊達政宗（法名貞山）が植樹させた貞山桜である。

猊鼻渓は、左岸にその名の起こりとなった猊鼻岩や、少婦岩・毘沙門窟が見える。右岸には馬鬣岩から大飛泉が流れ落ち、小飛泉・凌雲岩を描く。水上には、遊覧客を乗せた小舟が浮かぶ。

平泉は、衣川沿いの丘陵に中尊寺が伽藍を構える。月見坂を登って参道をゆき、弁慶堂・本坊・薬師堂を過ぎると、金色堂や経堂が建つ。藤原氏の遺体・首級を祀る金色堂は、平安期の浄土教建築として名高い。中尊寺から金鶏山を挟んで南に毛越寺、その奥に達谷窟、北上川岸の丘に義経堂も描く。

一関周辺の案内文を見よう。

藤原秀衡父祖三代が栄華を極めた東北随一の史蹟平泉、中尊寺、毛越寺はた達谷窟。耶馬《やば》渓《けい》、寝覚《ねざめ》の床《とこ》にもまさる厳美渓。僻陬《へきすう》に在るがため未だ広く世に知られぬ小赤壁《せきへき》の猊鼻渓。此等の史蹟、景勝は一関町を中心として優に一日で懐古探勝の笻《つえ》を曳かれる。

一関周辺には、名だたる史蹟・景勝地があり、一関を拠点に一日で探勝することができる、と遊覧者を誘う。

寂寞たる古墟《こきょ》に去《い》にし雄図《ゆうと》を偲び、渓谷美に詩嚢《しのう》を豊かにし、あるは滾々《こんこん》として湧く霊泉に心ゆくばかり浸りてあはただしい喧噪の境地から、暫《しば》し逃れて二三日の清遊で心身の転換をはかり静養するもまた必要ではあるまいか。

ひっそりとした古い都の跡に過ぎ去った雄大な夢をしのび、渓谷美に詩想を豊かにする。あるいは、騒がしい場を離れて温泉に浸って静養するのも必要であろう、と説く。

渓谷美が名高い厳美渓を、このように紹介する。

須川嶽に源を発する磐井川東流して五串に至るや忽《たちま》ち両岸蹙《せま》り巉岩《ざんがん》峙《そばだ》ちて断崖絶壁をなし、神斧鬼鉞《しんぷきえつ》の奇岩怪石重畳《ちょうじょう》錯落し、河心に磊々《らいらい》として蟠踞《ばんきょ》する累岩は清流を扼《やく》し、岩を嚙む奔湍《ほんたん》は激して白雪を噴き、飛泉となる十、滙《わい》回《かい》して紺碧を湛ゆる深潭《しんたん》となる四、飛橋三《みっつ》あり、中なるを天工橋と呼ぶ、雲梯《うんてい》の如く蛟竜《こうりゅう》の天に沖《ちゅう》する如くである。

古風かつ難解な案内文であるが、昭和初期の旅行案内には往々にしてそのような表現がみられる。磐井川が五串（地名）にさしかかると、激しく切り立った岩が聳え立ち断崖絶壁をなし、奇岩怪石が幾重にも重なる。川の中ほどに積み重なってうずくまった岩は清流を押さえ、岩に激しく打ち寄せる急流は白いしぶきを上げて瀑布となる。水がめぐり集り、紺碧の深い淵となる。三つの橋の中央の天工橋は、長い梯子みたいに幼生の竜が空高くあがるかのようである。春は紅霞がたなびき、秋は錦繍《きんしゅう》燃えるようで、その渓谷美の絶勝は木曾寝覚の床と並び称される、とも語る。

次いで、猊鼻渓である。南岸壁の猊鼻岩が獅子（猊《しし》）の鼻を彷彿とさせるため、その名がついたという。

両岸は神斧鬼鑿《しんぷきさく》の絶壁数十丈恰《あたか》も屏風を立てたる如く十余町に亘る、皆石灰岩より成り斑紋を表はしてゐる、夏は

至秋田縣
横岳
後藤壽庵碑
緯度観測所
組合病院
清明女学校
若柳村
營林署
郡農会
水沢
農学校
北上川
羽田村
荒神社

夏油温泉
千貫石溜池
明治天皇御前水
第一小学校
臥牛城址
教化指定村
佐倉河村
花巻温泉
岩手山
盛岡
六原
金ヶ崎飛行場
金ヶ崎
十一面観音
胆沢川
鳥海柵址
町役場
小学校
明治天皇御小休所
金ヶ崎神社
金ヶ崎城址
八幡宮
胆沢城址
櫻木橋
農事試験場分場
公園
岩谷堂
至釜石市

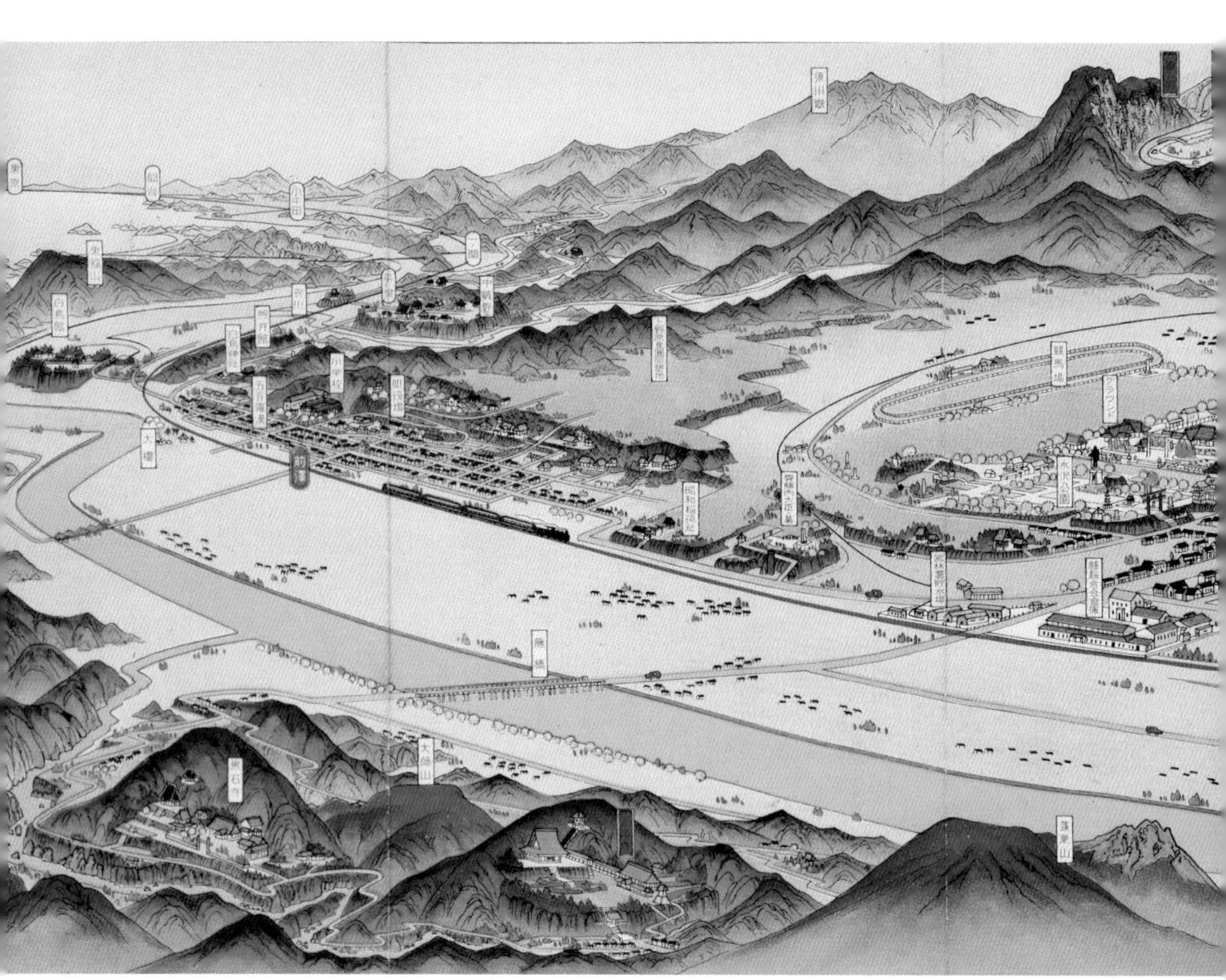

〈図4〉「水沢」
(昭和12年12月、吉田初三郎画、岩手県観光協会胆江支部)

無縫《むほう》の緑衣を纏《まと》ひ、碧潭万斛《へきたんばんこく》の涼味を蔵する、秋は両岸の紅葉錦繍《きんしゅう》を織りて秋色倒影し、風趣言ふべからず。岩壁の下鍾乳洞あり数人を容るるに足る、山光水色双絶小赤壁《せきへき》の称がある。

猊鼻渓は、高さ五〇mを超える屏風を立てたような石灰岩岩壁の渓谷が約二km続く。夏は天然の緑に覆われ、青い水を湛えた淵は、はかりしれない涼しさである。秋は両岸の紅葉がきれいで、味わい深い。山水の美は並ぶものがないほどすぐれており、中国の赤壁に喩えられる、と記す。

猊鼻渓を訪ねてみよう。渓谷を往く舟乗場に佐藤猊巌の胸像が立つ。猊巌は、多くの文人墨客を招き、渓谷美を世に知らしめた人という。渓谷が「猊鼻渓」と命名されたのは、明治後期のことである。名勝指定の大正一四年に大船渡線が一部開通、遊覧客は陸中松川駅から三km半を歩き、猊鼻渓を目指した。

猊鼻渓の舟遊びを楽しもう。船頭が棹さす舟は、大きな鏡を立てかけたような「鏡明岩」から、滑るように渓谷をゆく。砂鉄川の水深は浅く、水の流れは緩やかで、澄みきった水中の鯉やハヤが目に入る。藤の季節に紫色に染まる「藤岩」、初夏に川霧がかかると雲間に見え隠れする「凌雲岩」と、奇岩に名前がついている。毘沙門天を祀る洞窟を過ぎると、岩壁の上部がせり出す「あまよけの岩」、岩の谷間の小渓谷「古桃渓」、川霧が立ちこめると岩が雲を吐き出すように見える「吐雲峰」と、目の前に現われる景色は壮観である。「壮夫岩」や、女性の横顔のような「少婦岩」を見つつ、「錦壁岩」で舟を降りる。

そこから河原を歩きつつ見上げると、岩壁の稜線が馬の首、岩上の松がタテガミを思わせる「馬鬣岩」がある。次いで、猊鼻渓の名前の由来となった「獅子ヶ鼻」が現われる。河原の「攬勝丘」に立ち、「潜竜潭」の淵を隔てて、「大猊鼻岩」を仰ぎ見る。白い石灰岩に濃灰色の帯状の筋が斜めに数条ついており、これが案内文にある斑紋である。

さほど山の中でもないのに、猊鼻渓は深山幽谷に誘い込んでくれる。天に切り立つ岩壁が、周囲と隔絶した別世界をつくっているからであろう。同じ名勝でも、川が浸蝕した奇岩・瀑布・深淵の表情を眼下に見おろす厳美渓とは趣が異なる。

## 四、要害の街水沢

北上盆地の南部、北上川支流の胆沢川が形づくった扇状地に水沢の街がひらける。水沢伊達氏の要害があった水沢は、「みちのくの小京都」とも呼ばれ、高野長英・後藤新平などの偉人を輩出した地としても知られる。平成一八年、水沢は近隣市町村と合併して奥州市となった。

「水沢」（昭和一二年一二月、吉田初三郎画、岩手県観光協会胆江支部発行）〈図4〉を開こう。表紙は入母屋三層の屋根を載せた山車の絵柄であるが、今では見ることはできない（後述）。鳥瞰図は北上川左岸の羽田から西を望む構図で、左に前沢、中央に水沢市街地、右に金ヶ崎をおく。

北上川右岸に、水沢市街地が発達する。市街地の北を流れる乙女川が蛇行するささやかな緑地に臥牛城址と示すが、水沢伊達氏居城跡の水沢要害である。城址南に商業学校・高等女学校・小学校・町役場・裁判所・公会堂などの学校や公官署が並ぶ。町並み南端に駒形神社、西端に日高神社が鎮座し、駒形神社に隣接して水沢公園・グラウンド・競馬場がある。

駒形神社から北に延びる大通りが、奥州街道である。奥州街道に沿って横町・大町があり、乙女川を渡って警察署前を左に折れると柳町・立町で、この街道沿いが水沢の商業地である。

町役場と日高神社の間に高野長英誕生地・後藤新平伯爵生家、日高神社の北に斎藤實子爵邸を示す。高野長英は、長崎鳴滝塾でシーボルトに学び、江戸幕府の異国船打払令を批判して開国を説いた医者・蘭学者である。後藤新平は、台湾総督府民政長官・満鉄総裁・大臣・東京市長を歴任した官僚・政治家である。斎藤實は、海軍大将や内閣総理大臣を務めたが、二・二六事件で暗殺された。いずれも、水沢伊達家に仕えた武家出身である。

案内文を見よう。街の名所は水沢公園である。

> 駒形神社に接し丘上にあり園内桜樹数百本、春風花信を伝ふるや艶麗なる枝垂桜の古木爛漫として妍《けん》を競ひ桜の名勝として名あり、園内に後藤新平伯の銅像、高野長英先生碑、招魂社、芭蕉句碑あり……

水沢公園にあった招魂社は、昭和四〇年代半ばに駒形神社境内に遷座した。芭蕉句碑「傘《からかさ》におし分け見たる柳かな」（安永四年〈一七七五〉建立）は、柳町付近から園内に移設したものである。春秋の駒形神社祭礼に、公園裏の競馬場（昭和四〇年代初頭郊外に移転）で競馬大会が開催されていたことなどにもふれる。パンフレット発行翌年には、斎藤實の銅像も建立された。

水沢で有名な祭礼は、日高神社の火防祭《ひぶせまつり》である。

> 京都祇園囃子を模したる打囃囃子屋台、町印及び余興のにわか等各町より多数出で優美壮麗なる催物として観覧の人出数万を数ふ……

日高火防祭は、戦前は旧暦正月二二日であったが、今は四月最終土曜日におこなわれる。祭の由来は諸説あるが、いずれも火防祈願が発祥とされる。江戸期の水沢は何度も大火に見舞わ

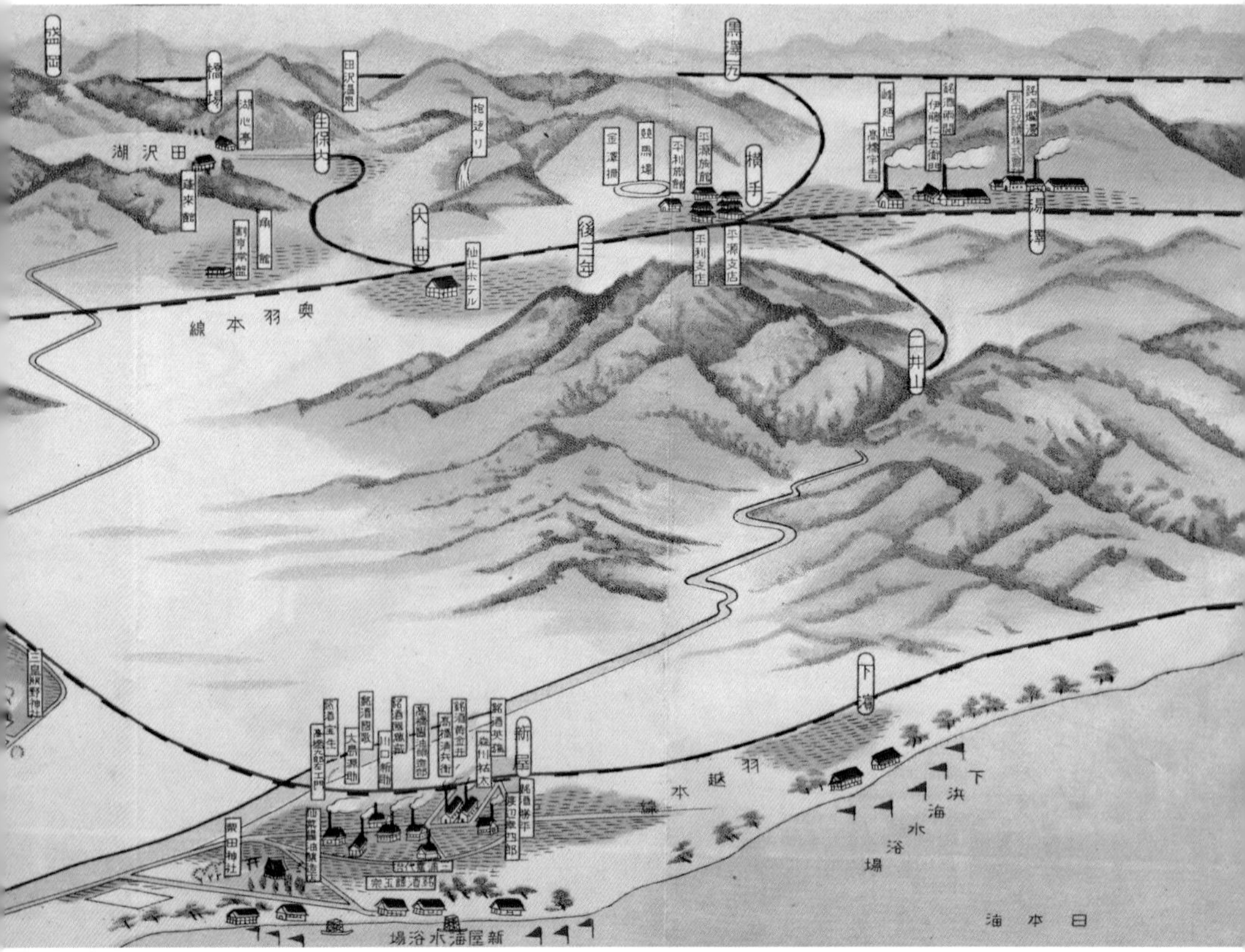

〈図5〉「秋田案内絵図」
(昭和5年頃、天洋装飾)

前岳
中岳
奥宮
太平山
三吉神社
里宮
太平村
平田大人墓
鉱山専門学校
秋田市
秋田駅
東洋町
愛宕神社
千秋公園
招魂社
小学校
中学校
商業学校
女子師範学校

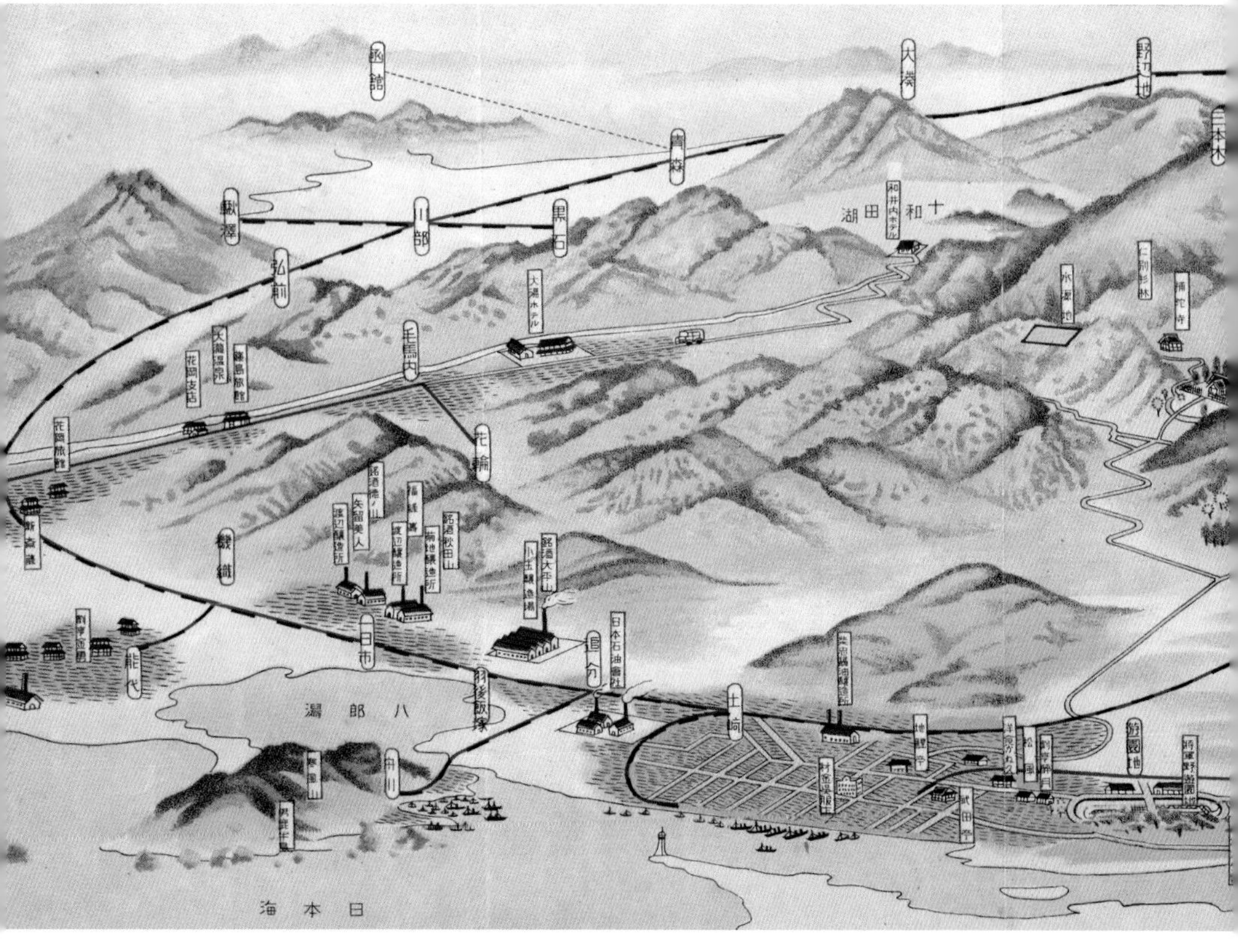

函館
青森
野辺地
三本木
十和田湖
和井内ホテル
黒石
川部
弘前
毛馬内
花輪
大湯ホテル
能代
一日市
八郎潟
羽後飯塚
追分
日本石油会社
土崎
船川
寒風山
遊園地
日本海

れた。祭は、町内九組からの町印を先頭に、打ちばやし・はやし屋台が練り歩き、お囃子を披露しあう。豪華絢爛なはやし屋台が繰り出す祭は、京都の祇園祭を模した、といわれる。

気がかりの表紙絵は、駒形神社大祭山車「源義経院宣をたまわり出陣の態《てい》」（『水沢市史』第六巻民俗、昭和五三年発行、明治四四年撮影の口絵写真）と、そっくりである。水沢の駒形神社を訪ねて宮司から話をうかがうと、明治三六年、神社が焼石駒ヶ岳山頂から遥拝地であった現在地に奉遷した記念にこの形式の山車を出すようになったという。ところが、昭和一一年に子供武者行列、翌一二年に子供騎馬行列に変わり、以後、山車は出なくなった。「水沢」〈図4〉発行時に、すでに消滅していた山車が、初三郎の絵として残されたのである。

水沢伊達氏の居城跡は、市庁舎の前に当時の姥杉が一本残るのみで旧態は失われている。しかしながら、日高神社門前の日《ひ》高小路《たかこうじ》、その北の新小路《しんこうじ》、さらに北の吉小路《きちこうじ》界隈に、旧武家屋敷が何軒か残り、吉小路に茅葺の門と母屋を構える旧内田家と、後藤新平旧宅が公開されている。

後藤新平旧宅を訪ね、冠木門を潜ると、式台のついた茅葺母屋が建つ。間取りは、座敷・広間・板敷の台所が並ぶ簡素な住まいである。広間の鴨居上の書額に「高節卓不群」（椎名悦三郎書）とある。「功《こう》成って賞受くるを恥ず、高節《こうせつ》は卓にして群《む》らがらず」の一節である。すなわち、功なったからといって、褒美をもらうことを恥じる。節度の秀れている人は、そのようなことにこだわらず、高くそびえ立っているの意で、叔父の新平を敬愛する政治家・悦三郎の思いがあらわれている。

駒形神社に隣接する水沢公園は、明治一〇年、戸長らが公園開設を提唱、翌一一年に蓑虫山人（美濃出身の絵師）が設計・築造したとされる公園である。公園開設の頃、町民有志が寄進したという石造七重塔が残り、園内に桜の古木が多い。

園内の後藤新平銅像（明治四四年建立）は戦時中供出し、台座が残された。その台座上に再建（昭和四六年、ライオンズクラブ）されたのは、スカウトハットに半ズボン姿の像である。戦前の古写真を見ると、供出前の銅像はいかめしい大礼服姿であったが、再建された銅像はボーイスカウトの制服に身を包んでいる。台座にはめ込まれた銘板に、「青少年に希望と夢を」とある。

数々の功績を残した後藤新平は、大正一一年に少年団日本連盟（現・ボーイスカウト日本連盟）の初代総裁となった人でもある。イギリスで創始されたボーイスカウト運動は大正期に日本に導入され、大正一〇、一一年の日英皇太子の相互訪問を機に全国組織としての少年団日本連盟が組織された。後藤新平がボーイスカウトとかかわりをもったのは東京市長時代のことで、東京での第一回日本ジャンボリー開催（大正一一年）にあたり、総裁を引き受けたのが縁である。

後藤新平の遺訓に「自治三訣」があり、「人のお世話にならぬよう　人のお世話をするよう　そしてむくいをもとめぬよう」の言詞が後藤新平記念館に展示されている。それは、自治の精神こそは国家の土台石、社会の柱であり、その土台石と柱とがしっかりしてはじめて健全なる文明が生まれる、との考えに基づく訓えである。新平は、この「自治三訣」を少年団日本連盟の子どもたちに話し、自分の力で生きることの大切さを説いた。水沢公園に再建されたボーイスカウト制服姿の銅像は、「一に人、二に人、三に人」と、人材育成が何よりも重要と唱えた後藤新平にふさわしく、節度を重んじた人の清々しさが漂っている。

## 五、秋田県の風景

「秋田案内絵図」（昭和五年頃、天洋装飾発行）〈図5〉から秋田県の風景を探ろう。表紙は桜が咲き誇る中で花笠を手にする秋田美人の絵柄、裏表紙に「田沢湖畔湖心亭」と、旅館名を刷りこむ。鳥瞰図には秋田駅前をはじめ、小さな街まで旅館名を丁寧に短冊で書きいれる。これは秋田市十人衆町にあった天洋装飾という会社が制作したもので、県内の旅館などに頒布したと思われる。山河・路線などを描いた爽やかな図は秋田市を中心とするが、秋田県内の風景を探るうえでも役立つ。

発行年はないが、いくつかの理由から昭和五年頃と考えられる。一つは、案内文に「秋田市人口五一、五八一人」と掲載しており、昭和五年国勢調査における秋田市人口五一、〇七〇人に極めて近い。もう一つは、手形山山麓の鉱山専門学校に隣接していた男子師範学校（共に現・秋田大学）が保戸野の新校舎へ移転（昭和四年六月）しているが、後述する横荘鉄道二井山駅—老方《おいかた》駅間（昭和五年一〇月延伸）は描かれていない。

鳥瞰図は雄物川左岸から東に秋田市街地を望む構図で、左下に能代・男鹿半島、右上に横手・湯沢をおく。秋田市街地の背後に太平山《たいへいざん》が横たわり、三吉《みよし》神社里宮から前岳・中岳を経て山頂の奥宮へ参道が通じる。太平山は、山岳信仰の霊場であった。秋田市街地の北、雄物川河口右岸に土崎の街が発達し、船が何艘も停泊する。中世、すでに港町であった土崎は、江戸期は北前船の寄港地として発展した。土崎に日本石油会社（明治四三年操業）があり、秋田は油田のある地としても知られた。土崎の北に八郎潟・男鹿半島・能代の街が見える。

秋田市街地の南、雄物川左岸の海辺に位置する新屋《あらや》の街には

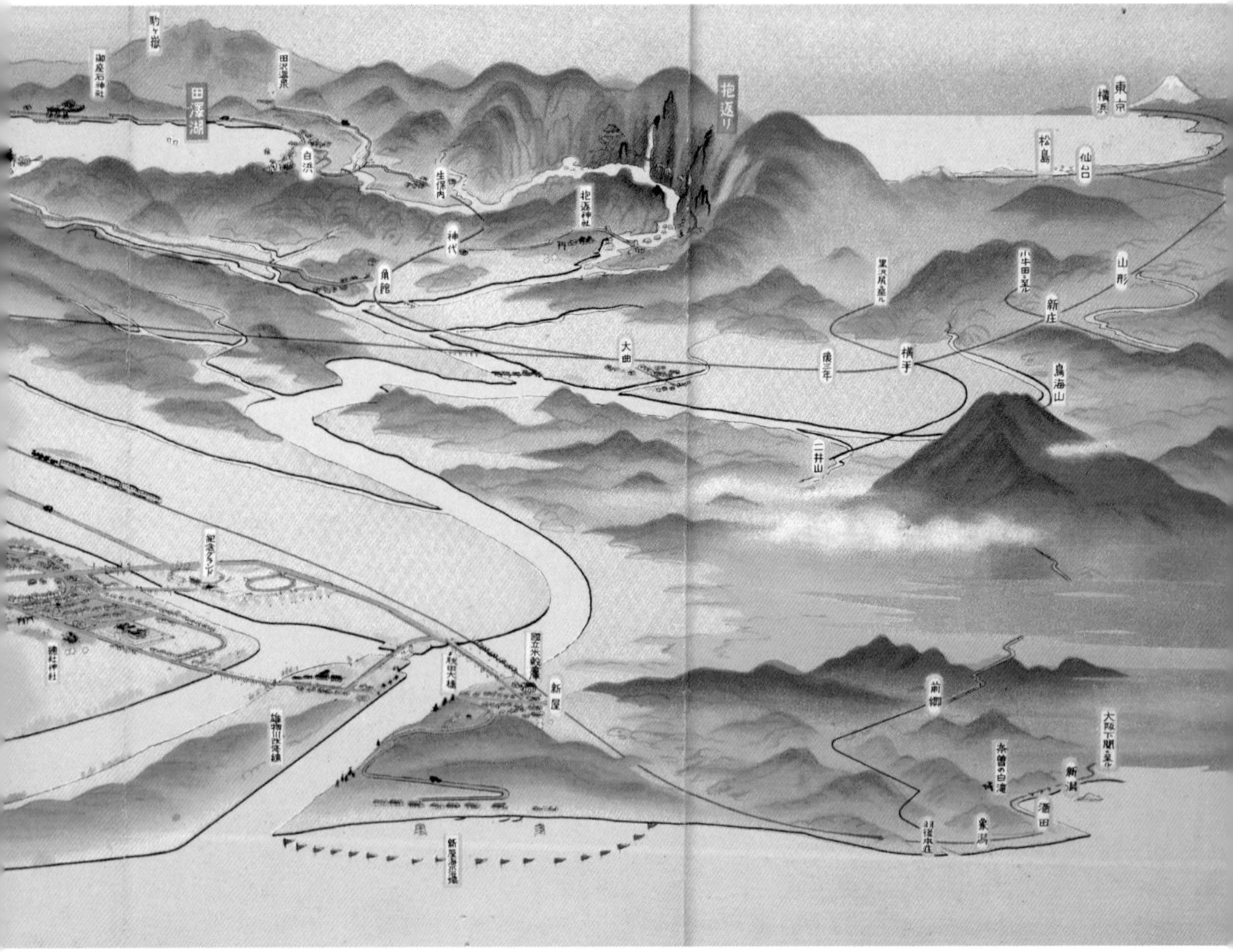

駒ヶ嶽
御座石神社
田澤湖
田沢温泉
白浜
生保内
抱返り
抱返神社
神代
角館
大曲
後三年
横手
黒沢尻
小牛田
新庄
山形
東京
横浜
松島
仙台
鳥海山
前郷
象潟
新潟
酒田
羽後本荘
秋田大橋
新屋

貯水池
太平山
仁別国有林
秋田温泉
添川
三吉神社
秋田中学校
秋田
千秋公園
衛戍病院
弥高神社
沪過池
招魂社
八幡秋田神社
記念会館
赤十字病院
放送局
裁判所
秋田県庁
営林局
物産館
秋田市役所
金照寺山
競馬場
古四王神社
八橋公園
雄物川
八橋油田

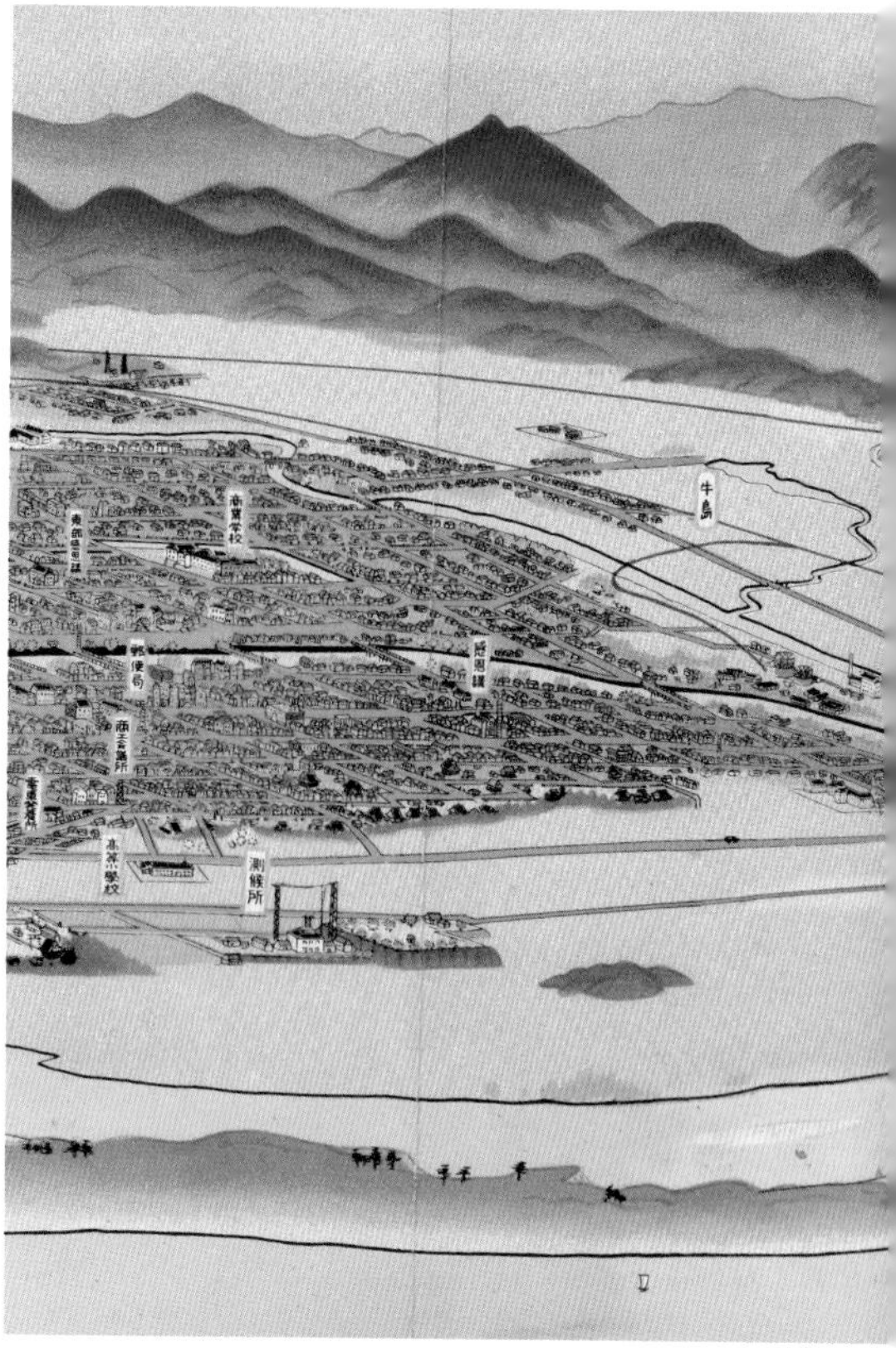


〈図6〉「秋田」
（昭和11年頃、吉田初三郎画、秋田市役所）

酒造業・醤油醸造業の店が目につく。新屋と下浜の海辺は、海水浴場になっている。雄物川を遡ると横手盆地で、大曲・横手・湯沢の街が発達する。大曲の北東に田沢湖・抱返り渓谷と、秋田県を代表する景勝地がある。湯沢に「爛漫」や「両関」を醸造する酒造元が見えるが、秋田県は酒造業が盛んである。

奥羽本線が湯沢方面から横手盆地を経て秋田駅（明治三五年開業）、青森駅に通じる。また、新潟方面から日本海側を羽越本線（大正一三年開通）が秋田駅に延びる。秋田市街地西はずれに電車停留所があり、一両編成の秋田電車（秋田市電に改称、昭和四一年廃止）が雄物川河口の土崎に向かう。

横手盆地に目をやると、横黒線（現・北上線）が黒沢尻駅―横手駅間に全通（大正一三年）する。横荘鉄道（羽後鉄道に改称、廃線）が横手駅―二井山駅間を結ぶが、目指す本荘までは到達していない。田沢湖方面には、生保内《おぼない》線（現・田沢湖線）が大曲駅から生保内駅（大正一二年開業、現・田沢湖駅）に通じる。

男鹿半島へは、船川線（現・男鹿線）が追分駅―船川駅（大正五年開業、現・男鹿駅）間を結ぶ。能代《のしろ》線（現・五能線）が機織駅（現・東能代駅）―能代駅（明治四一年開業）間をゆく。当時、能代線は青森県境の岩館駅（大正一五年開業）まで延伸しているはずだが、紙幅の関係か省略されている。十和田湖方面へは、大館駅から秋田鉄道（現・花輪線）が毛馬内《けまない》駅（現・十和田南駅）を経て陸中花輪駅（大正一二年開業、現・鹿角花輪駅）まで延びる。毛馬内から大湯温泉を経て発荷峠《はっかとうげ》を越えると、十和田湖も間近である。

大正期、県内に奥羽本線・羽越本線をはじめ、横黒線・生保内線・船川線・秋田鉄道の鉄道網が縦横に張りめぐらされ、これらの鉄道開通により往来が容易くなった。また、昭和六年に秋田電車が秋田駅―県庁前間を開通するが、この路線は描かれていない。本パンフレット発行直後の開通と思われる。

## 六、竿燈の街秋田

### （一）城下町久保田

秋田は、佐竹氏が築いた久保田（窪田）城の城下である。関ケ原の戦い後の慶長七年（一六〇二）、佐竹義宣《よしのぶ》が土崎の湊城に入城、翌年に程野村窪田の神明山に新たに築城をはじめた。これが久保田城で、慶長九年（一六〇四）に本丸が完成する。久保田城は、雄物川支流の旭川の東の丘に築かれた平山城である。その後、旭川の東側に武家屋敷の内町、西側に町人居住地の外《と》町《まち》の町割がなされた。以来、秋田は佐竹氏久保田藩の城下として明治にいたった。

廃藩置県半年前の明治四年一月、久保田藩は秋田藩、久保田城下町は秋田町とその名を改めた。明治一三年の大火により、城内の建物のほとんどが焼失し、さらに、明治一九年の秋田大火（俵屋火事）で城下の大半を焼き尽くした。本丸跡に復元された表門（平成一三年）と御隅櫓（平成元年）が建つが、表門手前の御物頭御番所が唯一大火を免れた古い建物である。

昭和初期の観光案内書は、秋田の廻覧順路をこのように示す。

秋田駅―広小路―土手長町―物産館―大町二丁目―一丁目―上通町―広小路―中土橋―記念館前―千秋公園―手形山平田篤胤墓―農事試験場―日吉神社―全良寺戊辰官軍戦没者墳墓―寺内村古四王《こしおう》神社―高清水公園―土崎港町―土崎駅（『日本案内記』東北篇、昭和四年）

久保田城址の千秋公園をはじめ、国学者の平田篤胤墓、境内が八橋《やばせ》公園となっていた日吉八幡神社、全良寺裏山の戊辰官軍戦没者墳墓、出羽柵《いではのき》（秋田城）がおかれた高清水公園と付近の古四王神社など、秋田から土崎にかけての多くの見所を記す。

「秋田」（昭和一一年頃、吉田初三郎画、秋田市役所発行）〈図6〉を開こう。発行年はないが、案内文に昭和一〇年末の戸数・人口を掲載する。旧制秋田中学校（現・秋田高等学校）は、すでに師範学校跡地に移転（昭和一一年）している。表紙は下部に油田風景を描き、葉柄が二mにも達する秋田蕗をあしらい、桜の額縁の中に公園の絵柄である。

鳥瞰図は日本海から東に秋田市街地を望む構図で、左下に男鹿半島、中央に秋田県庁舎、右に鳥海山をおく。男鹿半島に寒風《かんぷう》山《ざん》・真山《まやま》・本山《ほんざん》が聳え、断崖絶壁の海岸が続く。画面下に雄物川が悠然と流れ、市街地背後に太平山が緩やかな稜線を引く。右上に田沢湖や抱返り渓谷を目立つ姿で描くが、男鹿半島とともに秋田県有数の遊覧地として注目されていたことを物語る。

市街地は、旭川で東西に二分される。秋田駅から旭川に向かって広小路が延び、広小路の北に久保田城址の千秋公園がある。公園中央の本丸跡に銅像（最後の藩主佐竹義堯《よしたか》）が立ち、園内に八幡秋田神社・弥高神社・招魂社が鎮座する。弥高神社は平田篤胤・佐藤信淵《のぶひろ》を合祀するが、信淵は経世済民を志し国事に心を尽くした人である。千秋公園から堀を隔てた三の丸には、洋風建築の秋田県記念館が建つ。

千秋公園の東に第十六旅団司令部・衛戍病院があるが、軍の施設は、ほかにも秋田駅前に歩兵第十七連隊（明治三一年転営）がある。線路東側の山麓に目を移すと、三吉神社が鎮座し、付近に平田篤胤墓があり、鉱山専門学校・旧制秋田中学校が建つ。学校に隣接する広い土地は、軍の練兵場である。

旭川東側の旧武家屋敷の内町に、秋田県庁・物産館・秋田市役所・裁判所・営林局などの公官署が建つ。西側の町人居住地の外町は、旭川沿いの川反《かわばた》、その西の大町などに繁華街が発達する。近代以降、武家地の多くが公官署用地となり、町家が商業地に変わった姿が図から読み取れる。

市街地西はずれに電車発着所があり、秋田と土崎とを結ぶ一両の電車が走る。電車発着所の西、雄物川に面して八橋公園があり、秋田外町の総鎮守日吉八幡神社が鎮座する。境内に三重塔が建つ姿は、神仏混交である。付近の全良寺に官軍の戊辰戦没者墓があるが、久保田藩は戊辰戦争において官軍側についている。北に向かうと秋田城（出羽柵）跡があり、麓に北方鎮護の武神とされる古四王神社を祀る。その先には、将軍野遊園地も見える。

千秋公園の案内文を見よう。

> 平地より高きこと八十尺余、園中の最高地隅櫓趾に登れば市街の過半を展望し、西に日本海、男鹿三山、雄物川、南に秋田富士の鳥海山、東に太平山を双眸《そうぼう》に収め得らる。（中略）樹木に富み四季折々の風趣を添へてゐる。

千秋公園は久保田城址を利用したもので、高みにある城址から市街が眺望できた。樹木が多い園内は四季折々の趣があるが、とりわけ桜の季節がよかった。

〈図7〉「秋田竿燈」仙台鉄道局編纂『東北の民俗』（昭和12年10月、日本旅行協会）所収

案内文は、秋田の行事として竿燈を紹介する。

> 眠り流しと称し、七夕を祭るの行事である。（中略）外町各町の若物達が好みの装束に身を固めて「生《お》へたサッサ生《お》へたサ」「どっこいショーどっこいショー」の掛声勇ましく、竿燈を据えて其の技芸を競ふのである。此竿燈は長い竹竿に数条の横竹を結び杉形に燈籠を吊したもので、太鼓の囃がつく。

竿燈は、津軽のねぶたと同じく睡魔を払う「眠り流し」の七日盆の行事である。演技をおこなうのは外町の若者、とあるから城下の町人が祭の主体であったことがわかる。女性が奏でる笛と太鼓の竿燈囃子が鳴り響く中、差し手の男性が「流し」「平手」「額」「肩」「腰」の技を競う。最初は風の流れを読み、演技開始のタイミングを決める「流し」。次いで、竿を乗せた手を高く差し上げた後に身体の後ろに持っていく「平手」。三つめは、額に竿を乗せる「額」。差し手は額の竿が倒れないように必死である。さらに、肩に流して竿を静止する「肩」。最後は、腰の位置まで竿を流す「腰」と、その妙技が披露される。

「生へ《お》たサッサ……」は、竿燈がうまく手の平や額などに据わって動かないことを意味する掛け声という。また、「どっこいしょ……」は、観客が盛り立てる掛け声で、演ずるもの、見るものが一体となり、その場は熱気に包まれる。

現在、各町内・企業・団体でそれぞれ数本ずつの竿燈が出され、計二百数十本の竿燈が夜空を彩る。秋田の人たちは、子どものときから「幼若」として祭に参加し、「小若」「中若」と段階的に技を身につけ、最後は「大若」の竿燈を操る晴れ姿を夢見るのだろう。世代を繋ぐ文化の伝承が見事に仕組まれた行事、それが竿燈である。参考までに戦前の竿燈の版画を掲載しよう〈図7〉。

## （二）千秋公園とその周辺

秋田を訪れ、久保田城址の千秋公園に向かおう。秋田駅から広小路を西に進むと、堀割と土塁に囲まれた久保田城址が見えてくる。中土橋門跡を右に折れると三の丸跡で、中土橋通りを挟んで西側にあきた芸術劇場、東側に秋田市文化創造館が建つ。

あきた芸術劇場の敷地は、江戸期は重臣の渋江家屋敷であったが、明治三七年にルネサンス様式の秋田県公会堂が建設された。公会堂は大正七年に焼失したが、同年、秋田県記念館として再建され、昭和三四年まで文化の殿堂として親しまれた。鳥瞰図に描かれたのは、秋田県記念館当時の建物である。再建された記念館は、秋田県民会館を経て現在のあきた芸術劇場に受け継がれた。一方、文化創造館は、江戸期は重臣の梅津家屋敷で、明治三九年から昭和四〇年にかけて武徳殿が建っていた。図に武徳殿の名称を示さないが、それらしき建物が描かれている。

内堀を経て大坂を登ると、松下門跡手前に小さな石碑（明治三〇年）が木立に埋もれている。「献檜樹百本」と刻んだ石碑には、「縣公園設計者　東京芝区芝公園内長岡安平　仝日本橋区坂本公園内小林宗吉」と記す。「県公園」とは、明治二九年に秋田市から秋田県に移管された城址を同年に整備した千秋公園を指す。設計者の長岡安平（一八四二～一九二五）は、明治・大正期の造園家で、近代公園築造の先駆者とされる。小林宗吉は、長岡の弟子にあたる。千秋公園は、本丸御殿の御池や城内の土塁・通路などを活かして整備がおこなわれ、城址を本格的に公園化する事業の魁であったといわれる。公園の完成記念に、設計者たちが檜を献じたことを物語る石碑である。

二の丸跡から長坂を登り、表門を潜ると本丸跡となる。桜の古木が並ぶ本丸土塁に立つと、脚下に二の丸胡月池が水を湛え、秋田市街地の背後に太平山が緩やかな三角の山容を見せる。

千秋公園を後に大町・川反を歩く。大町には、旧秋田銀行本店本館（明治四五年）が「秋田市赤れんが郷土館」として活用されている。一階に白色磁器タイルを貼り、二階に煉瓦壁を見せるルネサンス様式の建物で、かつて大町が秋田の中心市街地の最先端をいっていた時代の空気を伝える。

旭川に沿った川反は、水辺に飲食店街が並んでいる。その昔、旭川には多くの川舟が上下し、川反の河岸で物資の積み下ろしがおこなわれていたという。そのような流通拠点に発達した街が、川反である。旭川の二丁目橋たもと、ケヤキの巨木の下に水辺に降りる石段がある。それは、「カド」と呼ぶ共同の水汲み場に通じる石段である。江戸期から明治期にかけて外町の飲み水の多くは旭川の川水を使用していたというが、秋田の昔の暮らしを物語る唯一残された水汲み場である。市街地の真ん中を流れる旭川は、今も清らかである。

## 七、港町能代

秋田県北部、日本海に注ぐ米代川《よねしろがわ》河口に能代の街が発達する。米代川流域は、木曾の檜林・青森のヒバ林とともに「日本三大美林」に数えられた秋田杉の産地として知られる。年輪幅がそろい、木目が細かく狂いが少ない天然秋田杉は、天井板や内装材をはじめ、「曲げわっぱ」などの伝統工芸品の素材にもなった。米代川流域の木材集散地の能代では、木材加工業が発達した。

「能代港町大観」（昭和一一年八月、能代観光協会発行）〈図8〉を見よう。表紙が筏の絵柄の封緘葉書で、印刷は日本名所図絵社である。霞んだ表紙絵は、川霧が立ちこめる情景だろうか。鳥瞰図は米代川河口から東に能代市街地を望む構図で、左に青森県境の岩館海岸・須郷岬、中央右寄りに能代市街地、右に男鹿半島をおく。五能線全通（昭和一一年七月）一日後の発行である。

能代の市街地は米代川左岸に発達し、街の中央に八幡神社、北東端に日吉神社が鎮座する。能代駅から五能線が日本海沿岸の深浦を経て津軽平野に通じ、汽車が鉄橋を渡る。鉄橋付近に営林署、その南に秋田木材会社があり、米代川河口左岸にも木材会社が並び、木材集散地の街の性格が見て取れる。海辺の丘は能代公園となり、海岸に下浜海水浴場がある。案内文を見よう。

能代は古来木材（秋田杉）の主産地として其名全国に高

い、由来米代川流域老杉亭々として蓊鬱《おううつ》天を摩しその蓄積一億万石を算す、年々伐採せらるるもの約一百万石、之が皆筏に組まれて米代川の清流を下り能代の製材工場に於て消化せらるるのである。

表紙絵は米代川を下る筏を描いたもので、案内文の記述から昭和一〇年代初頭も筏流しが盛んにおこなわれていたことがうかがえる。街には秋田木材などの木材会社が建ち並び、樽丸工場や中小の製材工場は数えきれないほど、と木材の街を強調する。また、秋田杉を利用したベニア製造が近年起こったこと、家具製造が盛んなこと、名産に能代春慶塗があることも記す。

街の名所は、能代公園である。

> 四顧眺望の絶佳なる多くその比を見ない、脚下五千戸一眸《いちぼう》の中に収まり、北は米代川を隔てて遥かに北方の連山蜒々《えんえん》として連なるを見、濛々たる白煙その間に棚引くは八盛鉱山である、東は遠く北秋の翠微に及び南方一帯は老松古幹、白砂の間に連って居る、西方一碧波濤澎湃《ほうはい》として打ち寄する雄大なる日本海の眺めは自ら気宇の展《の》ぶるを覚ゆる。

能代公園は、江戸期に異国船を見張る唐船見張番所があった丘を、明治三三年に公園としたところで、眺望がよかった。公園は桜の名所で、桜の季節には連日賑わいをみせた。なお、白神山地を負う八森村（現・八峰町）に所在し、銀を産出した八盛鉱山は、発行時は発盛《はっせい》鉱山と改名（昭和八年）している。

能代の街を訪ね、能代公園を散策しよう。市街地北西の小高い丘が能代公園で、日本海に沿って南に「風の松原」が幅一km、全長一四kmにわたって延びる。丘上の駐車場横の高みに四阿があり、北に米代川の流れが見える。東に市街地がひらけるが、木立に遮られて眺望は今一つである。四阿から景林神社にかけてアカマツの松林が続き、昔、果実のサヤを石鹸代わりに使ったというサイカチの古木も残る。公園西側の下浜海水浴場があった砂浜一帯は能代港築港により地形が一変し、日本海の眺望は埋立地に立つ「はまなす展望台」から楽しむこととなる。

街の北東端、米代川が蛇行する辺りに営林署があり、山積みされた木材が図に描かれている。現在、同じ場所に米代西部森林管理局が建ち、木材置き場跡に森林管理局の空き地がひろがる。木材置き場は、今は米代川河口や能代港の埋立地が利用されている。森林管理局の南に日吉神社が鎮座し、ケヤキ・トチノキの古木が生い茂る境内に、五つの町組（大町・上町・萬町・清助町・後町）の山車蔵がある。

日吉神社の南隣の秋田木材会社跡は井坂公園となっており、同社を設立した井坂直幹《なおもと》銅像が立つ。銅像は能代公園にあったことが図に見えるが、戦時中に供出し、戦後、現在地に再建された。井坂直幹（一八六〇～一九二一）は、慶應義塾で福沢諭吉に学び、大倉喜八郎の支援を受けて明治二二年に東京の林産商会の支店長として能代に赴任した。明治三〇年に能代挽材合資会社を作って独立した井坂は、機械製材を実現させ、明治四〇年には秋田木材株式会社を設立して「木都能代」の名を大いに高めた。

碑文に、電気事業・鉄工業・植林事業にも進出し、支店を全国各地におき、販路は遠く海外にもおよんだ、とある。機械製材には電力が必要となるが、大量に出るオガクズなどを燃料として、明治三三年から自家発電により電灯をつけ、同四一年からは能代一円に電力の供給を開始したのである。また、秋田をはじめ、大館・青森・東京・大阪・九州・北海道に支店をおいて事業を拡大し、満州・樺太・朝鮮にまで進出をする。

井坂直幹邸宅跡が井坂公園で、「大山祇大神」の石碑や、庭園の石組と思われるものが園内に残されている。一方、米代川河口左岸に並んでいた複数の木材会社付近は、河畔公園として整備され、体育館・プール・能代市子ども館の諸施設が設置されている。木材の街能代の姿は、大きく変わっていった。

街中に鎮座する八幡神社に参詣すると、クロマツの老木が根

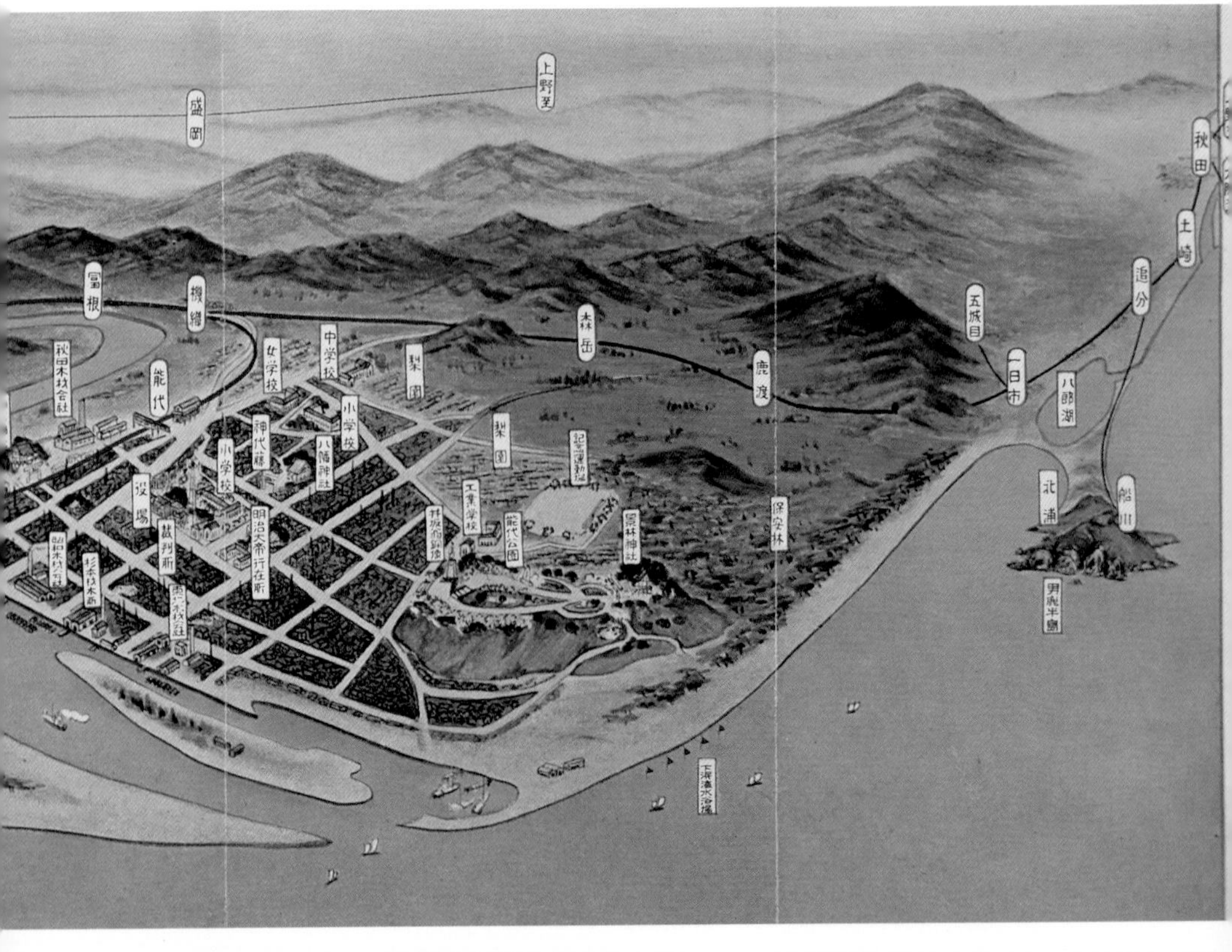

を張る境内に、常夜燈（寛政八年〈一七九六〉）が立つ。台座に大坂商人二〇名はじめ、「兵庫備前屋治良兵衛　尾道富吉屋喜助・富吉屋清十良　竹原米屋半三良」と、奉納者が刻まれている。その中の「竹原米屋半三良」の名に目が引きつけられた。米屋半三郎（吉井家）は、竹原（広島県）で町年寄を勤めた旧家で、竹原最古の国重要文化財の町家（元禄三年〈一六九〇〉建築）に子孫が居住されていた。その米屋を、以前、訪ねたことがあったからである。米屋は江戸期、酒造業・質屋・塩問屋を営むとともに、廻船をもって諸国との交易をおこなった豪商である。大坂・兵庫・尾道もまた、瀬戸内海の重要な港町であり、廻船を通

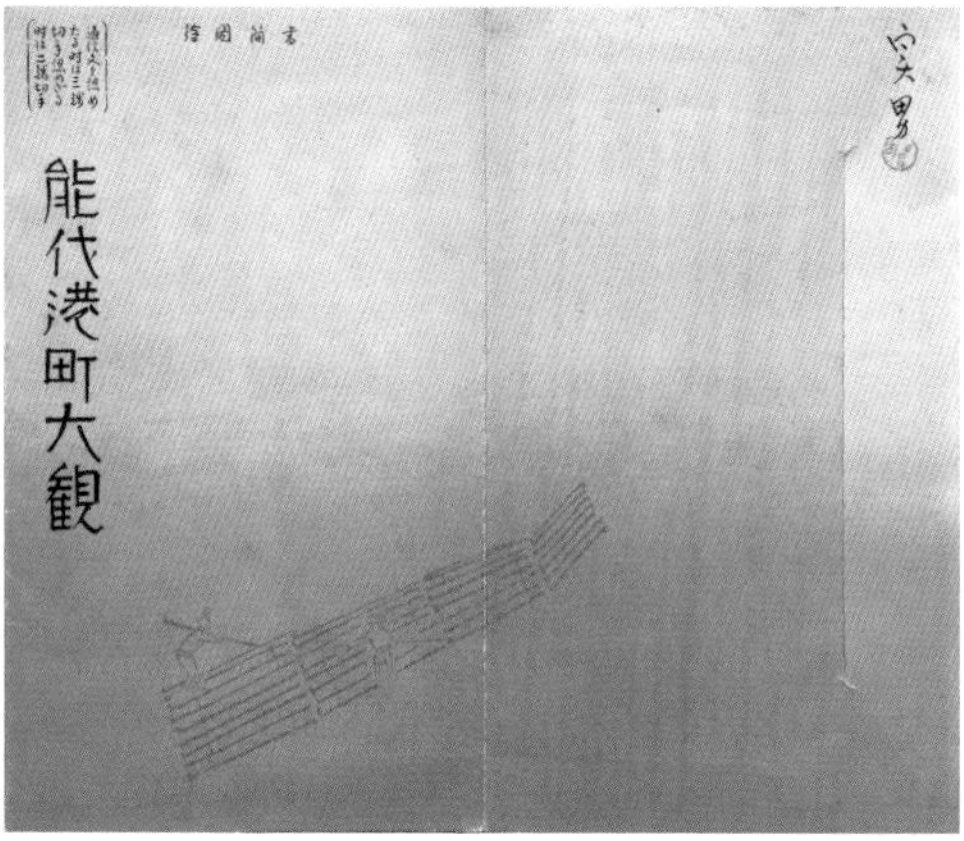


〈図8〉「能代港町大観」
（昭和11年8月、能代観光協会）

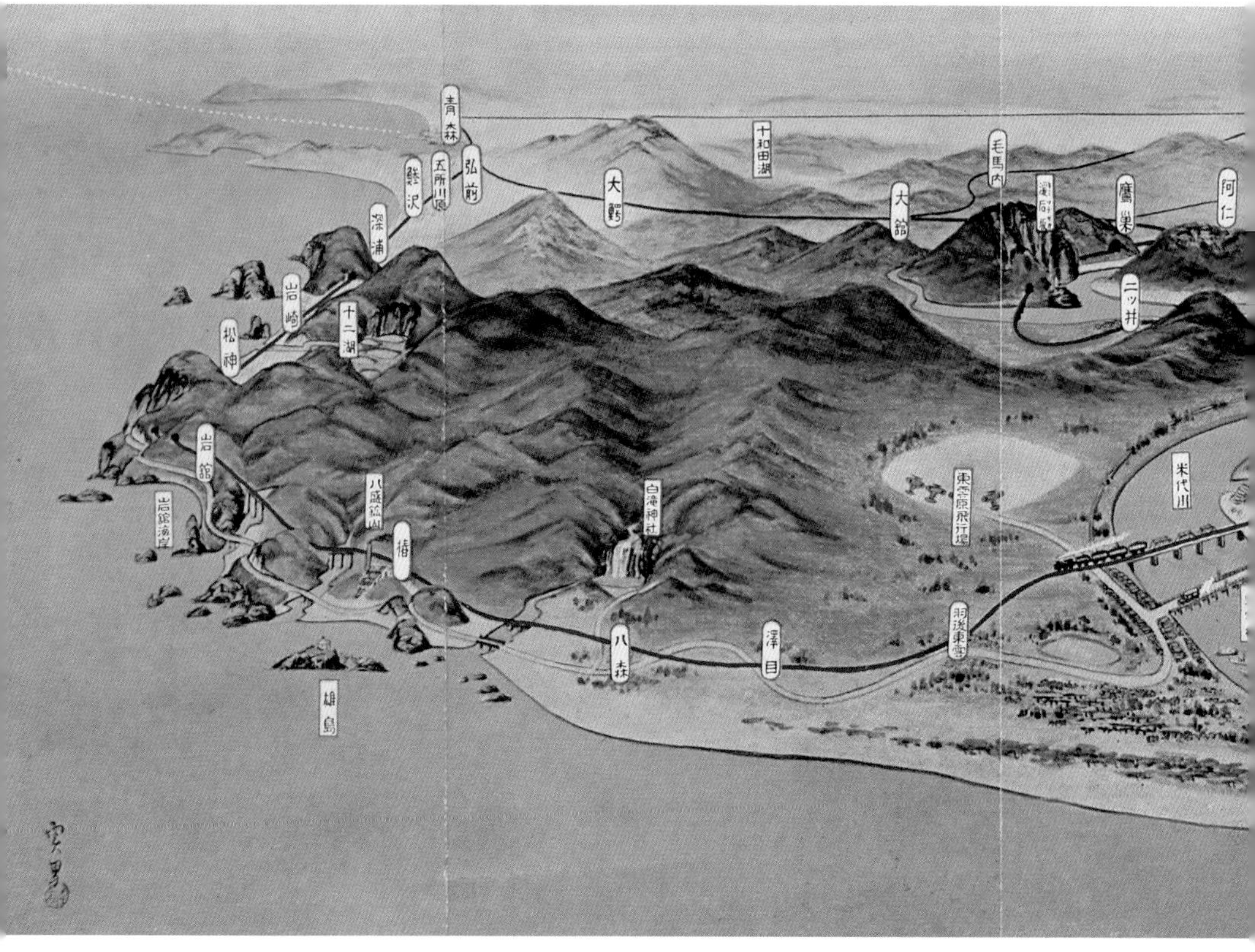

じた能代との交流の跡が、この常夜燈から浮かび上がってくる。

八幡神社前に、旧料亭「金勇《かねゆう》」（明治二三年創業）が楼閣（昭和一二年建築）を構える。木材を吟味し、手の込んだ細工を施した料亭は、秋田杉の取引で栄えた時代を彷彿とさせる。二階大広間（一一〇畳・舞台付き）は、畳一枚大の杉杢目板を四畳半に組み合わせた格天井である。一階の満月の間（四二畳の中広間・一四畳の小広間）には、長さ五間の一本の杉からとった中杢天井板五枚が使われている。ほかにも、張柾天井や柾板を張った柱を使った小部屋などもあって、さながら、秋田杉のショールームといった感がする。このような料亭で商取引をおこなっていた時代も去り、「金勇」は、平成二〇年に店を閉じた。

能代では、盆行事「能代役七夕《やくたなばた》」が有名で、巨大な鯱飾りのある城郭型の七夕灯籠が市内を練り歩く。再び案内文に目をやり、「七夕燈籠」と題する一文を引こう。

陰暦七月一日より六日まで毎夜七夕燈籠を曳まはし六日は役七夕と称し当番町の大きな七夕に組合町の加勢燈籠が加はる、翌七日の晩には燈籠の鯱鉾を米代川に流すのが能代の有名な「ネブリ流し」の行事である、……

戦前は旧暦で六日間おこなっていたが、現在は八月六、七日の二日間であり、役七夕に先立つ二日に「こども七夕」、三、四日に「天空の不夜城」が加わる。行事は前述の五つの町組が五年に一度輪番で担当する。町組は親町とそれに加勢する枝町から編成される。七日の晩に燈籠を水に流す「眠り流し」、すなわち秋田の竿燈、津軽のねぶたと共通する七日盆の行事である。

燈籠は当番町のものは城の天守閣型のもので昔は高さ五丈、六丈程の大きなものであったが今は電燈線、電話線に遮られて大きいものが造れなくなった。加勢町からは田楽燈籠、大提燈型のものなどが出される。笛太鼓で大勢の若いものの手に依って賑やかに町内を練り廻るのが勇ましくも美しいものである。

昔の天守閣型の燈籠は五、六丈あったと記すが、これは明治期の名古屋城を模した城郭燈籠（高さ五丈八尺＝一七・六ｍ）を指すのであろう。電線が張り巡らされたため、以後、燈籠が小型化された。田楽燈籠とは、子供たちが持ち歩く燈籠を指す。

この民俗行事は近年、見映えを競うようになり、平成二五年に明治期にあった高さ五丈八尺の大型燈籠「嘉六《かろく》」が復活する。電線地中化がなされ、大型燈籠が出せるようになったからである。翌二六年にはさらに巨大な「愛季《ちかすえ》」（高さ二四・一ｍ）が創出され、燈籠を曳き回すパレードは「天空の不夜城」と命名され、ますます観光イベントの性格を強めている。

## 八、秋田鉄道沿線

秋田県北部の米代川上流に、大館盆地と花輪盆地を結ぶ秋田鉄道が走っていた。大正三年に大館駅—扇田《おうぎだ》駅間を開業、同一二年に陸中花輪駅まで延伸し、昭和九年に国有化されて花輪線に編入された路線である。

秋田鉄道の時代、「秋田鉄道　付十和田湖御案内」（昭和三年五月、金子常光画、秋田鉄道発行）〈図9〉が出版された。「付十和田湖」とあるのは、毛馬内駅（現・南十和田駅）が大湯温泉・発荷峠を越えて十和田湖に通じる観光経路にあたっているからである。表紙は十和田湖の御倉《おぐら》半島・中山半島の絵柄で、裏表紙に十和田湖を中心とする鉄道・自動車路線図を掲載する。秋田鉄道について、このように紹介する。

本鉄道は奥羽本線大館駅より分岐し、陸中花輪駅に至る二十三哩《まいる》余、沿線森林鉱物に富み鉱業又盛なり、十和田湖を始め景勝地温泉等又乏しからず、重《おも》なる産物は木材、石炭、石膏、鉱石、米、銅等なり。

二十三哩というと、約三七kmにあたる。沿線の米代川流域は、秋田杉の産地であることを前述した。陸中花輪駅から一里（約四km）のところに銅などを採掘した尾去沢《おさりざわ》鉱山（昭和五三年閉山）を図示するが、秋田鉄道は森林・鉱物資源を搬出する役割を担っていた。

鳥瞰図を見よう。図は左に大館駅から陸中花輪駅にいたるささやかな路線図、中央から右に十和田湖を大きく描く。左上に日本海が見え、奥羽本線が秋田駅から大館駅を経て弘前方面に通じ、弘前近くに岩木山が聳える。図に尾去沢鉱山・小坂鉱山をはじめ、大湯温泉・湯瀬《ゆぜ》温泉・大滝温泉、八幡平中腹の熊沢諸湯などを描き込む。鉄道会社発行のパンフレットにしては、十和田湖の大きさに比べ、路線図の扱いがあまりにも小さいことが不思議である。案内文を要約しよう。

大館は、久保田支藩佐竹氏が居城をおいた地であるが、城は戊辰戦争で焼失した。県北主要地の大館には、官公署・学校などが集まり、闘犬がおこなわれていて、秋田犬の故郷として有名でもある。花輪には、三菱鉱業会社の経営する尾去沢鉱山があり、当時、年産約四千トンの銅を産出していた。

大湯温泉は十和田湖への通路にあたり、以前から遊覧客が休泊する湯の街として知られていた。湯瀬温泉は米代川の激流に面して浴舎が建ち、対岸の山々が間近に迫る仙境であった。大滝温泉も米代川の清流に臨み、景色がよかった。

十和田湖へは、毛馬内駅から発荷峠に向けて自動車が行き交う。発荷峠から峠下の生出《おいで》にいたる道は緩勾配で、湖面が見え

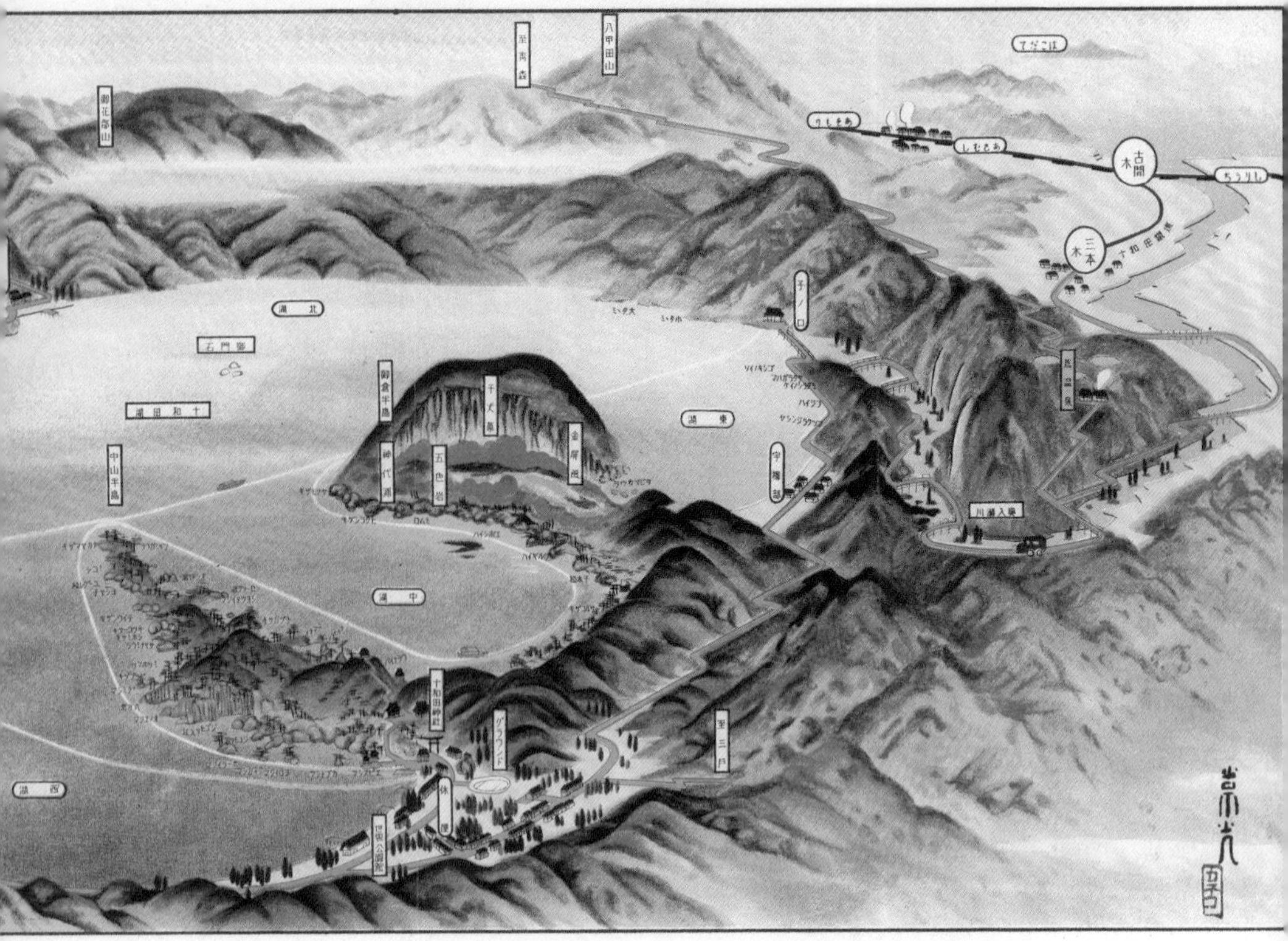


〈図9〉「秋田鉄道　付十和田湖御案内」（昭和３年５月、金子常光画、秋田鉄道）国際日本文化研究センター提供

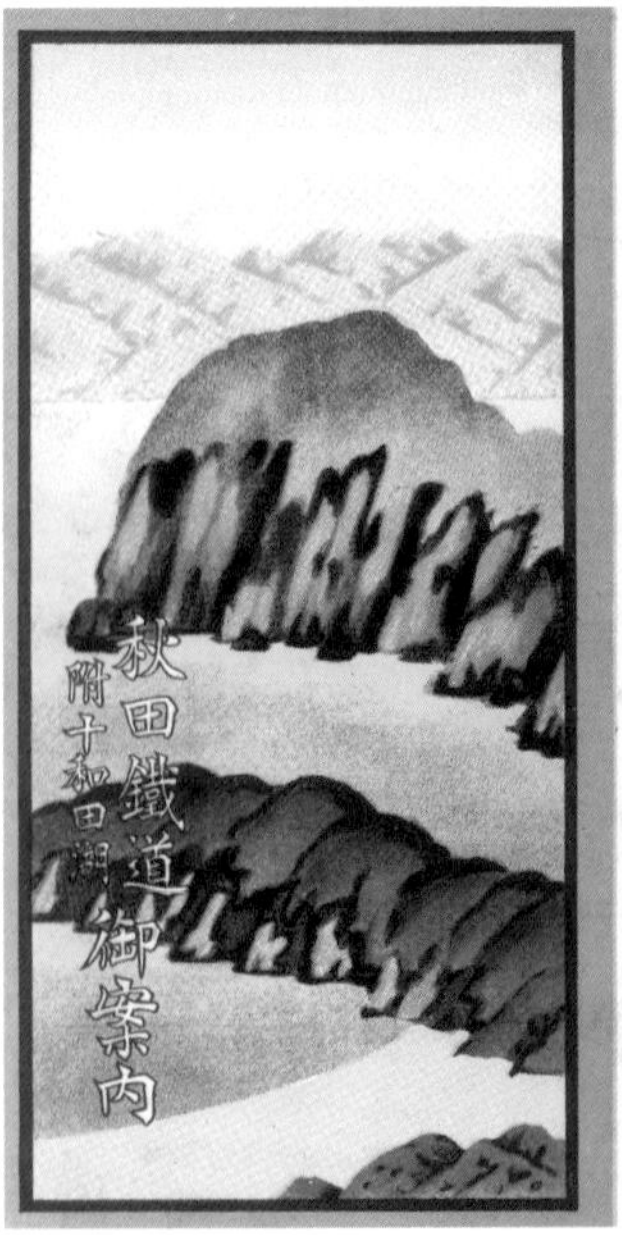


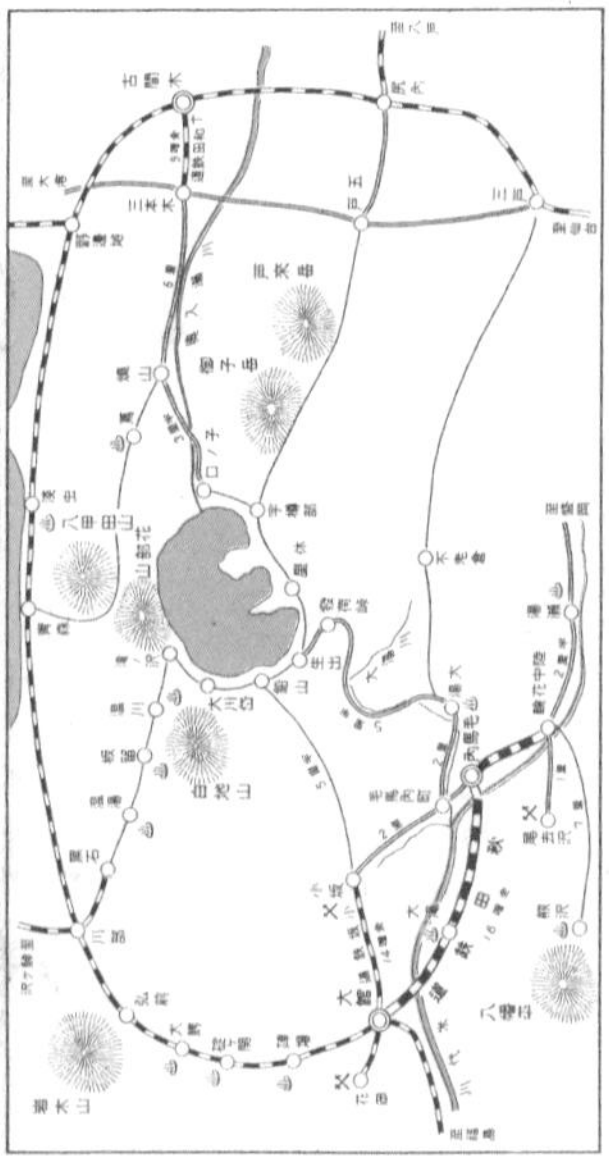

隠れし、眺望は絶佳である、と述べる。生出から休屋《やすみや》・子ノ口《ねのくち》方面へ船便があり、中山・御倉両半島沿岸をめぐる航路も図示する。生出にはヒメマスを孵化・養殖する和井内養魚場（現・十和田湖ふ化場）があった。

生出からの十和田湖めぐりの順路を、このように紹介する。

生出より乗船休屋に上陸し、十和田神社参拝付近の勝を探り、再び乗船恵比寿、蓬莱諸島の間を縫ひ中山御倉両半島

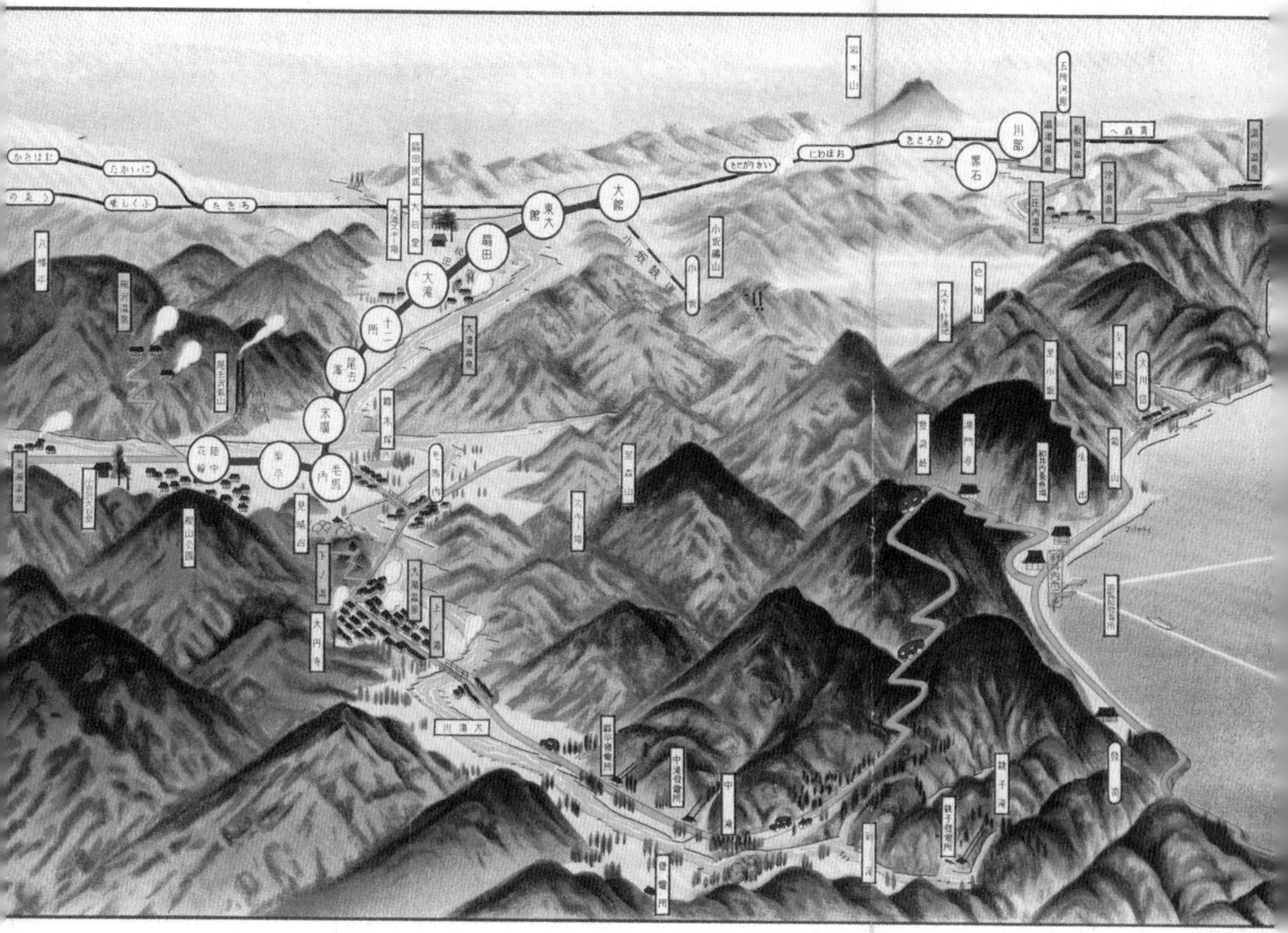


沿岸の奇を尋ね景を賞し、子の口にて上陸徒歩奥入瀬の渓流美を探り、踵《きびす》を反《かえ》して子の口より乗船帰還す、……

休屋に鎮座する十和田神社に参拝、再び船で中山・御倉半島の奇勝を探って子ノ口で下船、それより奥入瀬渓流を歩き、引き返す。これが、秋田県側からの十和田湖探勝であった。

加えて、十和田湖の魅力を、このように説く。

静寂なること太古の如く幽邃《ゆうすい》の気自ら迫り、盛夏尚清涼を覚ゆ、若《も》し夫《そ》れ湖面に漂ふ若葉の香、満山の紅葉浪を焦がすの風趣は言はずもがな、其の一湾一岬一木一石すら他の追従を許さず、真に神秘境の名に背かずと云ふべし、……

短文ながら、神秘的な十和田湖の魅力をよく表わしている。昭和二年、十和田湖が「日本新八景」湖沼の部第一位に選ばれたことにもふれるが、本パンフレットは、その翌年の発行である。それまで、森林・鉱山資源の貨物輸送に主力を注いでいた秋田鉄道が、十和田湖への観光客輸送に転換する時代を迎えたことを、如実に表わす鳥瞰図といえよう。

# 第五章　青森・弘前・種差海岸

## 一、青森と浅虫温泉

### （一）港町青森

昭和の頃、青森駅に降り立ち青函連絡船に乗り換えるとき、終着駅に海の風景がひろがった。頭の中で描いていた地図どおりの景色が、そのまま目の前に現われた。青森は本州の北の果て、その先は津軽海峡、この当たり前ともいえる光景を実見し、ちょっとした感動を覚えたことを思い出す。

津軽半島と夏泊半島に挟まれた青森平野に、県都青森市がひらける。古くは善知鳥《うとう》村と呼ばれていた陸奥湾に臨む地は、江戸通いの廻船の港町としてひらかれ、青森と名づけられた。

明治六年、開拓使により青森―函館間の定期航路が開設されると、青森は北海道への渡り口となった。明治二四年に日本鉄道（東北本線）上野駅―青森駅間が全通し、明治二七年には奥羽北線（奥羽本線）弘前駅―青森駅間も開通した。さらに、明治四一年の青函連絡船就航により、青森は交通の要所として発展する。街は、青森大火（明治四三年）や青森大空襲（昭和二〇年）を被ったため、古い建物は残っていない。

昭和初期の旅行案内書は、青森の廻覧順路をこのように示す。

駅―新町―県庁―善知鳥神社―松木屋呉服店―大町―浜町―公会堂―堤橋―合浦《がっぽ》公園―国道通―駅（『日本案内記』東北篇、昭和四年）

善知鳥神社は、青森総鎮守である。松木屋呉服店は、大正一〇年創業の青森の老舗百貨店であったが今はない。行楽地として親しまれた合浦公園を除いて、青森の街に遊覧地は少ない。

「青森」（昭和七年一二月、吉田初三郎画、青森市役所発行）〈図1〉を開こう。表紙は青森港で貨車を三列に載せて車両航送をおこなう青函連絡船の絵柄で、背後は雪化粧の八甲田連峰だろう。鳥瞰図は青森湾から南に青森市街地を望む構図で、左に下北半島・夏泊半島、中央に青森港、右下に津軽半島をおく。

恐山に向って細長く延びる下北半島は、小気味よくデフォルメされている。恐山の麓に大間・大湊の街があり、津軽海峡に面した断崖は景勝地仏ヶ浦である。夏泊半島に椿山があり、白鳥渡来地と示す。夏泊半島西に浅虫温泉が湯煙をあげ、海辺に水族館が建つ。青森市街地背後に八甲田連峰が聳え、山麓の酸ヶ湯《すかゆ》から蔦温泉・奥入瀬渓流を経て山道が十和田湖に通じる。青森の北に津軽半島が延び、津軽海峡に突出する竜飛岬が断崖をなすが、こちらは控え目な表現である。津軽平野の城下町弘前の西に岩木山（津軽富士）が秀麗な姿を見せる。

青森市街地に目をやると、青森駅から線路が桟橋に通じ、赤屋根の建物の横に汽船が浮かぶ。昭和の終わり頃まで就航していた青函連絡船の乗場が、ありありと伝わる図である。防波堤に遮られた青森港に船が停泊し、公会堂前は埋立地となっている。

青森駅前から東に延びる通りを進むと善知鳥神社が鎮座し、付近に青森県庁・議事堂・裁判所・警察署・青森市役所・図書館・商工会議所などの公官署が集まる。さらに東に女子師範学校、堤川を越えると師範学校（共に弘前大学の前身校）、旧制中学校（現・青森高等学校）などの教育機関が散在する。堤川を遡ると歩兵第五連隊が配置され、連隊区司令部・憲兵隊・衛戍病院が建つ。現在、連隊跡地に青森高等学校が移転している。

旧制中学校の北側に池泉を配した合浦公園があり、松林の浜辺は海水浴場である。公園に招魂社を祀り、付近にグラウンド、浪打駅（昭和四三年廃止）が設置されている。線路の南側に明治一五年創設の測候所（昭和三年に図の場所に移転、同一四年油川に移転）や、野辺地から移った競馬場（昭和七年に図の場所に移転、昭和二六年廃止）も見える。なお、初三郎は戦後も「青森市鳥瞰図」（昭和二三年頃、青森市役所発行）を描くが、構図はほぼ同じで、対比すると諸施設の移転などが確認できる。

青森随一の名所が、合浦公園である。

南には近く陸奥の吹雪で名高い甲田の峻嶺を仰ぎ、又遠く西南方に津軽富士の称ある岩木の霊峰を望み北方は青森湾の蒼波に面し、越えて北方を望めば津軽、斗南《となみ》の両半島が遥かに相迫って湾口を擁し眺望絶佳なことは他に求め得ない。

陸奥の吹雪とは、八甲田雪中行軍（明治三五年）の遭難を象徴する詞である。斗南半島は、下北半島の別称である。合浦公園からは海の眺めが良く、白砂青松の海水浴場がひろがる。

老松の並木は西より東に走り竜髯《りゅうぜん》風に吟じて幽閑清浄の気が迫り、春は桜で名高く、夏は菖蒲、躑躅《つつじ》、古藤があり更に丘を囲る園地には蓮花の紅白咲乱れて行楽の気を旋《ママ》り、秋は紅葉に情を奇《ママ》せる等四季折々の風光に富み遊覧者の絶え間なく、……

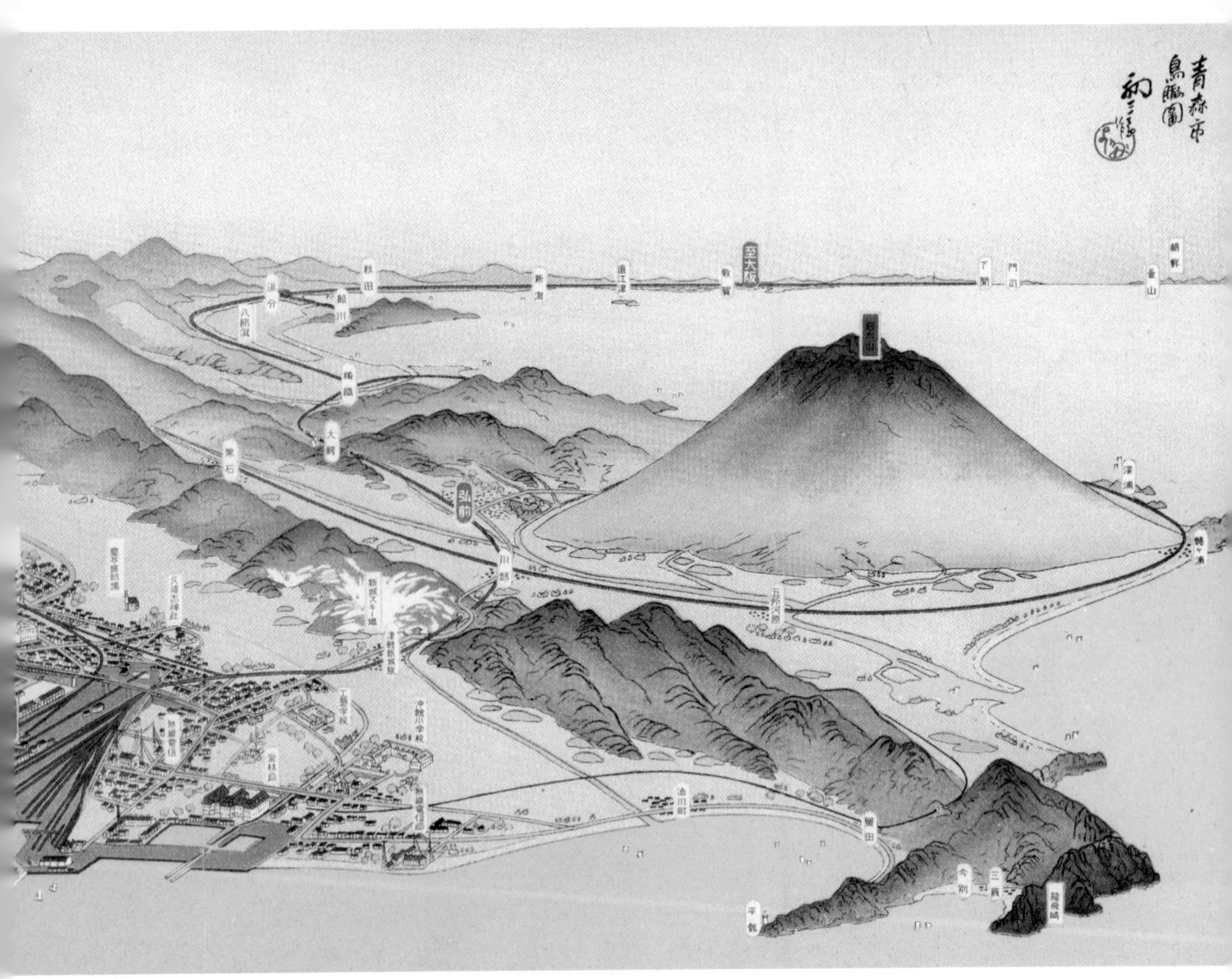

〈図1〉「青森」(昭和7年12月、吉田初三郎画、青森市役所）国際日本文化研究センター提供

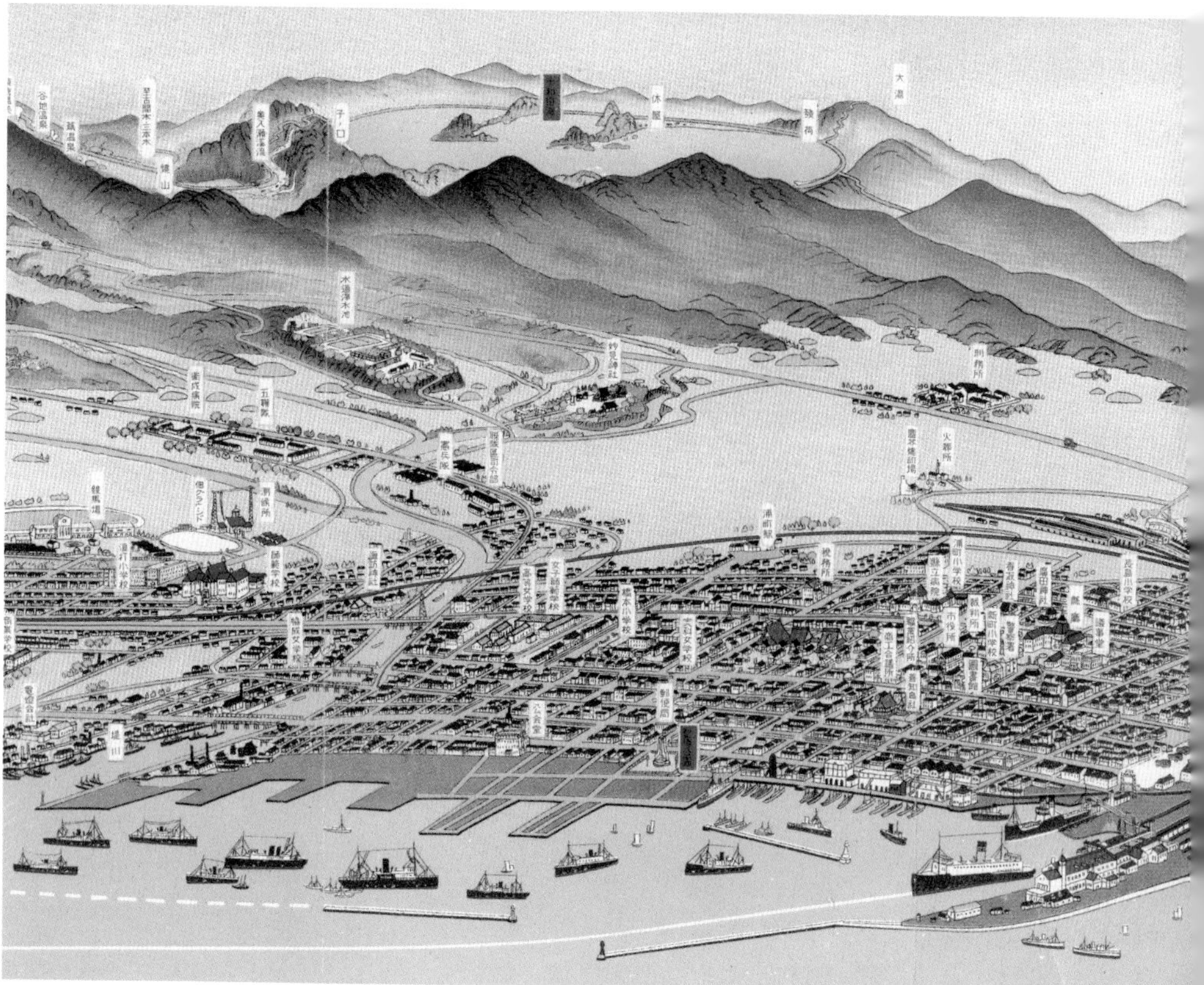

谷地温泉
蔦温泉
至十和田三本木
焼山
奥入瀬渓流
子ノ口
休屋
大湊
水道浄水池
衛戍病院
五聯隊
憲兵隊
競馬場
師範学校

東京
仙台
八戸
尻内
三本木
古間木
野辺地
小湊町
椿山
雷電宮
夏泊半島
浅虫
東奥館
湯島
東北大学臨海実験所
水族館
野内
恐山
大湊
大間
尻屋
仏ヶ浦

合浦公園は、春夏に花が咲き誇って行楽気分を唆《そそ》り、秋は紅葉が楽しめ、遊覧客の絶えることがなかった。

青森を訪ね、「青森アスパム」から市内を展望しよう。地上五一mの展望室から北に陸奥湾がひろがり、下北半島を遠望する。北東に浅虫温泉を望み、夏泊半島が緩やかな稜線を引く。北西に青函連絡船で活躍した八甲田丸がメモリアルシップとして係留され、白と黄色の船体を浮かべる。西にビル越しに岩木山を遠望し、南には八甲田連峰が見渡せる。

街の真ん中に善知鳥神社が鎮座する。宗像三女神（多紀理毘売命・市寸島比売命・多岐都比売命）を主祭神とする神社は、航海安全に霊験あらたかとされる。青森大空襲をうけた社殿は、戦後の昭和三九年に鉄筋コンクリート造りで再建された。境内に「善知鳥神社建築記念碑」（明治四四年）が立つが、明治大火再建時の記念碑である。碑文によると、明治四三年五月三日、安方町の一角から火災が発生。折からの強風により、青森市の中枢部が壊滅する未曾有の大火となった。神社の社殿も灰燼に帰したが、同年に御本殿が造営された、とある。善知鳥神社の再建は、青森の街の災害復興の歴史と重なる。

善知鳥神社参道右手に「うとう沼」が水を湛え、傍らの龍神宮が漁業の守護神として信仰されている。その昔、安潟とよばれた大きな沼は、次第に干上がり今日の姿になったが、青森の原風景をかすかにとどめる水辺ではないだろうか。

市街地の東の海辺に位置する合浦公園は、春の花見、夏の海水浴など、市民にとって身近な行楽の場である。海辺に松原が続き、図にも描かれた海浜の池泉の周囲を回遊し、松風を聴く公園である。広い園内には多目的広場や市営球場なども設置され、スポーツの場としても親しまれている。

公園中央に幹が三つに分かれた「三誉の松」があるが、歴代津軽藩主が愛でたという老松である。明治一三年、この松を中心とする公園創設の企てがおこった。津軽藩お抱えの庭師であった水原衛作は、狐狸の棲むこの原野に一大公園をつくるべく計画を立てた。県令・山田秀典らの支援の元に総予算一万円の予定で翌一四年に工事に着手する。ところが、県令の急死により募金は滞り、計画は思うように進まなかった。

園内には水原衛作・柿崎巳十郎兄弟の銅像が立ち、このような碑文を刻む。水原衛作は母や妻と共に園地の小屋に引き移り、一家をあげて、終日荒地をひらき、石を運び、草木を植えて倦むことを知らなかった。ついに衛作は、過労のために病床に臥した。私財はことごとく造園の資に投じたため治療の費用もなく、一家窮乏のうち、明治一八年四四歳でこの世を去った。明治二七年、後を継いだ弟の巳十郎が公園を完成し、これをことごとく青森町に寄付した、とある。奇特な人たちである。

この銅像は、青森市が建立したもので、「合浦公園は、水原衛作、柿崎巳十郎兄弟と、母、妻などの献身的な奉仕と血のにじむ努力とによって完成したのである」と、その徳を称える。

青森で思い浮かべるのは、夏の夜空を焦がす「ねぶた」であろう。昭和初期の旅行案内書は、このように紹介する。

「ねぶた」と称する張子の人物、鳥獣または武士、悪鬼などの絵姿を屋台に載せ、中に燈火を点したものを或は車に載せ或は舁《か》いで廻る。これに付添ふ男女は花笠を被り、美しく着飾り、または仮装をして笛、太鼓に調子を合せて市中を練り歩くのである。青森市弘前市では三四百の「ねぶた」が列をなして見物人雑沓を極める。（『日本案内記』東北篇、昭和四年）

青森ねぶた祭は、旧七月初旬に一週間おこなわれていた（現在は八月二〜七日）。ここには、戦後、勇壮華麗な山車燈籠型の大型ねぶたが登場して観光化する以前の「ねぶた」の情景が記されている。「三四百の『ねぶた』が列をなして……」の記述からは、人々が思い思いのねぶたを曳き、あるいは舁き、仮装した人々が練り歩いていた様子が目に浮かぶ。それは、燈籠を水に流して睡魔を追い払い無病息災を祈る「眠り流し」、すなわち、ケガレを水に流して精進潔斎する七日盆の行事により近い姿ではないか。「仮装した人々」とは、大正・昭和初期に新たに出現した化け人《ばけと》であろう。

なお、同様な七日盆の行事は、弘前・黒石・五所川原をはじめ津軽各地でおこなわれているが、弘前では「ねぷた」と呼び、「扇ねぷた」を主体とするなど、その表現方法は地域により異なる。参考までに、大型化する前の戦前の「ねぶた」の版画を掲載しよう〈図2〉。

〈図2〉「青森ねぶた」仙台鉄道局編纂『東北の民俗』（昭和12年10月、日本旅行協会）所収

## （一一）浅虫温泉

青森市街地の北東、陸奥湾に突き出す夏泊半島付け根に浅虫温泉がある。善知鳥崎の断崖絶壁が海に迫り、明治初期まで青森を結ぶ道らしい道がなかったため、浅虫は辺鄙な温泉地に過ぎなかった。ところが明治二四年、日本鉄道（東北本線）が全通して浅虫駅（現・浅虫温泉駅）が開業すると、温泉地は発展をはじめ、やがて「青森の奥座敷」と呼ばれるようになった。

日露戦争後、浅虫温泉は傷痍軍人の療養地となり、明治四二年には仙台の第二師団と弘前の第八師団の浅虫転地療養所もできた。また、大正一三年、東北帝国大学臨海実験所が開設され、併設の水族館が人気を博し、浅虫は観光地の要素を帯びた。

昭和初期の旅行案内書は、浅虫温泉をこのように紹介する。

> 青森湾の青波に臨み、海上指顧の間に湯ノ島、鷗島、裸島などの大小の島々が浮んでゐる。海水は清透、四囲の風光もよく、夏は涼しく、冬もこの地方としては比較的暖かで、夏は海水浴にも適してゐる、又ここは北海道と内地との間を来往する人々が疲れを休めるに都合のよい位置にあるので脂粉の香が湯街に濃《こまや》かに漂ってゐるのもここの特色であらう。（鉄道省『温泉案内』昭和六年版）

小島が浮かぶ風光明媚な海辺の浅虫温泉では、海水浴が楽し

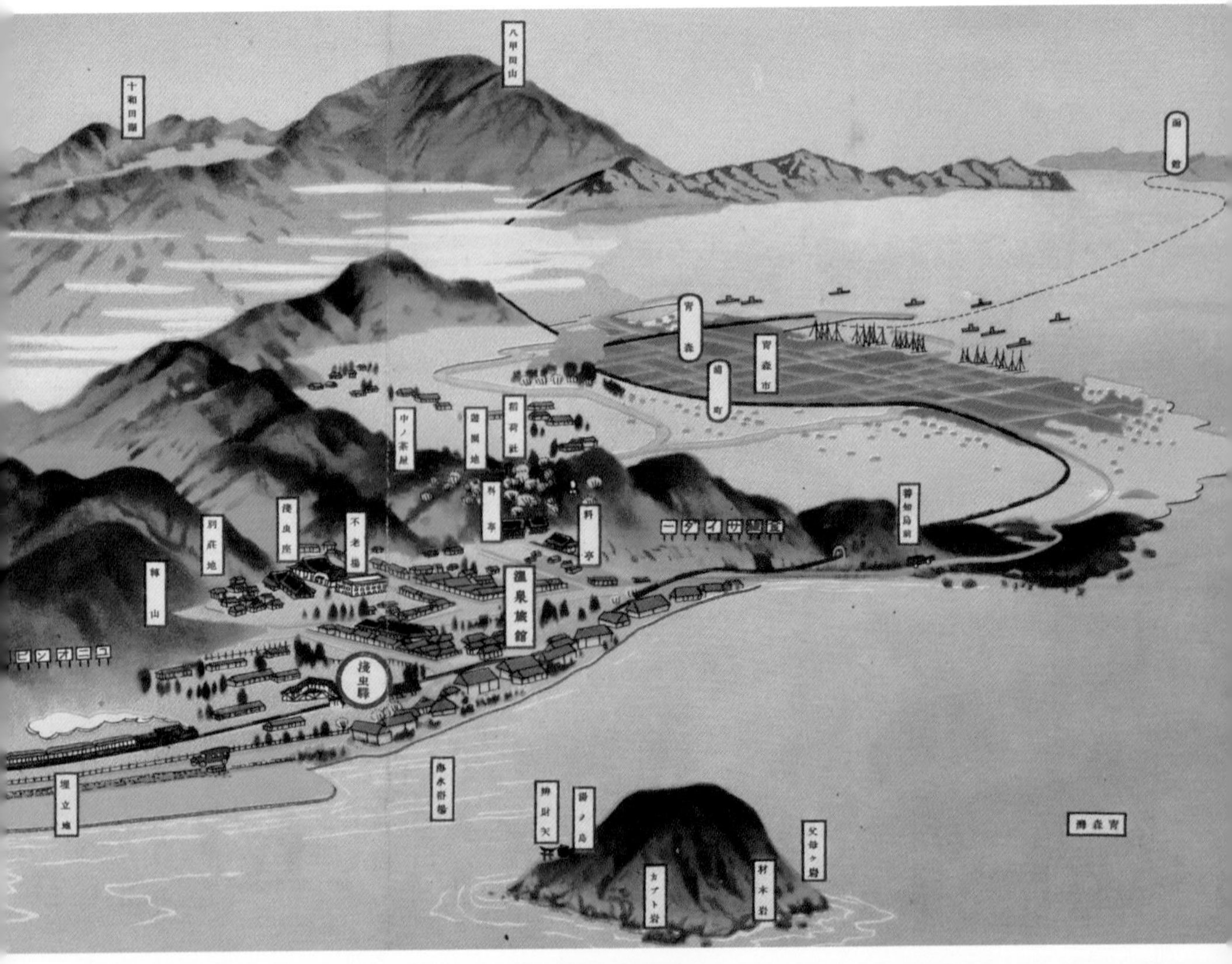

めた。近くに駅があり、青函連絡船に乗って北海道に渡る人にとって、地の利を得た温泉地であった。その便利さゆえ、歓楽街としての性格を帯びたのだろう。温泉の由来についても記す。

むかし円光大師巡錫のとき、鹿が海波に浴するを見て温泉を知ったが、土人は浴するを怖れ、麻を浸して蒸したので麻《あさ》蒸《むし》の名が生じ、転じて浅虫となったといはれてゐる。（同書）

円光大師とは法然上人であり、一二世紀頃の話であろう。地名をふくめ、まことしやかな由来譚であるが、慈覚大師円仁発見との異説もある。ことの真偽はともかく、人々がそのような話を信じて語り継いできたことは事実であろう。昭和初期、九

〈図3〉「浅虫温泉御案内」
（年代不明、浅虫共同宣伝協会）

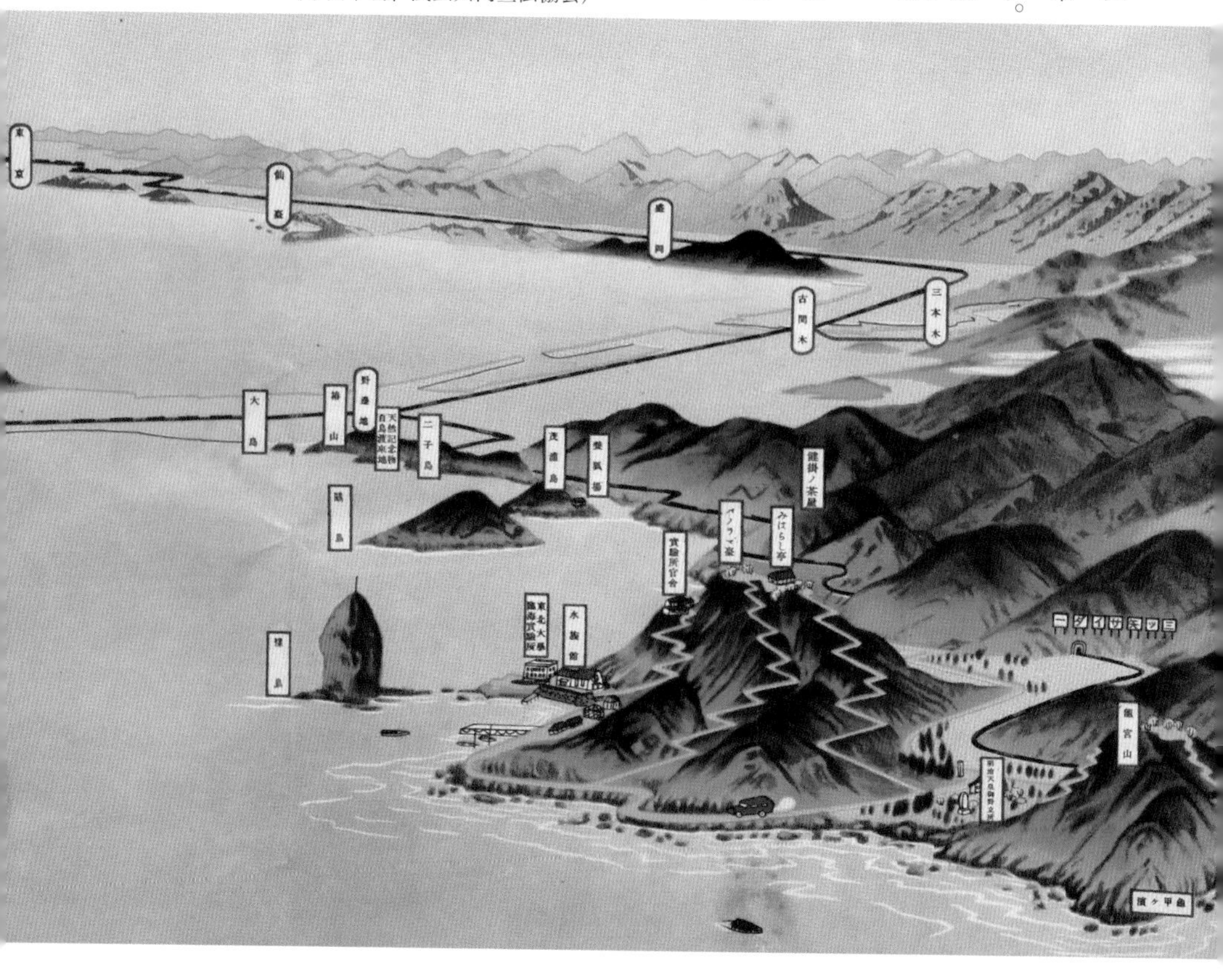

つの源泉があったことも記す。椿ノ湯・鶴ノ湯・柳ノ湯・桃ノ湯・高砂ノ湯・桜ノ湯・目ノ湯・裸ノ湯・松ノ湯である。浴後の散策に、船による島めぐりを楽しむことができた。

「浅虫温泉御案内」（年代不明、浅虫共同宣伝協会発行）〈図3〉を見よう。発行年代を知る手がかりはないが、帝国大学があった時代のものである。表紙は青森湾に浮かぶ湯の島の絵柄で、弁財天の鳥居が見える。鳥瞰図は青森湾から南東に浅虫温泉を望む構図で、左に東北帝国大学臨海実験所、中央やや右寄りに温泉街、右に青森市街地をおく。

野辺地方面から煙を吐いた汽車が浅虫駅に向かう。山麓に車窓から目につくように商品の宣伝看板が立つ。ユニオンビール・三ツ矢サイダー・金線サイダーと、郷愁を誘うのどかな沿線風景である。これらの飲料会社は裏面に広告を出しており、広告主をさりげなく図に描きこむのは、ご愛嬌。

善知鳥崎と龍宮山に挟まれた海辺に建ち並ぶ温泉旅館の前は海水浴場で、海上に湯の島が浮かぶ。背後の山に遊園地があり、山麓に料亭や浅虫座という建物も見える。龍宮山の北に進むと海辺に臨海実験所の水族館があり、海上に裸島が岩肌を見せる。水族館の裏山はパノラマ台として整備されて「みはらし亭」が建ち、裸島の北に鷗島が浮かぶ。案内文を見よう。

> 今や百数十名の阿嬌妍《あきょうけん》を競ふて鼓絃の音は昼夜絶へず殷《いん》賑《しん》を極め、真に天与の楽園自然の歓楽境として十和田湖遊覧、北海道往還の旅客は必ず此の地に一浴して深き印象を受けない人はないのであります。

当時の浅虫温泉は、二十余軒の旅館が建ち並び、百数十名の美女がなまめかしさを競い合い、三味や太鼓が昼夜休みなく鳴り響いていた、とも記す。また、十和田湖への遊覧客や北海道に行き来する人だれもがこの温泉に一浴し感じ入る、と添える。

青森湾に浮かぶ小島は、舟遊びの好適地であった。海上約一㎞の湯の島は全島古松で覆われ、浅虫随一の景勝地であった。湯の島には弁財天の小祠のほかに、柱状節理の材木岩・俵岩をはじめ、姥ヶ岩・鮫岩・カブト岩・松島の奇勝があり、釣りも楽しめた。臨海実験所付近の海中に屹立するのが、樹木がほとんどない裸島である。付近の亀甲浜は魚介の宝庫で、潮干狩りの季節に賑わいをみせた。裸島北西の小島が鷗島で、鷗が渡来・孵化することからこの名があった。

浅虫温泉を訪ね、温泉街背後の丘にある浅虫公園に立つと、西に青森湾がひらけ、お椀を伏せたような湯の島が浮かぶ。海と三方を山で囲まれた温泉街は、海岸沿いの数棟の大規模旅館・ホテルを除いて地味な佇まいまいである。温泉街を歩くと、浅虫公園南麓の浅虫川沿いに、昭和の面影を残す宿も数軒目にする。海岸から浅虫川を少し奥に入ったところに温泉事業組合事務所が建ち、足湯・飲泉場・温泉卵場を設ける。

　組合事務所付近に松の湯（共同湯）ほか、柳の湯・椿の湯・鶴の湯といった旅館が集まるが、前述した昭和初年の源泉のいくつかである。歴史ある裸の湯跡地には、浅虫町民会館が建つ。これらの源泉が集中する一帯が、浅虫温泉の中心地であったのだろう。温泉事業組合事務所傍らに、貯湯槽が二つ据えられている。かつて自噴していた源泉は、その後掘削により急増するが、高度経済成長期に温度低下や泉質変化が進み、源泉の集中管理をおこなうようになった。

　昭和四三年、浜辺を埋立てて浅虫バイパスが開通、以来、浅虫の海辺の景観は変貌し、臨海実験所の水族館も閉館（昭和五九年）した。昭和六三年には青函連絡船が廃止、浅虫温泉は北海道に行き来する客が立ち寄る温泉地ではなくなった。平成初期にバブル景気が終わると利用客は減り、旅館や飲食店も半減してかつての賑わいは失われた。華やかなりし頃の浅虫温泉の情景を、残された鳥瞰図が伝えてくれる。

## 二、津軽弘前

### （一）城下町弘前

　津軽平野南部に位置する弘前は、津軽地方の政治・経済・文化の中心地として発展した城下町である。戦災を免れた街には、江戸期の構えを伝える寺院群や武家屋敷、明治・大正期の洋風建築が数多く残されている。

　弘前は古くは鷹岡（高岡）と呼ばれ、戦国期に三戸南部氏の支配下にあった。その後、津軽地方を統一した大浦為信が津軽氏を名乗り、弘前藩（津軽藩）を創始する。慶長八年（一六〇三）、為信は鷹岡の地に築城を企て、翌年から城下の町割に着手した。慶長一六年（一六一一）、二代藩主信牧《のぶひら》のときに城が完成する。寛永五年（一六二八）、鷹岡は弘前に改められ、津軽氏の城下として明治にいたった。

　昭和初期の観光案内書は、弘前の廻覧順路をこのように示す。

　駅―代官町―土手町―物産陳列場―公園―公会堂―長勝寺―最勝院―高等学校―師団―駅（『日本案内記』東北篇、昭和四年）

　代官町は弘前駅の西に位置する弘前城下東端の町並み、土手町は繁華街、公園は弘前城址を利用した弘前公園（鷹揚園・鷹揚公園）を指す。長勝寺（曹洞宗）は津軽氏の菩提寺、最勝院（真

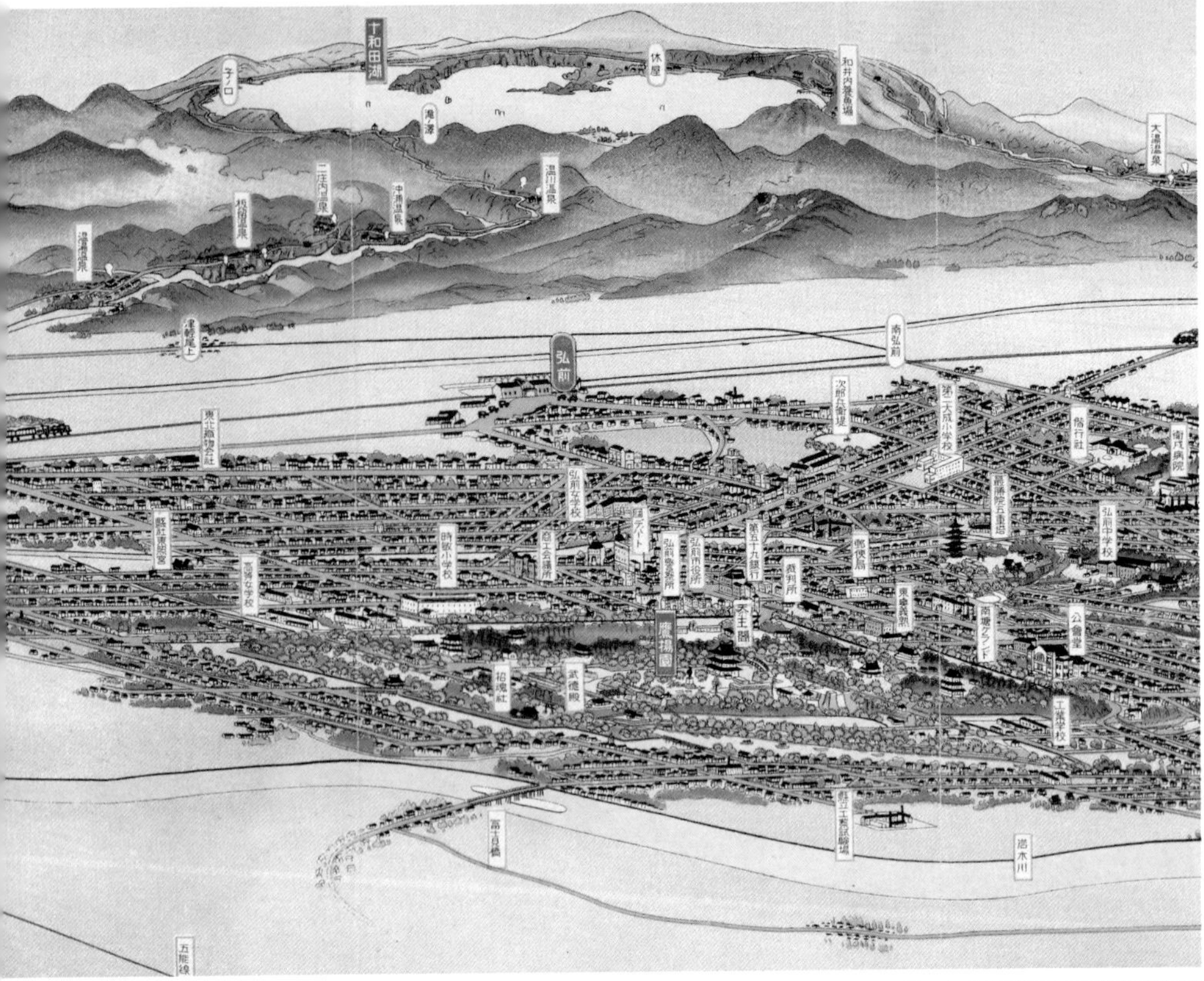
十和田湖
子ノ口
休屋
和井内養魚場
大鰐温泉
板留温泉
津軽尾上
弘前
南弘前
次郎兵衛堤
第二大成小学校
偕行社
衛戍病院
最勝院五重塔
弘前女学校
デパート
弘前市役所
第五十九銀行
郵便局
弘前中学校
裁判所
天主閣
東奥義塾
南塘グランド
公会堂
時敏小学校
商工会議所
高等女学校
鷹揚園
招魂社
武徳殿
工業学校
県立工業試験場
富士見橋
岩木川
五能線

駒ケ嶽
田沢湖
生保内
大曲
秋田
男鹿半島
酒田
新潟
直江津
富山
敦賀
松江
下関
釜山
岩木山
嶽温泉
岩木山神社
高照神社

〈図4〉「ひろさき」
（昭和８年５月、吉田初三郎画、弘前市役所）

言宗）は津軽藩祈願所で五重塔が名所となっていた。師団とは、第八師団（明治三一年結成）のことである。

「ひろさき」（昭和八年五月、吉田初三郎画、弘前市役所発行）〈図4〉を開こう。表紙は岩木山を背後に弘前城天守が聳え、赤い欄干の橋を囲んで桜が咲き誇る絵柄である。橋は、天守と岩木山の位置関係から二の丸と本丸を結ぶ下乗橋であろう。鳥瞰図は岩木川に架かる岩木橋と富士見橋の中間左岸から南東に弘前市街地を望む構図で、左に十三湖、中央に弘前城址、右に岩木山をおく。市街地背後に十和田湖や八甲田連峰も描く。

弘前駅（明治二七年開業）から弘南鉄道が津軽尾上駅（昭和二年開業）に延びるが、黒石駅に延伸するのは戦後の昭和二五年である。それ以前に黒石線が奥羽本線川辺駅—黒石駅（大正元年開業）間を結んでいたが、弘南鉄道黒石線に転換、やがて廃線（平成一〇年）となった。

弘前市街地に目をやろう。三層の天守が建つ弘前城址は、桜が満開である。本丸を中心に二の丸・三の丸・北の郭・西の郭・四の丸から成る城址は、五つの城門（追手門・南内門・東内門・東門・亀甲門）、三つの隅櫓（辰巳櫓・未申櫓・丑寅櫓）が残存する。北の郭に武徳殿（現存）、四の丸に招魂社（現・青森県護国神社）も見える。三の丸に設置された第八師団兵器部は木立に隠れており、跡地は戦後、植物園となった。

弘前城址外濠の東に弘前市役所・警察署・小学校・高等女学校、南に裁判所・東奥義塾・公会堂などがある。そこは重臣が住んだ大浦町や武家屋敷地の下白銀町《しもしろがねちょう》にあたり、跡地の多くは公官署・学校となった。市役所に隣接して第五十九銀行も建つ。

町並みの南に最勝院の五重塔が聳え、その南に旧制弘前中学校（現・弘前高等学校）がある。旧制中学校から寺町が南西に延びる。弘前城址南西の長勝寺と門前に連なる禅林三十三ヶ寺は、岩木川の河岸段丘上にあり、要害の地であったことが図から見て取れる。なお、長勝寺には藩祖為信の御影堂が建ち、杉木立の中に津軽氏の霊屋五棟が並ぶ。禅林三十三ヶ寺は、二代信牧が弘前城裏鬼門（南西）を固める砦として配置した寺院群である。

最勝院東方の南に延びる一筋の道沿いに、旧制弘前高等学校（現・弘前大学）および第八師団司令部・偕行社・衛戍病院・野砲第八連隊・歩兵第三十一連隊・騎兵第八連隊があり、軍都弘前の姿を伝える。

弘前を代表する名所は、弘前城址の弘前公園である。

土地は爽潤遠く西方に屹立《きつりつ》せる津軽富士の名ある岩木山の秀容に対し近く銀蛇の如き岩木川の清流と稲田万頃《ばんけい》の津軽平原とを一眸《いちぼう》の下に集め観る者をして気宇自ら雄壮

潤大ならしむ。

弘前城址に立つと、岩木山・岩木川・津軽平野が一望でき、気持ちが昂り、心がひろくなる、と語る。

園内到る処古松老杉鬱蒼として千古の翠を湛へ其間に隠見する塹塁《ざんるい》（ママ）櫛門宛《さなが》ら昔時を偲ばしむ。陽春和風の頃桜樹又古城と翠松を背景とせる紅霞爛漫の光景は、真に天下に誇る絶勝にして其美観能《よ》く筆紙の尽し得ざる処なり。

園内には松や杉がうっそうと茂り、見え隠れする土塁や櫓門が昔を偲ばせる。春風が吹く頃、桜が咲き乱れる光景は表現できないほどである、と称える。

## （二）武家屋敷と洋館の残る街

弘前を訪れ、弘前城址（弘前公園）を散策しよう。弘前城址は整然とした配置をし、本丸を内濠、二の丸を中濠、三の丸を外濠が囲み、濠沿いの土塁が昔の姿をとどめる。追手門を潜って三の丸跡を進み、杉の大橋を渡ると二の丸南内門が建つ。二の丸南西に未申櫓、南東に辰巳櫓、北東に丑寅櫓がそれぞれ三層白壁の造りを見せ、未申櫓前に松林がひろがる。

内濠の下乗橋を渡ると本丸東入口に通じ、右手にシダレザクラ、左手にアイグロマツの古木がある。石垣の上から水面に枝を垂らしたシダレザクラは、宮城県人会が寄付（大正三年）したもので、棟方志功により「御滝桜」と命名された。老鶴の形に仕立てられたアイグロマツは、その姿から「鶴の松」とも呼ばれる。ほかにも東内門脇のソメイヨシノ（明治一五年植栽）をはじめ、樹齢百年を超すソメイヨシノは四百本以上を数え、弘前公園は東北有数の花の名所となっている。

本丸に建つ小ぶりな天守（令和六年現在、石垣改修により移転）は、文化七年（一八一〇）に櫓造営の名目で再建したもので、築城当初の天守は、落雷のために焼失している。本丸から蓮池越しに西を望むと岩木山が緩やかに裾を引き、津軽富士の名にふさわしい秀麗な山容を見せる。

本丸には「鷹揚園《おうようえん》記碑」が立つ。弘前公園は、明治四一年の皇太子行啓の折、青森県知事・武田千代三郎が公園の雅名を請い、鷹揚園と命名された。その事跡を記念して建立した石碑である。鷹揚とは、鷹が悠然と空を飛ぶように、小さなことにこだわらずゆったりとしている、の意である。この石碑は、その後の大正天皇行幸直前の大正四年一〇月に建立されたが、碑文には本来建立すべく「明治四十二年春壬一月」の年月を刻む。

弘前城址北の亀甲門を出ると、一筋の町人町を挟んで旧武家屋敷がひろがる。鳥瞰図にも弘前公園の北に東西に延びる三筋

深浦
大戸瀬
種里城趾
大石神社
永昌寺
來生寺
法王寺
竹谷旅館
警察署
役場
裁判所
小學校
雲林寺
八幡宮
郵便局
神明宮
稅務署
新岡旅館
辨天社
海水浴場
高澤寺
スキースロープ
五能線
新和村
保安橋
嘉瀬川村
グラウンド
岩木川
中野旅館
長延寺
正休寺
郵便局
警察署
役場
大善寺
月東旅館
板柳座
小學校
鶴泊村
入幡宮
小學校
牧輪寺
村役場
駐在所
板柳
鶴泊
六郷村

防砂風林
高山稲荷
十三村
十三湖
小泊港
中里村
正法寺
木造座
役場
郵便局
警察分署
中學校
七面堂
グラウンド
竜泉寺
玄光寺
役場
五所川原
小學校
神田橋
金木町
中村旅館
八幡宮
警察署
南台寺
議事堂
金木銀行
競馬場
役場
芦野公園
野辺地驛
至上野

〈図5〉「陸奥鉄道沿線案内　付五所川原線」
（大正15年12月、金子常光画、陸奥鉄道）
国際日本文化研究センター提供

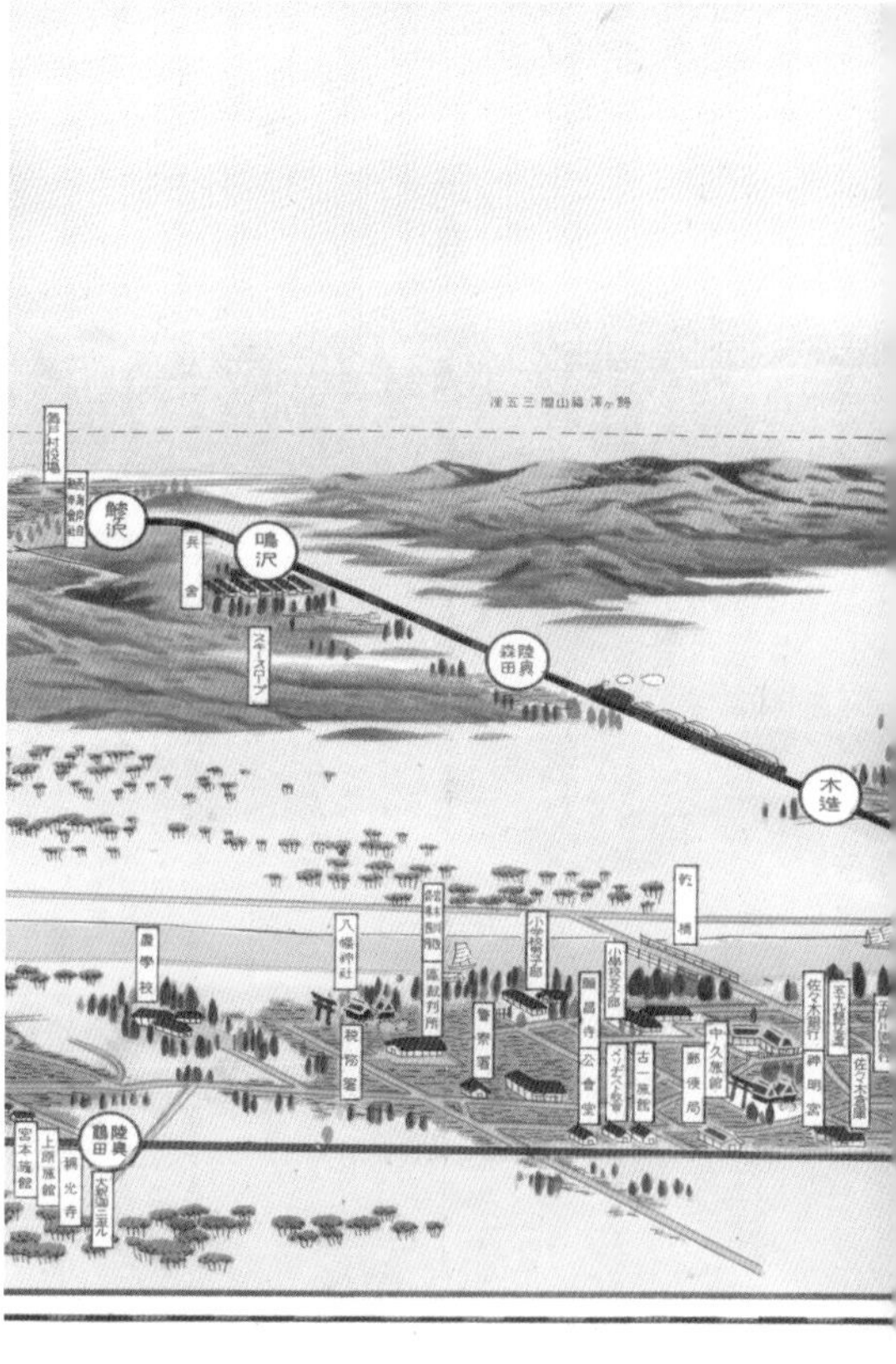

の道に沿った家並みが見える。濠端は町家が並ぶ亀甲町、その北が若党町《わかどうちょう》、さらに北が馬喰町・小人町《こびとちょう》である。弘前城下の中でも、中・下級武士居住地の若党町・馬喰町・小人町は江戸期の屋敷割を受け継ぎ、馬喰町全域と若党町・小人町の一部が重要伝統的建造物群保存地区に選定（昭和五三年）されている。

ことに、若党町には江戸期の建物が残され、茅葺寄棟屋根の旧岩田家・旧梅村家住宅、切妻屋根の旧伊東家・旧笹森家住宅が公開されている。武家屋敷があった通りは、サワラの生垣や板塀が続く閑静な住宅地である。聞くと、道路境の生垣のサワラは、外から屋敷内を見えにくくし、内からは見通しがきくように防御を考えて植えたという。また、武家屋敷の庭には、実のなるウメ・カキ・クリなどを好んで植えたともいう。さらに、隣家の屋敷境に薬用となるクコを生垣にする慣わしもあり、西側の生垣をその家でつくるのがしきたりであった。

弘前城追手門南に旧第八師団長官舎（大正六年建築）があり、軍都の余韻を漂わせる。追手門向かい角にあった長官舎は戦後進駐軍が接収、その後、弘前市長公舎として利用されていたが、規模を縮小して移築し、現在、喫茶店として活用されている。

東奥義塾は、下白銀町から郊外に移転（昭和六二年）し、跡地に旧東奥義塾外人教師館（明治三三年建築）が残る。外人教師館は、クリーム色の下見板の外壁、柱や窓枠を緑色で縁取りした瀟洒な洋館である。明治五年創立の東奥義塾は、弘前藩校稽古館を引き継いだ弘前漢英学校を母体とする学校である。その後、一時期廃校になったが、大正一一年に米国メゾジスト教会の協力で私立校として再興された（現・東奥義塾高等学校）。なお、青森県のリンゴは明治八年春に県庁内に苗木三本が植栽されたのが起源であるが、東奥義塾の宣教師が前年のクリスマスの際、信者や子どもたちにリンゴを分け与えたともいう。

旧東奥義塾外人教師館に隣接して、八角形の双塔を左右に配した木造三階建てルネサンス様式の建築が目を引く。この旧弘前市立図書館（明治三九年建築）は、大工棟梁堀江佐吉が手がけた洋館である。鳥瞰図に描かれていないのは、昭和六年に堀江家に払い下げ、富野町に移築されていたからである。平成元年、市制施行百周年記念事業として図書館は旧地に再移築され、市立郷土文学館として活用されている。

鳥瞰図に見える第五十九銀行本店（明治三七年建築、現・青森銀行記念館）は、中央に装飾塔を載せた左右対称の端正な木造二階建ての建物で、数々の洋風建築を手がけた堀江佐吉の代表作である。このように弘前は、城址・武家屋敷・寺町・洋風建築などの見所が豊富な街で、その表情は鳥瞰図からも読み取れる。

## 三、陸奥鉄道沿線

大正から昭和初期、岩木山北東麓の津軽平野を陸奥鉄道が走っていた。大正七年に奥羽本線川部駅—五所川原駅間を開業、昭和二年に国有化されて五所川原線となり、昭和一一年に五能線と改称された路線である。

陸奥鉄道を名乗っていた当時、「陸奥鉄道沿線案内　付五所川原線」（大正一五年一二月、金子常光画、陸奥鉄道発行）〈図5〉が出版された。表紙は岩木山を背後に、岩木川両岸にリンゴ畑がひろがる絵柄である。陸奥鉄道の案内文を見よう。

本鉄道は大正七年九月営業開始鉄道省奥羽本線川部駅より分岐し津軽平野の中央岩木川の清流に沿ひ北進し五所川原町に達する延長十三哩《まいる》四分東方遥かに梵珠山脈連り西方には津軽富士の秀峰巍然《ぎぜん》として聳え春夏秋冬の眺望絶佳なり。

まだ哩表記の時代で、十三哩四分というと約二一・六kmにあたる。川部駅を出発した列車の車窓から、津軽富士（岩木山）の眺めが素晴らしい。

沿線一帯は土地豊饒にして米、林檎、藁工品、木材の産出多く物資の集散旅客の往来日を逐《お》ふて頻繁となり加ふるに大正十四年五月鉄道省五能線は五所川原より鯵ヶ沢迄（十三哩六分）開通するところとなり本鉄道を利用するもの益々多きを加へ一段の活気を呈するに至れり。

陸奥鉄道が開通して奥羽本線につながることにより、津軽平野で産する米やリンゴなどの輸送が便利になった喜びが伝わる。五能線の五所川原駅—鯵ヶ沢駅間の開通半年余りして、この沿線案内が発行されたのである。

鳥瞰図を見よう。図は左下に川部駅、右に五所川原駅をおき、岩木川に沿って一筋の路線が延びる。左上に岩木山が秀麗な山容を見せ、山麓に岩木山神社・鬼神社が鎮座する。中央から右上に日本海がひろがり、岩木川河口に十三湖が水を湛える。五所川原から鯵ヶ沢にかけて、開通直後の五能線も描き入れる。

陸奥鉄道沿線に藤崎・板柳・鶴田、五所川原の先に木造《きづくり》の街が点在する。五所川原には裁判所・税務署・警察署・農学校・陸奥鉄道本社がおかれ、津軽平野北部の中心地であることが図から読み取れる。ほかの町村にもそれぞれ役場・小学校・駐在所・銀行の支店出張所・旅館などがあって、ささやかながらも町場をなす。加えて、藤崎座・板柳座・鶴田劇場・五所川原劇場・木造座といった娯楽施設が街ごとにあるが、映画館だろうか。案内文を要約しよう。

黒石線の乗換駅がある川部は、陸奥鉄道敷設とともに急速に

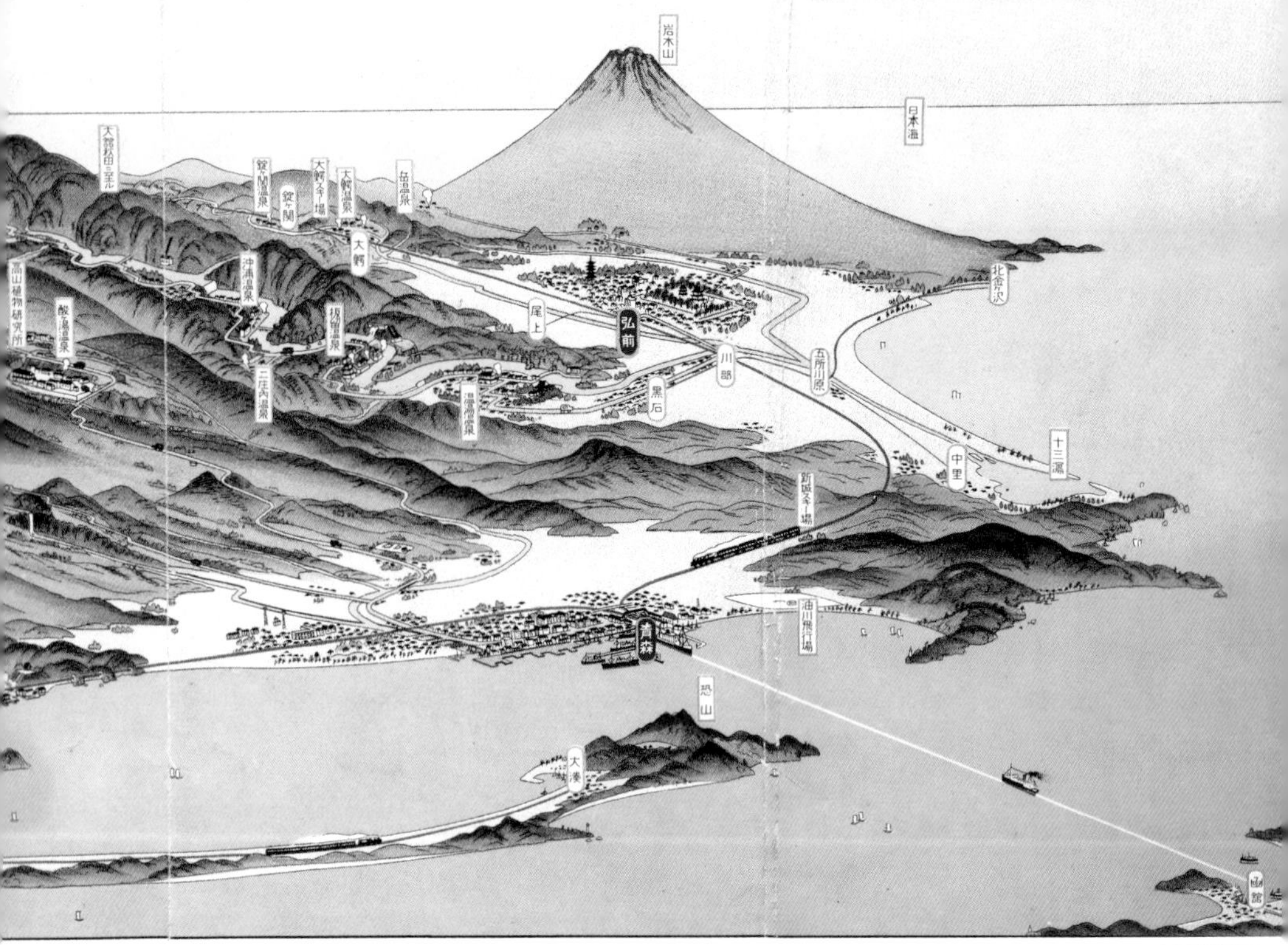
岩木山
日本海
弘前
尾上
川部
黒石
五所川原
北金ヶ沢
十三潟
中里
青森
油川飛行場
恐山
大湊
函館
大鰐
碇ヶ関
高山植物研究所
酸ヶ湯温泉

十和田湖
小坂ヘ至ル
白雲台
大鰐ヘ至ル
生出
和井内ホテル
休屋
十和田神社
子ノ口
宇樽部
東湖館
御門石
戸来岳
十和利山
迷ヶ平
奥入瀬
焼山
田子
五戸
八戸
三本木
古間木
淋代飛行場

〈図6〉「国立公園十和田湖」
（昭和8年、吉田初三郎画、十和田観光協会）

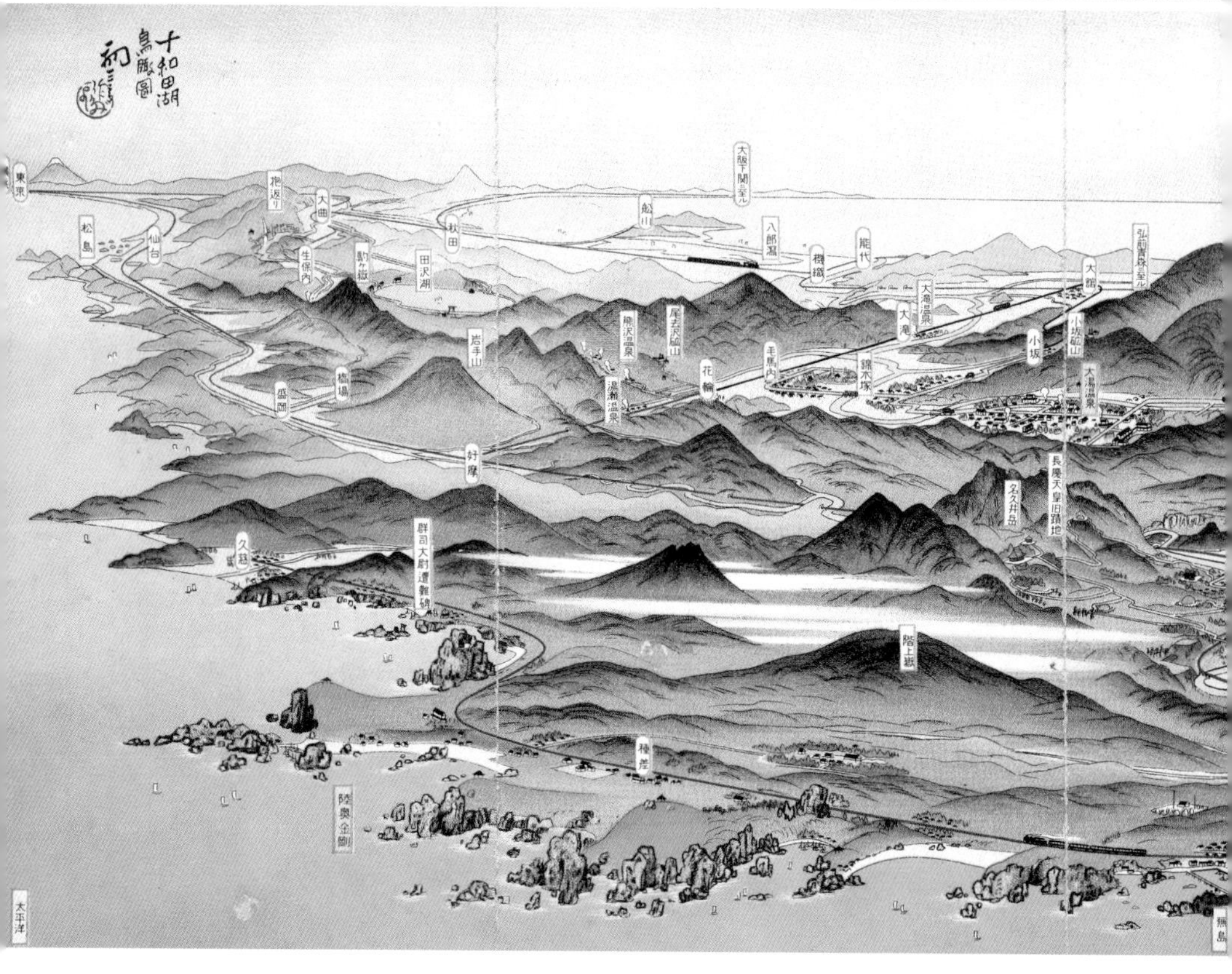

発展した。地味肥沃な藤崎は、リンゴ・馬鈴薯・葱・牛蒡の産地で、街を流れる平川では川鱒・鮎・鰍《かじか》などが多く獲れた。板柳は、津軽リンゴの産地として名高く、ほかにも米・藁工品・馬鈴薯・大豆などを産し、清酒・味噌・醤油の醸造業も発達した。五所川原は北津軽郡、木造は西津軽郡の中心地である。

五所川原線終点の鰺ヶ沢は、中世以来の港町の歴史をもち、当時も青森に次ぐ要津であった。鰺ヶ沢には商家が隙間なく並び、漁業も栄えて、鰮《いわし》、鱈《たら》、鮫《さめ》、烏賊《いか》などの産額が多かった。鰺ヶ沢町以西の海岸は風景がよく、大戸瀬の千畳敷や深浦などの絶景地がある。この海岸線一帯は、戦後、津軽国定公園に指定（昭和五〇年）された。

沿線案内は、地域産業紹介の要素が多く、観光案内の色彩は薄い。というよりか、沿線に観光地らしきものがほとんどない、というのが実情であろう。それでも、本州北の果ての鉄道会社がこのようなパンフレットを発行したことに、鳥瞰図が流行した時代の気分を感じることができる。

## 四、十和田湖と奥入瀬渓流

昭和二年、東京日日新聞社・大阪毎日新聞社主催、鉄道省後援の「日本新八景」選定コンテストがおこなわれ、湖沼の部第一位に輝いたのが、青森・秋田両県にまたがる十和田湖である。火山活動によるカルデラ湖として形成された十和田湖は風光明媚で、流れ出る湖水は奥入瀬渓流となる。昭和三年、十和田湖及び奥入瀬渓流は、名勝及び天然記念物（昭和二七年特別名勝）に指定され、昭和一一年には八甲田連峰一帯を含めて十和田国立公園（昭和三一年、十和田八幡平国立公園に改称）となった。

十和田湖の魅力は、明治末年から大正期にかけて世間に知られていく。ことに、蔦温泉を根拠地に一帯を探勝し、その地に骨をうずめた土佐出身の文人・大町桂月による文筆活動の影響が大きい。加えて、青森県知事・武田千代三郎と彼が発足させた十和田保勝会の自然保護重視の観光開発の考え方が、その後の十和田を方向づけた。

吉田初三郎の鳥瞰図をふんだんに掲載した『鉄道旅行案内』（鉄道省）が好評を博した大正一三年、鉄道省は『十和田　田沢男鹿半島案内』を出版し、一か月にも満たずに再版となった。そこにも、十和田湖などへの注目度の高さをうかがうことができる。同書は、十和田湖をこのように紹介する。

湖は四周峯巒《ほうらん》囲繞《いにょう》し、其脈延びて或は急に、或は緩に湖辺に迫る所、見上る断崖絶壁を形作り、危峭《きしょう》怪巌《かいがん》を峙《そばだ》たしめ、曲浦《きょくほ》長汀《ちょうてい》と展《ひら》け、稜々たる岬角《こうかく》をなし、飛んで島嶼となるのみならず、一石すらも必ず珍草老木繁生し、宛然《えんぜん》天下の名盆栽を一堂に集めた感がある。水又藍碧《らんぺき》千古の秘を湛へ凄《せい》壮《そう》たるものである。しかも太古の儘《まま》の神鑿鬼斧《しんさくきふ》であるのが誇りとする処で、一層造化《ぞうか》の妙技に三嘆さるるのである。

外輪山に囲まれ変化にとんだ十和田湖の景観は大昔のままで、自然の織り成す見事な技に大いに感嘆する、と語る。また、年を追って交通が便利になり、世人の耳目にふれることのなかった十和田湖が旅人の憧憬の的になった、とも述べる。

次いで、奥入瀬渓流である。

千仭《せんじん》の懸崖《けんがい》左右に屏立《へいりつ》し、老樹蓊鬱《おううつ》として天を蓋ひ、渓中の岩石は配置按排《あんばい》の妙、名匠の苦心のあとを偲ぶが如く端麗に未だ洪水の禍なき為め、一片の岩塊にても、其上に老樹聳え蘚苔《せんたい》粧ひ、一石一木何れも其趣を変へ、其間を縫うて走る奥入瀬川は、奔《はし》って或は急湍《きゅうたん》となり、瀬となり、澱んで潭《ふち》となり、千変万化の水態を尽して目を楽ませる。（同書）

奥入瀬渓流は、切り立った崖に古木が繁茂する中を流れる。谷川に岩が絶妙に散点し、岩上の苔や樹木が味わい深い。岩の間を縫って流れる水の表情はつぎつぎに変化する。十和田湖と奥入瀬は両者相まってその真価を発揮しているので、湖上の風光を賞したら必ず奥入瀬の渓流を見るべし、と説く。

「国立公園十和田湖」（昭和八年、吉田初三郎画、十和田観光協会発行）〈図6〉を開こう。表紙は右に御倉《おぐら》半島、左に中山半島を配す十和田湖中海の絵柄である。鳥瞰図は東北本線（現・青い森鉄道線）古間木駅（現・三沢駅）付近から西南西に十和田湖を望む構図で、左下に種差《たねさし》海岸、右に青森や津軽平野をおき、中央に十和田湖を据える。右上に岩木山（津軽富士）が秀麗な姿を見せる。なお、国立公園指定は昭和一一年である。

十和田湖は、カルデラの語源そのものの大鍋のような絵柄である。外輪山を際立たせているため、浮き立って見えるのだろう。湖に御倉半島と中山半島が突出し、子ノ口《ねのくち》から奥入瀬渓流が流れ出る。湖畔には、御倉半島付け根に宇樽部《うたるべ》集落、中山半島付け根に休屋《やすみや》集落、その西に生出《おいで》集落などが散在する。休屋に十和田神社が鎮座し、生出には明治三六年にヒメマスの稚魚を放流し、養殖をはじめた和井内養魚場があり、ホテルも経営する。

十和田湖へはいくつかの経路がある。その一つは、古間木駅から十和田鉄道（廃線）で三本木駅へ行き、そこから奥入瀬渓流を遡り子ノ口に向かう。奥入瀬渓流には、雲井の滝・白布の滝・大滝が流れ落ちる。もう一つは、秋田鉄道（現・花輪線）毛馬内駅（現・南十和田駅）から大湯温泉を経て生出にいたる経路で、これらの奥入瀬口・毛馬内口が多く利用された。ほかにも、青森

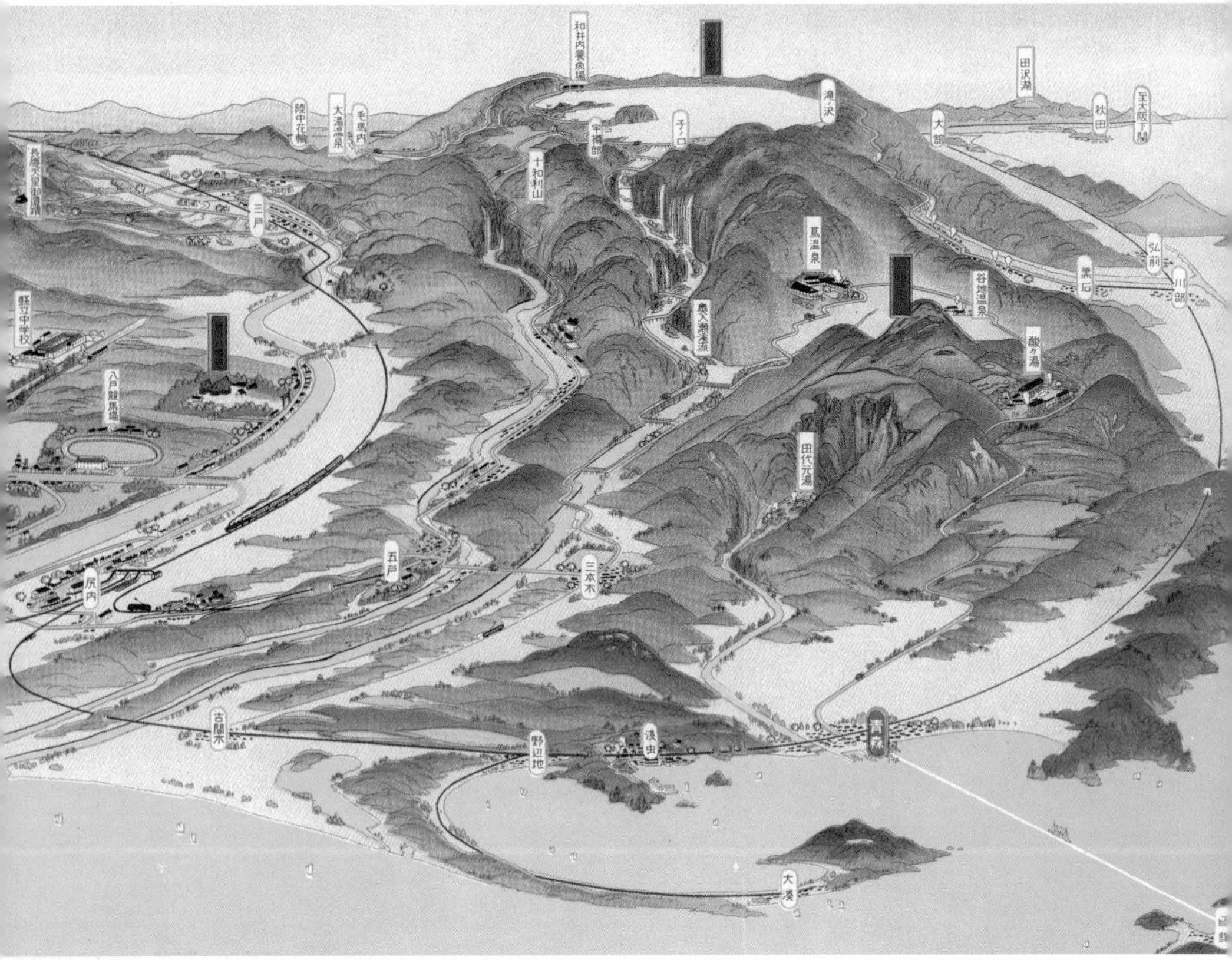

〈図7〉「八戸市」（昭和8年6月、吉田初三郎画、八戸市役所）国際日本文化研究センター提供

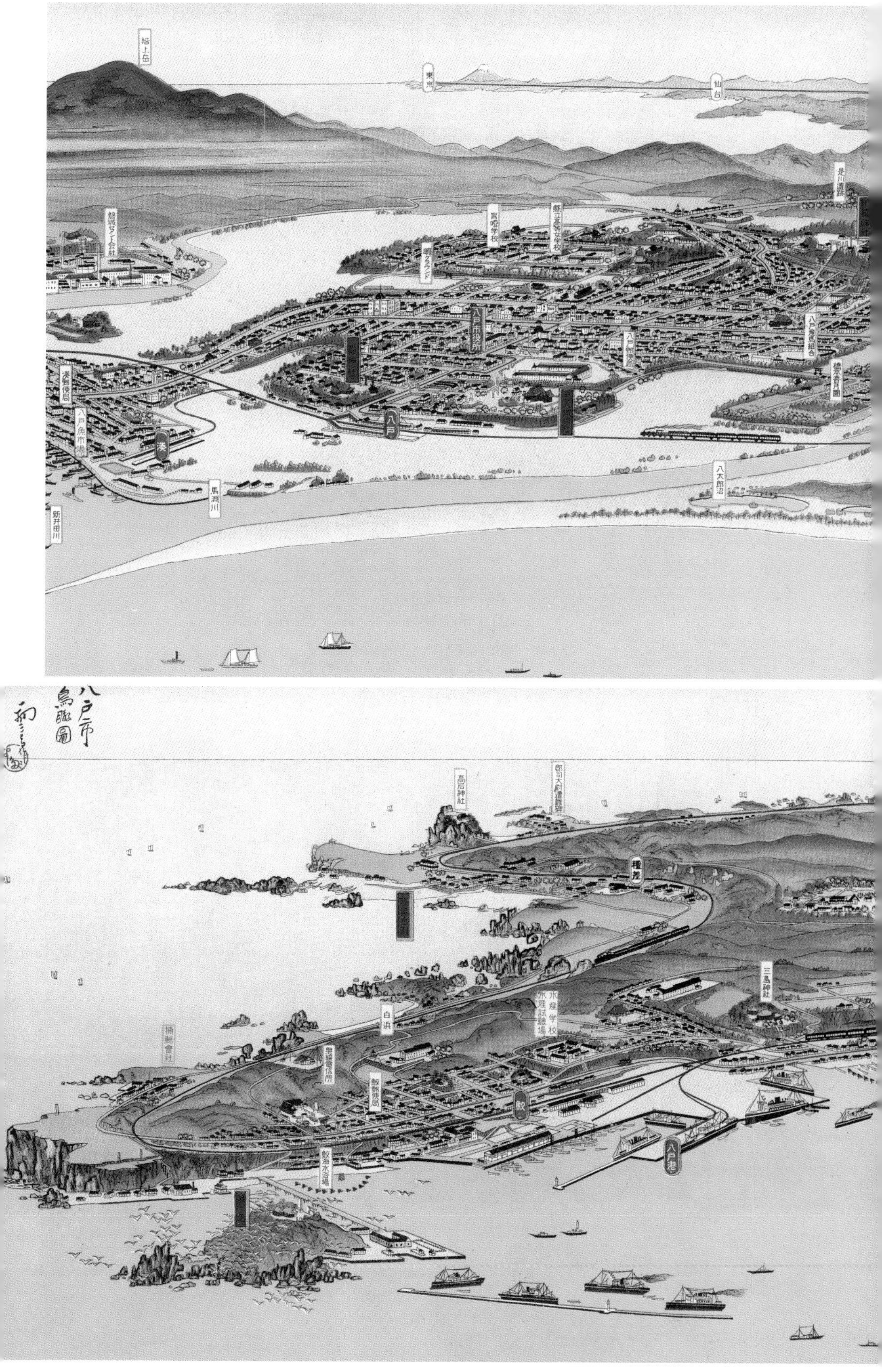
階上岳
東京
仙台
是川遺跡
盤城セメント会社
高等学校
県立高等女学校
八戸市役所
八戸郵便局
湊郵便局
八戸魚市場
湊
八戸
馬淵川
新井田川
八太郎沼
八戸市鳥瞰図
高岩神社
郡司大尉遺跡
種差
白浜
三島神社
水産学校
水産試験場
捕鯨會社
無線電信所
鮫郵便局
鮫
鮫海水浴場
八戸港

から八甲田山麓の酸ヶ湯を目指し、そこから蔦温泉を経て奥入瀬渓流入口の焼山にいたる道がある。この八甲田越えが着目されたのは、自動車道が整備された昭和九年以降のことである。

十和田湖の楽しみは、なんといっても湖上遊覧であろう。

子之口より船を浮べ正面の御倉山を指して一里進む。御倉山は全山一塊の大岩瘤からなり猿も逡巡《しゅんじゅん》しさうな嶮しい岩壁である。（中略）日暮崎より御倉山をみる景観は実に湖畔随一の絶景である。見上ぐれば高さ一千尺に及ぶ御倉山の北面は造化鬼神の大斧鉞《ふえつ》を以て乱打された如く山骨を露し鮮血の滴るやうな赭岩《しゃがん》を現はしてゐるなどその端《たん》睨《げい》すべからざる奇趣奇勝は実に天下無類の大景勝である。

船上から見た御倉山を、計り知れない妙趣にあふれた優れた景色である、と絶賛する。

十和田湖を訪ね、子ノ口と休屋を結ぶ遊覧船に乗り、御倉半島を湖上から眺めてみよう。「千畳幕」と呼ぶ断崖は、確かに猿も尻込みしそうな切り立った絶壁である。千畳幕近くの赤茶けた岩肌は、火山の噴火により岩肌の鉄分が赤くなった「五色岩」である。中山半島先端の「見返りの松」を旋回し、溶岩で形成された鎧島・甲島・恵比寿大黒島を見ながら、船は休屋の港に入っていく。それらの景観から、十和田の景勝は火山活動により形づくられたことを教えられる。

湖岸の子ノ口から焼山までの一四㎞が奥入瀬渓流である。とりわけ、石ヶ戸《いしげど》—雲井の滝間、玉簾の滝—銚子大滝間に見所が集中している。石ヶ戸から渓流を遡ると、屏風岩や馬門岩など溶結凝灰岩の岩が屹立し、節理が見られる。奥入瀬は、火山活動と河川浸蝕によって生じた地形である。渓流沿いにトチノキ・カツラ・サワグルミ・ブナなどの広葉樹が天を覆う。樹間を白く飛沫をあげた流れがサワサワと心地よい音を立て、河床に散点する苔むした岩の間を縫う。切り立った岩肌には数多の滝が懸かり、清らかな空気に心が洗われる。

## 五、八戸と種差海岸

### （一）八戸

太平洋に面する八戸は、江戸期、盛岡藩から分かれた八戸藩がおかれ、小規模ながらも城下としての歴史を歩んだ地である。八戸郊外のウミネコ（カモメ科の海鳥）の繁殖地として知られる蕪島や、吉田初三郎が画室「潮観荘」を構えた種差海岸などは、三陸復興国立公園（平成二五年編入）の一部となり、変化にとんだ海岸風景が展開する。

「八戸市」（昭和八年六月、吉田初三郎画、八戸市役所発行）〈図7〉

を開こう。表紙は海上を群舞するウミネコの絵柄で、黄色に彩色した嘴や後肢にその特徴を示す。鳥瞰図は太平洋から南に八戸市街地を望む構図で、左に蕪島と種差海岸、右上に十和田湖をおく。市街地背後に階上岳《はしかみだけ》が聳え、画面上に種差海岸から続く太平洋がひろがりをみせる。画面下には、太平洋と馬淵川に挟まれた長い州がのびる。

八戸市街地は馬淵川と新井田川に囲まれた地に発達し、東北本線尻内《しりうち》駅から、煙を吐いた八戸線が馬淵川を越えて八戸駅に向かう。なお、図中の尻内駅は現在の八戸駅（昭和四六年改称）、八戸駅は本八戸駅（同年改称）にあたる。八戸城（三八城）址に、明治期に初代藩主南部直房などを祀った三八城神社が鎮座し、隣接して八戸市役所が建つ。街はずれの丘陵・長者山には、南部氏が遠祖と仰ぐ新羅三郎などを祀る新羅神社が鎮座する。近くの大きな沼は、長根スケートリンクである。

新井田川河口の湊駅（廃駅）へ八戸線旧路線が通じ、船溜として利用されている河口に八戸魚市場がある。河口の湊地区は、八戸から独立した町場をなしている姿が読み取れる。河口右岸背後の台地は、館島公園である。

新井田川を越えて白銀海水浴場を過ぎると鮫駅で、引込線が八戸港へ通じる。漁村として発達した鮫地区には、水産学校・水産試験場が建つ。鮫地区の八戸港に大きな船舶が着岸・停泊しており、当時、ここが八戸港の中心であったことがうかがえる。近くにウミネコが舞い群がる蕪島が浮かび、島に向けて橋が架かる（昭和一七年埋め立て、陸続きとなる）。橋のたもとは、鮫海水浴場である。図の左に突き出た台地は葦毛崎《あしげざき》であるが、鮫角《さめかど》灯台（昭和一三年初点灯）はまだ建設されていない。白浜を過ぎると種差駅で、駅前から奇岩の続く海岸にひろがる緩やかな斜面の緑は、天然芝生であろう。

案内文に目をやろう。まず、地域のあらましである。

　南部地方の首邑として夙《つと》に経済、文化の中心をなしその商権《（ママ）》は岩手県北部地方は勿論遠く秋田県鹿角《かづの》地方に及んだ現在の八戸港はもと鮫港と称し東西有数の港として陸前荻の浜港などと相並んで物資集散の要津であった。鮫浦の明眉《（ママ）》なる風光と纏綿《てんめん》たる情調も亦《また》古来舟人の伝称するところである。

八戸は商業都市としても繁栄し、岩手・秋田両県の一部にまで商圏がひろがっていた。また、八戸港の要をなす鮫港は、陸前荻の浜（宮城県石巻市・牡鹿半島北西側に所在）と並ぶ物資集散地であった。明治二七年に八戸線が開通し、大正八年以来の八戸港（鮫浦港）の修築工事もほぼ完成し、さらに、商港施設の

〈図8〉種差海岸を望む高台にあった吉田初三郎画室「潮観荘」跡（筆者撮影）

〈図9〉「潮観荘」古写真、八戸市教育委員会提供

整備に着手したことなどにふれる。

名所旧蹟として、八戸城址・白銀海岸・八戸スケートリンク・蕪島・種差海岸などを挙げる。藩祖南部直房が築城した八戸城址は、濠も埋め立てられて地形に往時を偲ぶにすぎなかった。

明治四年藩籍奉還以後楼閣は毀《こぼ》たれ城池は埋没して僅かに地形によって往時を偲ぶことが出来る。丘上梅桜を植ゑ陽春の眺めよろしく眼界開豁《かいかつ》であって遥かに八戸港の白帆点々たるを見る。西に万頃の水田を下瞰してその中に間《(ママ)》淵川の緩流を配し遠く八甲田の連山を望みて風光最も絶佳である。

八戸城址は三八城公園となり、高みをおびた公園から展望がひらけた。春、桜花爛漫の頃、公園では盛大な観桜会が開催されていた。

夏は、白銀海水浴場が賑わいをみせた。

陸奥湊駅より東一粁市営バス、客馬車の便がある　鉄道公認であって東北有数の海水浴場として知られ季節には遠近の浴客で非常に賑ひを見る……

「鉄道公認」とは、鉄道省公認という意味であろう。白銀海水浴場には旅館・貸間の設備があって、新鮮な魚介類に舌鼓を打つ楽しみがあった。

冬の楽しみは、長根の八戸スケートリンクでの氷滑である。

氷滑の期間永くその氷質に至っては全国無比、嘗《か》って全日本スピードスケーチング選手権大会が行はれてから一躍其の名を称せられるやうになった。

図を見ると、長根の大きな沼がスケートリンクになっている。現在、そこは屋内スケート場をはじめ体育館・野球場・プールなどのスポーツ施設が集まる長根公園として整備されているが、土地の性格は受け継がれるものである。

八戸を訪ね、館鼻公園の「グレットタワーみなと」から風景を見渡そう。館鼻公園は、その昔、船頭が天候を見定めた日和山にある。タワーに登ると北東に太平洋がひろがり、脚下に新井田川河口と八戸大橋が迫り、八戸漁港として整備された白銀海岸の先に蕪島や蘆毛崎が見える。南は新井田川を隔てて八戸市街地、西に馬淵川が流れ、八甲田連峰を遠望する。北西は馬淵川と太平洋に挟まれた臨海工業地帯の無機質な風景である。

この風景を鳥瞰図と見比べてみると、馬淵川と太平洋に挟まれた細長い州が工業地帯に変わり、白銀海岸から鮫漁港にかけて築港工事がおこなわれて地形が改変されたことがわかる。砂浜の白銀海水浴場があったことは、今となっては想像しがたい。

館鼻公園には「震嘯災記念碑」（昭和八年）が立つ。昭和八年三月三日、「昭和三陸地震」が発生して大津波が押し寄せ、下北半島から八戸一帯の太平洋岸に大きな被害をもたらした。その恐ろしさを後世に伝えるべく建立した記念碑である。「八戸市」〈図7〉は、地震・大津波発生三か月後の発行であるが、すでに鳥瞰図は制作済みであったものか（初三郎の取材は前年の八月）、その惨状は図には現われていない。

## （二）蕪島から種差海岸へ

鮫駅北方の海岸から橋を渡ると、蕪島である。「八戸市」〈図7〉の案内文を続けよう。

全島蕪草繁茂し、春は花が波に映って美しく「黄金花咲く蕪島」の俗謡がある。「うみねこ」蕃植（ママ）地で内務省指定の天然記念物である。鷗の一種であって春から夏にかけてこの島に来て産卵し雛を育てる。

春に咲く黄金花とは、野生のアブラナを指し、それが島名の由来のひとつとされている。島には蕪嶋神社が鎮座し、大漁満足・商売繁盛に霊験あらたかな弁財天として崇められてきた。潮干狩りもできる蕪島は、春季行楽地として有名であった。付近に旅館・料亭があり、八戸港一帯の風景が一望できた。

蕪島から葦毛崎を周って海辺を南東に向かい、種差駅に下車すると、間もなく種差海岸である。

脚下に壮観極りなき大洋的景観が展開される。奇岩至るところに聳え怒濤之に激して豪快の風光真に絶讃に値ひする。此地亦《また》鈴蘭の名所として知られ、春の行楽の地として賑ふばかりでなく夏季納涼には好適の地として世に知られてゐる。

足元に太平洋がひろがる雄大な景観や、岩に砕け散る白波がこの上なく素晴らしい。春は行楽客で賑わい、夏は納涼にふさわしい地として有名であった。背後の斜面は、鈴蘭をはじめスカシユリ・ハマナス・ハマギクなどが彩りを添えた。併せて、この一文も加える。

十和田国立公園に遊ぶ人には更に徒を転じて此付近の景勝を探勝し心ゆく迄明朗たる海洋美を鑑賞するは決して徒爾《とじ》ではない。

やがて国立公園となる十和田湖を訪れる遊覧客に、種差海岸まで足を延ばして海岸風景を鑑賞するのは決して無駄ではない、と語る。やはり、鳥瞰図にも十和田湖が大きく描かれている。昭和一二年、種差海岸は名勝に指定されてその名が知られるが、それに先立ち観光客誘致の気運の高まりを感じる一文である。

蕪島を訪れた六月上旬、浜辺の岩などにウミネコが群がり、ミャーオミャーオと鳴き声を立て、岩は糞で真っ白であった。蕪島には約三万羽のウミネコが棲息し、毎年三月に飛来し、卵を産み、雛を育て、七月には飛び去っていくという。

蕪島から葦毛崎に立ち寄って眼前にひらける大海原の風景を楽しみ、「うみねこライン」と名づけられた道を中須賀・大須賀・白浜海岸と走り、種差海岸に向かう。

種差海岸は、奇岩怪石にも増して、緩やかに海岸に落ち込む天然芝生の丘陵ののびやかな風景が心に残る。同じ三陸復興国立公園でも、北山崎（岩手県普代村）や鵜の巣断崖（同田野畑村）の息をのむような断崖絶壁の景観とは異なり、雄大な景色の中にもおおらかさが感じられる。

種差駅前の民宿横の小路を登ると、吉田初三郎の「潮観荘」（昭和二八年類焼）跡に出る。跡地はクロマツ越しに太平洋を望む高台にあり、古写真と鳥瞰図を載せた案内版が立っている〈図8〉。初三郎が最初に八戸を訪れたのは、昭和七年八月であった。同年秋に住居・アトリエ・応接室を兼ねた「潮観荘」建設に着手し、完成の翌年（同一一年）には愛知県犬山の「蘇江画室」から本拠地を移すこととなった。

眼前に太平洋の大海原がひろがる「潮観荘」は、木曾川べりの山際にあった「蘇江画室」と比べ、雄大な風景に向かいあっていた。古写真〈図9〉には、入母屋造りの二階家など数棟を構える屋敷に、三台の自動車が乗り入れ、庭先で動き回る大人たちを見つめる子どもらの姿も写っている。昭和初期の観光旅行ブームを背景に、名を成した人気鳥瞰図絵師の裕福な暮らしぶりを彷彿とさせる一枚である。

初三郎が「潮観荘」に本拠を移した翌年、日中戦争の発端となる盧溝橋事件（昭和一二年）が勃発する。続いて「国家総動員法」（同一三年）制定に伴い戦時体制に入ると、聖地巡拝・体位向上などの「国策旅行」以外の観光旅行は抑制され、鳥瞰図の需要は減った。さらに、「軍機保護法施行規則」改訂（同一四年）により鳥瞰図の制作・頒布は不可能となり、活動の場は閉ざされてしまった。種差海岸に新築したせっかくの画室も、活用期間は長くなかった。

海岸に新設された種差インフォメーションセンターでは、八戸市鳥瞰図刊行会が復刻した鳥瞰図や絵葉書が販売されている。観光振興が地方創生の時流となっている昨今、一度は忘れられた初三郎の事跡を掘り起こして、観光資源として売り出そうとしているのであろう。

# 第六章　北海道の旅・札幌・小樽

## 一、北海道の旅

### （一）北海道遊覧旅行

津軽海峡を連絡船で渡り、函館桟橋に第一歩をしるして北海道の汽車旅がはじまる。飛行機利用が一般化する以前、昭和四〇年代後半あるいは五〇年代までの北海道旅行といえば、船と鉄道を乗り継いでの周遊型旅行が多かった。この周遊型の北海道遊覧旅行は、どのようにして形づくられたのだろうか。

周遊型旅行を牽引した鉄道省遊覧券（クーポン券）発売開始の前年、「北海道線旅行の栞」（大正一三年四月、札幌鉄道局発行）〈図1〉が出版された。冒頭文を見よう。

> 古の蝦夷島、今の北海道も、其の積極的開拓に着手せられて以来茲《ここ》に五十余年。産業の発達、文運の進展、毫《ごう》も他府県に譲らないのみならず、鉄道沿線の風光は、壮大雄渾、自ら大陸的の面影があり、見るもの皆行客《こうかく》の驚異に値せぬはない。一たびは遊ぶべき地。

栞の発行は、北海道開拓から半世紀が過ぎ、産業・文化が発展しつつある時期であった。鉄道沿線の景色は雄大で、見るものすべてが旅行者を驚かす、と北海道旅行の魅力を説く。

栞には「北海道旅行日程」として東京起点の一週間・十日間・二週間、函館起点の七日間の計四案を挙げる。ここでは、最短の「一週間東京—北海道往復旅程」を例示しよう〈表1〉。これは、上野からほぼ一昼夜を費やして函館に上陸し、函館・小樽・札幌・旭川をめぐる旅程で、四都市の主要な見所が浮かびあがる。

函館では夜景を楽しむとあるが、津軽要塞となっていた函館山からの夜景ではない。連絡船が函館港に入港する際に船上から眺める夜景である。当時、すでに函館の夜景が遊覧客に注目されていたのである。函館では函館公園や五稜郭公園に遊び、湯の川温泉・根崎温泉に一浴して小樽に向かう。

函館を発ち、車窓から大沼公園と駒ヶ岳の眺望、噴火湾の風光、蝦夷富士（羊蹄山）の観望を楽しむ。小樽に一泊し、翌日は小樽港に設置の石炭積込高架桟橋に目を見張り、小樽公園を逍遥して札幌に向かう。

札幌では北海道帝国大学・同付属植物園（博物館を含む）・中島公園など、自然あふれる場所や数々の見所を見物し、夜は狸小路などの歓楽街を気の向くまま歩き、札幌に泊まる。

翌日、車窓から野幌原始林の風景を楽しみつつ旭川に向かう。旭川では第七師団・近文《ちかぶに》アイヌ集落などを見物、夕方の列車で旭川を発ち、帰路につく。汽車が函館に近づきつつある早朝、晩春から初秋にかけては、黎明の噴火湾や対岸の蝦夷富士など、味わい深い風景が車窓に展開する。

目的地を精力的にめぐる慌ただしい旅行ではあるが、途中の車窓風景を味わうこともまた大きな楽しみであったことが記述内容から伝わる。なお、船・汽車の発着時間を記入したものが『旅程と費用概算』（大正一五年版、ビューロー発行）として出版されているが、ほぼ同一旅程である。

栞の巻末に添付する「北海道鉄道線路略図」からは、当時の鉄道網が一目でわかる。室蘭本線（長万部駅―室蘭駅間）、釧網本線（釧路駅―網走駅間）はまだ敷設されておらず、函館から登別温泉に行くには、森駅で船に乗り換えて内浦湾を横切らねばならなかった。また、阿寒湖・屈斜路湖方面に鉄道で近づくこ

〈表1〉一週間東京―北海道往復旅程（大正13年）

| 日程 | 観光場所・宿泊地 |
|---|---|
| 第一日 | 上野発　[宿泊] 車中、常磐線急行には寝台及食堂あり |
| 第二日 | 青森～函館桟橋　[観光] 函館著港の際港内及市街の夜景　[宿泊] 函館 |
| 第三日 | [観光] 函館公園、碧血碑、五稜郭公園、湯ノ川温泉、根崎温泉　函館～小樽　[車窓より] 大沼公園及駒ヶ岳の眺望、噴火湾の風光、蝦夷富士の観望　[宿泊] 小樽 |
| 第四日 | [観光] 古代文字、石炭積込高架桟橋、小樽公園　小樽～札幌　[観光] 商品陳列所、北海道帝大付属植物園及博物館、北海道帝国大学、中島公園、官幣大社札幌神社及円山公園、円山、ビール会社、製麻会社　夜は市中（狸小路等）漫歩尚夏季は中島公園の夜景等佳　[宿泊] 札幌 |
| 第五日 | 札幌～旭川　[車窓より] 野幌原生林の景観、富士製紙会社工場、石狩川、神居古潭　旭川　[観光] 第七師団、神谷酒造会社、近文旧土人部落　旭川発　[宿泊] 車内、函館桟橋行急行 |
| 第六日 | [車窓より] 晩春より初秋の頃迄は石倉・森付近、噴火湾及対岸の陸影（蝦夷富士の秀姿も見ゆ）眺め甚だ佳、大沼公園・駒ヶ岳の眺望　函館桟橋～青森発　[宿泊] 車内 |
| 第七日 | 上野着 |

「北海道線旅行の栞」（大正13年4月、札幌鉄道局編・発行）より作成（原文はカタカナ）

〈図2〉「北海道旅行の栞」（昭和3年3月、札幌鉄道局）著者蔵

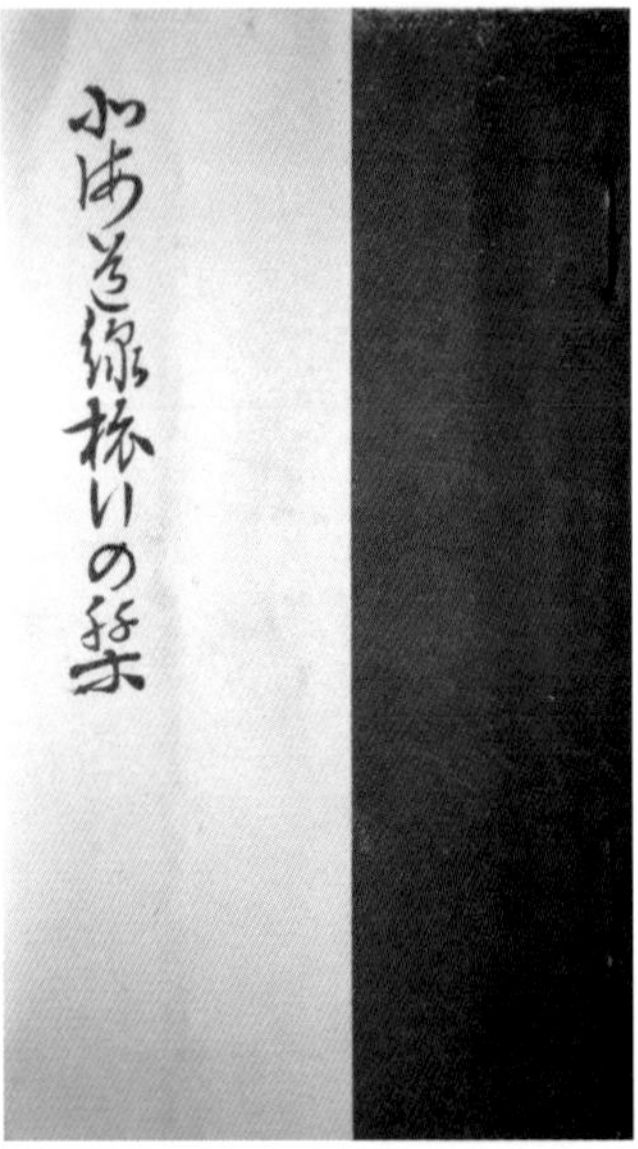

〈図1〉「北海道線旅行の栞」
（大正13年4月、札幌鉄道局）著者蔵

〈図4〉「北海道の山岳」（昭和9年〜、札幌鉄道局）＊

〈図3〉「北海道遊覧案内」
（昭和7年6月、札幌鉄道局）著者蔵

〈図5〉「スキー北海道」（昭和12年頃、札幌鉄道局）＊

とも困難であった。

二年後の「北海道旅行の栞」（昭和三年三月、札幌鉄道局運輸課発行）〈図２〉は、大沼公園の背後に駒ヶ岳が聳える絵柄の表紙で、同様に遊覧案内を掲載する。案内文を見よう。

　北海道の地風光極めて雄大、自ら大陸的の風趣あり、家の構造・街並の美しさ・山の容・林の相・広原の農状等嘱《しょく》目《もく》皆行客の目を驚かせぬはない。

ここでは、北海道の家の造りや町並みの美しさ、山容・林相・草原と、目に映るものすべてが旅行者を驚かす、と語る。ここに掲載する旅程は大正期とほぼ同一で、大正後期のものが昭和初期に踏襲されている。

三つ目に「北海道遊覧案内」（昭和七年六月、札幌鉄道局運輸課発行）〈図３〉を見よう。表紙は洞爺湖の背後に聳える羊蹄山《ようていざん》の絵柄で、「北海道」と記す（扉には「北海道遊覧案内」と記載）。内容は前述の「北海道旅行の栞」と類似するが、「十日間東京―北海道往復旅程」〈表２〉のみを掲載する点が異なる。上野発着十日間が、当時の標準的な北海道遊覧旅行であったのだろう。期間を三日間延長することで、より充実した旅行となる。

「一週間」（大正一三年、昭和三年）と「十日間」（昭和七年）の旅程の違いを挙げよう。後者は、第二日の函館の宿泊地が街中から湯の川温泉・根崎温泉となる。また、第五日は札幌郊外の定山渓温泉、第七日は登別温泉に宿泊する。さらに、第八日は室蘭を見物して、洞爺湖温泉に一泊するが、温泉地に好んで宿泊する観光旅行の色彩が強まる。

なお、大正期にはいると、各温泉地への交通の便が整えられる。たとえば、函館水電湯川停留所（大正二年開業）、登別温泉軌道登別温泉場停留所（大正四年開業）、定山渓鉄道定山渓駅（大正七年開業）に軌道・鉄道が通じた。ただし、洞爺湖電気鉄道洞爺湖駅は、昭和四年の開業を待たねばならなかった。

ここに紹介した二つの旅程には、大雪山国立公園の層雲峡、阿寒国立公園（平成二九年、阿寒摩周国立公園に改称）の阿寒湖・摩周湖・屈斜路湖などは含まれていない。両公園は、いずれも昭和九年に制定された国立公園で、北海道の原始的な自然景観や火山活動で生成された湖など、魅力溢れる地域である。

国立公園制定後に出版された鉄道省『日本案内記』北海道篇（昭和一一年）には、三つの旅程を掲載する〈表３〉。函館を発着地とする「十日間一巡日程」（東京―函館往復を加えると一二日間に相当）には、旭川から層雲峡を探勝して層雲峡温泉に宿泊、阿寒湖を見て阿寒温泉または弟子屈《てしかが》温泉に宿泊、摩周湖・屈斜路湖・美幌峠を見物後に川湯温泉への宿泊が加わる。

〈表 2〉十日間東京―北海道往復旅程（昭和 7 年）

| 日程 | 観光場所・宿泊地 |
|---|---|
| 第一日 | 上野発　［宿泊］車中、（東北本線急行）寝台及食堂あり |
| 第二日 | 青森（乗換）～函館桟橋　［観光］函館入港の際港内及市街の観望　［観光］函館公園、碧血碑、五稜郭　［宿泊］湯の川温泉又は根崎温泉 |
| 第三日 | 函館～大沼（下車）　［観光］大沼公園　大沼～小樽　［車窓より］噴火湾の風光、蝦夷富士の観望　［宿泊］小樽 |
| 第四日 | ［観光］古代文字、石炭船積用高架桟橋、小樽公園、手宮公園、水天宮山　小樽～札幌　［観光］北海道商品陳列所、北海道帝国大学付属植物園及博物館、北海道帝国大学、中島公園、官幣大社札幌神社及円山公園、円山、ビール会社及製麻会社　夜は市中（殊に狸小路等）の漫歩、夏季は中島公園の夜景佳　［宿泊］札幌 |
| 第五日 | ［観光］午前中は前日の見残の箇所を視察　苗穂～定山渓　［車窓より］北海道庁種畜場、石材採掘、八剣山の観望　［宿泊］定山渓温泉 |
| 第六日 | 定山渓～苗穂（乗換）～旭川　［車窓より］野幌原生林の景観、富士製紙会社工場、石狩川、神居古潭　旭川　［観光］市中及近文旧土人部落見物、第七師団は翌日出発迄に時間の余裕あらば一巡視察　［宿泊］旭川 |
| 第七日 | 旭川～登別（乗換）～登別温泉　［車窓より］神居古潭、王子製紙会社工場、樽前山、白老旧土人部落、紅葉谿勝景、登別温泉　春より秋迄日永の季には旅装の儘にて温泉湯元地獄谷の見物（旅館の番頭に案内せしむるが可）　［宿泊］登別温泉 |
| 第八日 | ［観光］地獄谷、湯沼等　尚晩春より秋季にかけて若し更に一日滞在の余暇あらば付近倶多楽湖、カルルス温泉等に一遊　登別温泉～登別（乗換）～室蘭　［車窓より］日本製鋼所製鉄所、日本製鋼所室蘭工業所　［観光］駅前八幡神社、石炭船積用高架桟橋　室蘭～虻田（乗換）～洞爺湖　［車窓より］大有珠の奇峯、対岸にある駒ヶ岳及噴火湾の眺望佳　［宿泊］洞爺湖温泉 |
| 第九日 | 洞爺湖～虻田　［車窓より］蝦夷富士及湖と噴火湾　虻田～函館桟橋　［車窓より］噴火湾一帯、小鉾岸弁辺海岸は北海道有数の海岸美である、晩春より初秋の頃までは石倉、森付近噴火湾及対岸の陸影（蝦夷富士の秀姿も見ゆ）眺望佳、大沼公園、駒ヶ岳　函館桟橋（乗換）～青森発　［宿泊］車内、（東北本線急行）寝台、食堂あり |
| 第十日 | 上野着 |

［備考］表以外の遊覧地を遊覧する場合の追加日数（旭川を起点とする）は、層雲峡温泉（二日）、狩勝峠（二日）、狩勝及然別湖（三日）、阿寒湖（四日）、弟子屈温泉（四日）、弟子屈・川湯温泉及屈斜路湖（四日）。

「北海道遊覧案内」（昭和 7 年 6 月、札幌鉄道局運輸課編・発行）より作成

〈表 3〉『日本案内記』に見る北海道旅行日程案（昭和 11 年）

| 種別 | 旅行日程案 |
|---|---|
| 五日間一巡日程 | 第一日　函館を出て小樽に至り一泊。<br>第二日　小樽から札幌に入り市内を見て市内または定山渓温泉一泊。<br>第三日　定山渓から北海道鉄道で苫小牧に出で登別温泉に至り一泊。<br>第四日　登別から室蘭に出で市内を見て洞爺湖温泉に至り一泊。<br>第五日　洞爺湖から函館に至り函館市内及付近を見る。 |
| 一週間一巡日程 | 第一日　函館市内を見て湯ノ川又は根崎温泉に一泊。<br>第二日　函館から大沼公園を見て、尚進んで小樽に至り一泊。<br>第三日　小樽から札幌に至り市内を見て市内また定山渓温泉一泊。<br>第四日　札幌から上川に至り層雲峡に入り同温泉に一泊。<br>第五日　層雲峡から上川に出で、旭川、岩見沢を経て登別温泉に至り一泊。<br>第六日　登別から室蘭に至り、虻田を経て洞爺湖温泉に入って一泊。<br>第七日　洞爺湖から函館へ。 |
| 十日間一巡日程 | 第一日　函館付近を見て洞爺湖に至り一泊。<br>第二日　洞爺湖から室蘭に入り、更に進んで登別温泉で一泊。<br>第三日　登別から白老土人部落、苫小牧を見て旭川に至り一泊。<br>第四日　旭川から層雲峡に入り峡谷を探勝して同温泉に一泊。<br>第五日　層雲峡から上川に出で野付牛に至り一泊。<br>第六日　野付牛から北見相生に至り阿寒湖を見て阿寒また弟子屈温泉一泊。<br>第七日　弟子屈から摩周湖に往復し、川湯温泉、屈斜路湖、美幌峠を見て引返して川湯温泉一泊。<br>第八日　川湯から釧路、帯広を見て札幌に向ひ車中泊。<br>第九日　札幌市内を見て定山渓に至り一泊。<br>第十日　定山渓から小樽を経て函館へ。 |

『日本案内記』北海道篇（昭和 11 年 3 月、鉄道省編・博文館発行）より作成

層雲峡は、大正一四年に自動車道路が開削され、翌一五年には層雲峡乗合自動車が運行をはじめた。釧路から屈斜路湖方面への釧網線は、昭和五年に弟子屈駅―川湯駅間、翌六年に川湯駅―札鶴《さっつる》駅間が延伸して全通する。加えて昭和五年、弟子屈と阿寒湖とを結ぶ横断道路も開通して、阿寒国立公園の探勝が容易になった。二つの国立公園を旅程に含めることにより、北海道の大自然に親しむ遊覧旅行の魅力が大いに高まった。ここに、戦後に受け継がれる北海道周遊旅行の原型が確立した、と捉えることができる。

## (二) 山岳とスキー

北海道の最高峰は、大雪山系の旭岳（二、二九一m）である。標高はさほど高くないものの、高緯度のため北アルプスの三千メートル級の山々と同等な植生が見られる。旭岳五合目の姿見の池（一、六〇〇m）付近から高山植物が咲き乱れ、七月下旬の盛夏でも残雪を見る。山は八月下旬から色づきはじめ、九月中旬には日本でもっとも早く紅葉に染まることで知られる。

「北海道の山岳」〈昭和九年～、札幌鉄道局発行〉〈図4〉は、北海道の山岳二五座を紹介する。冒頭文を見よう。

雄大にして豪壮な山岳美は、北アルプスを遥かに凌ぐものがあると云はれて居ります。加ふるに本道特有の原始相は至る処に存して居り、今尚奥地には登山路のない多くの山岳、前人未踏と思はれるものさへありまして、……

北海道の山岳の魅力について、雄大豪壮な山岳美を見せ、原始的な姿をとどめること、と説く。また、山麓のいたるところに温泉が湧き、心身を癒してくれることも嬉しい、とも語る。

本パンフレットは発行年がないが、阿寒国立公園指定（昭和九年）以後、心身鍛錬の登山などといった時局を慮る記述が見あたらないため、日中事変勃発（昭和一二年）以前のものだろうか。なお、大雪山系黒岳石室の宿泊料金（食事付）が一円五〇銭と出ている。札幌鉄道局が管内の山岳の魅力を写真入りで紹介するこのパンフレットは、登山コースの地図がなくて実用的ではないが、北海道の山への関心を呼び起こしてくれる。

雪質が良い北海道には、スキーの適地が多い。昭和初年、札幌市付近・小樽市付近・旭川市付近・ニセコなどがスキー地として知られていた。北海道のスキー地が有名になり、スキー熱が高まったのは、昭和三年の秩父宮殿下来訪が影響する。同年発行の「北海道旅行の栞」〈図2〉には、このような一文がある。

秩父宮殿下には、厳冬季の北海道各地を御巡察遊ばされ、其の間スキー・スケート等には特に御輿を惹かせられて、

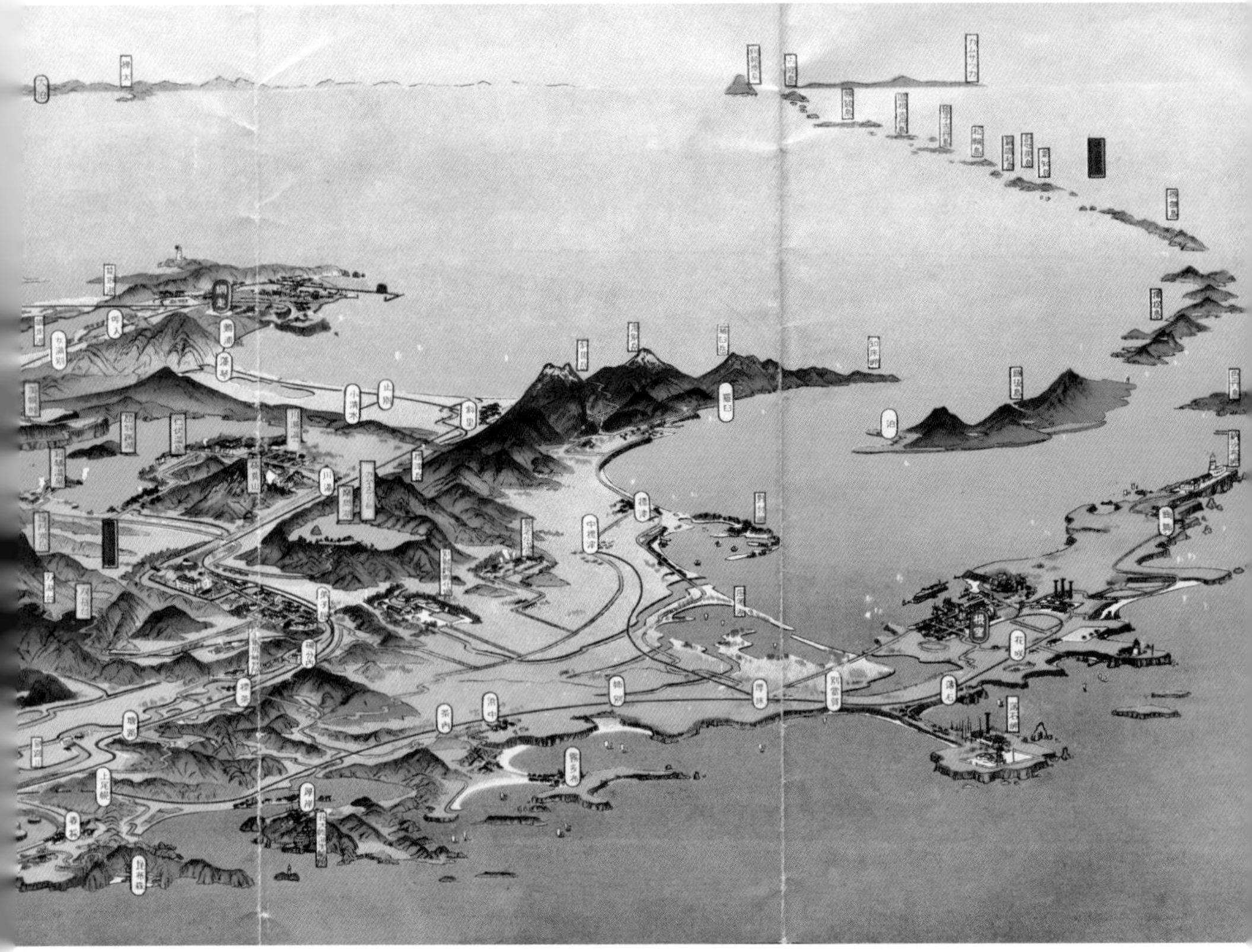

〈図6〉「北海道鳥瞰図」
(昭和11年10月、吉田初三郎画、北海道庁)

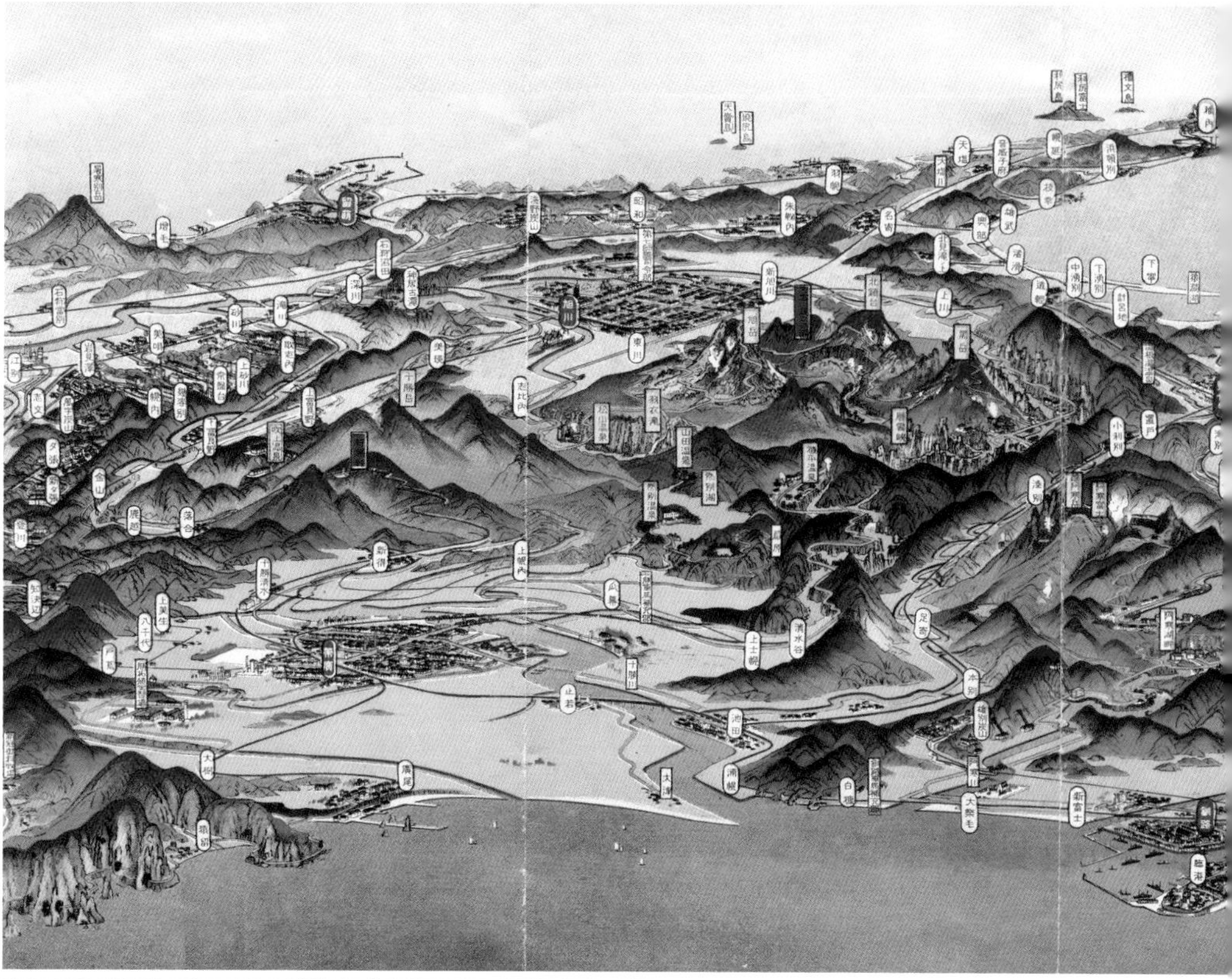

北海道
鳥瞰圖
昭和十一年
初三郎

各地に於けるスキー競技の台覧・水上カーニバルへの台臨・第七師団スキー隊御閲兵等のことあり、……

同年二月から三月にかけての半月にわたる巡遊において殿下は、各地でスキー競技などを台覧された。また、手稲山・奥手稲・朝里岳などを踏破し、案内の北海道帝国大学の学生たちとともに、同大学のパラダイスヒュッテや、ヘルヴェチアヒュッテに宿泊されたことにもふれる。さらに、ニセコアンヌプリやチセヌプリなどのスキー登山を敢行したことも記す。

之等のことは特に北海道民の讃仰し奉り、感激に堪えざる所である。雪質・設備・風景等の総てに恵まれた雪の北海道は悉《ことごと》く殿下の御気に召し、……

秩父宮殿下来訪により、北海道のスキー地としての魅力が広く世に発信されたことは言うまでもない。

なお、チセヌプリ山麓の大湯沼付近に、「秩父宮殿下御登山記念碑」（昭和四三年）が立っている。碑文に「ニセコの名声はこの御成りによって一躍脚光を浴び　今日の隆盛を見るに至ったことは誠に感激の極みである」と、刻む。

北海道のスキーのパンフレットの中で異色のものを一つ挙げよう。それは、「スキー北海道」（昭和一二年頃、札幌鉄道局発行）〈図5〉で、日中事変勃発以後に発行と思われる戦時色が漂うパンフレットである。発行年はないが、ニセコアンヌプリの案内文に「今冬よりは鉄道省山の家の開設を見た」とあるので、ニセコ山の家開設の昭和一二年の発行と考えてよいであろう。表紙に「体位向上　銃後の備へ」と書き込み、裏表紙に「皇紀二千六百年第五回冬季オリンピック札幌」と記す。巻末には、冬季オリンピック競技種目の概要と日程も掲載する。ところが、日中戦争の激化に伴い、昭和一三年七月に開催権返上が閣議決定され、札幌で開催される予定であった冬季オリンピックは幻と化した。

このパンフレットは、ニセコアンヌプリをはじめ、一二地域のスキー地の紹介や山岳スキーコースを地図上に示す。そして、「上野、札幌間は僅か一昼夜で、滞在費の点に於ては寧《むし》ろ本州よりも低廉である」とし、「この恵まれた北海道こそスキーの理想郷とも云ふべく、スキーを語る者の一度は訪ふべきところであらう」と説く。東京からわずか一昼夜とはいうものの、さすがに時間がかかりすぎる。いくら理想郷であっても、土曜日の夜行で来て丸一日滑り、月曜日の朝帰り可能な信越地方には太刀打ちできない。

なお、北海道がスキー地として遠来の客を集めるようになるのは、戦後、航空会社が国内パッケージ旅行市場に参入し、全日空商事が「スカイホリデー」として「北海道スキーツアー」

商品の発売を開始した昭和四〇年代後半からではないだろうか。

## (三)「北海道鳥瞰図」から

「北海道鳥瞰図」(昭和一一年一〇月、吉田初三郎画、北海道庁発行)〈図6〉を開こう。表紙は鳳凰とおぼしき瑞鳥の絵柄である。鳥瞰図は十勝平野沖の太平洋から北西に陸を望む構図で、左に渡島《おしま》半島の福山(松前)、中央に大雪山系、右に根室半島の納《の》沙布《さっぷ》岬《みさき》をおく。画面上に宗谷岬、下に襟裳《えりも》岬《みさき》が突出する。

本州の青森港と渡島半島の函館桟橋とを青函連絡船が結び、函館港は停泊する船で賑わう。函館の街はずれに五稜郭・湯の川温泉があり、トラピスト会の男女修道院をそれぞれ描く。津軽要塞の函館山は、画面から消えている。函館の北に駒ヶ岳が特異な山容を見せ、麓に大沼公園がひろがる。渡島半島東端に恵山《えさん》、西岸に港町江差があり、沖に奥尻島が浮かぶ。

函館本線で北上すると、車窓右に蝦夷富士と呼ばれる羊蹄山が秀麗な山容を見せる。車窓左にはニセコアンヌプリが聳え、日本海に積丹《しゃこたん》半島が突出する。半島付け根の余市から石狩湾を東に進むと、小樽・札幌に到達する。札幌には北海道庁や北海道帝国大学があり、札幌神社(現・北海道神宮)も鎮座する。札幌から定山渓へ鉄道が延び、定山渓温泉が湯煙をあげる。

函館本線長万部《おしゃまんべ》駅から内浦湾に沿って室蘭本線が延び、虻田駅から洞爺湖《とうやこ》に鉄道が通じる。湖畔の洞爺湖温泉から湯煙が立ちのぼる。湖の南岸に有珠山《うすさん》、北に羊蹄山が聳える。室蘭の入江に船が停泊し、絵鞆半島の外洋に断崖絶壁が続く。室蘭の先は登別温泉で、爆裂火口跡の地獄谷や、山上に水を湛える倶《くっ》多楽湖《たらこ》を描く。登別から東に進むと支笏湖《しこつこ》で、恵庭岳《えにわだけ》・風不死《ふっぷし》岳《だけ》・樽前山が湖を取り囲む。

札幌から函館本線は石狩川を遡り、神居古潭《かむいこたん》を経て上川盆地の旭川へ向かう。旭川には、第七師団司令部が配置されている。旭川南東の大雪山系に旭岳・黒岳・十勝岳連峰などの山々が聳え、黒岳麓に層雲峡がある。旭岳麓にも峡谷(天人峡)があり、羽衣滝が流れ落ちる。一帯は大雪山国立公園である。

旭川から美瑛・上富良野を経て下富良野駅で根室本線に乗り換え、列車は狩勝峠にさしかかる。狩勝峠は、昭和二年に「日本新八景」平原の部第一位に選ばれ、汽車の窓から雄大な景観が楽しめる眺望地として知られた。ただし、現在の路線は、新狩勝トンネル経由である。狩勝峠を下ると、間もなく十勝平野の中心をなす帯広の街がひらけ、背後に然別湖《しかりべつこ》が水を湛える。

帯広から根室本線が釧路・根室へ向かう。釧路市街地背後の蛇行する釧路川流域に釧路湿原がひろがる。釧路から網走に向け、釧網本線が釧路川に沿って北上する。弟子屈《てしかが》の西に阿寒湖があり、周囲に雄阿寒岳・雌阿寒岳・阿寒富士が聳える。双湖台から見える小さな湖は、パンケトー・ペンケトーである。弟子屈の東に摩周湖があり、湖畔にカムイヌプリ岳がそそり立つ。弟子屈の北は硫黄山・川湯温泉で、近くの屈斜路湖畔に仁伏温泉・和琴温泉が湧く。美幌峠の大観望は、屈斜路湖を眺望する展望台である。阿寒国立公園の見所が存分に描きこまれた図である。

昭和に入ると室蘭本線や釧網本線が開通して、登別温泉や阿寒国立公園へ行きやすくなったことが見て取れる。眺めているだけで、北海道を旅する気分にさせる鳥瞰図である。

以下、札幌・小樽・函館・室蘭・旭川・帯広の北海道主要都市や、湯の川温泉・登別温泉・洞爺湖温泉などを訪ねてみよう。

## 二、札幌

### （一）札幌の街

北海道の政治・経済・文化の中心地札幌は、整然と区画された街に街路樹が枝をひろげ、新たに計画された都市の息吹を感じさせる。石狩川支流の豊平川と、分流の創成川（人工河川）が南から北に流れ、市街地の北西に手稲山、南に藻岩山を望む。

蝦夷地が北海道と改められた明治二年、開拓使が設置されて札幌の政庁や市街地の建設がはじまる。翌三年、国土開発の守護神である大国魂神《おおくにたまのかみ》・大那牟遅神《おおなむちのかみ》・少彦名神《すくなひこなのかみ》の三神を祀る仮社殿を建てたのが札幌神社（現・北海道神宮）の起こりで、新たな都市建設の精神的支えとなった。明治四年、それまで函館にあった開拓使事業の拠点が札幌に移った。

「札幌」（昭和六年、吉田初三郎画、札幌商工会議所発行）〈図7〉を開こう。表紙〈図7-1〉は中島公園の池でボート遊びに興じる人々の絵柄で、小島に白亜の建物が見える。それは、開道五十年記念北海道博覧会（大正七年）の折に建築された迎賓館で、以後、ライオン食堂として利用されていた（昭和六年解体）。

鳥瞰図〈図7-2〉は石狩川河口付近から南に札幌市街地を望む構図で、左上に旭川、右に小樽をおく。市街地背後に藻岩山・円山などが連なる。郊外に目を転じると、市街地の南東に月《つき》寒《さっぷ》種羊場、南に真駒内《まこまない》種畜場があり、月寒には歩兵第二十五連隊を配置（明治二九年転営）する。豊平川上流には、定山渓温泉や豊平峡も見える。

円山の麓に円山公園があり、札幌神社が鎮座する。札幌神社背後の山はスキー場でジャンプ台を描くが、荒井山シャンツェ（昭和四年完成）であろう。近くの三角山や円山南麓にもスキー場が見える。札幌神社裏山に円山温泉、円山と藻岩山に挟まれ

〈図7-1〉「札幌」(昭和６年、吉田初三郎画、札幌商工会議所)

て札幌温泉があり、戦前は憩いの場になっていた。

札幌市街地は主に豊平川左岸に碁盤目にひろがり、街の中央を創成川が流れる。札幌駅北側に北海道帝国大学が広い校地を構え、大学病院や第一、第二農場の付属施設が散在する。大学から線路を隔てた南側に、同大学付属植物園もある。

札幌駅の南に北海道庁が堂々たる構えを見せ、道庁東の創成川近くに市役所・公会堂・豊平館が建つ。豊平館は、明治一三年に開拓使が設置した西洋式ホテルであるが、中島公園に移築（昭和三三年）された。創成川を渡って東に進むと、ビール会社も見える。創成川と豊平川に挟まれた中島公園に「北海道拓殖博覧会」と示すが、公園は開催会場（昭和六年）であった。

幕末の札幌の情景を、案内文はこのように記す。

安政万延の交《こう》には、あたり一帯鬱蒼たる原始林が昼尚小暗きまでにうち繁り、荊榛徒《けいしんいたず》らにのぶるにまかせた中に、数戸の土人と二戸（七人）の和人が居住したのみで、白日の下、羆熊《ひぐま》や、狼、狐、狸、鹿などが盛んに出没跳梁した所であるといふ。

差別的な表現がみられるが、札幌の原風景を物語る記述である。真昼に熊・狐・狸などが出没する土地が、わずか七〇年の間に人口約一七万人の大都会に発展したのである。その街頭に立って往時を回想すれば、今昔の感に堪えぬものがある、と感慨深げに記す。

市街一帯は恰《あたか》も盆石の如き景観を呈してゐるので、中央を東西に貫通する幅員五十八間の広衢《こうく》を大通と称し、中央に於ける火防線たると共に花卉樹木を配して逍遥地に充て、本道開発の功労者たる黒田永山両長官の銅像、及び開拓紀念碑が建てられてゐ（る）。

市街地はまるで箱庭のようだ、と賞嘆する。中央を東西に貫く幅一〇五mの大通りは、花や木を植えた散策路になっている。札幌建設開始直後の明治四年、火防線の大通りを設けて南北の町割の基軸とした。東西の基軸は、市街地を南北に流れる創成川である。その後、明治三四年に大通りの西一～八丁目が逍遥地となった。明治四〇年代から大正期にかけて花壇の造成や公園の整備をおこない、大通公園の基礎が形づくられた。黒田永山両長官とは、黒田清隆と永山武四郎である。これらの銅像は戦時中供出したが、戦後、再建（昭和四二年）された。黒田銅像は大通公園、永山（初代第七師団長でもある）銅像はゆかりの旭川常磐公園に立つ。開拓紀念碑（明治一九年）は現存する。

> 壮麗なる近代建築物は櫛比《しっぴ》し、アカシヤ、楓、柳等の街路樹は到るところに風情を添へて近世都市の偉容を整へ、而《しか》も是等街路樹の間には楡の大樹や原始林が点在して往古の俤を止めてゐるのもなつかしい、……

アカシアやシダレヤナギは、札幌の古くからの街路樹である。街路樹の間にハルニレや原生林が点在する中、近代的な建物が隙間なく建ち並ぶ札幌の都市景観を称える。当時、中央部以南を商業地、西部を住宅地、東北部を工業地にする都市計画が進みつつあった。五月中旬には梅・桜・桃・李などが美しさを競い、やがて、アカシアやハルニレの若葉が萌えたつ夏がおとずれる。北海道の豊かな自然を残すのは、クラーク（William Smith Clark）博士が教育の基礎を築いた札幌農学校の伝統を受け継ぐ北海道帝国大学である。

> エルムの老樹に空を限り、緑の芝生は果てもなく地上に拡がって、幾多の若き夢をのせた北海道帝国大学の学園こそ、原始のままの大自然に豊かにも恵まれた土地である。（中略）地域広濶、校庭には老樹枝を交へ、教室講堂其間に屹立《きつりつ》し、満地の牧草は恰《あたか》も青毛氈《あおもうせん》を布けるが如く、池塘の水禽、列舎の牛豚、付属農場等、田園の気趣横溢《おういつ》してゐる。

エルム（ハルニレ）は北海道大学を象徴する樹木であり、その樹陰や清流の岸に白壁の建物が幾十も並んでいる光景も記す。植物園にも、まるで太古のような原生林が残されていた。

> 緑の芝生に緑の原始林、市中にあって夏日を知らぬ幽邃《ゆうすい》閑雅の聖地が我が北大付属の植物園である、（中略）一隅には太古ながらの処女林が鬱々《うつうつ》と繁り、遠く内外諸国より移植せられたる六千種の植物は、樹木園・樹木分科園・草木園・温室・温室付属花園・及び苗圃《びょうほ》の五区にわけられ、生きた植物資料を与へてくれる。

植物園は、明治一〇年にクラークが植物学の教育に植物園が必要であることを開拓使に進言したことを起こりとし、明治一九年に創設された。園内の博物館では、鉱物・農産物・水産物・動物の標本や、アイヌ民族の手工芸品を公開していた。

明治一一年に札幌農学校演武場として建築された「時計台」は、札幌を代表する観光名所となっていた。

　アカシヤポプラの並木に陽の沈む頃、殷々《いんいん》として鳴る鐘の音は「詩の都―札幌」を偲ばせるに充分である。

当初、演武場の頂に鐘楼があったが、建築三年後の明治一四年に時計塔が設置された。明治三六年の札幌農学校移転に伴い当時の札幌区が旧演武場を借り受けた。そして、同三九年に買い上げて現在地に曳家をし、同四四年から図書館として昭和四一年まで利用された。名曲「時計台の鐘」（大正一一年、高階哲夫作詞作曲）により、親しまれた時計台である。

豊平川と創成川に挟まれた市内随一の公園が中島公園である。

　自然の風光甚だ雄大なるに加へて、山あり、川あり、池あり、花園あり、グラウンドあり、プールあり、池に島あり、島に白堊館あり、池水清澄樹影をひたして常に幾十のボートを泛《うか》べ、池畔には旗亭軒を連ねて、夏季納涼の好適地、……

中島公園は、明治一九年に中島遊園地として整備がはじまった。翌年、園内に北海道博物陳列場が設置され、北海道物産共進会が開催された。また、大正七年には開道五十年記念北海道博覧会の主会場としても利用された。池ではボート遊びやスケートが楽しめ、市民の憩いの場として親しまれた。

市街地西の円山の麓にある円山公園も札幌の名所である。

　逸早《いちはや》く此の山渓の…こぶし…の花が重たげに綻《ほころ》びそめると、花信頻《しき》りに幌都《こうと》の春をつげて藻岩山には霞がたなびき、やがて颯爽とした北海の初夏がくる。夏の清爽、秋の紅葉、冬のスキー、共に幌都無双の遊楽地である。

白いコブシの花が開くと長い冬が終わり、札幌は春を迎える。明治三〇年代後半から大正期にかけて整備された円山公園は、四季折々の自然が楽しめる場所であった。公園背後の天然林は「円山原始林」として、「藻岩山原始林」とともに北海道最初の天然記念物に指定（大正一〇年）されていた。

藻岩山山頂からは、市街地や石狩平野を一望する。

　市の西南に起伏する群巒《ぐんらん》中、最も近く最も眺望に富み、海抜一七五〇尺、頂上に登れば市街は一眸《いちぼう》の内に入り、豊平石狩の清流素絹《そけん》を晒すが如く、石狩平野茫々として其の尽くる所をしらない。

藻岩山は山腹から山上まで三十三体の観音像が安置されていたこと、六月の山開きには登山者が夥しいことにもふれる。

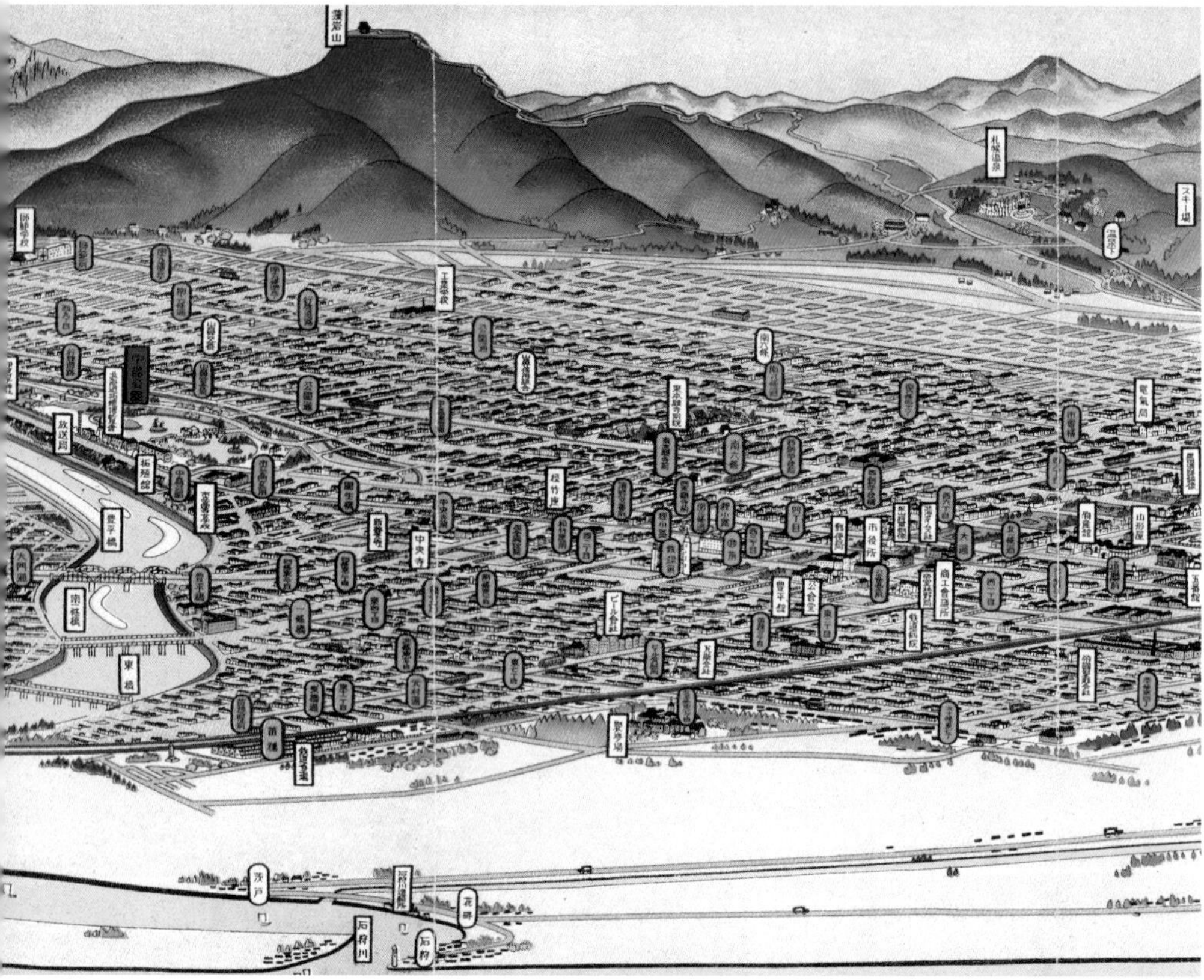
藻岩山
スキー場
放送局
豊平橋
東橋
市役所
公会堂
茨戸
石狩川
石狩

三角山
手稲山
スキー場
神戸
大阪
名古屋
東京
仙台
青森
新潟
下関
釜山
函館
長万部
昆布
小沢
岩内
余市
小樽
朝里
張碓
銭函
軽川
琴似
競馬場
飛行場
海水浴場

〈図7-2〉「札幌」（昭和6年、吉田初三郎画、札幌商工会議所）

案内文には、大通公園をはじめ、大学構内や植物園、公園など、緑豊かな都市札幌の魅力が溢れている。

### （二）札幌の発展

五年後、版を改めて「札幌」（昭和一一年九月、吉田初三郎画、札幌市役所発行）〈図8〉が出版された。表紙は時計台とアカシア（白花）の絵柄である。鳥瞰図は新琴似駅から南東に市街地を望む構図で、左に石狩川河口、右下に小樽をおく。市街地背後に藻岩山・円山などの山なみが横たわる。豊平川を遡ると定山渓温泉・豊平峡となり、市内から定山渓に電車が通じる。石狩川の源流に層雲峡があり、大雪山系が雪をいただく。左上のオホーツク海に樺太、右上の津軽海峡の先に本州や富士山が見えるが、初三郎お得意のデフォルメである。

二つの鳥瞰図を見比べてみよう。いずれも投影図の図法を用いるが、表現方法が異なる。昭和六年の〈図7-2〉は水平より東西道路を約七度、南北を約一二度傾ける投影図、昭和一一年の〈図8〉は、東西道路を水平にして、南北を約二五度傾ける図法である。そのため同じ北部から眺めた市街地でも、まったく印象が異なる。また、〈図8〉では、南北の直線道路を湾曲させ、藻岩山から真駒内にかけての風景を市街地背後に取りこむ。さらに、藻岩山の奥に定山渓、遠景に支笏湖を配してまとめる技法は、見事というよりほかはない。

市街地の描写の密度も異なり、昭和一一年の〈図8〉は、より詳細な表現となる。北海道帝国大学・植物園・中島公園などの描写を比べてみると、その違いがよくわかる。北海道庁付近の市街地中心部の描き込みも丁寧で、街の変化も知ることができる。北海道庁から東に、図書館・警察署・市役所新庁舎・石狩支庁・商工会議所・グランドホテル・商工奨励館・市役所・時計台・創成小学校・公会堂・豊平館などが並び、三越百貨店や今井呉服店も見える。

この中で、赤煉瓦造りの北海道庁旧本庁舎（以下竣工年、明治二一年）、図書館（大正一五年、北菓楼が活用）、警察署（昭和九年）、時計台（明治一一年）、豊平館（明治一三年、中島公園に移築）が昔の建物を残す。市役所新庁舎は竣工（昭和一二年）間近であるが、昭和四六年に中央創成小学校跡地に移転した。三越札幌支店は昭和七年の開店である。

市街地外縁部に目を移すと、札幌神社裏の外苑に総合グラウンドが整備（昭和九年）され、その奥に荒井山シャンツェに加えて大倉シャンツェ（現・大倉山ジャンプ競技場、昭和六年完成）も見える。総合グラウンドには、野球場・庭球場・相撲場・陸上競技場が設置された。藻岩山麓に工事中の浄水場（昭和一二年竣工・現存）が完成間近である。市街地北縁部に飛行場があり、三機の飛行機も描く。これは、昭和二年に北海タイムス社が報道用に設置した飛行場を基に、昭和八年に竣工した札幌飛行場（初代）である。昭和一二年に札幌―東京間の定期航路が開設（同一五年廃止）されたが、所要時間は仙台経由で五時間一〇分であった。図は、五年間で札幌が著しい発展を遂げたことを物語る。

鳥瞰図に赤い短冊で札幌神社・円山公園・中島公園・植物園・清華亭・北海道帝国大学・時計台・豊平橋の八か所を示すが、それらが当時の札幌の観光名所であった。

昭和初期の観光案内書は、札幌の廻覧順路をこのように示す。

札幌駅―北海道帝国大学―清華亭（史蹟）―北海道庁―北海道帝国大学付属植物園―札幌神社、円山公園（原始林及綜合グラウンド）―南一条西二、三、四丁目商業中心地―狸小路（盛り場）―時計台―豊平館（史蹟）―中島公園―月寒種羊場―札幌駅（『日本案内記』北海道篇、昭和一一年）

鳥瞰図の赤い短冊八か所すべてが廻覧順路に含まれており、ここからも札幌の観光名所を確認できる。清華亭は、札幌最古の公園偕楽園（現・偕楽園緑地）に建築（明治一三年）された貴賓接待所で、明治天皇北海道巡幸の折に小休所となった。現在、清華亭の知名度はさほど高くはないが、明治天皇聖跡として昭和八年に史跡に指定（昭和二三年解除）されていたゆえ、順路に組み込まれたものと思われる。月寒種羊場は後述する。

## （三）札幌の街を歩く

札幌を訪ね、藻岩山に登ろう。ロープウェイをおりた山頂展望台からは、南東に羊ヶ丘や真駒内を望み、藻岩山山麓を豊平川が流れる。北は札幌市街地で、ビルの間の北海道大学・同付属植物園・中島公園の緑地が潤いを与える。藻岩山に連なる丘手の丸みを帯びた小山は、円山である。西に手稲山から神威岳にかけての山なみが稜線を引く。藻岩山は、石狩平野のひろがりを手軽に味わえる、市街地近くの最良の眺望場所である。

大通公園の東端に聳えるテレビ塔からは、札幌の町割が手に取るようにわかる。西に一筋に延びる大通りは緑豊かで、街路樹の間に噴水広場などを配置する。目を凝らすと、正面の山に細いスロープが見えるが、旧大倉シャンツェである。その右に三角山、左に円山と、市民に親しまれた山が続く。南のグリーンベルトは、創成川である。大通り・創成川を基軸に札幌の街が形づくられ、石狩平野に街が拡大していった姿が見て取れる。

札幌農学校演武場として建築された「時計台」は、ビルの谷

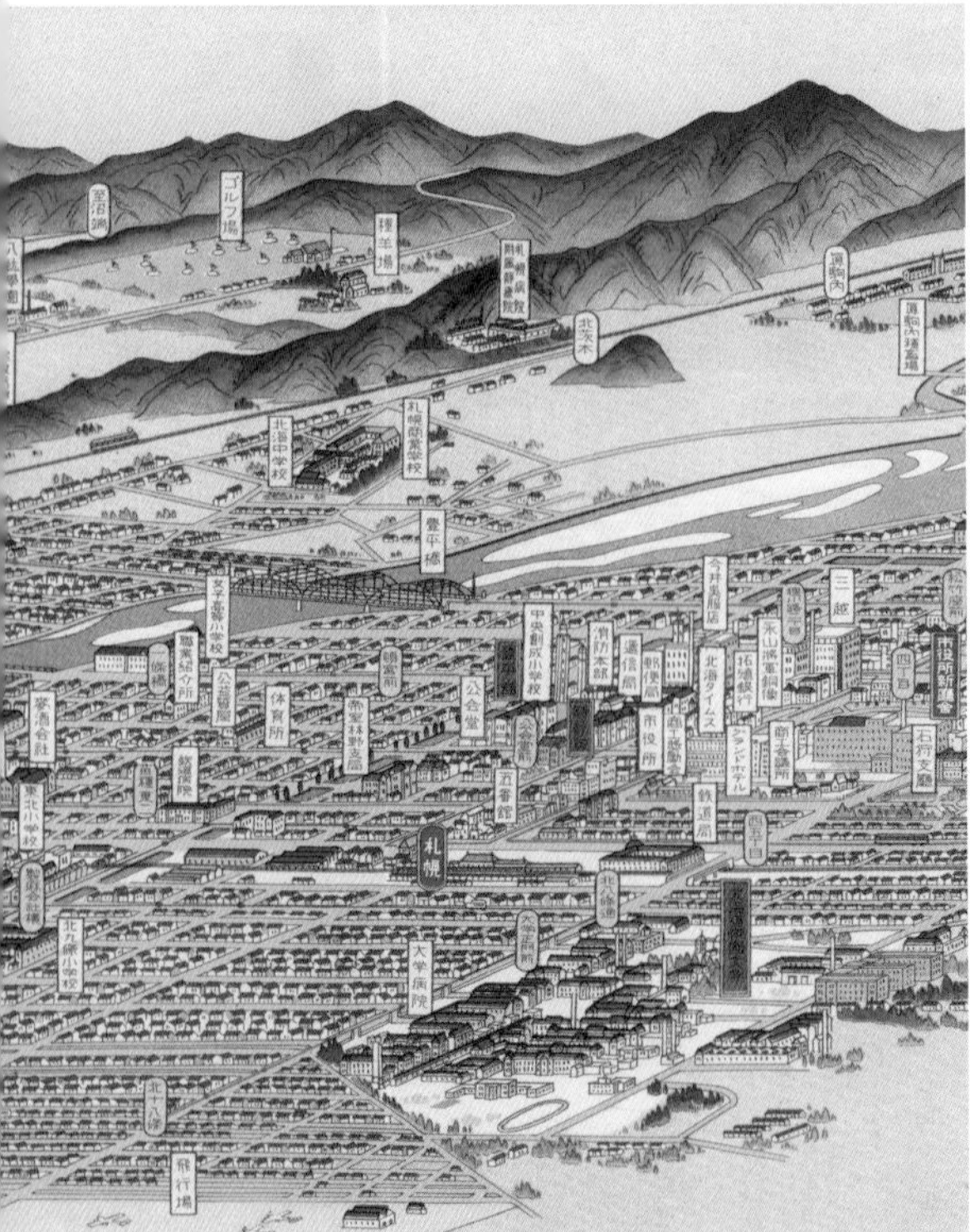


〈図8〉「札幌」（昭和11年9月、吉田初三郎画、札幌市役所）国際日本文化研究センター提供

手稲山
支笏湖
札幌嶽
千丈ノ滝
藻岩山
浄水場
一ノ沢
錦橋
藤ノ沢
石山
中ノ島
第一中学校
放送局
東本願寺
山鼻小学校
工業学校
北星女学校
武徳殿
電話局
警察署
北海道庁
市立病院
測候所
桑園
競馬場
新琴似

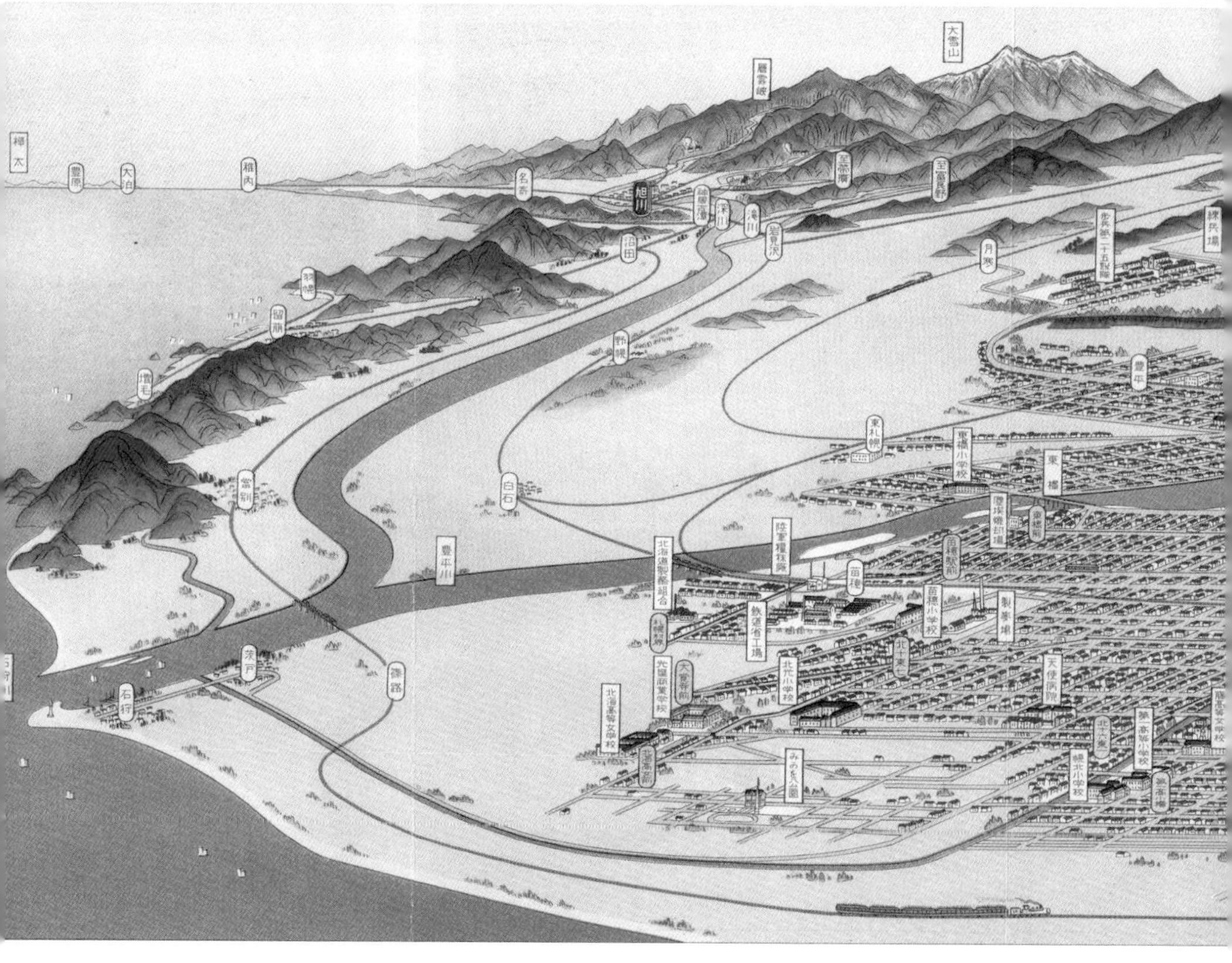
大雪山
層雲峡
樺太
豊原
大泊
稚内
名寄
旭川
沼田
深川
滝川
岩見沢
月寒
練兵場
留萌
増毛
当別
白石
豊平川
東橋
東札幌
陸軍糧秣廠
苗穂
苗穂小学校
鉄道省工場
製麻場
北十条
北十二条小学校
天使病院
北海高等女学校
茨戸
篠路
石狩

間に埋もれている。明治九年から同三六年まで札幌農学校は、この時計台の一帯に校地を構えていた。展示模型は、演武場の左右に北講堂（明治六年築）、寄宿舎（同八年）、書庫（同九年）、化学講堂（同一〇年）、観象台（同一二年）があったことを示す。札幌農学校開校当時の札幌市街区域の人口は約三千人、一期生二四名を迎えて発足した農学校は、新たな農業技術や近代的知識を身につけた人材を輩出し、北海道の発展に貢献した。

明治三六年に現在地に移転した北海道大学を訪ねてみよう。正門を潜った右手の事務局前に枝を張るハルニレは、新渡戸稲造夫人のメリーさんが寄付（明治三八年）した木として親しまれている。しばらく進むと、水辺にシダレヤナギが揺れ、蛇行するサクシュコトニ川のせせらぎに心が和む。

川の先の白いペンキ塗りの二階建ての古河講堂は、林学教室として建築（明治四二年）したもので、玄関ポーチ円柱上の鈴蘭の装飾が愛らしい。エルムの森にある平屋の旧昆虫学養蚕学教室（明治三四年）は、時計台のある旧校地から移転二年前竣工の札幌キャンパス最古の建物である。旧図書館読書室（明治三五年）もまた移転前年の建物で、校内は文化財の宝庫である。

突き当りは、昭和一〇年再建の時計塔を戴く農学部本館、右手前に理学部本館（現・総合博物館）と、昭和初期に流行した薄茶色のスクラッチタイル貼りの建物が建つ。正門正面に農学部本館を配置する姿に、札幌農学校の伝統を見る思いがする。

広々としたキャンパスを北に進むと、第二農場となる。入口の池を過ぎると、模範家畜房（モデルバーン、耕馬・産室・雑牛追込所、明治一〇年建築）、翌年に増設した家畜房（種牛舎）、玉蜀黍を収納する穀物庫（コーンバーン、明治一〇年）の開拓使時代の建物が並んでいる。いずれも切妻造りの大型の小屋風の木造建築で、アメリカの畜舎などに倣ったという。

これらの建物は、南にあった旧第二農場から明治四三〜四四年に現在地に移築したものである。農場移転に伴い最初に新築したのが、建物正面に三角屋根をみせる牝牛舎（明治四二年）で、背後に煉瓦造りの根菜貯蔵室や円形石造の緑飼貯蔵室（サイロ）を備える。これは、明治末の模範的な家畜飼養施設であり、緑の木立に赤い屋根が映え、市民の格好の画題となっている。

大学付属植物園には、ハルニレ・ヤチダモ・ハンノキなど湿地を好む広葉樹が茂る。園内中央に細長い水辺があるが、豊平川扇状地の縁に位置する植物園は、開園当時、湧水溢れる地であったという。正面出入口の古風な門衛所から園路を北に進むと、宮部金吾記念館が建つ。木造二階建ての建物は、札幌農学校植物学教室（明治三六年）を移築（昭和一七年）したものである。

宮部金吾は、内村鑑三・新渡戸稲造らとともに札幌農学校に学んだ二期生で、北海道・千島・樺太を踏査して植物研究をおこない、母校で後進の指導にあたった植物園初代園長である。

園内で見落とせないのが博物館本館で、今も現役で使われている。正面に三角の妻面を見せ、左右に片流れの屋根を配す木造建築は、淡い苔色をしている。妻の上端や、玄関ポーチの欄間に五稜星をつけるが、開拓使のシンボル・北極星を象ったものである。最初、博物館は偕楽園の地に仮博物場として設置され、明治一五年、当時、開拓使の牧牛場であった現在地に札幌博物場として建築された。ほどなく、植物園用地・博物場は札幌農学校に移管（明治一七年）された。周囲に博物館倉庫（明治一八年）・同事務所（明治三四年）などの関連施設や、バチェラー記念館（明治三一年）も建つ。記念館は、アイヌ民族の教育・文化の向上に貢献した英国聖公会宣教師バチェラー（John Batchelor）の住まいを移築（昭和三七年）したものである。付属植物園もまた、北海道の自然・文化・歴史を伝えている。

## （四）真駒内と月寒

札幌とその周辺の地図を主体に観光案内などを掲載する「札幌」（昭和六年頃、札幌鉄道局発行）〈図9〉も、札幌の観光を知る手がかりになるパンフレットである。表紙は中島公園内の拓殖館（大正七年開催の開道五十周年記念北海道博覧会施設）を描く。発行年はないが、「札幌市は人口約十七万を有し」とあるから、昭和六年頃と思われる（昭和六年の人口は一七三、四五二人）。このパンフレットには、先に紹介した二種類の「札幌」〈図7・8〉にない情報がいくつか含まれている。

一例を示すと、札幌乗合自動車が一八人乗りの遊覧自動車を運行していたことである。その順路は次のとおりである。

駅前―大学構内一周―植物園下車（三十分）―札幌神社下車（二十分）―中島公園下車（二十分）―丸井―麦酒会社―製麻会社―駅前

所要約二時間半、運賃一台一二円六〇銭とあるから、貸切遊覧自動車である。遊覧自動車が北海道帝国大学構内に乗り入れて、颯爽と走っていたのである。なお、麦酒会社と製麻会社の参観は会社の了解を必要とするため、「札幌バスで行くとよい」と、案内文に添える。ほかに、真駒内（所要一時間半・四〇分見学・運賃一台八円）、月寒種羊場（所要二時間・見学四〇分・運賃一台一二円五〇銭）などの遊覧コースもあった。

戦前、札幌郊外の牧場として、真駒内種畜場や月寒種羊場が観光客に知られていた。真駒内種畜場をこのように紹介する。

〈図9〉右「札幌」
（昭和6年頃、
札幌鉄道局）著者蔵

〈図10〉「石狩支庁管内鳥瞰図」（昭和12年7月、吉田初三郎画、産業組合石狩部会）

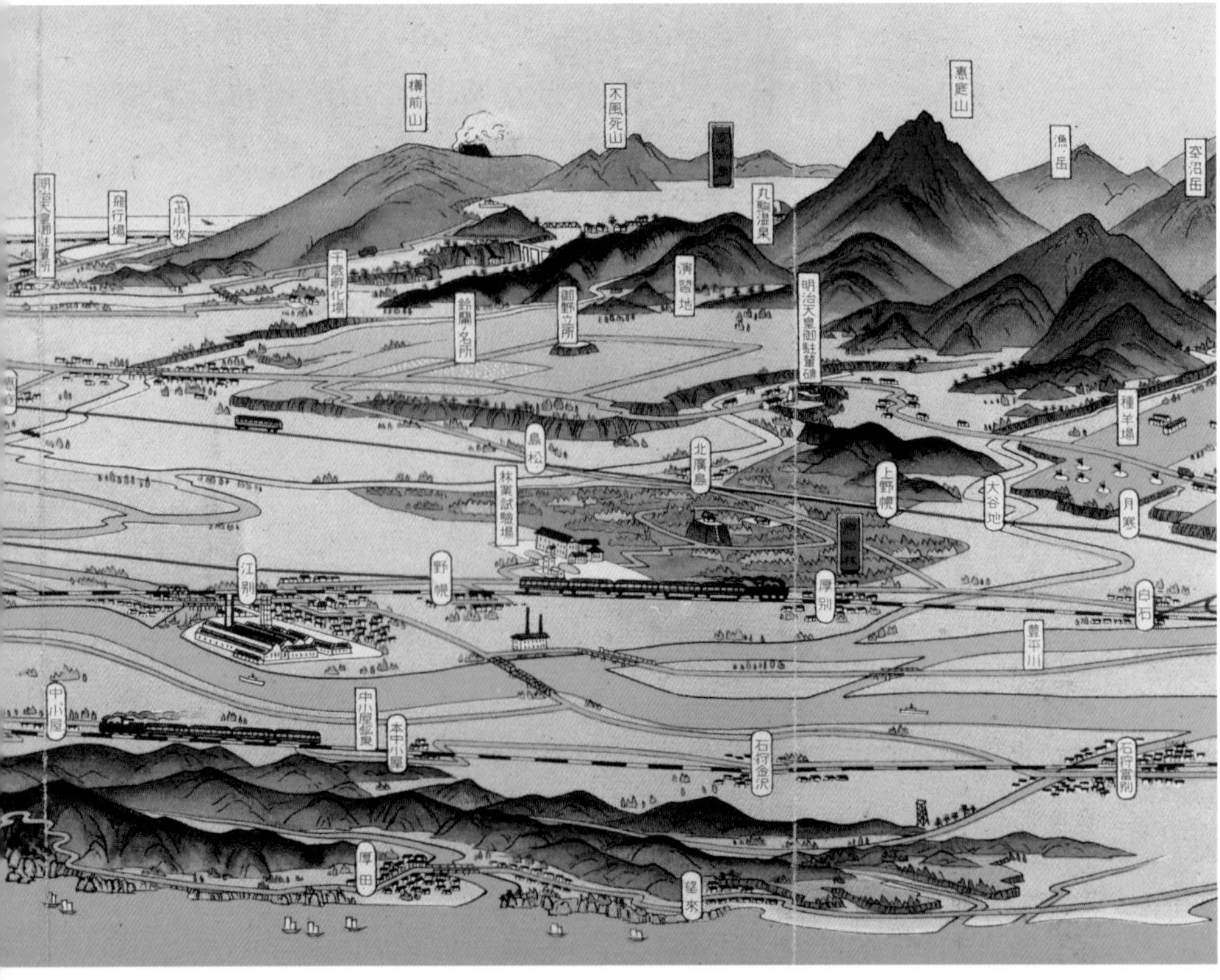

空沼岳
札幌岳
中山峠
喜茂別岳
無意根山
定山溪シャンツエ
定山溪
真駒内種畜場
手稲山
藻岩山
水道配水池
藻岩発電所
中島公園
円山
大倉シャンツエ
放送局
平岸果樹園
藻岩村
札幌神社
歩兵第二十五聯隊
豊平
石狩支廳
北海道廳
苗穂
札幌
札幌村
桑園
札幌競馬場
篠路
新琴似
北海道帝國大学
茨戸
石狩

大雪山
大泊
稚内
至網走
下富良野
旭川
登川
追分
新夕張
三川
千歳
留萌
石狩沼田
深川
夕張
由仁
栗山
滝川
千歳川
志分
晩翠
岩見沢
暑寒別岳
増毛
雄冬岬
浜益
石狩月形

遥か西なる藻岩・手稲の群巒《ぐんらん》を背影とし豊平・真駒内等の清流の貫く平原に、肥馬豊牛の悠遊する様は自ら一大名画を成してゐる。

のどかな光景が目に浮かぶ記述である。明治九年の開拓使時代に牧牛場として創設された種畜場は、種馬牛の貸付け・種付け、種鶏および種卵の払い下げ、調査および試験、実習生の養成などをおこない、道内畜産の改良増殖に務めていた。戦後、真駒内種畜場は進駐軍に接収され、その歴史に幕を下ろす。接収解除後、跡地は陸上自衛隊真駒内駐屯地などになった。

次いで、月寒種羊場である。

日ざし柔かな春の真昼、新緑燃ゆる牧場の若草を食む緬羊の姿、夕陽赤き夏の夕、牧舎をさして帰り行く緬羊の群、いづれも絵ならぬはなく歌ならぬはない。

これまた旅情を誘う牧歌的な情景である。月寒種羊場は、明治三九年に農商務省月寒種牛牧場として設置された。大正八年には種羊牧場と改称し、羊専門の施設となった（さらに昭和六年、農林省種羊場と改称）。種羊場開設の背景は、第一次大戦後、軍服の素材となる羊毛を国内自給することにあった。当時、緬羊約二千頭を数え、緬羊飼育の指導奨励に努めていた。戦後、種羊場は廃止され、跡地は北海道農業試験場（現・北海道農業研究センター）に移管された。現在の羊ヶ丘展望台から眺望する牧場一帯に相当し、羊ヶ丘は札幌の人気観光地の一つになっている。

札幌郊外の風景は、「石狩支庁管内鳥瞰図」（昭和一二年七月、吉田初三郎画、産業組合石狩部会発行）〈図10〉にも描かれている。表紙は広々とした牧場でのどかに草を食む牛の絵柄で、背後に川が流れ、サイロのある建物や低い山並みが見える。後の丸みを帯びた山は藻岩山、川は豊平川だろう。古写真と照合すると、表紙絵は真駒内種畜場と考えられる。

鳥瞰図は石狩湾から南東に石狩平野を望む構図で、左に暑寒《しょかん》別岳《べつだけ》と雄冬岬《おふゆみさき》、中央に厚別《あつべつ》、右に小樽をおく。画面左半分が石狩平野、右半分が札幌市街地とその周辺である。左上に大雪山系が聳え、石狩川が石狩平野を潤す。中央上には樽前山・不風死岳・恵庭岳に囲まれた支笏湖が水を湛え、千歳川が流れ出る。札幌郊外の月寒に種羊場、藻岩山対岸に真駒内種畜場も描き、石狩平野を一目で見渡せる図である。

真駒内種畜場跡を訪ねてみよう。真駒内種畜場は、明治九年、お雇い外国人の米国人獣医師エドウィン・ダン（Edwin Dun）が創設した牧牛場を起こりとする。真駒内のエドウィン・ダン記念公園に立つ作業着姿のダンの銅像は、右肩にフォークをかつぎ、左肩に小羊をのせている。北海道酪農の父といわれるダンは、真駒内牧牛場のほかにも札幌牧羊場・七重官園（函館郊外）・新冠種馬場などを開設し、家畜の飼育、牧草・甜菜・亜麻の栽培、土地改良、畜力農具の使用、畜産加工品製造など多方面にわたって新たな農業技術を我が国に伝えた人である。

公園の一画に建つ白いペンキ塗りの木造平屋は、種畜場事務所を移築（昭和三九年）したもので、エドウィン・ダン記念館として活用されている。記念館前にイチイの古木があるが、事務所玄関前に植栽されていた木を移植したものである。室内にはダンの生涯を絵本のように絵画で展示するとともに、在りし日の種畜場の模型もあって、その配置を知ることができる。

模型を見ると、種畜場事務所の西、燕麦牧草混播耕作地に神社がある。それは真駒内神社で、境内は小公園（真駒内第一公園）になっている。公園に足を運ぶと、「牛と少年」のブロンズ製の彫刻を載せた真駒内種畜場跡のモニュメント（昭和三九年）があり、「付近一帯約三千ヘクタールの地は、北海道酪農の発祥地として永久に記念されるべき地である」と、銘板に記す。

真駒内神社は、昭和九年に種畜場長が伊勢神宮より分神を勧請したものであるが、それに先立つ明治三一年頃から馬魂祭、獣魂祭がおこなわれていた。神社前のスイショウ（イチイ科）は、大正一一年の皇太子行啓の折に種畜場にお手植えの木で、種畜場事務所移築（昭和三九年）の際に、神社前に移植された。

公園内には、モニュメントのほかに六基の石塔・石碑が並ぶ。その一つは「馬魂碑」と刻んだ石塔で、裏に建立年を刻むが風化して判読し難い。この石塔は、明治後期に馬の無事を祈願して建立し、犬や狼の犠牲となった緬羊や、落雷によって焼死した馬の霊も合わせ祀ったものという。もう一つが「獣魂碑」（昭和二一年）である。その由来は、第二次大戦後、種畜場が米軍に接収された際、種畜場の家畜を道内の各種畜場に分散するが、食糧不足により生き長らえることができなかった動物の霊を祀ったものという。一本の木、ひとつの石に、今はなき真駒内種畜場の歴史が息づいている。

## 三、北海道鉄道沿線

北海道鉄道は、夕張山地南部の鵡《む》川《かわ》源流部の鉱物資源・森林資源開発を目的とする北海道鉱業鉄道（大正七年設立）を起こりとする。大正一二年に金山線（沼ノ端駅―辺富内駅間）が開通し、翌年、社名を北海道鉄道と改め、大正一五年には札幌線（沼ノ端駅―苗穂駅間）が全通した。昭和一八年に北海道鉄道は国有化され、金山線は富内《とみうち》線、札幌線は千歳線となった。富内線は廃線（昭和六一年）になったが、千歳線は苫小牧から千歳を経て札

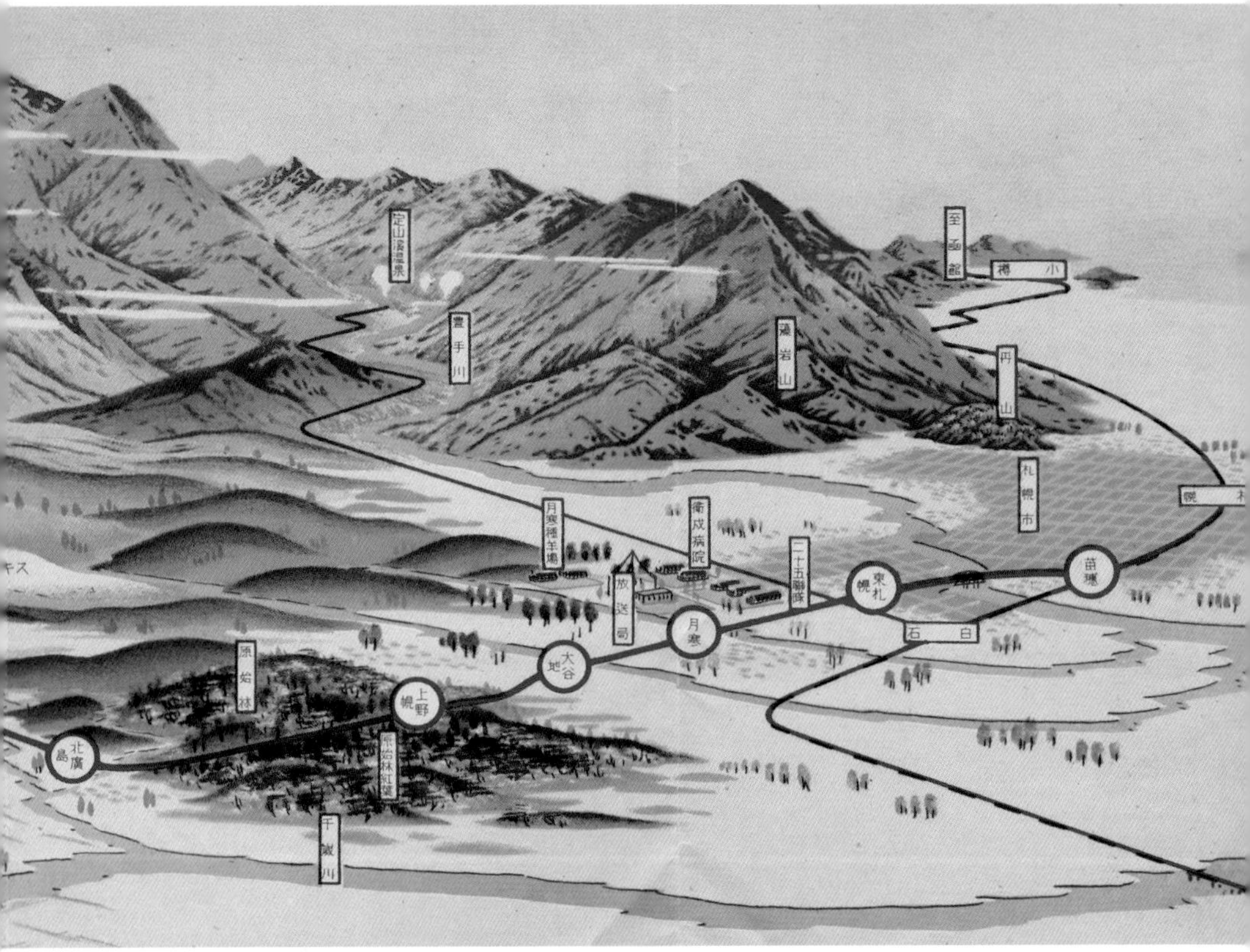


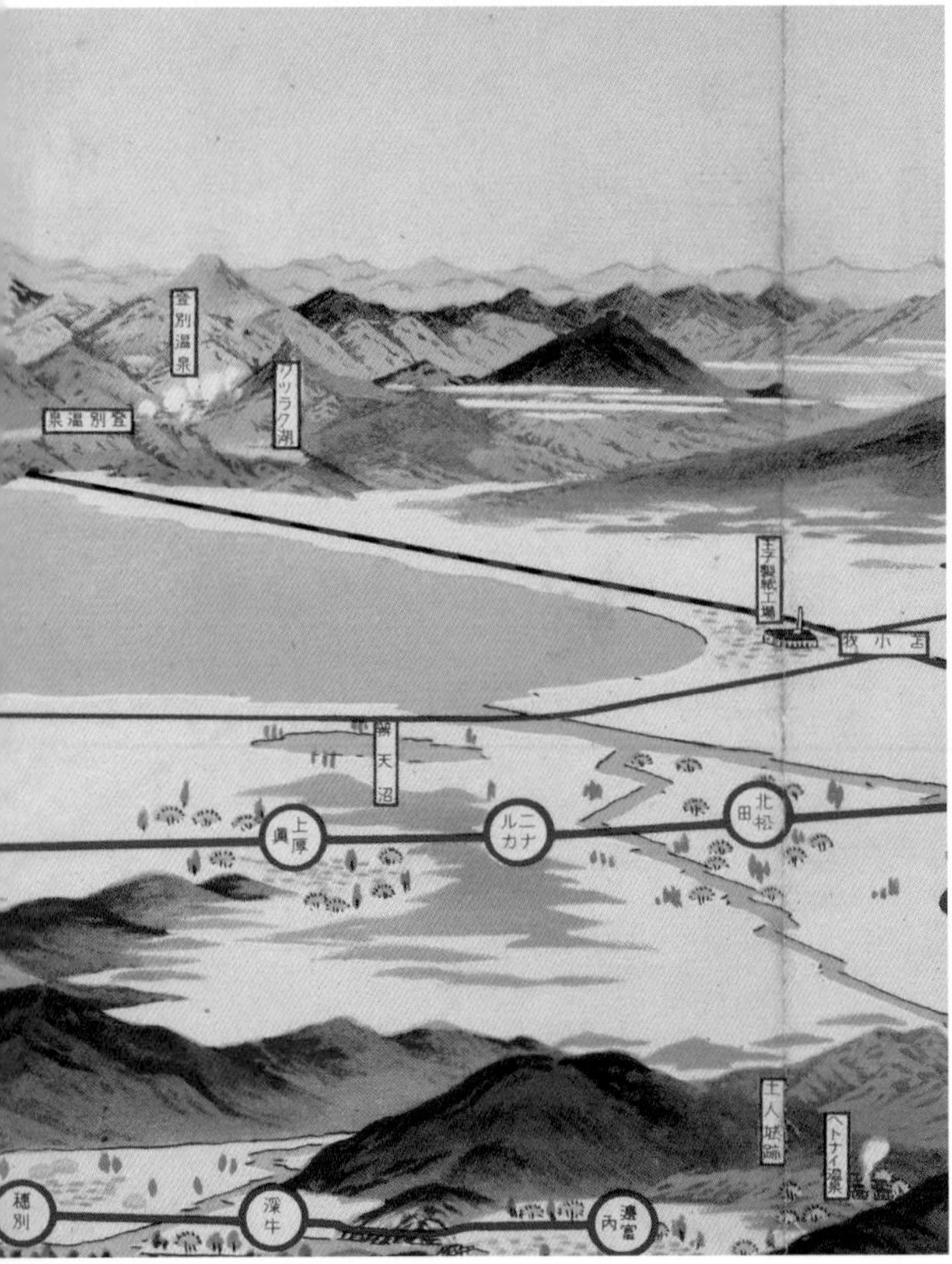


〈図11〉「北海道鉄道沿線案内」
(昭和3年7月、金子常光画、
北海道鉄道・東札幌駅)

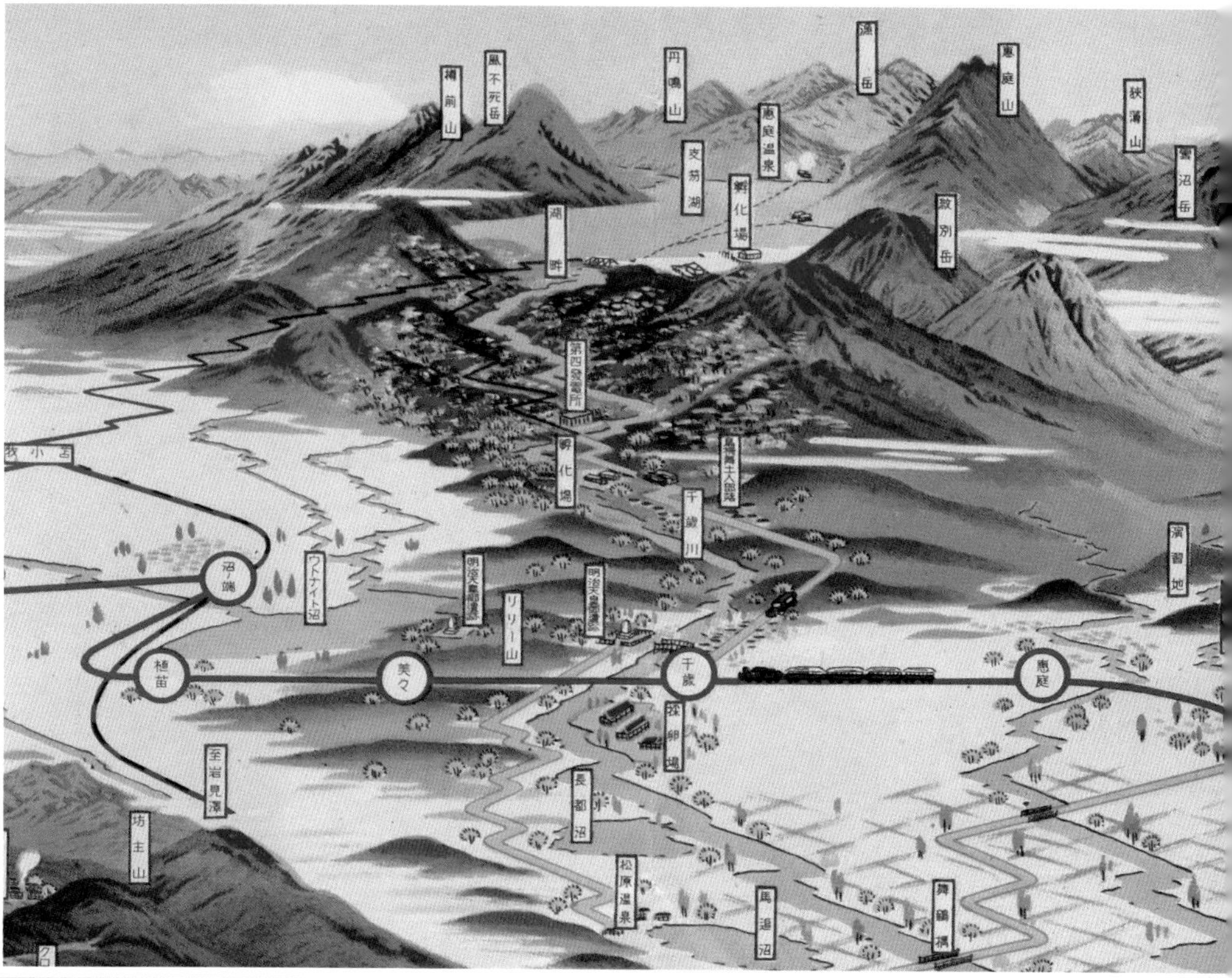

樽前山
風不死岳
漁岳
恵庭山
狭薄山
空沼岳
支笏湖
恵庭温泉
孵化場
湖畔
紋別岳
第四発電所
孵化場
千歳川
演習地
苫小牧
沼ノ端
ウトナイト沼
リリー山
植苗
美々
千歳
恵庭
孵卵場
至岩見澤
長都沼
坊主山
松原温泉
馬追沼
舞鶴橋


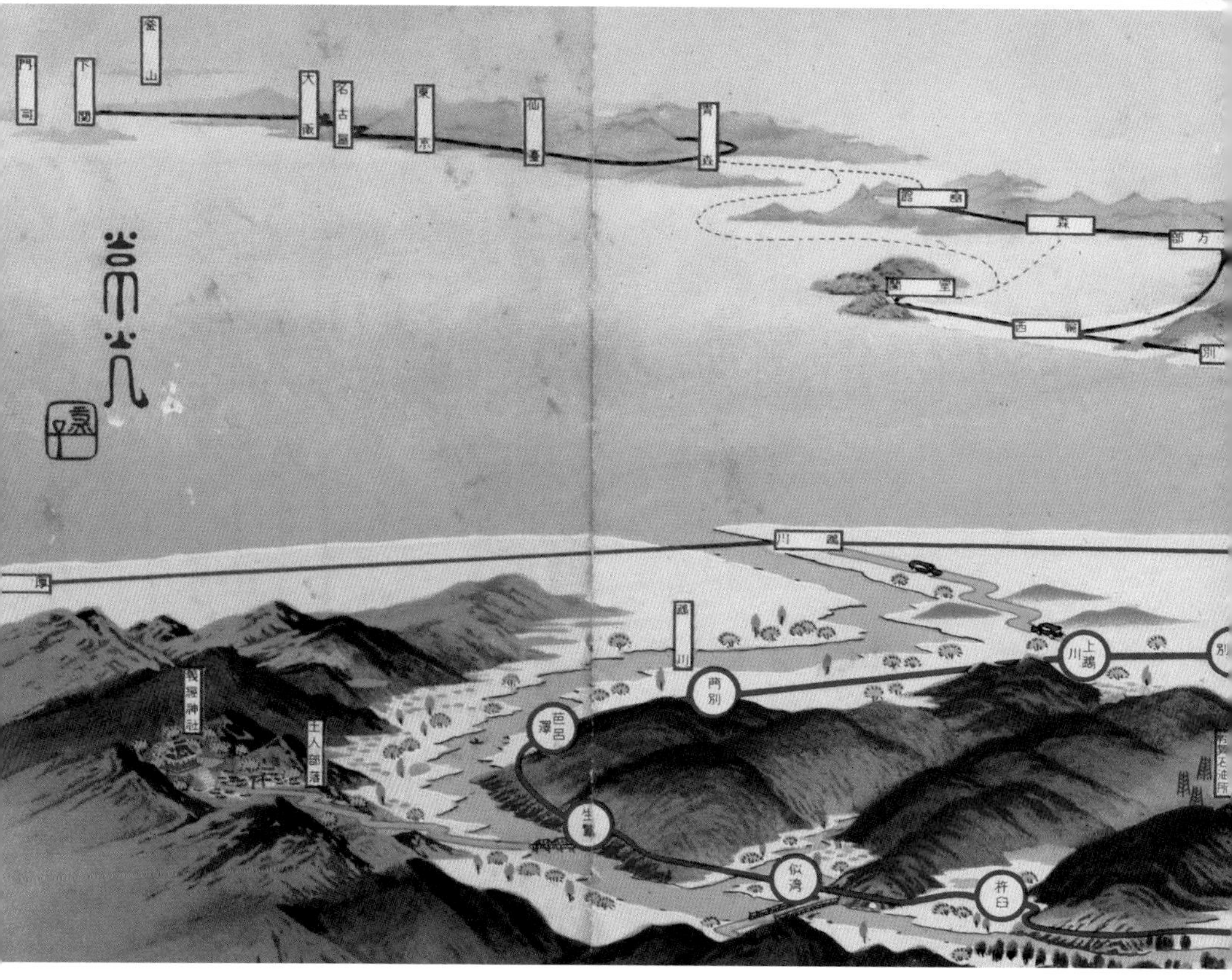

釜山
門司
下関
大阪
名古屋
東京
仙臺
青森
函館
森
室蘭
鵡川
沙流川
義經神社
土人部落
上鵡川

幌にいたる最短ルートとして頻繁に電車が往来し、新千歳空港駅―札幌駅間を結ぶ快速「エアポート」も疾走する。

「北海道鉄道沿線案内」（昭和三年七月、金子常光画、北海道鉄道・東札幌駅発行）〈図11〉を開こう。表紙は山を背後に煙を吐いて走る蒸気機関車の絵柄で、手前に鈴蘭を添える。鳥瞰図は鵡川源流、夕張山地の坊主山付近から西に千歳方面を望む構図で、左に太平洋沿岸の日高線厚賀《あつが》駅、中央に北海道鉄道沼ノ端駅、右に同苗穂駅をおく。路線図を主体としているが、背後に支笏湖とそれを取巻く樽前山・風不死岳・恵庭岳ほか、札幌岳や藻岩山なども描き、簡潔ながらも立体感ある一枚である。左上に太平洋がひろがり、遠くに登別温泉や倶多楽湖も見える。

まず、札幌線沿線を見よう。室蘭本線分岐点の沼ノ端駅からウトナイ沼を過ぎて北上すると、千歳駅である。支笏湖から流れ出る千歳川に発電所・採卵場・孵化場があり、発電所や苫小牧から支笏湖へ細道が延びる。島松に鈴蘭が群生するリリー山、北広島から上野幌《かみのっぽろ》にかけて野幌原始林、月寒には種羊場がある。東札幌を過ぎると、函館本線が分岐する苗穂駅となる。

金山線沿線は、生鼈《いくべつ》駅（旭岡駅に改称、廃駅）というスッポンに因む珍しい名の駅があり、ここから平取《びらとり》町の義経神社へ山道が通じる。平取町二風谷《にぶたに》は、アイヌ集落として知られる。終点の辺富内《へとない》駅（富内駅に改称、廃駅）付近に、今はなきクローム鉄鋼鉱山やヘトナイ温泉を示す。

北海道鉄道は原野をゆく鉄道であったことが、路線図から浮かびあがる。千歳川を遡ると支笏湖があり、途中まで王子製紙会社の軽便鉄道があった。案内文を見よう。

> 沿線随一の見所は、支笏湖である。
> 常に環峯の倒映を許し六湾七浦渾《すべ》て之《こ》れ塵外の景である、湖岸一帯は帝室御料林で千古不鉞の大処女林が繁茂して一入《ひとしお》の風趣を添へ、涼風徐《おもむ》ろに湖面を渡って三伏の苦熱をも忘れしむる、山桜もよく新緑特に宜《よろし》く紅葉時は分けて壮観を呈するから春から夏にかけて遊客の垢腸《こちょう》を洗ふに湛ゆる、……

大昔から斧鉞《ふえつ》を知らぬ原生林に覆われた支笏湖は、魅力にあふれていた。周囲の恵庭岳や樽前山の登山をはじめ、湖上に舟を浮かべて釣糸を垂れ、アメマスなどを釣る楽しみがあった。千歳駅付近にサケの採卵場、千歳川を遡ると孵化場が設置されており、孵化場付近は清遊地となっていた。

> 春陽桜花の季となれば数十本の大樹は千歳の清流を擁して爛熳艶を競ふ静寂閑雅の幽境に時ならぬ嬌態もまた掬《きく》すべく、都会のそれと比較し都人士《とじんし》一日の清遊は蓋《けだ》し俗塵を払ふにふさはしいものがある。

孵化場（現・水産庁北海道さけ・ますふ化場）は、明治二一年にサケの増殖を目的に設置され、緑の山に瀟洒な建物が映えた。とりわけ、桜の季節に賑わいをみせた清遊地である。

恵庭駅の次は島松駅で、陸軍演習地の近くに「リリー山」と示す。そこは、鈴蘭（lily of the valley）の密生地であり、表紙絵に添えた鈴蘭もこれに因むものと思われる。

　花期六月に至ればグリーンの平野は一面に繊麗優美なる鈴蘭を以て蔽はれ、芳香山野に充ち都人士の訪れるもの年々数千人を降らず、而《しか》も道路平坦なれば婦女子の歩行も容易なるべくリリー狩の好適地として近郊其比を見ない処である。

島松駅のある恵庭市の「市花」は、鈴蘭である。高度経済成長期頃まで、陸上自衛隊島松演習場は鈴蘭狩りで賑わったという。ところが、乱獲で鈴蘭は絶滅の危機に瀕し、昭和四九年以降は鈴蘭狩りが中止された。

島松駅を過ぎると上野幌駅で、野幌原始林がひろがる。

　椴松《エゾマツ》その他の針濶葉樹蓊鬱《おううつ》として繁茂した処女林として有名である、名勝史蹟天然記念物保存法に依る保護林で原始的神秘さは誰人も或種のセンセーションを禁ずることが出来ない、上野幌北広島間線路の両側近く車窓から良く眺めることが出来る。

その車窓風景は、北海道の原風景を彷彿とさせるものとして、戦前の旅行案内書によく紹介された。野幌原始林は、宮内庁御料林を経て国有林となり、当時、野幌林業試験場所属試験林となっていた。天然記念物に指定されたのは、大正一〇年のことである。この地には、昭和四五年に北海道百年記念塔が建立（令和五年、老朽化のため解体）され、翌年には道内の古い建物などを移築した「北海道開拓の村」がつくられた。

千歳線の上野幌駅―北広島駅間は、野幌原始林を通り抜けるが、蒸気機関車で悠長にその景観を味わっていた時代とはちがって、今は、またたく間に快速ライナーが通り過ぎてゆく。

## 四、小樽

### （一）港町小樽

小樽駅に降り立つと、緩やかな坂道が海に向かってのびている。最初に小樽を訪れた昭和四〇年代後半、潮の香漂う小樽の街に観光客の姿はほとんど見かけなかった。海岸に並行する小樽運河沿いを歩くと、大きな石造倉庫が何棟も寂しげに佇んでいた。飾り気のないいい街だ、それが小樽の第一印象である。

小樽は、開拓使本府の札幌移転に伴い、開拓物資の陸揚げ港となった。明治四年に海関所灯台を設置、翌五年には石造埠頭

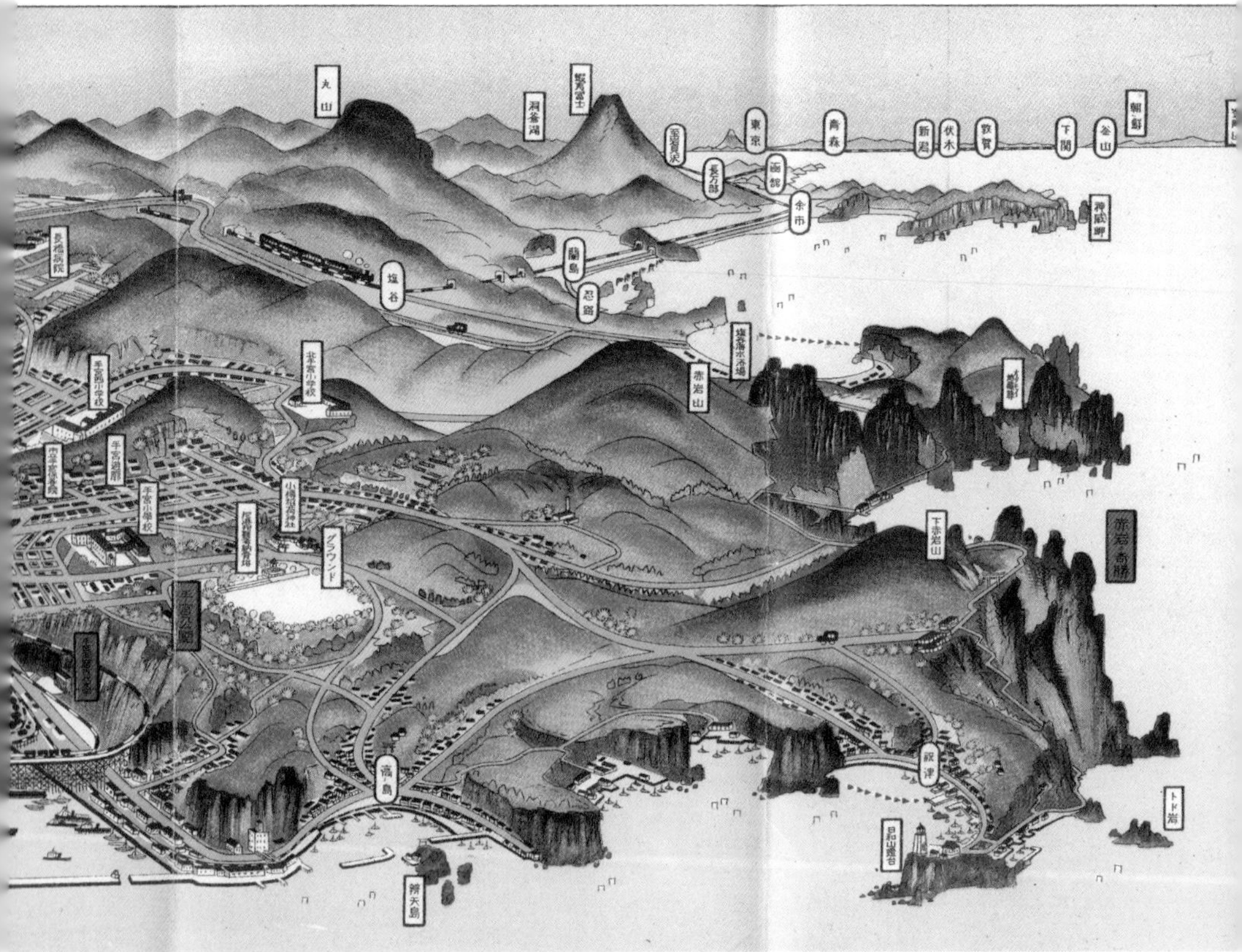


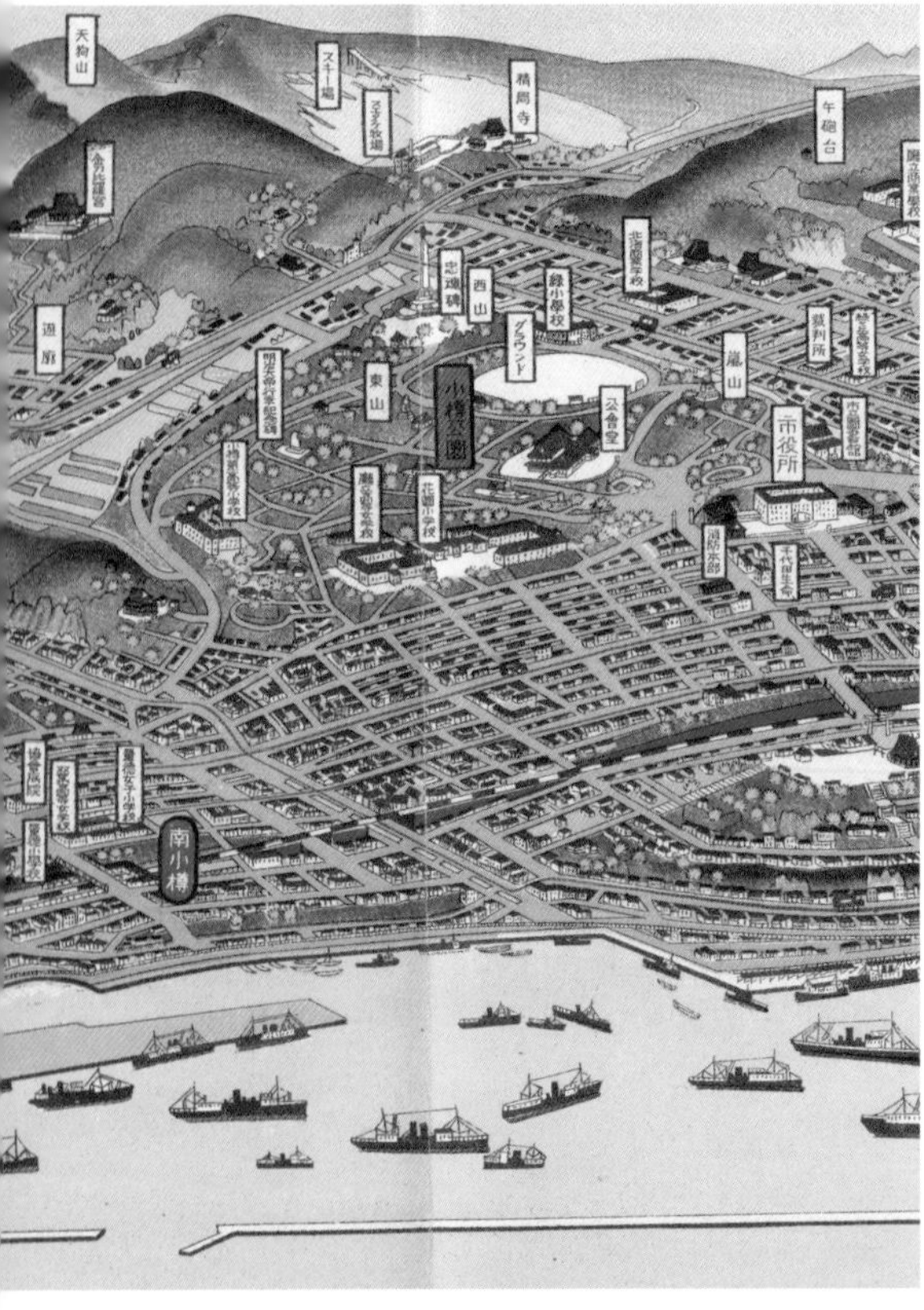


〈図12〉「小樽」（昭和６年、吉田初三郎画、小樽商工会議所）国際日本文化研究センター提供

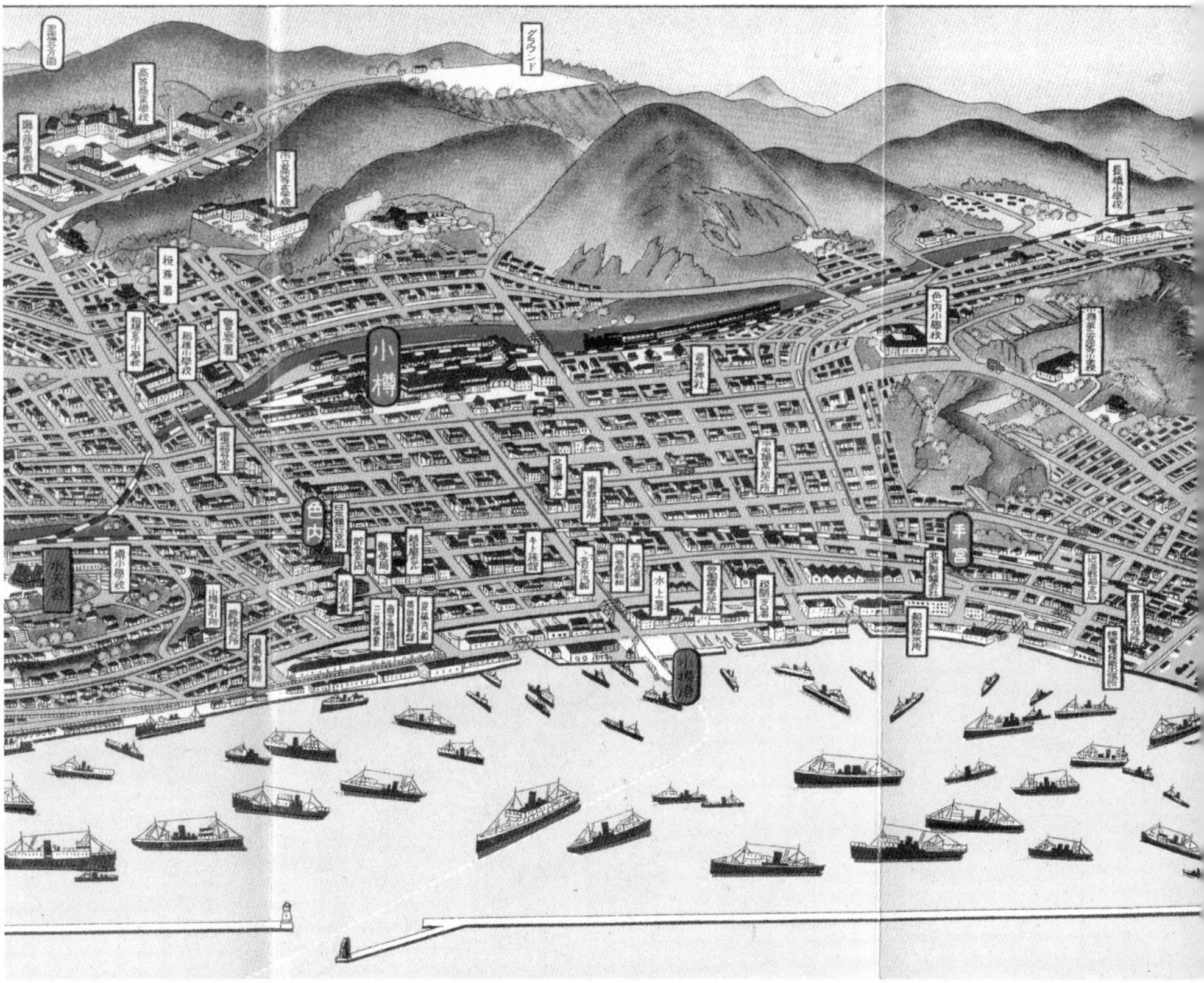

グラウンド
長橋小學校
税務署
色内小學校
稲穂小學校
警察署
小樽
色内
手宮
堺小學校
水上署
小樽港

大泊
稚内
大雪山
層雲峡
至釧路
至函館
旭川
岩見澤
白石
豊平
豊平峡
定山渓
札幌
石狩川
銭函
張碓
朝里
朝里川
天狗岳
屏風岳
毛無山
朝里水源池
若竹小學校
水産學校
勝納川
天満宮
浄水池
入船小學校
小樽峠

の築造が開始されて港の整備がはじまった。明治一三年に北海道で最初の官営幌内鉄道（のちの手宮線、廃線）が小樽の手宮駅―札幌駅間を結び、同一五年には幌内駅まで全通し、小樽は石炭・木材・穀物などの集散地となった。

明治二二年に特別輸出港に指定された小樽は発展をはじめ、多くの石造倉庫が建設された。外国貿易港に指定された明治三二年には、小樽港が開港する。また、日露戦争後は南樺太の消費物資の供給地として重要視され、繁栄の一途をたどった。

大正期の小樽は、北海道経済の中心として繁栄の絶頂にあり、大正三年に小樽運河の建設工事がはじまった。約九年の歳月をかけて完成（大正一二年）した運河は、全長一、三〇〇余m、幅四〇mである。全国有数の小樽運河には、沖に停泊する本船から荷物を積んだ艀《はしけ》が行き交い、港の賑わいは昭和初期に続いた。

「小樽」（昭和六年、吉田初三郎画、小樽市商工会議所発行）〈図12〉を開こう。表紙は「暁天の小樽港」と題する、汽船と帆船が停泊する明け方の港の絵柄である。鳥瞰図は小樽湾から南西に小樽港・小樽市街地を望む構図で、左に張碓《はりうす》の断崖、右に祝津《しゅくつ》の下赤岩山をおく。市街地背後に山が迫り、天狗山の麓はスキー場である。港に多くの船が停泊し、色内《いろない》から手宮にかけての海岸に運河が延びる。海岸に税関・水上署・船舶給水所などがあり、艀が浮かぶ小樽運河に沿って倉庫が建ち並ぶ。

手宮線手宮駅の先に線路が延び、港に突出する高架桟橋を描く。この高架桟橋（明治四四年竣工）は、貨車から貨物船に石炭を積み込む、長さ約三九二m、海面からの高さ約一九mの木構造の施設である。背後の丘は、手宮公園である。手宮に近海郵船（大正一二年に日本郵船から分離）の建物があるが、日本郵船小樽支店として建築（明治三九年竣工）したものである。

小樽の中心地は色内で、日本銀行小樽支店をはじめ、商工会議所・英国領事館、越中屋ホテルなどが並ぶ。越中屋ホテルは、昭和六年に老舗旅館が外国人向きに新築した宿である。色内の南の丘は、水天宮を祀る水天宮山である。小樽駅の西に市役所が建ち、背後の丘は小樽公園として整備され、グラウンド・公会堂・図書館などがある。市役所から谷筋の道を往くと、明治四三年創立の旧制小樽高等商業学校（現・小樽商科大学）が校地を構えるが、東京・神戸と並ぶ旧制高等商業学校の名門校である。南小樽駅付近の丘には住吉神社が鎮座し、南東の勝納川《かつないがわ》沿いにソヴィエト連邦領事館もある。小樽港の案内文を見よう。

小樽港は海陸の交通至便で、また頻繁を極めつつある。鉄道は、市内に五駅を有し、海上は、欧米、台鮮、浦潮勘察加《ウラジオカムチャツカ》の航路を始めとし、本土、樺太、道内至らざる所なき状態である。就中《なかんずく》、京浜、伊勢湾、阪神、関門、伏木《ふしき》、新潟との間及び道内及樺太間には、多数の航路線を有する……

小樽は、北海道の物資中継の関門にあたる港で、外国航路をはじめ、太平洋・日本海各港に向けて航路があった。とりわけ、樺太との旅客交通を担う航路は重要視されていた。

街は、それぞれ特徴をもっていた。

色内町は高層なる数棟のビルディング、銀行、会社等の大建築物、銀行集会所、郵便本局、商工会議所、其他有力貿易業者、船舶業者、日常百貨の卸問屋が、此処《ここ》に軒を並べて居る。

色内町は港町小樽の生命線で、明治中期から大正にかけて中央の銀行が多数進出し、北海道金融界の中心的役割を担い、「北のウォール街」とも呼ばれた。

堺町は、此街と連って、米、雑穀、其他之れに関連する業者櫛比《しっぴ》し本道唯一たる会員組織の取引所も、此街にある、英国仕向の青豌豆《あおえんどう》、米国仕向の菜豆《さいとう》、其他内外各地への移輸出雑穀は主に堺町商人の手によりて扱はれる。

水天宮山北東の海沿いの堺町には、米穀問屋が軒を連ねており、図に小樽取引所（小樽米穀取引所）も見える。

港町には、荒物食料品問屋軒を並べ、海岸に沿ひたる南北両浜町には倉庫と海事関係業者が多い。港町に隣れる入舟町には織物洋品類の卸問屋が多い。

堺町海側の埋立地が港町、その隣が入舟町で、問屋商人が集まった。運河沿いの北浜・南浜町には海事関係の人が多くいた。

小売街としては繁盛なる、花園、稲穂の両町で第一、第二の大通りを形成し、街路の鋪装、照明も整ひ、又劇場、常設館、料理飲食店等散在して旅の疲を慰さめるよすがとなって居る。

小樽公園の東が花園町、小樽駅東側が稲穂町で、花園町には料理店・娯楽場、稲穂町には旅館が多くあった。これらの繁華街から山の手に入った富岡町・緑町などが住宅地である。

次に公園に目を向けよう。大運動場を備え、行楽地として人々に親しまれていたのが小樽公園である。

周囲に東山、西山、嵐山の三丘相連り、園内松、桜、梅、つつじ　白樺其他北国特種の樹木繁茂し、陽春四五月の頃より、夏秋の季に至るまで歓楽の客絶へることがない。東山に登臨すれば市街の殷賑《いんしん》、港内帆檣《はんしょう》の林立双眸《そうぼう》の裡に入る……

小樽公園は、明治三三年に開設された港の眺望がよい公園である。園内に公会堂（明治四四年建築、現存）や図書館（大正五年創立）が設置され、市民の文化活動の場として使われた。

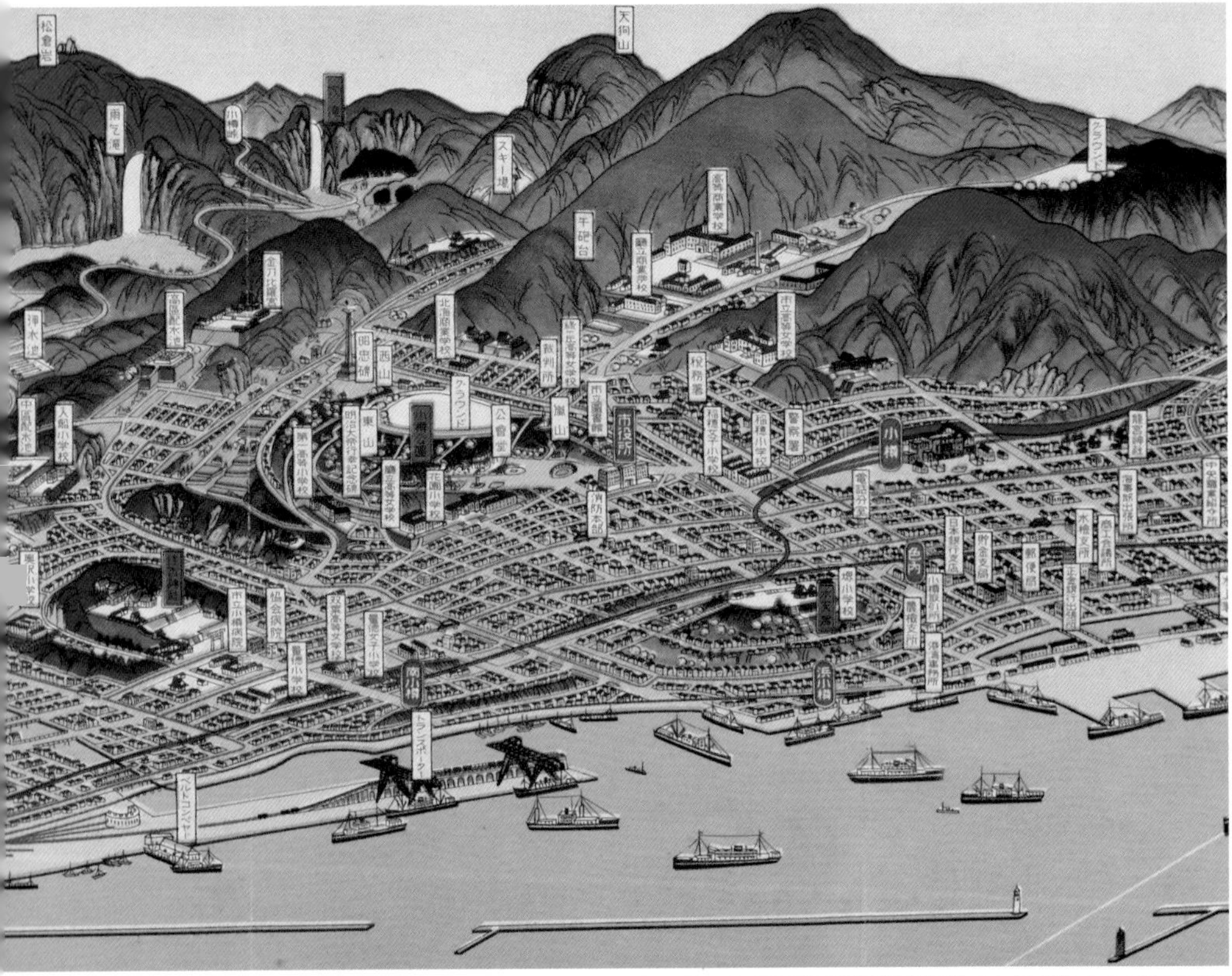

松倉岩
天狗山
雨乞滝
小樽峡
スキー場
午砲台
金刀比羅
高島配水池
浄水池
北海商業学校
西山
東山
中区配水池
入船小学校
裁判所
グラウンド
公会堂
第一尋常小学校
花園小学校
消防本部
市立図書館
市役所
税務署
警察署
稲穂小学校
小樽
電話分室
日本銀行支店
郵便局
水橋支所
色内
堺小学校
浜小樽
市立小樽病院
協会病院
トランスポーター
ベルトコンベヤー

小樽市鳥瞰図
丸山
蝦夷富士
忍路
蘭島
塩谷
赤岩山
下赤岩山
祝津
日和山燈台
トド岩
弁天島

〈図13〉「小樽」(昭和11年12月、吉田初三郎画、北海道大博覧会)

港を脚下に望み、人々がよく足を運ぶのが水天宮山である。

市街と港湾とを一眸《いちぼう》に収め得べく、殊に夏季には海風万解の涼味を送り、夜景また捨てがたく自然夏季の人出盛なり。

水天宮山には、海軍水路部が天文測量のために設置（明治二六年）した経度天測標があり、着目されていた。これは、日露国境画定作業（明治三九～四〇年）に際し、海馬島など付属島嶼の経度を測定する基準点となった小石柱で、本殿脇に据える。日露国境画定会議が開催されたのが、日本郵船小樽支店である。

手宮公園は、このような記述がある。

脚下の石炭桟橋と其の荷役の光景、港内及市中に於ける海陸の活動、即ち港湾都市としての動きが、恰《あたか》もパノラマの如く展開される。

石炭桟橋とは、小樽が誇る高架桟橋である。高台の手宮公園から小樽港を俯瞰し、港湾都市の躍動を味わう、それも小樽探勝の楽しみであった。この高架桟橋は、昭和一九年に上部が撤去されるが、空襲目標となることを避けたなどの諸説がある。

## （二）小樽郊外

昭和初期の観光案内書は、小樽の廻覧順路をこのように示す。

小樽駅―小樽公園―住吉神社―水天宮山（水天宮、経度標）―港湾、岸壁―高架桟橋―古代文字（史蹟手宮洞窟）―近海郵船会社支店（日露樺太国境画定会議室）―北海製缶倉庫会社―日和山温泉、オタモイ（『日本案内記』北海道篇、昭和一一年）

小樽公園・水天宮山・小樽港などのほかに、手宮洞窟やオタモイが見所に挙がっている。手宮洞窟の「古代文字」とは、幕末に石材切り出しの石工が発見した洞窟岩面の陰刻画を指すが、現在では、文字ではなく北東アジアの岩壁画とつながりのある陰刻画と考えられている。オタモイ（後述）は、市街地から北方約四kmの塩谷にある断崖絶壁の景勝地である。

五年後に発行された「小樽」（昭和一一年一二月、吉田初三郎画、北海道大博覧会発行）〈図13〉を開き、街の変化を見比べるとともに、小樽郊外にも目を向けてみよう。表紙は帆船の絵柄である。鳥瞰図は昭和六年の「小樽」〈図12〉と同様に小樽港から南西に市街地を望む構図で、右にオタモイを詳しく描く点を特色とする。

五年後の大きな変化は、海岸に見られる。小樽港に埠頭が整備され、小樽築港駅から浜小樽駅（昭和七年開業、同五九年廃止）に貨物支線が延びる。これは、第二期港湾整備（昭和七年竣工）による変化である。また、小樽築港駅先の埋立地に石炭荷役施設のトランスポーターが完成（昭和一一年）し、船が着いている。

なお、小樽港での石炭積み出しは昭和四五年に終了し、この施設は不要となった。

小樽郊外に目をやろう。市街地北部海岸は、断崖絶壁が海に迫る。山に囲まれた入江の祝津はニシン漁で栄えた漁村で、付近に日和山灯台や赤岩の奇勝がある。さらに北に進むとオタモイで、断崖絶壁に数棟の建物が見える。昭和六年に建設がはじまったオタモイ遊園地の唐門・竜宮閣・弁天閣などである。

オタモイ遊園地は、小樽で料理店を営む人が景勝地に設けた、演芸場・食堂・児童遊園地などを備えた娯楽施設である。昔の絵葉書を見ると、清水の舞台を思わせる奇想天外な楼閣が息をのむ断崖に建っている。夏は海水浴客で大いに賑わったというが、戦時体制となると行き詰まりをみせた。戦後、竜宮閣が焼失（昭和二七年）し、やがて閉園となった。唐門は崖の上に移築（昭和五三年）されたが、遊園地は廃墟と化した。崖を下る道は通行できず、跡地には近づき難い。

前述の廻覧順路に示された大半は、現在の小樽の観光スポットからかけ離れた存在である。

## （三）小樽の街を歩く

小樽運河沿いに並ぶ石造倉庫を訪ねてみよう。小樽市博物館の一つとして活用されている小樽倉庫（明治二七年）は、石川県橋立の北前船船主・西出孫左衛門と西谷庄八が建設したものである。ほかにも、橋立の増田又右衛門建築の増田倉庫（明治三六年）、石川県瀬越の廣海二三郎が建てた廣海倉庫（同二二年）、瀬越の大家七平の大家倉庫（同二四年）、福井県河野の右近権左衛門が建設した右近倉庫（明治二七年）など、数々の倉庫が残る。これらは、いずれも北陸の北前船の船主たちが建築したもので、特別輸出港に指定された明治二二年以後、石造倉庫建設に沸き立っていた姿が目に浮かぶ。それは、港の整備がおこなわれ、色内・手宮の地先の埋め立てが完成した時期にもあたる。

小樽総鎮守の住吉神社に参ると、参道に数々の石造奉納物が並んでいる。まず目につくのは、白く輝く花崗岩の一の鳥居（明治三十年一月建之、銘）で、施主として右脚に廣海二三郎、左脚に大家七平の名を刻む。かれらはともに海運業を営んだ豪商で、小樽に石造倉庫を建設したことを前述した。

また、拝殿前に青みを帯びた砂岩質の狛犬（明治二八年）があり、台座に「阿波鳴門名産石ヲ以建之 徳島県人当地南浜町中谷宇吉」と記す。中谷もまた、港を舞台に運漕業で活躍した人である。他国出身の人々が小樽に集まり、港町を築きあげていった開港（明治三二年）前後の勢いを、住吉神社の奉納物が物語るかのようである。

港付近には、回漕店・問屋などが軒を並べ、色内地区には、明治中期から大正期にかけて、中央の金融機関が多数進出をした。辰野金吾らが設計した日本銀行小樽支店（明治四五年竣工、現・日本銀行旧小樽支店金融資料館）は、その象徴であろう。戦前の小樽は、北海道経済の中心地として大いに繁栄し、建設ラッシュが続いた。そして、明治〜昭和初期の良質な歴史的建造物群が小樽の街の表情を形づくり、戦後の観光資源となっていく。

戦後、コンテナ船の発達に伴い、艀を利用する沖荷役作業は廃れ、小樽運河はその役割を終えた。昭和三〇年代にはいると、手入れが疎かになった運河にゴミが浮かび、悪臭が漂いはじめた。陸上輸送の時代を迎え、慢性化していた交通渋滞を解消するため、運河沿いに臨港線が都市計画決定された。それに伴い小樽の石造倉庫の取り壊しがはじまった。時を同じくして昭和四八年から、小樽運河保存運動が展開された。ところが保存運動は、運河の片側半分を埋め立てて道路の幅員を拡張、半分を残すという折衷案で幕をおろした。

小樽運河の片側半分を残した埋立により、小樽運河に沿って散策路が整備された。そこには、歴史的な景観と調和するように石畳やガス燈が設置され、観光客が溢れ返る賑わいが生まれた。保存運動は頓挫したが、レトロな景観整備を意識した観光地小樽が創出されたのである。それは、古さを演出した、徹底的に造りこまれた街ともいえる。

小樽運河散策路と並ぶ二大観光スポットは、堺町である。堺町の北一硝子は、明治二〇年代の海産物店の石造倉庫を活用してガラス工芸店をひらき、古い石造倉庫を活かした観光ビジネスのさきがけとなった。堺町には、かつて若い女性を魅了した小樽オルゴール堂などの観光施設が並び、今は、外国人観光客がひきもきらず、免税店が賑わいをみせる。昭和初期に米穀問屋などが軒を連ねた街は、観光地に様変わりした。

歴史的遺産を活用する景観保全が功を奏し、小樽に観光客が怒濤のように押し寄せたのである。小樽運河論争が全国に情報発信されたことも、小樽の名を高めることに繋がったのだろう。しかし、観光客のピークは平成一一年で、以後は減少する。勢いに乗って街を造りこみ、いつしか暮らしの匂いが街から消え失せたことも一因ではないだろうか。

この二枚の鳥瞰図には、昭和初期の躍動感あふれる港町の情景が描かれていて、心に響く素顔の小樽を知ることができる。

# 第七章　函館・室蘭・旭川・帯広

## 一、函館

### （一）港町函館

函館は、日米修好通商条約調印後の安政六年（一八五九）、横浜・長崎とともに日本初の国際貿易港として開港し、以来、外来文化導入の窓口となった。街は、明治四〇年や昭和九年などに度重なる大火に見舞われたが、明治四〇年の大火後に再建された建物が残り、異国情緒漂う観光地になっている。

「函館市」（昭和一一年九月、吉田初三郎画、函館市役所発行）〈図1〉を開こう。表紙は「函館開港当時の絵巻所見」と題する五名の外国人の絵柄である。鳥瞰図は青函連絡船の函館桟橋沖から東に市街地を望む構図で、左に上磯、右に函館山をおき、画面いっぱいに函館市街地がひろがる。市街地はずれに五稜郭があり、中央上部に大沼公園、その背後に駒ヶ岳が聳える。津軽海峡を挟んで亀田半島の先に恵山を遠望する。これは、昭和九年の大火後の函館を描いた鳥瞰図で、建物も丁寧に描写する。

函館駅付近に目をやろう。埠頭に数本の引込線があり、函館駅から青函連絡船の函館桟橋駅へ線路が延びる。駅前から海岸を南西にゆくと日露漁業会社のビルが建つが、函館は北洋漁業の基地であった。日露漁業会社からさらに進み、郵便局を過ぎると、海辺に五棟の赤煉瓦倉庫が並ぶが、金森洋物店を創業した豪商・渡邉熊四郎の営んだ金森倉庫（明治四二年建築）である。その東隣にある二棟の建物は、日本郵船倉庫（明治四二年頃建築）である。

赤煉瓦倉庫近くの十字街に今井デパート、路面電車の通りを弁天町方面に向かうと、棒二森屋デパートが建つ。札幌を拠点とする今井デパートは、最盛期には道内七店舗を展開した北海道有数の百貨店であった。棒二森屋デパートは、金森洋物店を祖とする金森森屋百貨店と、棒二荻野呉服店が合併して設立された函館有数の百貨店であった。いずれも店を閉めたが、戦前の鉄筋コンクリート造りの建築が残る。

棒二森屋デパート近くの税関から基坂《もといさか》を登ると、函館山麓の元町に英国領事館・渡島支庁・函館区公会堂が集まる。付近に二つの教会堂（ハリストス正教会・カトリック函館元町教会）を描くが、観光対象ではなかったのか名称は示していない。それにしても、現在、函館有数の観光スポットである元町一帯の建物の特徴を描き分ける技量には感服する。

教会堂から函館山の麓を南に進むと函館公園があり、園内に図書館が建つ。さらに進むと函館八幡宮が鎮座し、要塞司令部の裏に碧血碑《へきけつひ》が立つ。函館山は、何ら表示がない。碧血碑の先は立待岬で、近くに「啄木ノ碑」が見える。

昭和初期の観光案内書は、函館の廻覧順路をこのように示す。

**駅―函館八幡宮―碧血碑―立待岬―函館公園―函館招魂社―銀座、末広町、地蔵町通り―五稜郭公園―湯ノ川、根崎温泉―駅**（『日本案内記』北海道篇、昭和一一年）

函館八幡宮は、当初、河野政通が館（後述）を築く際に勧請し、後に箱館奉行所の祈願所となり、明治一三年に現在地に遷座した。碧血碑（明治八年建立）は、箱館戦争における旧幕府軍の戦死者を供養する慰霊碑で、土方歳三などを弔う。函館公園は、英国領事ユースデンの提唱にもとづき、市民が樹木・庭石などを寄付、労力奉仕をして開園（明治一二年）した。銀座・末広町・地蔵町は、当時の繁華街である。五稜郭公園や湯の川温泉は、今も観光客で賑わうが、ほかは現在人気の観光スポットとは言い難い。順路に函館山が含まれていないのは、当時、陸軍津軽要塞として立ち入りが禁止されていたためである。

## (二) 函館山からの風景

函館有数の観光名所が函館山（三三四m）である。戦後、津軽要塞は解体され、昭和二一年一一月、函館山は開放された。昭和三三年、函館山にロープウェイが架設され、翌年には山頂に展望台・食堂ができた。

函館山にのぼると、函館湾と津軽海峡にはさまれて扇形にひろがる街の姿が一望できる。陸繋島である函館山の麓から延びる砂州と、函館平野にひらけた町並みが形づくった風景である。その扇形の地形は、とりわけ函館山からの夜景として魅惑的に目に映る。漆黒の海に浮かび上がる街の灯りは、海があるからこそ映える。夜景の美しい神戸や長崎、海外の香港など、いずれも海が夜景を引き立てている。

無論、昼間の函館山からの風景も素晴らしい。緑青色の屋根に擬宝珠型の小屋根を載せたハリストス正教会、風見鶏のある尖塔が聳える赤屋根のカトリック函館元町教会、茶色の十字型屋根の函館聖ヨハネ教会が脚下に見える。これらロシア・フランス・イギリスの宣教師がひらいた教会堂が並び建つ一画に、アメリカ・メゾジスト系の日本基督教団函館教会（プロテスタント）や、ドイツ人カール・レイモンが創業したハム・ソーセージの店などもある。それは、まさに異国の文化が混じり合う港町を象徴し、開港後の街の中心地が函館山の麓にあったことを物語る景観である。そうかと思うと、隣接して真宗大谷派函館別院が黒々とした甍を聳える。その光景は、異文化が仲良く共存する港町らしい佇まいといえよう。

函館山から北を望むと、街の背後に駒ヶ岳が尖った三角と窪みのある稜線を引き、眼下に函館湾が天然の入江をなす。「ハコダテ」とは、面白い地名である。それは、室町時代の享徳三年（一四五四）、津軽の豪族河野政通が、宇須岸《うすけし》（アイヌ語、湾の端）と呼ばれていた海村に築いた館が箱に似ているところから「箱館」と呼ばれたことに由来するという。蝦夷地が北海道に改められた明治二年、箱館を函館と表記するようになった。

函館山からは、脚下に函館どつく（昭和五九年、函館ドックの事業を譲受）、入江を挟んで函館駅も見える。明治二九年、函館船渠株式会社として創業した同社は、船舶の建造や修繕、橋梁・産業機械の製作をおこない、多くの人に働き口を提供した北海道有数の企業である。函館駅は、北海道鉄道の函館駅として開業（初代は明治三五年、二代目は同三七年）し、鉄道は間もなく国有化された。明治四一年には青函連絡航路が開設されて、函館は北海道の玄関口となった。かつての連絡船桟橋跡に繋留された青と白の船体の青函連絡船摩周丸が記念館になっている。

目を凝らすと、市街地に埋もれた星形の緑地が目に入る。箱館戦争で榎本武揚率いる旧幕府軍が本拠とした五稜郭である。当時、人煙稀な五稜郭周辺は、今日、函館駅前を凌ぐ繁華な街になり、ビルが林立する。街の中心地が函館山の山麓から函館駅前を経て五稜郭周辺に移っていった姿が、函館山からの景観から読み取れる。

## （三）路面電車の走る街

函館市街地では、路面電車が観光客の主要な交通手段である。観光シーズン（四月中旬〜一〇月末）には、「箱館ハイカラ號」と名づけたレトロな車輌も走る。函館の路面電車は、明治三〇年、馬車鉄道が弁天町（現・函館どつく前）―東川町（現・東雲町）間を走ったのがはじまりである。翌三一年には、十字街―亀岡町（現・函館駅前）間、東川町―湯川間も開業する。

明治四四年、函館水電がこの馬車鉄道を買収する。大正三

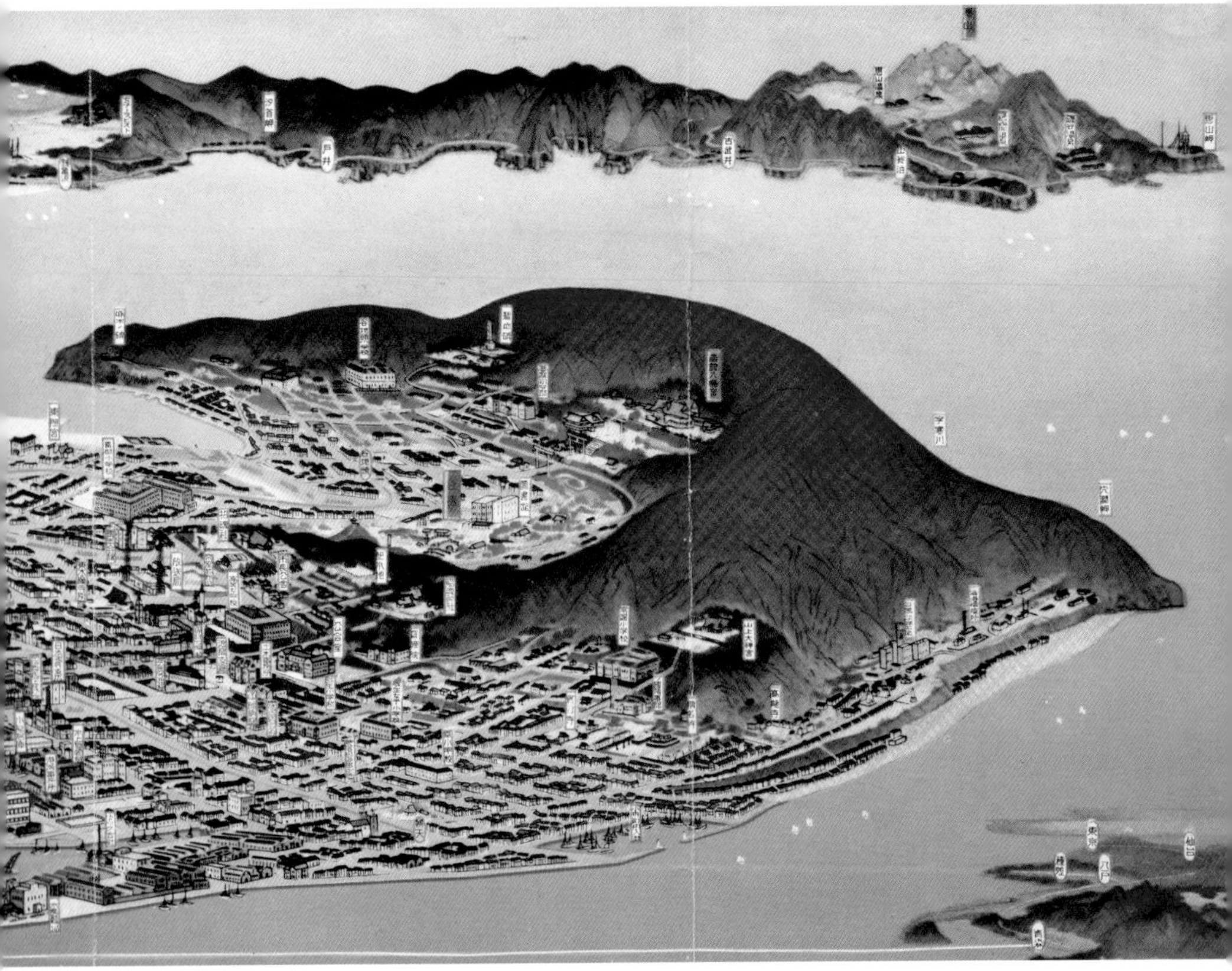

〈図1〉「函館市」
(昭和11年9月、吉田初三郎画、函館市役所)

函館

函館市鳥瞰圖
昭和十一年
初
大泊
稚内

年には宝来町—谷地頭《やちがしら》間が開業し、同年に全線が電化された。この路面電車は、第二次大戦下の昭和一八年に函館市に譲渡されて、今日の函館市電となった。

路面電車網が張り巡らされた大正期の函館市の姿が「大沼公園遊覧案内図絵」（大正一四年八月、金子常光画、函館水電発行）〈図2〉に描かれている。この鳥瞰図は、明治四〇年大火の復興を遂げ、街が平穏を取り戻した頃を伝える一枚である。表題は大沼公園であるが、路面電車路線や昭和九年大火以前の街の様子を知る上で参考になる。なお、大沼公園については、『日本の観光』（第一巻）を参照いただきたい。

表紙は駒ヶ岳を負う大沼公園の絵柄である。鳥瞰図は函館湾から東に函館の街を望む構図で、左に駒ヶ岳と大沼公園、中央に五稜郭、右に函館市街地をおく。函館山は雲にかすむが、津軽要塞が設置されていたためである。立待岬の先に、津軽海峡を隔てて本州がかすかに見え、青函連絡船が函館—青森間を結ぶ。函館港からウラジオストック、樺太方面への航路も描く。港内に多くの汽船が停泊し、港の賑わいを伝える。

函館駅から函館本線が大沼公園を経て小樽方面へ向かい、路面電車が弁天町・湯川・谷地頭へ延びる。弁天町に船渠会社、湯川に湯の川温泉・根崎温泉・遊園地、谷地頭には要塞司令部・連隊区司令部・函館八幡宮などがある。津軽海峡に面した大森海岸（大森町・住吉町）や弁天社付近（入舟町）に小舟が停泊するが、付近は漁業集落である。

函館水電が本社を構えるのが十字街で、弁天町と谷地頭へ向かう路面電車の分岐点になっている。十字街は、当時、函館きっての繁華街であった。十字街から弁天町にかけての停留所名、八幡坂・基坂・弥生坂・姿見坂は、いかにも坂の街函館らしい。

坂の上に、短冊でハリストス正教会・カトリック函館元町教会・英国領事館・渡島支庁・函館区公会堂・中華会館・ロシア領事館などを示す。渡島支庁は函館奉行所跡地にあり、付近は「箱館」の地名発祥となった河野政通の館跡にあたる。基坂の下に函館税関や旧桟橋があるが、そこは、函館駅や青函連絡船開業以前の港の中心で、新島襄海外渡航の地もこの付近である。

函館市街地のひろがりは新川までで、新川橋を越えるとのどかな風景に変わる。郊外には学校をはじめ、競馬場やグランドも見える。市街地から湯川に向けて馬車鉄道・路面電車が延びたことにより、明治後期から大正期にかけて沿線に学校などが立地して郊外がひらけていったことをうかがう図である。

目を引くのは、若松橋停留所付近の「ラヂオ受信所」、大森海岸東の宇賀ノ浦海辺の「ラヂオ発信所」で、アンテナが天高く聳え立つ。大正一四年七月一二日、東京の愛宕山からラジオの本放送が開始された。この鳥瞰図は同年八月二五日発行で、本放送開始直後である。それは、日本放送協会発足（大正一五年八月）以前の稀に見る光景ではないか。

## （四）函館の街を歩く

函館山北麓の弁天町の海辺に、航海安全の信仰が篤い厳島神社（旧弁天社）が祀られている。境内に加賀橋立（石川県）の廻船中が奉納した鳥居（天保八年〈一八三七〉）が立ち、大坂の昆布屋廻船中が寄進した手水鉢（文政六年〈一八二三〉）、箱館大町の人が海上安全を祈願して納めた方位石（嘉永七年〈一八五四〉）を据える。函館というと、ややもすると幕末に開港後の港町を思い浮かべがちであるが、すでに江戸後期、和人が残した足跡を厳島神社の奉納物に見ることができる。

海岸に建つ日本郵船倉庫は「ＢＡＹはこだて」、金森倉庫は「金森洋物館」「函館ヒストリープラザ」「金森ホール」、赤煉瓦造りの旧函館郵便局（明治四四年建築）は「はこだて明治館」として、それぞれ観光客向けの商業施設として活用されている。一帯は、昭和の終わり頃、「ベイエリア」として再生され、以来、函館を代表する観光スポットに生まれ変わった。

明治後期から昭和期の函館は、青函連絡船が発着する交通の要衝、函館ドックのある造船業の街、北洋漁業の基地として賑わっていた。北洋漁業は、日露戦争後の明治四〇年、日本の漁船がカムチャッカに出漁して開始された。昭和四年から母船式サケ・マス船団が函館から出漁すると、北洋漁業の基地として函館は大いに繁栄した。乗組員が必要とする物資を函館で調達し、漁獲物が函館に水揚げされたからである。ところが、昭和五二年の二百海里水域の設定以後、北洋漁業は衰退し、平成三年の出漁を最後に北洋漁業は終焉を迎えた。

函館の主要産業である造船業は、昭和四八年の石油ショックによるタンカーを中心とする世界の船舶建造需要減少により振るわなくなった。さらに、その後の急激な円高により受注は減少し、函館ドックは苦境に追い込まれた。また、昭和六三年に青函トンネルの供用開始に伴い青函連絡船が廃止され、函館は北海道の玄関口の役割を終えた。

昭和の終わり、函館の経済はトリプルパンチを受けたのである。その転換が、ベイエリアの再生（昭和六三年）に象徴される観光産業であった。直ちに国際観光都市宣言、元町末広町の重要伝統的建造物群保存地区選定（共に平成元年）、歴史的建造物のライトアップ（平成二年）がなされた。函館は、異国情緒あふ

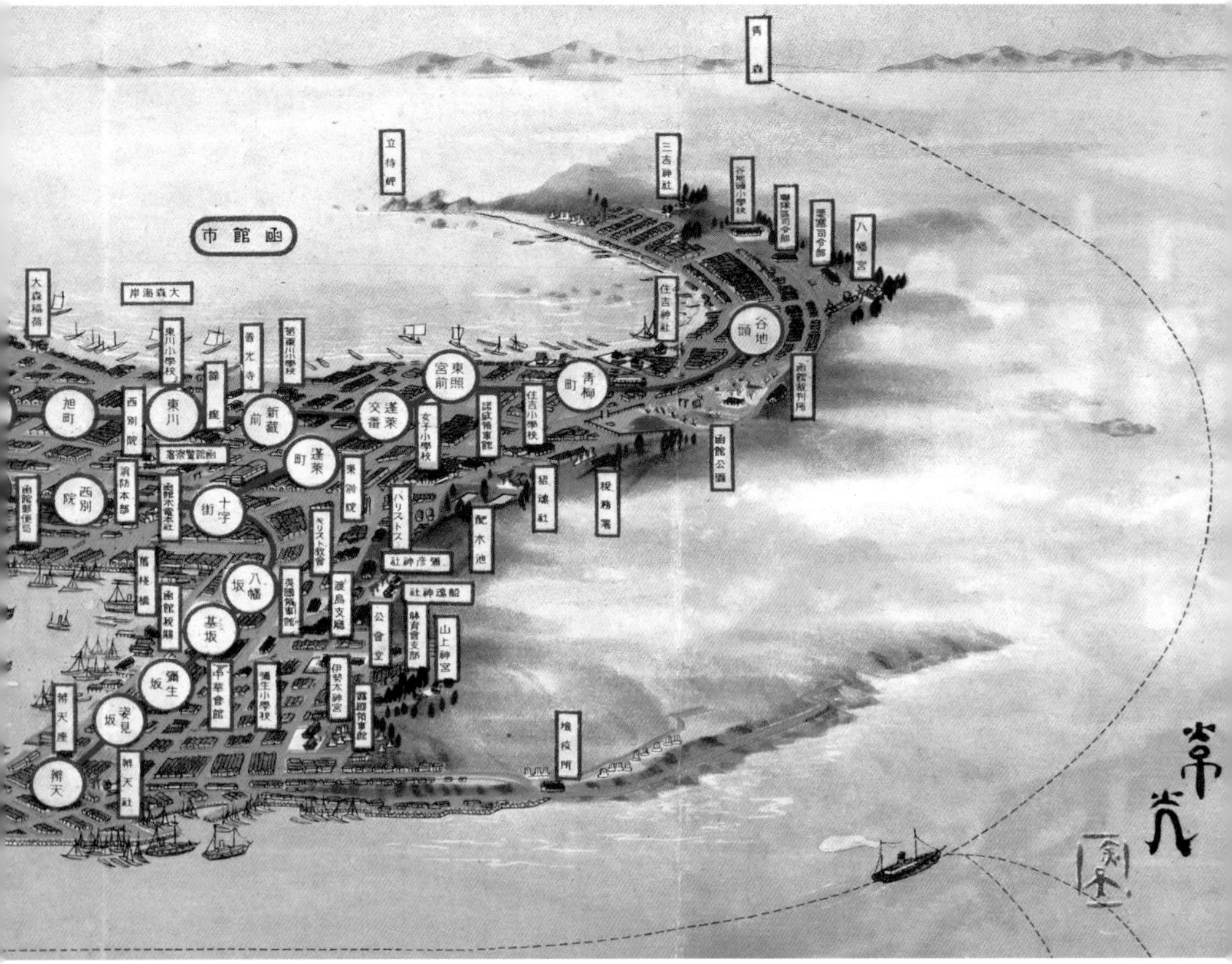


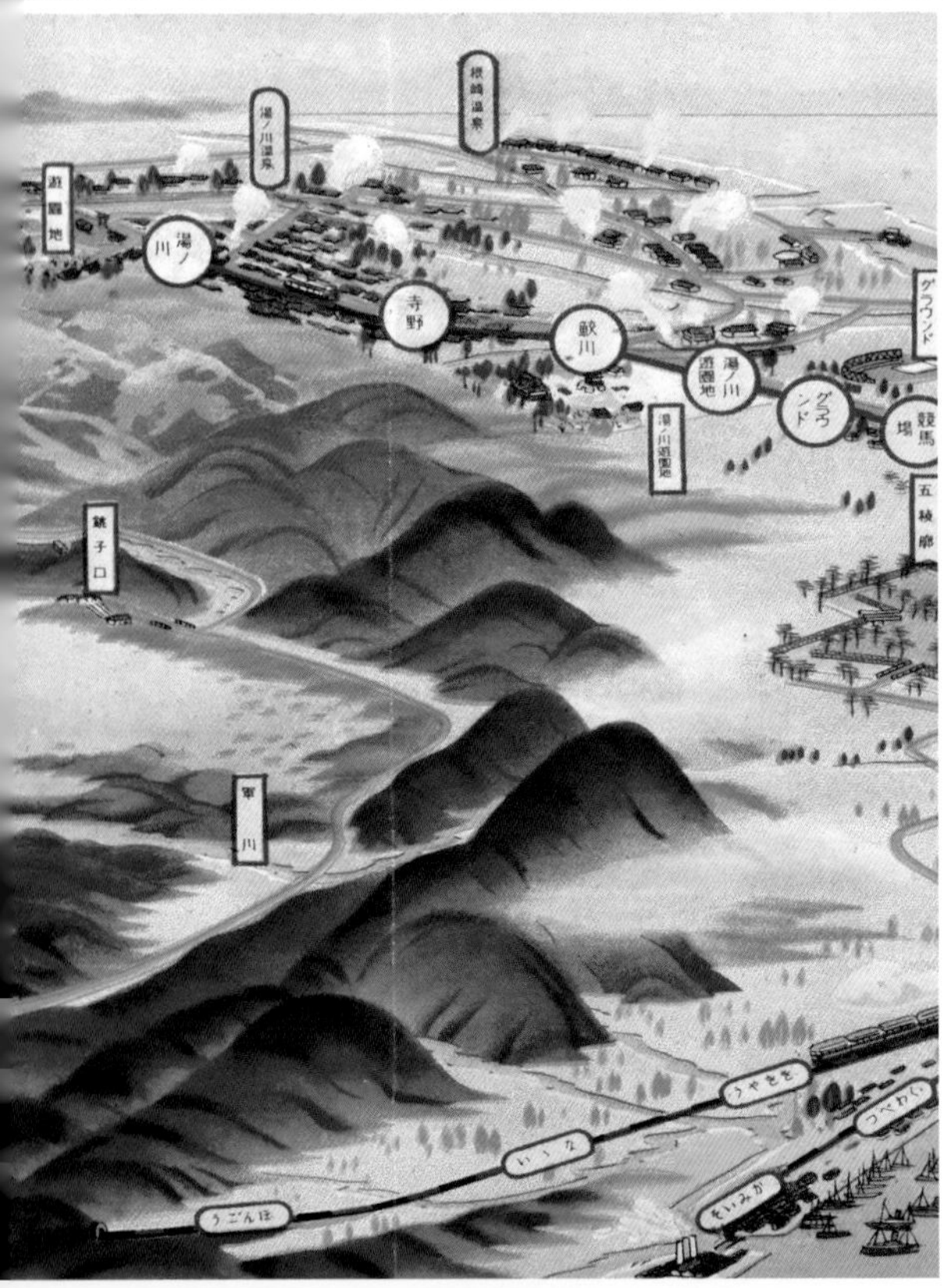


〈図2〉「大沼公園遊覧案内図絵」
（大正14年8月、金子常光画、函館水電）

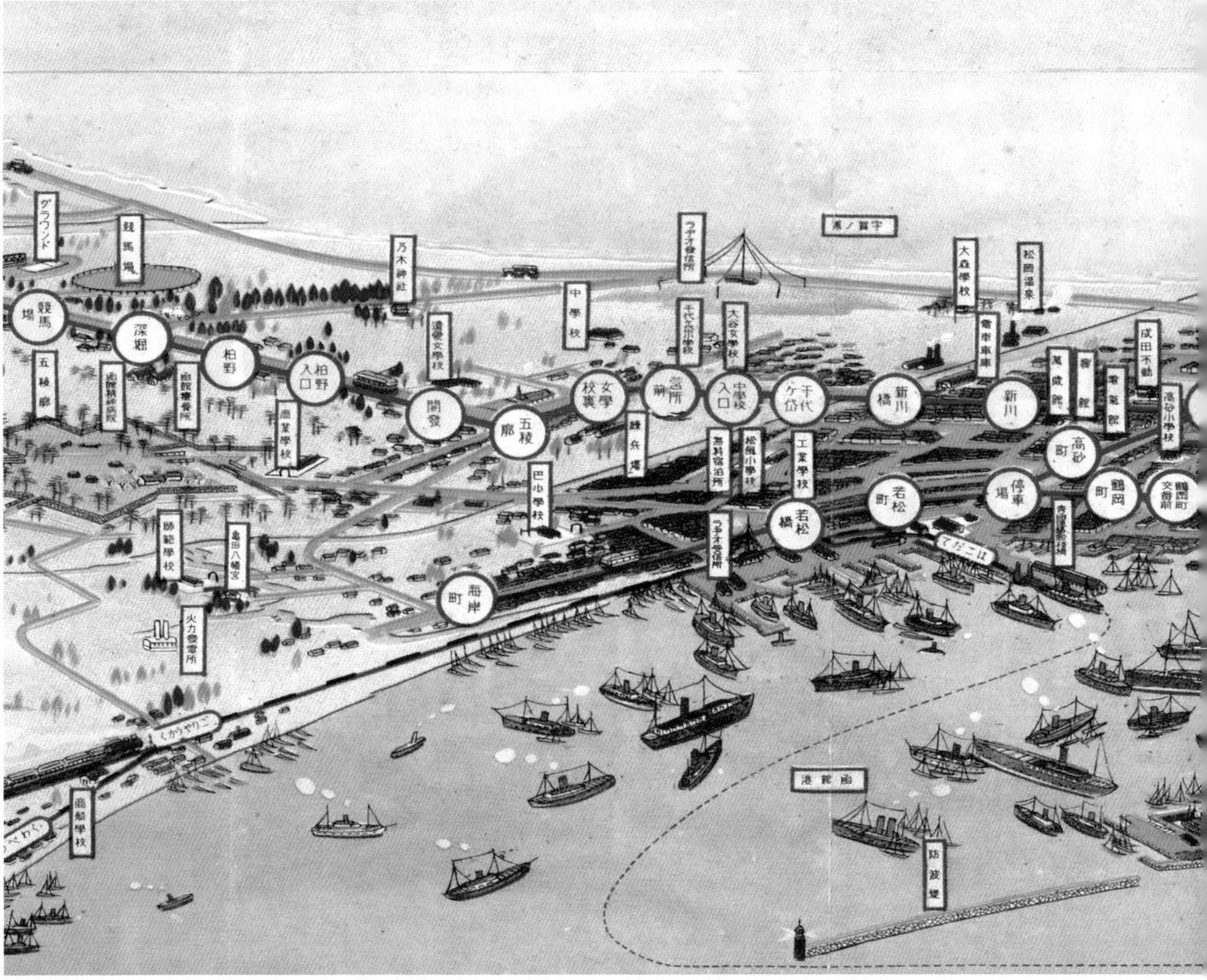
グラウンド
競馬場
乃木神社
ラヂオ發信所
宇賀ノ浦
大森學校
松岡温泉
中學校
遺愛女學校
大谷女學校
電車車庫
成田不動
高砂小學校
競馬場
深堀
柏野
柏野入口
開發
五稜郭
女學校裏
中學校入口
千代ケ岱
新川橋
新川
高砂町
停車場
若松町
若松橋
鶴岡町
五稜郭
商業學校
師範學校
火力發電所
巴小學校
松風小學校
工業學校
ラヂオ受信所
海岸町
函館港
防波堤
はこだて

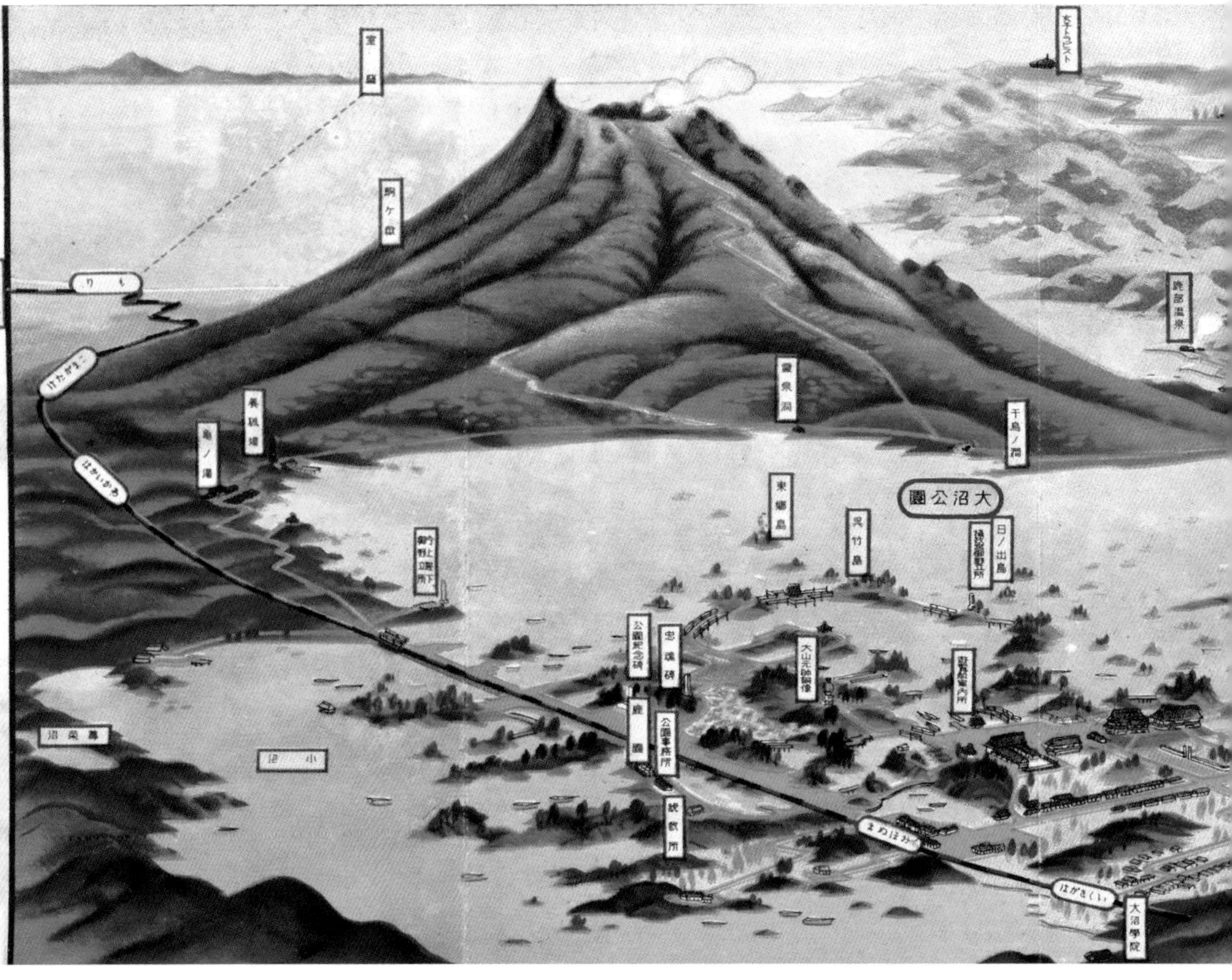
室蘭
駒ケ岳
もり
こまがたけ
養狐場
鮎ノ瀬
靈泉洞
千島ノ澗
鹿部温泉
大沼公園
東郷島
呉竹島
日ノ出島
公園紀念碑
忠魂碑
大山元帥銅像
公園事務所
小沼
蓴菜沼
おほぬま
いくさがは
大沼學院

れる町並みや歴史的遺産を活かしたまちづくりに邁進する。

函館の人々は、昭和初期の廻覧地とはまったく違った魅力を見つけ出し、それを観光に繋げたのである。鳥瞰図には、当時、日の目を見ることのなかった観光資源がいくつも眠っている。

## 二、湯の川温泉

函館市東郊、津軽海峡に面して湯の川温泉と根崎温泉が隣接する。湯の川温泉は、登別温泉・定山渓温泉とともに、「北海道三大温泉郷」の一つに数えられた。昭和初期の旅行案内書は、湯の川・根崎両温泉をこのように紹介する。

函館市の東郊恰好の距離にあり、諸般の設備よく整ひ交通も至便なので、北海道来往客及び函館人士の遊楽地として栄え、旅館は大概料亭を兼ね脂粉の香が多い。（鉄道省『温泉案内』昭和六年版）

昭和初年の函館は、札幌を凌ぐ北海道最大の人口を有する都市であった。青函連絡船が発着する北海道の玄関口、函館ドックを擁する造船業の街、そして、北洋漁業の基地として街は繁栄を極めたことを前述した。函館人士の遊楽地とは、経済力をもった函館の旦那衆が遊興する「奥座敷」を意味するのだろう。旅館の大半が料亭を兼ねていたことがそれを物語り、色香漂う歓楽境を彷彿とさせる。

「湯川根崎温泉図絵」（昭和三年六月、中田冨仙画、湯川温泉旅館組合発行）〈図3〉を開こう。表紙は津軽海峡に注ぐ松倉川を挟む湯の川・根崎両温泉街、背後にトラピスチヌ修道院と三森山を遠望する絵柄である。裏表紙に料理兼業旅館・専業旅館別の案内図を掲載するが、確かに料理兼業旅館が多くを占める。鳥瞰図は函館競馬場南の津軽海峡宇賀の浦から北に陸地を望む構図で、左に立待岬と函館市街地、右下に根崎温泉をおく。市街地北東に星形の堀に囲まれた五稜郭があり、背後に駒ヶ岳が聳える。津軽要塞になっていた函館山は、雲に隠れて見えない。

競馬場を過ぎると遊園地があり、園内に舞台造りの寺院風の建物や竜宮門、滝の流れ落ちる池、動物の檻らしきものも描く。湯の川温泉は、松倉川支流の湯川・鮫川周辺に湯煙をあげる建物が集まり、山裾に湯倉神社が鎮座する。神社から滝の沢にかけて「リリー山」と示すが、背後の丘には鈴蘭が群生していた。湯川を遡った丘に香雪園（庭園）もある。

根崎温泉は、海辺と松倉川左岸河口に旅館が集まる。松倉川にアユが泳ぎ、浜辺ではイワシ漁の地引網がおこなわれている。海にイカ・コンブと書きこむが、いずれも函館の特産物である。

湯の川温泉の由来を、このように記す。

承応三年松前家の嗣子千勝丸瀕死の病気に医薬を尽せしも奏効なく遂に此処に湯治せしに忽《たちま》ち全癒したるを徳とし、薬師堂を再建し黄金の薬師像一体及び鰐口を寄付せらる現に湯倉神社に奉納しあり。爾来里人共同の浴槽を設け随意入浴せるが如し、……

承応三年（一六五四）、藩主の跡継ぎの重病が全快したことが開湯の由来譚で、前述の鉄道省『温泉案内』にも同様な記述がある。その後、箱館戦争において榎本武揚率いる幕府軍が傷病兵の静養所としたことも紹介する。湯の川温泉の基礎は、明治一八年に掘抜機を用いて良好な泉脈を掘り当て、旅館を建てて旅客を迎えたことにより築かれた。

当時尚寂寥《せきりょう》たる一寒村に過ぎざりしが、明治三十一年函館との間馬車鉄道開通し、大正二年是《こ》れを電車に改め僅か二十数分にして往来するの便を得るに至りしより浴客頓《とみ》に増加し温泉地域一帯は一市街を為し層一層の進歩殷賑《いんしん》を来《きた》せり。

交通の整備により、にわかに浴客が増え、もの寂しい寒村が賑やかな市街地に変わっていった。電車のほかに乗合自動車も五稜郭・函館駅に通っていた。当時、湯の川温泉は、旅館・料理店約三〇軒を数える発展ぶりであった。

一方、根崎温泉は明治三五年に掘削を試み、少量の温泉を発見したものの温泉場としての設備は整っていなかった。その後、明治四一年に村湯を兼ねた温泉宿を設けたのが、根崎温泉発展のはじまりである。

当時は未だ一定の道路さへなき辺僻《へんぺき》の漁村にして、茫々一面の砂浜なりしが湯量の増加と共に諸般の設備亦《また》整ひ浴客の数漸く多きを加ふるに至れり。現在旅館及料理店十数を有す。

昔の根崎は道すらない片田舎の漁村で、砂浜がひろがっていた。その漁村が温泉街として発展したことを感慨深く語る。

両温泉街付近の行楽地は、湯川遊園地である。

奇石珍木其配置真に妙を得清流を通じ瀑布を設け各種の建築善美を極む。眺望亦《また》絶佳前方煙波浩渺《こうびょう》白帆点々たる宇賀ノ浦を望み、右方青嵐起る開発凹地《くぼち》を隔てて古戦場五稜郭の小松風を眺め遠く駒ヶ岳の奇峰を双眸《そうぼう》の中に萃《あつ》む。

湯川遊園地は、珍しい石や木を配置した庭園に滝を設け、建物は美しさを極め、海や駒ヶ岳を眺望する公園であった。遊園地は、大正九年開設の娯楽場「新世界」（大正一四年閉園）が起こりで、その後、電車を運行する函館水電が「湯川遊園地」と改称して引き継いだ（昭和一五年、閉園）。跡地は、函館市民会館・函館アリーナなどになっている。

ほかにも名所として、香雪園がある。

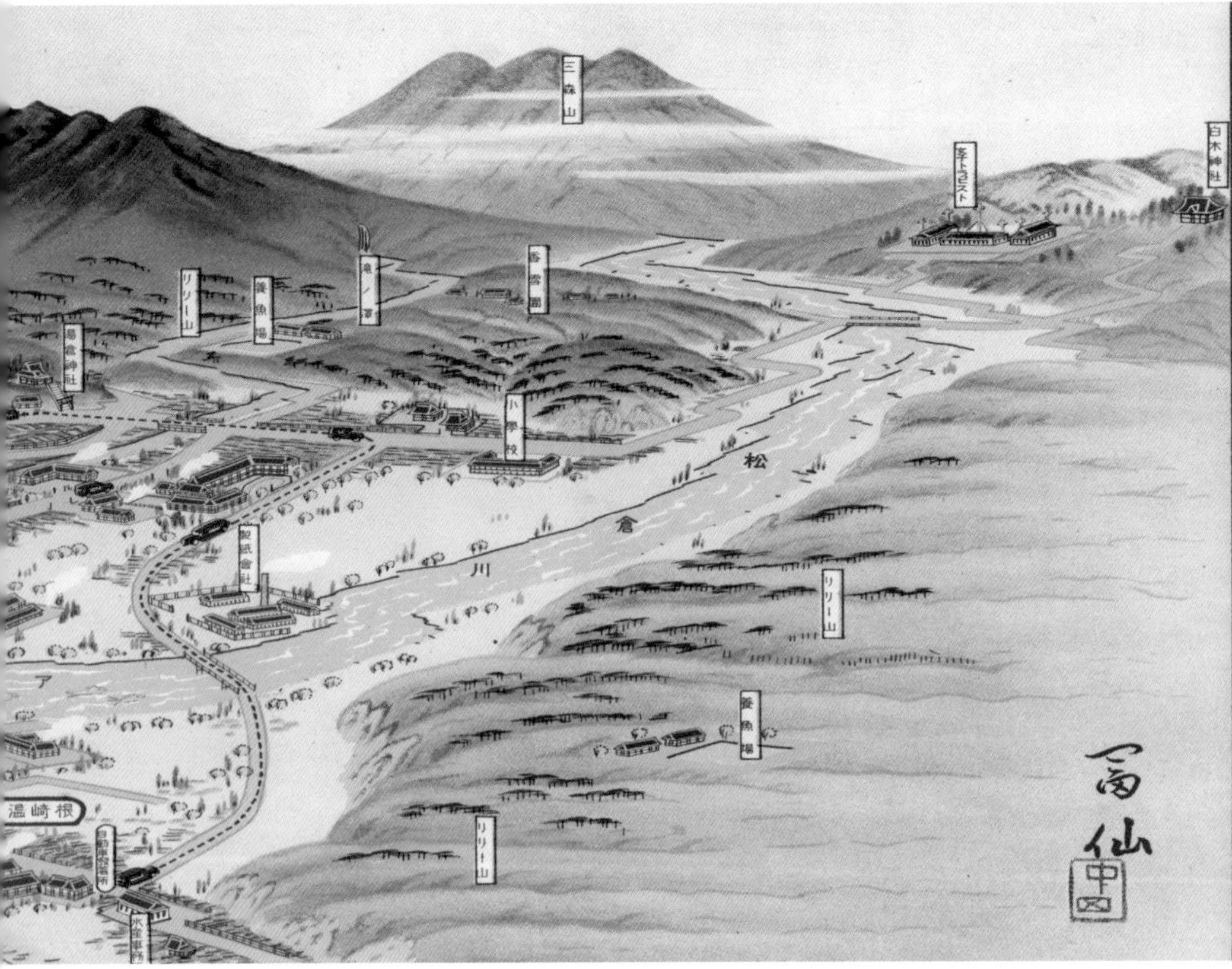
三森山
白木神社
リリー山
養魚場
香雪園
湯倉神社
小學校
松倉川
製紙會社
リリー山
養魚場
リリー山
温崎根
自動車營業所
水產事務
畫仙

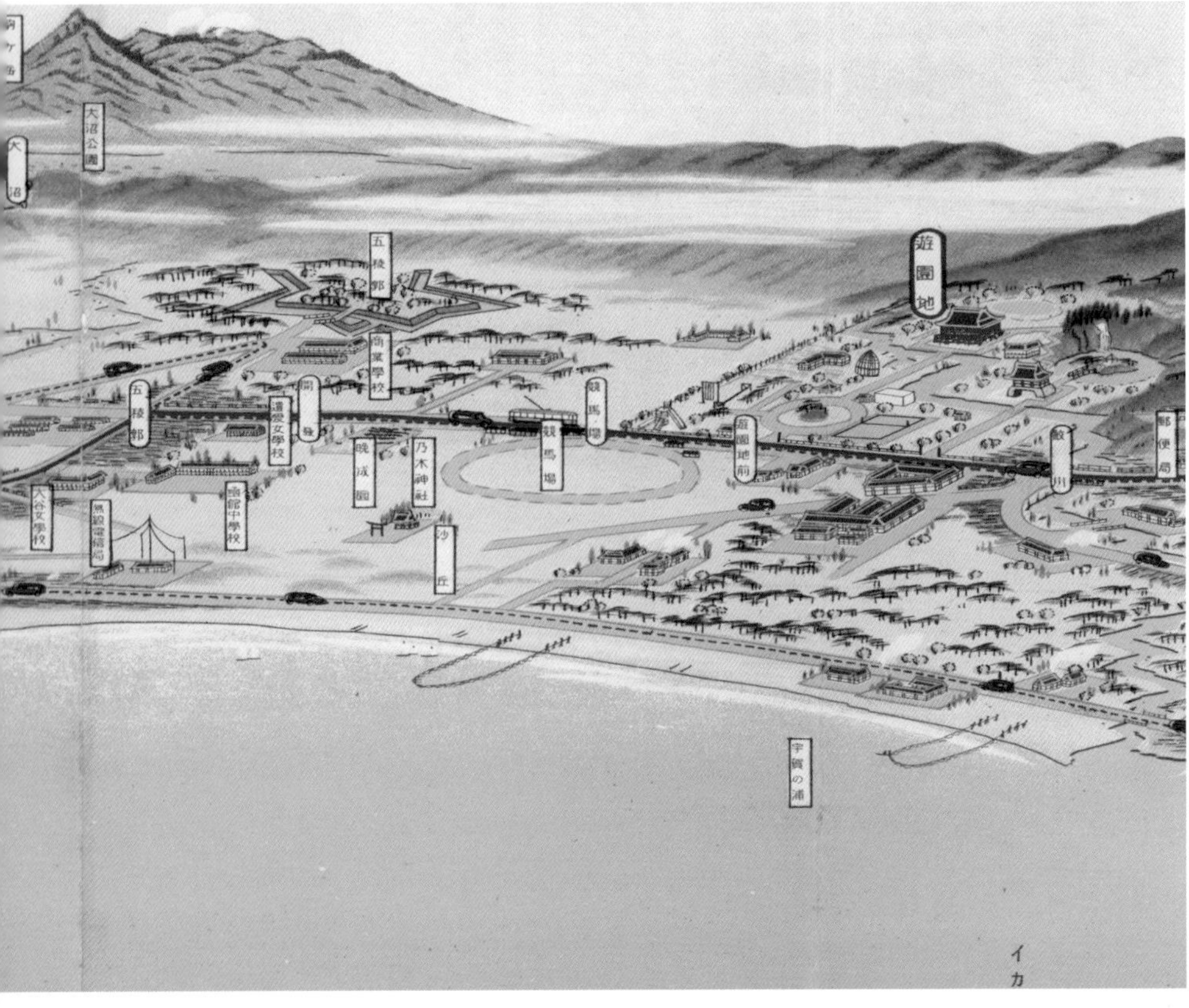
大沼公園
大沼
五稜郭
遊園地
商業學校
五稜郭
遺愛女學校
競馬場
競馬場
晩成園
乃木神社
遊園地前
湯川
郵便局
大谷女學校
無線電信局
函館中學校
沙丘
宇賀の浦
イカ

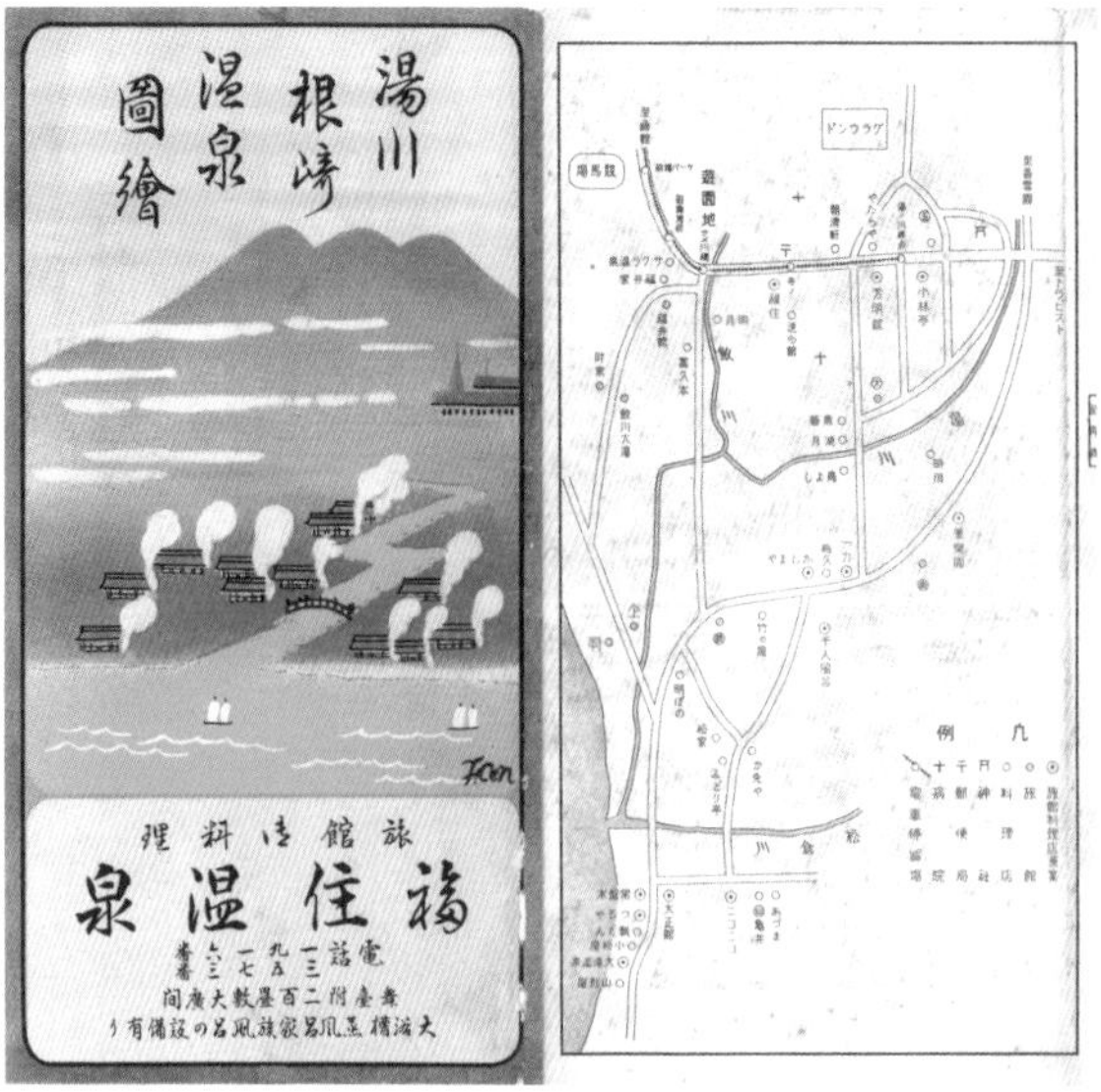


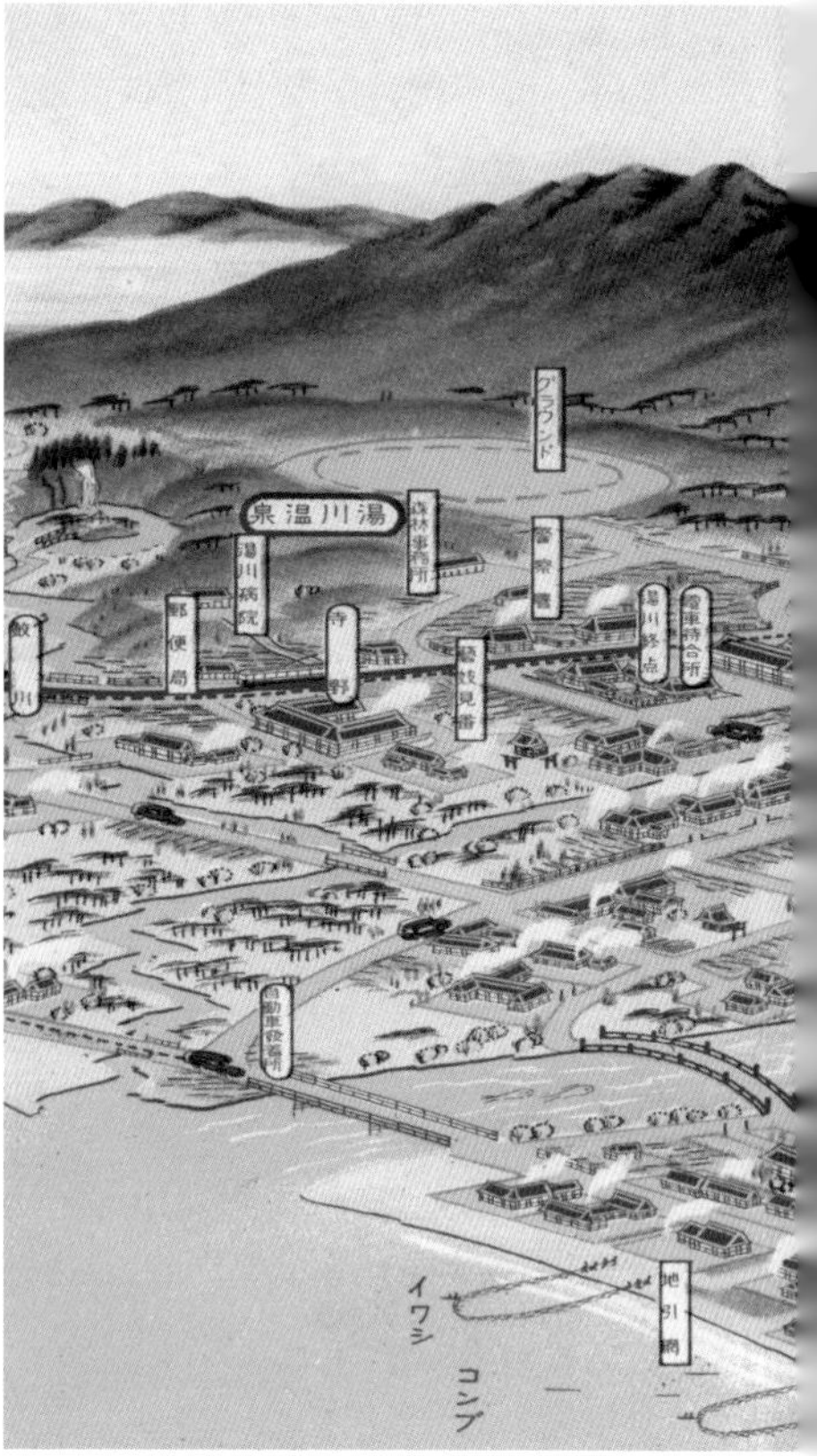


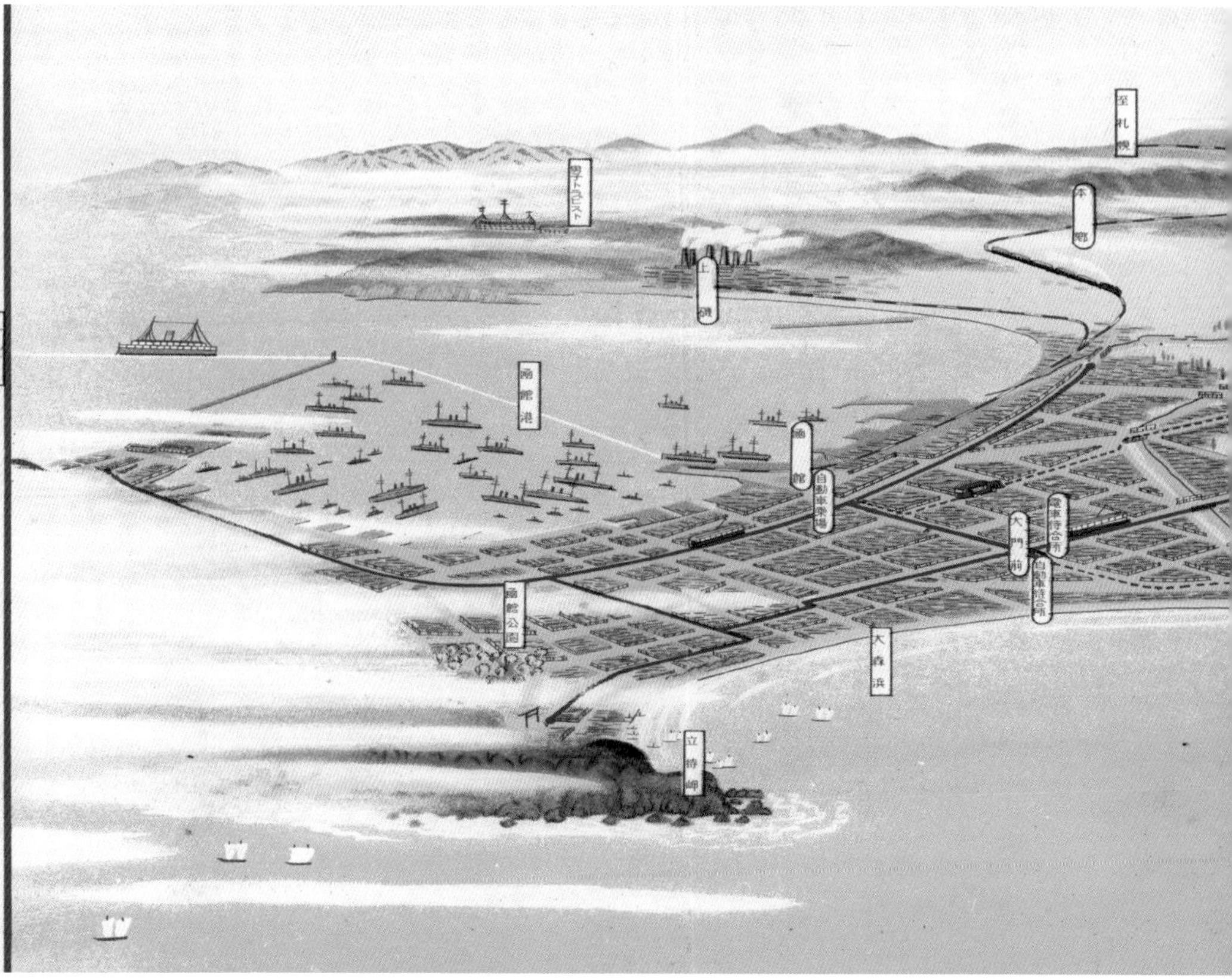


〈図3〉「湯川根崎温泉図絵」
（昭和３年６月、中田冨仙画、湯川温泉旅館組合）
国際日本文化研究センター提供

一大渓山に人工の妙を加味し理想的の一大庭園なり、一度此所に杖を曳く者は深山幽谷の気肌に迫るを覚ゆ、園内に最も完備したる大温室ありて南洋の珍花名木四季馥郁《ふくいく》として芬香《ふんこう》を競ひ、春夏秋冬観覧者絶ゆることなし。

香雪園（平成一三年名勝）は、呉服商岩船峯次郎が明治三一年頃から作庭をはじめ、大正期に「香雪園」と命名し、昭和二年から無料開放した。園内の大きな温室には南洋の珍しい花や木が芳香を漂わせ、一年中観覧する人が後を絶たなかった。戦後、函館市が香雪園を公有化して、見晴公園として整備した。

湯の川温泉付近の四季の風物についてもふれる。

五月桜の花地に委《い》する頃寺野台、志苔台（温泉地後方丘陵）の高原に、馥郁《ふくいく》の香を放つ小さき鈴蘭が咲き初むれば遠《お》ち近《こ》ちの人、老も若きも相携て採取に来り之を都の友、故郷の同胞に贈るのである。

桜が散ると、温泉地背後の丘に芳香を漂わせる鈴蘭が咲きはじめ、あちこちの老若男女が摘みに来る。その頃の温泉街は、各種団体が催す運動会や清遊会に参加した人たちで賑わった。ほどなく、松倉川などでアユ・ヤマメ釣りの季節を迎える。

土用に入れば一帯の海浜に昆布狩りが初まる、此地方の花折昆布は広幅と香味によりて全国に冠絶して居る。

土用の入りから昆布採りがはじまる。花折昆布とは、切り刻んで折りたたんだ昆布である。夏の温泉街は避暑海水浴客で賑わい、滝の沢での蛍狩りも風情があった。

浪に漾《ただよ》ふ仲秋の名月の奇は謂はずもがな、月と妍《けん》を競ふ幾千万の烏賊《いか》釣船の灯は真に当温泉第一の情趣であらう。

仲秋の名月は言うまでもなく、イカ釣り舟の漁火は、温泉街第一の味わいであった。秋は滝の沢付近の紅葉が見事で、栗拾いや、落葉を集めて茸を焼いて酒を酌む悦びもあった。一一月末にはイワシが押し寄せてくる。そして、冬はスキーに興じるなど、四季の風物は味わい深く、楽しみは尽きなかった。

現在、湯の川・根崎両温泉は函館と町並み続きの市街地と化したが、かつての清遊地としての情景を鳥瞰図が伝えている。

## 三、洞爺湖と洞爺湖温泉

洞爺湖は、火山活動で形づくられたカルデラ湖で、支笏洞爺国立公園に指定（昭和二四年）されている。湖畔に大正六年に源泉が発見された洞爺湖温泉があり、南に有珠山が聳える。

「湖郷は招く洞爺湖温泉」（昭和一二年六月、金子常光画、洞爺湖温泉観光協会発行）〈図4〉を見よう。これは封緘葉書として制作されたもので、表紙は有珠山から洞爺湖を望む絵柄、背後に羊蹄山が聳える。鳥瞰図は室蘭本線有珠駅付近から北東に洞爺湖を望む構図で、左に湖南西岸の珍小島《ちんこじま》、右に南岸の壮瞥《そうべつ》の滝をおく。画面下に内浦湾（噴火湾）がひろがる。湖の背後に羊蹄山が秀麗な山容を見せ、右下に有珠山が噴煙を上げる。

画面左下の虻田駅（現・洞爺駅）から洞爺湖電気鉄道が見晴駅を経て洞爺湖駅に通じ、見晴駅付近に見晴スキー場がある。洞爺湖駅前に洞爺湖神社が鎮座し、近くに野球場・ゴルフリンクス・テニスコートが整備されている。駅裏の山上に牧場があり、山麓にチーズ工場も建つ。洞爺湖駅から中央桟橋に向けて道路が延び、湖畔にホテル・旅館が並ぶ。中央桟橋西側が観光ホテル、東は万世館・富士屋・第一ホテル・洞爺湖温泉ホテルと続く。珍小島付近は水泳場で、小学校や温泉病院もある。

中央桟橋から中島、湖岸の月浦・向洞爺・壮瞥に向けて航路があり、中島の前に観音島・弁天島・饅頭島の小島が浮かぶ。北岸の向洞爺の湖中に浮御堂があり、「北海道三景」の碑が見える。南岸の壮瞥から湖水が流れ落ち、壮瞥の滝となる。壮瞥から有珠山登山道が延び、外輪山に囲まれて大有珠・小有珠の山塊が異様な姿を見せる。火口原は、牧場として利用されている。有珠山北東麓に明治四三年の噴火口も描く。

洞爺湖温泉の案内文を見よう。

洞爺湖温泉は東洋のゼネバと呼ばれ、或は北海道三景の一《ひとつ》と謳はれてゐる天下の絶勝で湖を隔てて霊峰蝦夷富士が雲表高く聳え、背面には奇峰有珠岳の噴煙が棚曳き、展望の雄大と風光の明媚な点に於いて全国に冠絶し、紅塵万丈の都会に住ふ人々には夢にも見られぬ、真に山紫水明の境たるの名に恥《は》ぢない、……

ゼネバ（Geneva）とは、レマン湖のあるスイスのジュネーブのことだろう。「北海道三景」は、小樽新聞社が創立三〇周年記念事業（大正一二年）として公募したもので、洞爺湖のほかに定山渓・利尻富士が選定された。蝦夷富士は、羊蹄山を指す。

洞爺湖温泉が急激な躍進をみせたのは、昭和三年に長輪線《おさわ》（現・室蘭本線）虻田駅が開業し、翌四年に洞爺湖電気鉄道（昭和一六年廃線）が営業をはじめたからである。

虻田駅を出発した電鉄の車窓風景を、このように紹介する。

水天一色恰《あたか》も瑠璃の如き噴火湾の風光と、一衣帯水の駒ヶ岳の英姿を一眸《いちぼう》の中に収めながら徐《おもむ》ろに上って行く約十五分にしてスキー場として知られてゐる見晴駅に着く、此処《ここ》は峠の頂上で行手には端然たる蝦夷富士の麾《さしまね》くあり、眼下には汪然《おうぜん》たる洞爺湖が展開し真に一幅の画図である、……

車窓から水と空がひと続きになった噴火湾（内浦湾）が瑠璃

〈図4〉「湖畔は招く洞爺湖温泉」
（昭和12年6月、金子常光画、
洞爺湖温泉観光協会）
国際日本文化研究センター提供

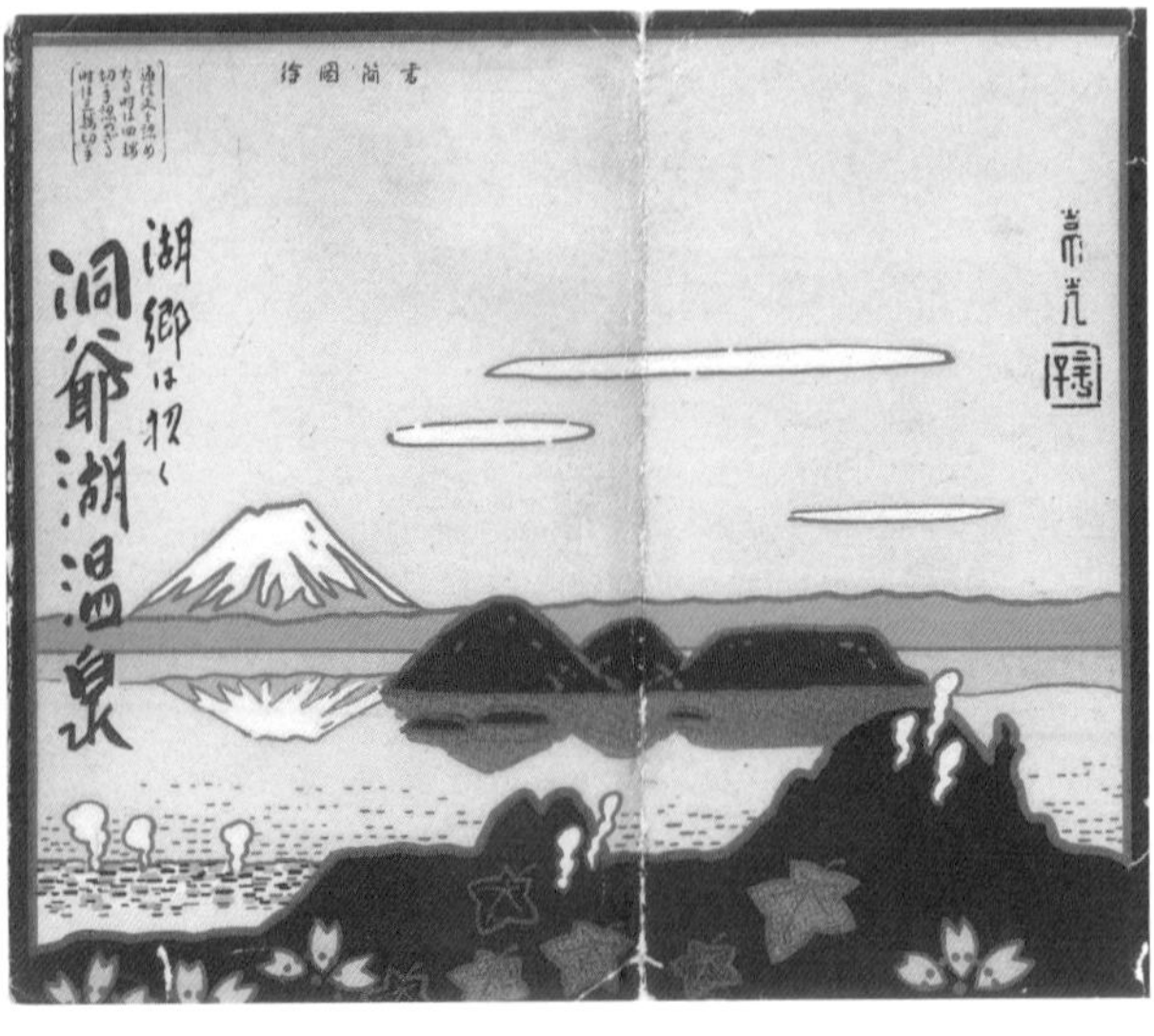

梅香園
浮御堂
水泳場
向洞爺
羊蹄山
老三樹
三樹亭
北海道三景碑
月見ケ丘
悦別半島
俱知安
喜茂別
櫻ノ名所
エボシ岩
至定山溪
義經岩
丸山
水島觀音
中島
大濤洞
ツヽチ崎
天乃浦
辨天島
觀音堂
二見峡
觀音島
觀音島
饅頭島
中央棧橋
万世館
富士屋
運輸會社
第一ホテル
湯ノ浜
眺美館
新噴火口
噴火口群
中央館
劇場
千望岱
金比羅山
山
佛法僧渡
亞麻工場
海辺ノ櫻
善光寺
有珠湾
有珠

ニセコアンヌプリ
小學校
花和
日ノ出ヶ丘
第二スキー場
月浦
小學校
月浦梅園
月見ヶ浦
青渕
水電取入口
珍小島
見晴スキー場
見晴駅
小學校
水泳場
温泉病院
法華寺
湖畔貨物駅
湖南荘
チーズ工場
テニスコート
野球場
洞爺湖神社
ゴルフリンク
水電事務所
洞爺湖駅
牧場
小學校
登記所
虻田駅
郵便局
道銀支店
魚菜市場
遊廓
亮昌寺
豊浦
大岸
禮文
長万部
禮文華
至函館

色に輝き、駒ヶ岳が間近に目に入る。見晴駅では端正な羊蹄山が手招きをし、眼下に深く広大な洞爺湖がひろがる。

湖周には山嶽重畳《ちょうるい》山影を倒《さかさ》に浸し、湖の中央には大小四個の島嶼を泛《うか》ぶ中島、観音島、弁天島、饅頭島である。（中略）扁舟《へんしゅう》を浪に漂はせて、樹影濃《こまや》かなる辺に綸《いと》を垂るれば忽《たちま》ちにして魚籠を充《みた》す事が出来よう、湖上には遊覧船、貸ボート其の他の設備整ひ定期発動機船は壮瞥、向洞爺に連絡してゐる。

湖の周りは山が重なり、湖面に美しい影を逆さに映し、中央に四つの島が浮かぶ。小舟から釣り糸を垂れれば、たちまち魚籠が満ちる。島々に樹木が鬱蒼と繁茂する原生林があり、湖には姫鱒・鯉・鮒・ザリガニなどが棲息する、とも述べる。

湖畔には、眺めのよい旅館などが軒を連ねる。

客室、浴場は多く湖畔に面し、座ながらにして浮織《うきおり》の錦の如き中島を眺め、浴槽に浸りながら閑雅幽邃《ゆうすい》なる洞爺湖情緒を味はふ事が出来る。旗亭、カフェーも十数軒あり、絃歌鼓声を聞けども明媚の山水は為に俗化する事がない。

旅館のほかに酒場やカフェーも十数軒を数える。洞爺湖温泉の美しい山や水は、三味や鼓が鳴り響いても俗化することはない、と真面目に語るのが微笑ましい。

六十余名の紅袖がゐる。浴後浅酌の徒然に又団体の宴席に侍りて、織手よく弾じ朱唇よく謡ひ、旅情を慰めるには充分である。

この文面からして、かなり歓楽地化しているではないか。

洞爺湖の眺めのよい地として、対岸の向洞爺を挙げる。

此処《ここ》から眺めた有珠岳の噴煙、緑林に蔽《おお》はれた中島の眺望など得難い風景である、殊に紺色の木立は汀の白砂に相映じて一入《ひとしお》風趣を添へ、千年を経た奇木老三樹、暮靄《ぼあい》に包まれて波間に泛《うか》ぶ浮御堂、洞爺湖に遊ぶ程の人は必ず訪ぬべきである。

洞爺湖越しに見る有珠山の噴煙や、樹木繁る中島の眺望は類い稀な風景である。夕暮れに立ち込めるモヤに包まれた浮御堂などもあり、向洞爺はぜひ訪れたい場所である、と説く。

温泉街の背後に聳える山は、有珠山である。

洞爺湖と噴火湾との間に蟠踞《ばんきょ》してゐる活火山である、海抜七百二十五米、山容突兀《とっこつ》万仭《ばんじん》奇態を呈し大古生成した火口径は今は外輪山として南屏風北屏風となり、其の火口原中に大小二嶽が対立してゐる。大有珠小有珠である。

有珠山（七三七ｍ）は活火山で、山は高く突き出し、奇妙な姿を表わす。外輪山は北屏風・南屏風となり、火口原に大有珠・小有珠が対をなす。女性や子供も楽に登山でき、温泉から新噴火口（明治四三年の噴火で生成）まで徒歩二〇分、そこから頂上へ徒歩約一時間半で到達できた。

洞爺湖温泉は、明治四三年の噴火で生じたという。この封緘葉書発行後にも三回の大噴火が起き、近年では平成一二年に西山山麓から金比羅山山麓にかけて噴煙をあげ、大地に約六〇個もの火口があいた。洞爺湖を訪ねて心に響くのは、明媚な湖の風光もさることながら、生々しい噴火の跡である。噴火跡地は「洞爺湖有珠山ジオパーク」として整備されている。

そのひとつ「西山火口散策路」を訪ねると、目の前の道路（国道二三〇号）は陥没し、池（西新山沼）と化して自動車が沈んでいる。地殻変動により、縮んだり伸びたりした道路も痛々しい。西山火口第一展望台に立つと、目の前にぽっかり口をあけた大きな火口が見える。火口の内壁に突き出す水道の給水管、折れた電柱などなど、噴火のすさまじさを物語る。

隆起した丘を利用した第二展望台からは、廃道となった国道二三〇号、ズタズタに寸断された町道泉公園線と、凄惨な姿が目に入る。展望台から道を下ると、被災した菓子工場がそのまま残されており、屋根に降り積もった火山灰、噴石で空いた穴が痛ましい。その惨事の光景を教訓として保存しているという。

鳥瞰図に描かれた洞爺湖温泉はもとより、奇妙な有珠山の山容、カルデラ湖の洞爺湖もまた、大地を揺るがす火山活動で誕生したものである。その地球の鼓動の跡を実見するのは、胸が締めつけられるが、洞爺の姿を何よりも深く体感できる。

## 四、登別温泉

北海道中南部の登別温泉は、わが国有数の温泉である。昭和初期の旅行案内書は、登別温泉をこのように紹介する。

> 湯街のある所は海抜二〇〇米、峰巒《ほうらん》四周を繞《めぐ》り、北方の日和山は不断に噴煙を続けてゐる。温泉は付近一帯の渓谷又は削壁《さくへき》の間より、或は奇岩の間より、或は谿《たに》に沼に沸々として噴出し、白煙濛々《もうもう》四辺を封じ淙々《そうそう》の囁《ささや》きをなしては渓流となって流れる。付近の風景と多種多様な湧泉の豊富さとは旅館の文化的設備と相俟《あいま》って北海道温泉中の白眉である。（鉄道省『温泉案内』、昭和六年版）

周囲を山に囲まれた登別温泉は、渓谷や絶壁、あるいは沼から温泉がふつふつと湧き出し、白煙が立ちこめる。多種の泉質、豊富な湧泉を特色とし、旅館の設備も整い、北海道の温泉の中で抜きんでている、と誇る。温泉の歴史にもふれる。

> 旧時は火山爆発の跡であって、寛政十一年幕府の直轄で硫黄を採取し、安政五年幕府が蝦夷地開拓に際し、武蔵国本

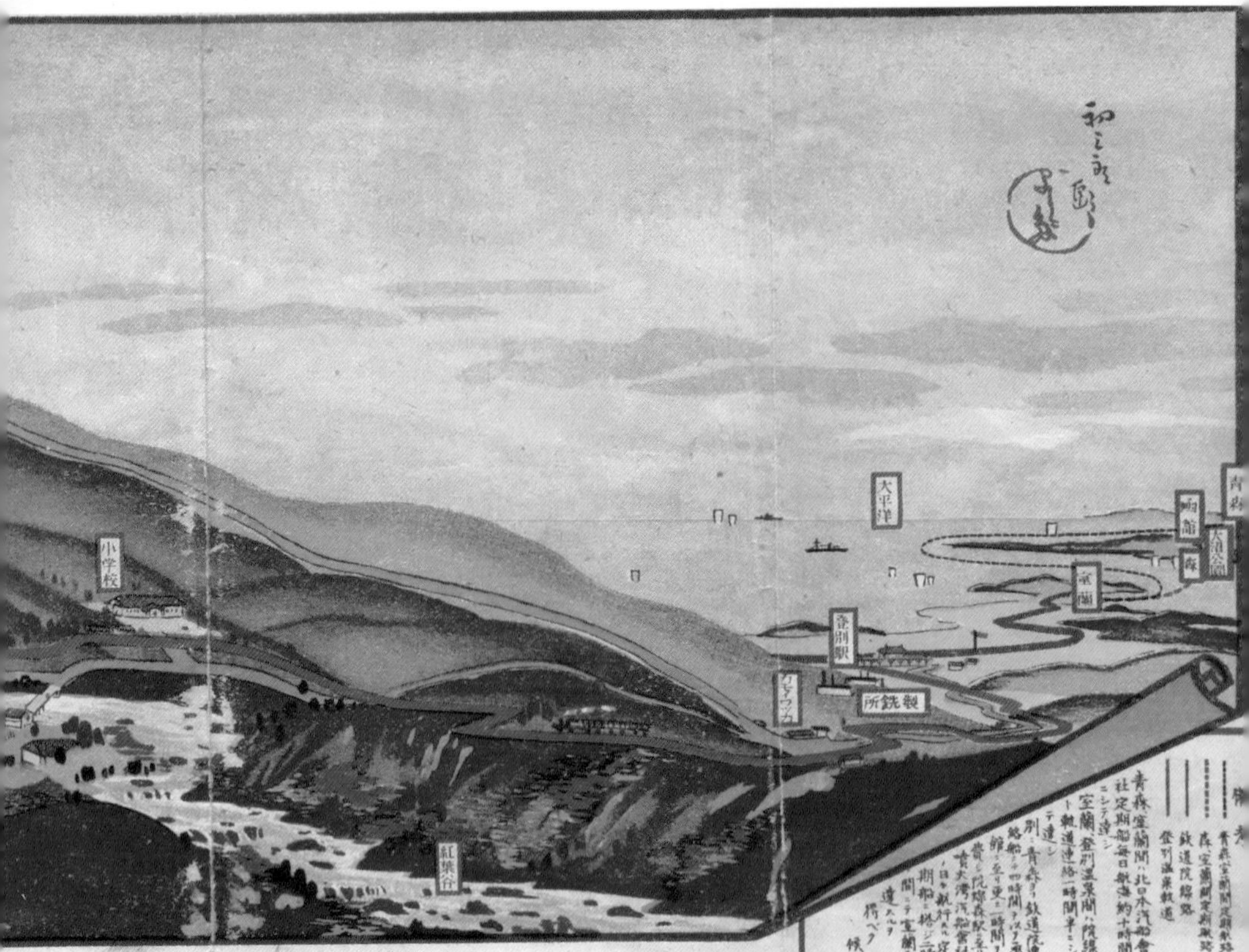

〈図5〉「登別温泉図絵」
(大正7年12月、吉田初三郎画、大正名所図絵社)

樽前山
倶多楽湖
登別温泉駅
大川ノ湯
新市街地

地獄谷
奥ノ湯
大湯沼
発電所
公園予定地
カルルス温泉

庄の人滝本金蔵といふものが来て、湯守となったのが温泉の始めであるといふ。（同書）

登別は、色の濃い川を意味する「ヌプルペツ」（アイヌ語）が語源という。噴火活動を繰り返し、川の色を変えるほどの温泉が湧き出したことを想起させる地名である。江戸後期、登別で硫黄採取がはじまり、幕末の安政五年（一八五八）に湯守のいる温泉場がひらかれた。明治二五年、室蘭駅―岩見沢駅間に鉄道が敷設されて登別駅ができると、温泉を訪れる人が増えた。

「登別温泉図絵」（大正七年一二月、吉田初三郎画、大正名所図絵社発行）〈図5〉を開こう。表紙は図案化した山河を背景に地獄谷・湯滝の写真二枚をおく。鳥瞰図はクスリサンベツ川（登別川支流）右岸から東に温泉街を望む構図で、左上に大湯沼・地獄谷、中央に温泉街、右下に登別駅をおく。登別駅の上は太平洋で、室蘭から森・青森方面への航路を描く。温泉街東方の山中に倶多《くった》楽《らこ》湖が水を湛え、遠くに樽前山が噴煙をあげる。

登別駅から紅葉谷を経て、登別温泉軌道（昭和八年廃線）が登別温泉駅に通じる。三両の客車を引く蒸気機関車が錦繍の紅葉谷をゆく図には、馬車鉄道として開業（大正四年）した軌道に、蒸気機関車が導入（大正七年）された喜びが漂う。

温泉街は、東に湯の川、西にクスリサンベツ川が流れ、川沿いに家屋が軒を連ねる。湯の川上流に湯沢神社が鎮座し、神社の下に湯滝・滝の湯・塩の湯・新湯が集まる。クスリサンベツ川の畔に万寿湯、二つの川の合流点少し下に大川の湯がある。湯の川上流は地獄谷で、赤茶けた山肌が露わになった谷間に、噴煙が立ちこめる。クスリサンベツ川上流に大湯沼・奥の湯があり、水面から湯気があがる。初三郎初期の作品にあたるこの鳥瞰図は、昭和期のものに比べると、おおらかな筆致である。

図の右下の囲みに、登別温泉への順路をこのように示す。

青森、室蘭間ハ北日本汽船会社定期船毎日航海約十時間ニシテ達シ　室蘭、登別温泉間ハ院線ト軌道連絡一時間半ニシテ達シ　別ニ青森ヨリ鉄道院連絡船ニテ四時間ヲ以テ函館ニ至リ更ニ一時間ヲ費シ院線森駅ニ至リ噴火湾汽船会社ノ日々航行スル定期船ニ搭ジ二時間ニテ室蘭ニ達スルヲ得ベク候

当時、函館本線長万部《おしゃまんべ》駅から内浦湾に沿って室蘭駅に通じる鉄道は敷設されていなかった（昭和三年に室蘭本線の前身長輪線が全通）。本州からの登別温泉入湯客は、青森から海路室蘭へ、それより鉄道で登別へ向かった。ほかに、青森から連絡船（明治四一年開設）で函館に入港、函館本線に乗り替えて森駅下車、それより海路室蘭へ行く方法もあったが、いずれも長時間を要

した。まだ鉄道院（大正九年、鉄道省に昇格）の時代であった。

　温泉市街は湯の川クスリサンベツ川の両岸にあり、見るから清々しき翠巒《すいらん》四面を包む山懐に、大廈《たいか》高楼瀟洒閑雅の旅館十数戸、或は山を負ひ、或は川に臨み、何れも形勝《けいしょう》の地を占め、而《しか》も開道五十年博覧会を記念して競って改築増築を為し、全く面目を一新し、室内清潔待遇懇切を唯一の信条として顧客を待つに十分の用意を怠りません　而して旅籠自炊、共に客の命ぜらるる儘《まま》にて、　且《かつ》各々内湯の設備があります。

緑の山々に囲まれた景色のよい温泉地には、豪華で垢抜けした旅館が十数軒並んでいた。大正七年に札幌・小樽で開催された開道五十年記念北海道博覧会を機に、遠く離れた登別温泉の宿さえも増改築をしたとは、驚きである。博覧会への期待の高さを物語る一文である。

　春は満街の桜花紅雲の靉《たなび》くかと疑はれ、夏は朝嵐《ちょうらん》暮《ぼ》靄《あい》徐《おもむ》ろに涼風を送り、青巒《せいらん》緑樹座《そぞ》ろに暑熱を遮る、秋はまた山といはず谷といはず総て是《これ》焔と見紛《みまが》ふ目覚むる計りなる紅葉の風趣に、更に茸狩《たけがり》の清興も棄てがたく、冬は気温甚だしく低からず雪も亦尠《またすくな》ければ、閑寂の境、霊泉に親しみて静に痾《やまい》を養ふには最も相応《ふさわ》はしく、四時を通じて常に浴客の絶えざる寔《まこと》に故ある事であります。

四季それぞれの魅力の紹介に筆を尽くす。そして、霊験ある温泉に静かに浸かり、療養するには最適である、と説く。

登別温泉最大の見所が、地獄谷である。

　往時噴火の跡にして、剣戟《けんげき》の如き赭岩《しゃがん》に四方を囲まれたる大渓谷を成し、到る処大小無数の坑《あな》より断《た》えず熱湯を吐き、熱烟を吹き、濛々《もうもう》たる白霧天を蔽ひ、奔雷《ほんらい》の音耳を聾せんばかり荒《すさま》じくも亦《また》物凄く、加ふるに湯の川の熱流其間を迂回し、真に此世《このよ》からなる地獄を現出して、凄絶壮絶覚えず人をして肌に粟を生ぜしめます。

地獄谷は爆裂火口の跡で、赤茶色の岩に四方を囲まれている。熱湯を吐く穴が無数に散在し、白い噴気が天を遮り、轟く音は耳が聞こえなくなるほどに激しい。想像を絶する勇壮な姿に思わず鳥肌が立つ、と語る。

登別温泉を訪ね、地獄谷から大湯沼にかけて探勝しよう。地獄谷展望台から鉄泉池に向けて探勝路を下ると、小祠に薬師如来の石仏が祀られている。開湯三年後の文久元年（一八六一）、硫黄採取の職人中が奉納したことを傍らの「薬師如来」文字塔に刻む。あるいは、この文字塔が当初のご本尊かもしれない。

探勝路を進むと、赤茶けた絶壁に奇岩がそそり立ち、山裾に薄茶色や灰色の小丘がうねっている。湯花畑に近づくと強い硫黄臭が立ちこめ、大地の鼓動を感じる。荒涼とした酸性土壌の地肌に、わずかにススキ、ナナカマドが生えるにすぎない。小丘の谷間の白濁色の流れは「三途の川」と呼ばれ、付近は不気味な気配が漂う。鉄泉池を覗くと、熱湯が白煙をあげる。鉄泉池は、鉄分を含む湯を数分間隔で噴きあげる間欠泉である。

鉄泉池をあとに、森の小径を大湯沼に向かう。背後の日和山から噴煙があがるが、沿岸の漁民がこの煙で天候を見定めたことが山の名の由来という。周囲約一㎞の大湯沼も爆裂火口で、表面五〇度、最深部一三〇度の温泉沼という。地肌から噴気があがり、地中からフツフツと硫黄泉が湧出している。

大地を踏みしめて地球の息遣いを体感する、登別温泉はそのような心震わす体験ができる場所である。

## 五、室蘭

室蘭の街は、太平洋内浦湾の東端に突き出す絵鞆《えとも》半島付け根の砂州上に発達する。陸繋島の絵鞆半島に抱かれた天然の入江は、室蘭港である。明治五年の室蘭港開港に伴い、室蘭―森間の定期航路がひらかれた。明治二五年には北海道炭礦鉄道の岩見沢駅―室蘭駅（初代）間が開通し、室蘭港から石炭積み出しがはじまる。鉄道開通二年後、室蘭港は特別輸出港に指定され、港町として発展をはじめた。なお、室蘭駅は何度か移転するが、明治四五年建築の三代目駅舎が保存されている。

明治四〇年、日本製鋼所が設立され、鋼材・機械類・造船材料・兵器・車輌などの製造を開始した。同社は北海道炭礦汽船（明治三九年、北海道炭礦鉄道が改称）と英国二社による共同出資の会社である。二年後には北海道炭礦汽船輪西製鐵場（昭和九年に日本製鉄室蘭製鉄所）が銑鉄生産を開始し、石炭乾留の副産物として骸炭・硫安・油類・薬品原料なども生産する。室蘭はまず石炭の積出港、次いで製鉄の街としての道を歩みはじめた。

「室蘭」（昭和五年一〇月、金子常光画、室蘭商工会議所発行）〈図6〉を開こう。表紙〈図6-1〉は今はなき室蘭公園から町並みと室蘭湾を望む絵柄で、裏表紙は絵鞆半島南岸の金剛浜の絶景である。鳥瞰図〈図6-2〉は太平洋から北に絵鞆半島・室蘭湾を望む構図で、左に函館と津軽海峡を隔てて青森、右上に登別方面をおく。絵鞆半島の左上は内浦湾、画面下に青森から下関にいたる本州を添えて遊びを加える。

昭和五年当時の室蘭は、函館・札幌・小樽・旭川に次ぐ北海道第五位の人口五五、八五五人を数える都市で、その発展の姿を描く。室蘭は工業都市ではあるが、この鳥瞰図を見ると、絵鞆半島南岸の断崖絶壁に景勝地がいくつも続き、旅心をそそる。

室蘭湾に沿って鳥瞰図を見ていこう。半島付け根の輪西駅（昭和三年開業）前に日本製鋼所輪西工場（後の日本製鉄）があり、山側に住宅地がひろがる。御崎駅の南に日本製鋼所室蘭工場があり、鉄道引込線が工場や埠頭に通じる。工場西に瑞仙閣と示すのは、日本製鋼所の迎賓館（現存）で、皇太子行啓の折に建築（明治四四年）された。線路を隔てて室蘭公園があり、一角に市役所が建ち、公園南西に旧制室蘭中学校（現・北海道室蘭栄高等学校）が校地を構える。

公園下のトンネルを抜けると室蘭駅で、線路が客船桟橋に通じ、桟橋に税関・水上警察署が建つ。船入を挟んで鉄道桟橋（鉄道石炭高架桟橋）もある。当時、客船桟橋から青森—室蘭間の連絡定期船が毎日運航していた。鉄道石炭高架桟橋（明治四四年竣工）は、夕張炭田から産出された石炭を太平洋岸の諸港に積み出す施設で、同様な高架桟橋は小樽港にも設置されていた。

市街地は、室蘭駅から南の追直浜《おいなおしはま》にかけてひろがり、市街地西の電信浜は海水浴場として利用された。電信浜は、海底電線が渡島半島の砂原間に敷設（明治二四年）されたことに由来し、この電線敷設により函館と札幌とを繋ぐ電信設備が整った。

絵鞆半島南岸に目を転じよう。半島西端の絵鞆岬から突き出す防波堤が室蘭港を内海から隔て、大黒島・恵比寿島が浮かぶ。絵鞆岬から測量山にかけての断崖絶壁は銀屏風、測量山南の断崖下は増市浜である。市街地南の追直浜を過ぎると金剛浜で、轟岩・蓬莱門の奇岩怪石を描く。さらに進むと、地球岬に灯台が立つ。金屏風・二見岩を過ぎるとトッカリショ岬で、その先の断崖に百穴を描く。絵鞆半島の断崖はこの辺りで終わる。

昭和初期の旅行案内書は、室蘭の廻覧順路を五つ示すが、三つ抜粋しよう。

〈図6-1〉「室蘭」(昭和５年10月、金子常光画、室蘭商工会議所)

（一）室蘭駅―八幡神社―大町―電信浜（海水浴場）―室蘭公園―室蘭駅
（二）室蘭駅―大町―常盤町―清水町―測量山―増市浜―ハルカラモイ―小橋内―海岸町―室蘭駅
（三）室蘭駅―海岸町―室蘭公園―金剛浜―地球岬燈台―トッカリショ―母恋《ぼこい》―室蘭駅（『日本案内記』北海道篇、昭和一一年）

絵鞆半島南岸の景勝地が、室蘭の主要な遊覧地となっている。室蘭公園は港の眺めがよい公園であったが、戦後、荒廃したゆえに廃止された。市街地西の測量山（二〇〇ｍ）も山上からの眺望が雄大で、登山道路があって清遊地になっていた。

「室蘭」〈図6〉から、絵鞆半島の外海景勝の案内文を見よう。

> 小舟を港口より乗出し太平洋の雄波雌波打寄する海浜に浴ふて半島外海の探勝をなすものは、必ずその未だ世に知られざりし大自然の景勝に富めるに驚嘆するであらう。（中略）実にこの外海こそは岬巌嶮崖《こうがんけんがい》風景中の粋であり、海岸美の最《ママ》なるものである。

絵鞆半島南岸の外海は、切り立った崖が海岸美を見せる。舟が港口から出ると、右に大黒島が浮かび、白亜の灯台が建つ。大黒島を過ぎると、エビスさまの姿をした恵比寿島があり、絵鞆岬を周ると、銀屏風と称する断崖がそそり立つ。

> 嶮崕《けんがい》は飽くまで銀白にして、長く続き白色嶮崖といひ銀屏風と称せらる。此の嶮崖の裾海岸には鷗や鴉が浮きつ沈みつし或は互ひに飛び□ってゐる様は全く長閑《のど》かな風景である。

銀屏風から、螺貝のような螺岩、細長い蠟燭岩、鷗の群集する鷗岩などを見ながら、測量山の下の増市浜にいたる。

> 測量山下の最も風致に富める所にして、高さ七十余米の大断崖を仰ぎ、奇岩の屹立《きつりつ》せる様は実に雄大にしてその壮麗なること筆舌に尽し難く、断崖上より見下す景色亦《また》絶佳……

増市浜は、海上から仰ぎ見る景色だけでなく断崖の上から見下ろす景色もまた絶景で、市街からの道路もついていて陸路探勝もできた。増市浜を過ぎると、電信浜である。

> 遥かに対岸駒ヶ嶽等の連山を望み眺望甚だよく、両翼の岬巌に挟まれ太平洋の金波銀波岸を洗ふ蘭西第一の海水浴場にして最近諸施設大いに進み香水風呂牛乳風呂の設けあり……

電信浜は海水浴場として利用され、夏季大いに賑わった。電信浜を過ぎると追直浜で、砂浜が美しく五色浜ともいった。近海漁業の一根拠地でもあった追直浜には、現在、漁港が整備されている。ここから海岸は再び峻嶮となり、金剛浜にいたる。

金剛浜は赤銅色の巨岩連立して聳え、遠くより押寄する波濤は岩に乗りては滝の如く落下する、雄渾美観自然に一幅の絵にして真に絶讃禁ずる能《あた》はず飽かず眺めて日の暮るるを忘る。

金剛浜の奇岩怪石が、轟岩と蓬莱門である。轟岩は、岩下の洞穴に砕けた海水が万雷のように鳴り響くことに因む。蓬莱門は、門のような洞穴のある岩で、晩春からツバメの巣窟となった。金剛浜付近の景観は、チャラツナイ展望所から脚下に望める。金剛浜を過ぎると、地球岬である。

地球岬の突出せる断崖上には白堊の円塔直立して見える、地球岬一等燈台であり夜は光燈点滅し、濃霧の頃には霧笛を以って航海者のしるべとなし、断崖上よりの眺望亦頗《またすこぶ》るよし。

白亜の灯台（大正九年初点燈）が建つ地球岬もまた、眺望がよかった。地球岬北東の断崖は、金屏風と呼ばれた。

絶壁は一面に黄色を呈し夕陽に映えて金色燦然《さんぜん》たり、金屏風と称せられ、前記銀屏風と共に一幅対をなし、実に壮大なる屏風ではある。

金屏風は、銀屏風とともに、絵鞆半島を代表する断崖絶壁の景勝地として有名であった。

室蘭を訪ね、測量山に向かう。そこは、明治五年に開拓使の外国人技師が測量のために登った山である。山頂広場から北東に室蘭港、北西に絵鞆岬を眺望し、白鳥大橋の先に有珠山や昭和新山なども見渡せる。室蘭港に旅客船バーズ・フェリーターミナルが突出し、海辺に日本製鉄・日本製鋼所の工場が建ち並ぶ。鉄道石炭高架桟橋は、昭和一一年にすでに撤去されている。工場や住宅地の背後に丘陵が続く室蘭は、工業都市であっても思いのほか緑に包まれた街である。

次いで、絵鞆岬に立つと、内浦湾を隔てて駒ヶ岳が緩く三角の稜線を引き、眼下に大黒島が浮かぶ。絵鞆半島南岸の山道を東に進むと、前述した景勝地の絶景が次々にあらわれる。なかでも、ハルカルモイ（以下アイヌ語、食料をとる入江）・増市浜（マスイチセ＝ウミネコの家）・地球岬（ポロチケウェ＝大きな断崖）・トッカリショ（アザラシ岩）の四か所は、名勝「ピリカノカ」（平成二一年、道内一〇か所を指定）として注目されている。ピリカノカとは、美しい形を意味するアイヌ語である。

それら四つの名勝地は、いずれもアイヌ語から命名された独特な地形・自然景観を特色とし、室蘭の原風景を彷彿とさせる。鳥瞰図に描かれた絵鞆半島の絶景は、自然景観に加え、多様な文化を理解するうえでとりわけ重要視されるようになった。

〈図6-2〉「室蘭」
(昭和5年10月、
金子常光画、
室蘭商工会議所)

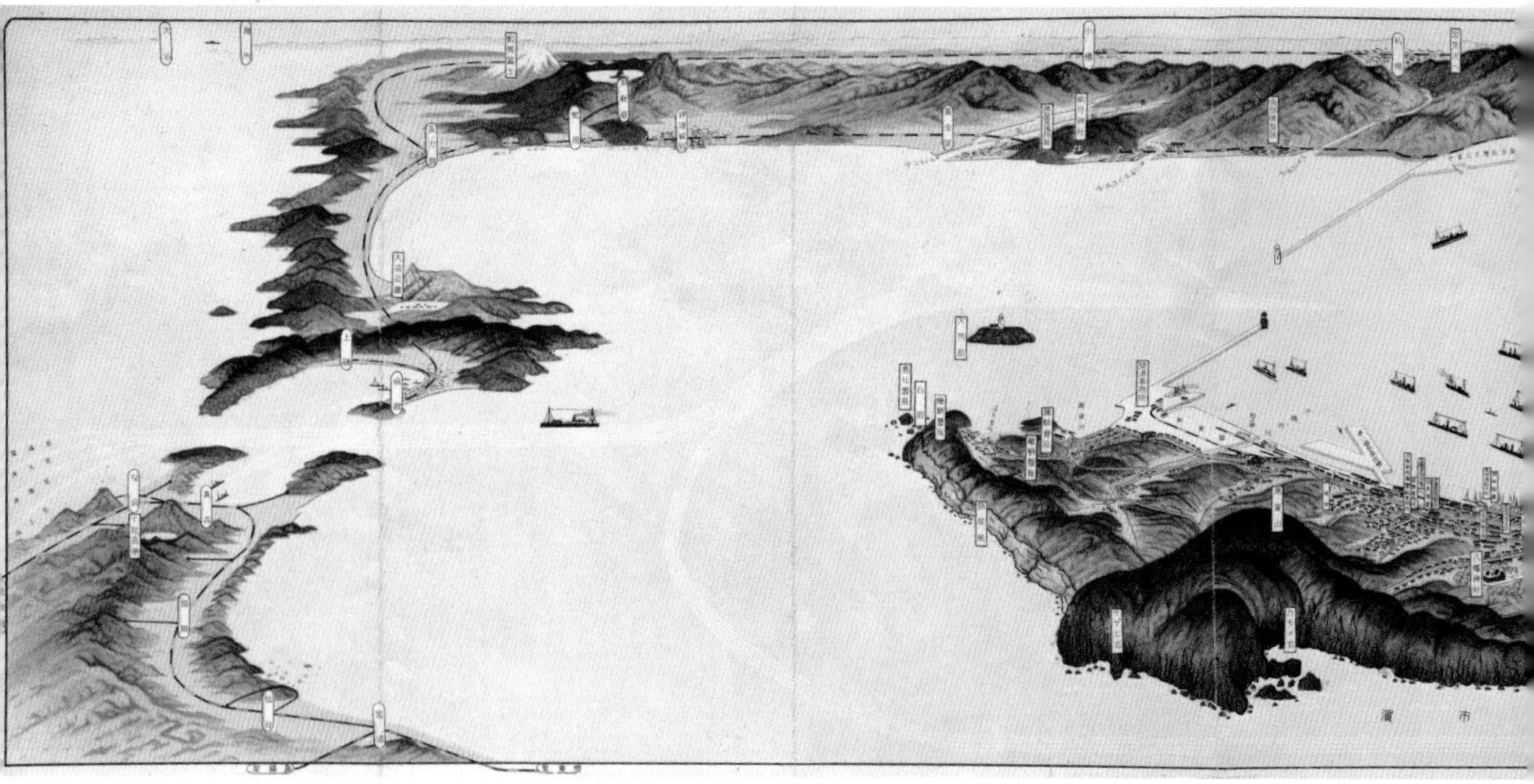

小樽
札幌
岩見沢へ
陣屋見張所跡
崎守神社
南部陣屋跡
大黒島
恵比壽島
白岩
エトモ川
捕鯨會社
祝津川
築港事務所
測候所
白井商會
測量山
銀屏風
八幡神社
サザエ岩
カモメ岩

## 六、旭川

北海道北中部、上川盆地に整然とひらける旭川は、札幌に次ぐ北海道第二位の人口を擁する都市である。明治二三年、旭川・永山・神居の三村が設置され、屯田兵が永山村（同二四年）と旭川村（同二五年）に入植して開拓がはじまる。ほどなく、札幌から北海道官設鉄道が延び、旭川駅が開業（明治三一年）する。明治三四年には第七師団が札幌から移転し、軍都の性格を帯びた。

「旭川」（昭和五年四月、吉田初三郎画、旭川商工会議所発行）〈図7〉を開こう。表紙は層雲峡に蝶と花を添えた絵柄である。鳥瞰図は旭川駅の南から北に市街地を望む構図で、左下に神居《かむい》古潭《こたん》、右上に大雪山系・層雲峡・天人峡をおく。

旭川市街地は、石狩川と忠別川に挟まれて碁盤目にひろがる。函館本線が札幌方面から旭川駅に通じ、宗谷本線が稚内に北上する。また、富良野線が下富良野へ南下し、下富良野から根室本線が狩勝峠を越えて帯広・釧路方面に向かう。ほかにも、旭川電気軌道が市街地から東川駅（昭和二年開業、廃止）、旭山公園駅（昭和五年開業、廃止）に延びる。さらに、旭川市街軌道の市内電車が一条・四条の街路を走り、第七師団などへ通じる。

市街地は、一条から十条の通りが東西に延び、南北を一、二丁目と区切る。旭川市街軌道の六条九丁目停留所付近に市役所が建ち、その東に商工会議所・上川支庁・営林署などの公官署が集まる。隣接して旧制旭川中学校（現・北海道旭川東高等学校）が校地を構える。市街地北西に常磐公園があり、園内に上川神社頓宮が鎮座する。市街地で目につくのは、造り酒屋である。北海道の米どころ上川盆地をひかえた旭川には、当時、一一軒の造り酒屋を数え、北海道全域・東北に販路をもっていた。

市街地から石狩川の旭橋を渡ると、第七師団司令部・偕行社があり、練兵場周囲に歩兵第二十七・第二十八連隊、騎兵・野砲兵第七連隊、輜重《しちょう》兵・工兵第七大隊・衛戍病院が並ぶ。背後の丘は春光台で、丘の上の近文《ちかぶみ》演習場が西の旭ヶ丘に延びる。旭ヶ丘に隣接する近文《ちかぶに》は、アイヌ集落として知られる。旭ヶ丘西の嵐山から石狩川を下ると神居古潭で、付近は渓谷をなす。石狩川上流は層雲峡で、大雪山登山口から黒岳に登山道が通じ、登山口に塩谷温泉（現・層雲峡温泉）がある。層雲峡には流星の滝・銀河の滝が流れ落ち、上流に大函・小函の景勝地を示す。

忠別川に目を転じると、画面右下の神楽岡に上川神社が鎮座する。上流は天人峡で、松山温泉（現・天人峡温泉）が湯煙をあげる。その奥に羽衣の滝が懸かり、登山道が旭岳に通じる。

黒岳と旭岳の間に桂月岳・稜雲岳・北鎮岳・比布岳・愛別岳・永山岳・当麻岳などの山々を描くが、それら山塊の総称が大雪山であり、昭和九年に一帯は大雪山国立公園に指定された。
昭和初期の観光案内書は、旭川の廻覧順路をこのように示す。
旭川駅─神楽岡公園（上川神社）─第七師団─（春光台）─旧土人部落─常盤公園─師団通─旭川駅（『日本案内記』北海道篇、昭和一一年）

神楽岡公園・常磐公園（当初は常盤と表記）・春光台・近文のアイヌ集落などが旭川の見所であった。「旭川」〈図7〉の案内文を見よう。まず、神楽岡公園である。

丘上は一帯柏の大樹に蔽はれ、丘麓は忠別の清流奔馳《ほんち》し風光明媚の荘厳なる境域である。丘上に立ちて一度眼を放てば上川平野の開発一眸《いちぼう》の下に聚《あつま》り、旭川の炊煙眼下に横はり春の桜花、秋の楓葉《ふうよう》遊子の杖を曳くものが多い。

風光明媚な神楽岡に立てば、忠別川の清流を望み、旭川の街を一望できた。上川神社は、旭川村設置三年後の明治二六年に市街予定地に創祀され、大正一三年に神楽岡に遷座した。なお、「神楽」という神遊びを意味する地名（明治以後の呼称、旧村名でもある）は、神々が集まって楽しく遊ぶことを意味するヘッチェウシ（アイヌ語）に因むとされる。

旭川市内随一の行楽地は、常磐公園である。

池中に浮ぶ千鳥ヶ島に建設せられた上川神社頓宮は緑蔭幽草の間に点見して一入《ひとしお》雅致を添へ仮山、泉水、樹木、草花の配置各々《おのおの》其の処を得て趣多く西南隅の一部は体育競技場として使用され、各種運動施設完備し頓宮を囲む満々たる清水にボートを浮ぶるも興深く市内唯一の行楽地として散策する者後を絶たない。

石狩川に臨む常磐公園は大正五年の開園で、千鳥ヶ池の小島に上川神社頓宮が造営（大正一三年、本宮遷座と同時期）された。頓宮とは仮の宮であり、神楽岡の本宮に代わって簡便に参詣でき、千鳥ヶ池ではボート遊びが楽しめた。

春光台は、第七師団演習場になっていた。

第七師団演習場として、その広茫起伏の変化は絶好の地形をなすのみならず、その名の如く陽春の眺趣殊に深く台上に佇んで一望すれば上川平原は一眸《いちぼう》に聚《あつ》まり、更に遠く碧空を衝く大雪山の雄姿を指呼の中に仰ぐ。

春光台から上川盆地や大雪山系を見渡すことができた。図を見ると、斜面の一部がスキー場になっているが、このことは後述する。旧演習場の丘陵は、春光台公園として整備された。

春光台北西の嵐山は、さらに見晴らしの良い山である。

此処《ここ》に登れば一望広濶上川の大平野遠く相連って遥に山丘と相接し石狩、忠別、美瑛、牛朱別《うしゅべつ》の諸川其の間を縫ふ

〈図7〉「旭川」
(昭和5年4月、吉田初三郎画、旭川商工会議所)

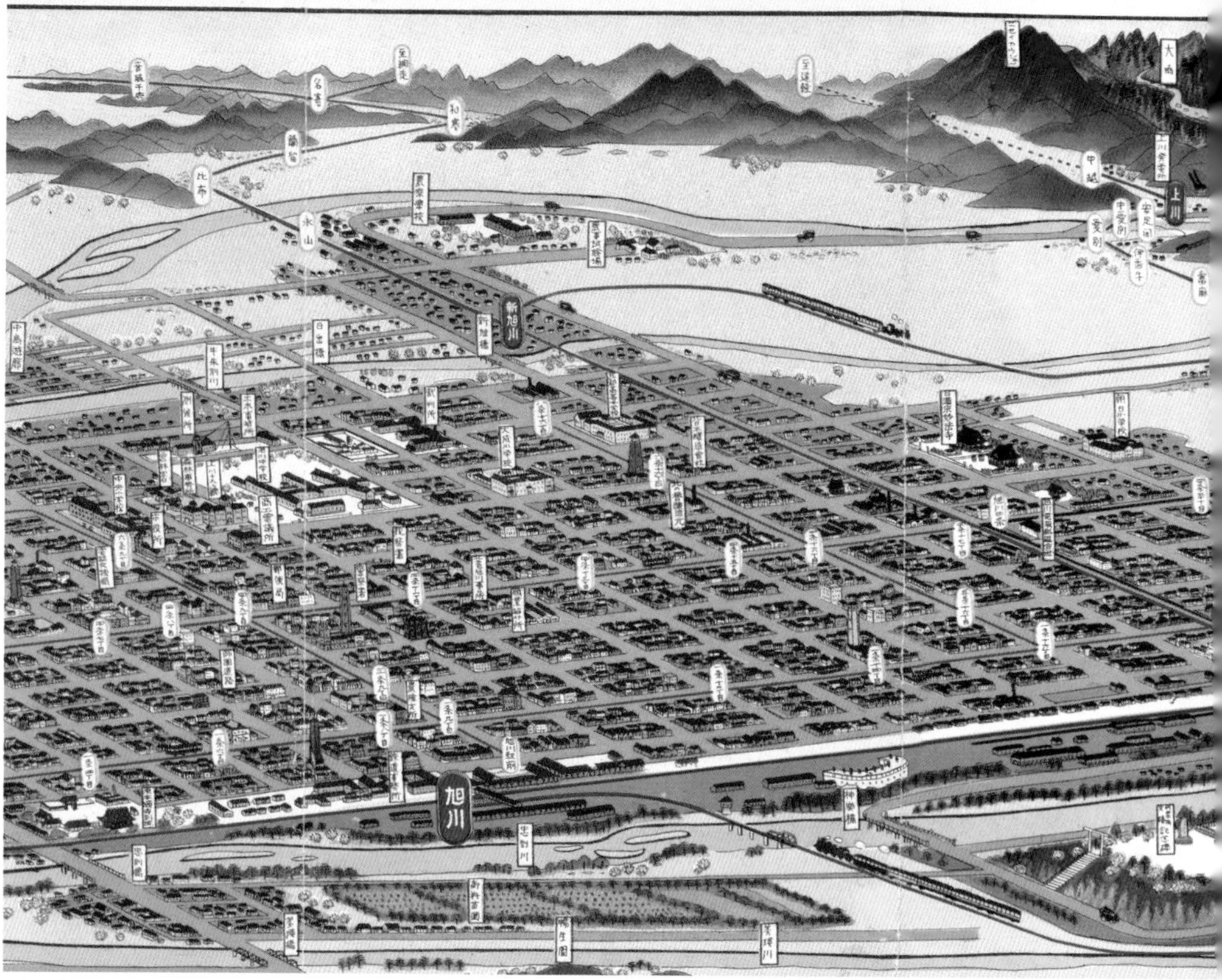
旭川
新旭川
上川
永山
比布
中越
愛別

神戸
大阪
京都
名古屋
東京
仙台
青森
函館
小樽
札幌
釜山
下関
仁川
浦塩
増毛
留萌
留萌港
深川
滝川
納内
伊納
旭ヶ丘
近文
近文演習場

て白布を敷けるが如く其の風光実に雄大絶佳将来本市の公園地と予定せられたる景勝地である。

嵐山山頂には、戦後、嵐山公園が開園（昭和四〇年）した。

嵐山から石狩川を下ると、神居古潭が渓谷美をみせる。

地の幽邃《ゆうすい》水石の奇勝真に人目を奪ひ、其の偉大美崇高美は或は謳はしめ、或は懐かしめる。春は花を点じて人を酔はし、秋は紅を綴って詩興を沸かし、夏日一竿を携へて釣魚の涼あり、厳冬一瓢を傾けて鉱泉の暖あり四時行楽の地なり、……

神居古潭は石狩川が刻んだ渓谷で、紅葉の名所として知られた。また、小石が岩を浸蝕してつくった甌穴が有名である。

旭川を訪ね、嵐山展望台に立つと、上川盆地がひらける。東を望むと脚下に石狩川が悠々と流れ、黒岳・北鎮岳・白雲岳・旭岳などの大雪山系が市街地背後に聳え立つ。南東は美瑛・富良野方面で、十勝岳連峰を一望する。嵐山および隣接する近文山一帯は、チノミシリ（アイヌ語、我ら祈る山）と呼ばれ、アイヌが祈りを捧げた聖山であり、麓を流れる石狩川はアイヌの鮭漁の漁場であった。明治一八年、チノミシリの近文山に岩村通俊・永山武四郎らが登って上川原野の国見をおこない、政府に上川開拓の意見書を提出した。それが旭川の起源でもある。

軍都旭川を象徴するものに旧偕行社があり、旭川市彫刻美術館として活用されている。半円形の玄関ポーチ・ベランダを備える白い瀟洒な建物は、明治三五年に将校の親睦の場所として建築され、師団関係者の会議・講演会・結婚披露宴・宿泊などにも使われた。

旧偕行社背後の旧演習場は春光台公園になっていて、ミズナラ・カシワ・ハンノキなどの落葉広葉樹林がひろがる。その一画に春光台配水場があり、軍用水道碑が立つ。配水場は、明治四三年から大正三年にかけて建設された第七師団の軍用水道である。また、公園西方の市民の森入口に「北海道スキー発祥之地」碑（昭和四一年）も立つ。碑文に「明治四十五年二月旧第七師団にてたまたま在日中のオーストリア人レルヒ中佐を招き始めて将兵をしてスキー術の指導を受はしむ」と刻む。春光台は、新潟県高田にわが国最初のスキー術を伝えたレルヒ中佐ゆかりの地でもあり、軍都の名残はそこにも見られる。

旭川は、層雲峡・天人峡・大雪山系の入口である。大雪山国立公園は、『日本の観光』（第一巻）を参照いただきたい。

## 七、帯広

北海道中東部、十勝平野の中心地帯広は、静岡県伊豆の大沢村（現・松崎町）出身の依田勉三が結成した晩成社一三戸が明治一六年に入植したのが開拓のはじまりである。晩成社は、野火や気象災害、トノサマバッタの被害、風土病などの辛苦をなめ、手がけた農耕・牧畜・乳製品加工業はことごとく失敗した（昭和七年、多額の借金を整理して解散）。明治二六年、北海道集治監釧路分監帯広外役所（後の帯広刑務所）が開設、同二八年には北海道集治監釧路分監が開庁して十勝開墾の拠点となった。

「十勝景勝大観　帯広を中心とせる」（昭和五年八月、金子常光画、帯広商工会発行）〈図8〉を開こう。表紙は「日本新八景」平原の部第一位に選定（昭和二年）された狩勝峠からの風景、裏表紙は然別湖《しかりべつこ》と、水没して今はなき泉翠渓（仙翠渓）の絵柄である。この三つが十勝地方を代表する景勝地であったが、帯広市街地からは離れている。鳥瞰図は十勝平野南部から北に帯広市街地を望む構図で、左に日高山脈が襟裳岬へと連なり、右に十勝川河口の大津をおく。十勝川支流の帯広川と札内川《さつないがわ》に挟まれて碁盤目の市街地がひらける。十勝平野の北にニペソツ山・ウペペサンケヌプリ山・石狩岳が聳え、然別湖が水を湛える。

図には根室本線（明治三八年釧路線、同四〇年十勝線として開通）をはじめ、広尾線や士幌線も描き込み、広尾線大樹―広尾間は二年後の昭和七年開業と示す。士幌線は上士幌駅（大正一五年開業）止まりで、清水谷まで到達していない。北海道拓殖鉄道が山沿いの新得駅―中音更駅間を走る。

十勝鉄道が、帯広大通駅から市街地南西部の北海道製糖工場を経て上美生・八千代・戸蔦方面へ向かう。さらに、河西鉄道（昭和二一年に十勝鉄道に吸収合併）が、明治製糖のある清水方面に延びる。十勝鉄道（大正一二年設立）は北海道製糖（大正八年創立）へ、河西鉄道（同一三年設立）は明治製糖（大正九年設立の日本甜菜製糖を同一二年に吸収合併）へ砂糖の原料である甜菜《てんさい》（ビート）を運び、製品を輸送するために敷設された鉄道であるが、旅客営業もおこなっていた。これらの北海道拓殖鉄道（昭和四三年廃線）、十勝鉄道（昭和五二年鉄道事業から撤退）、広尾線・士幌線（共に昭和六二年廃線）は、いずれも廃線である。

市街地に目をやろう。帯広駅の北に町役場・公会堂・十勝会館・図書館・警察署・営林署などの公官署が集まり、町役場に隣接して帯広小学校がある。帯広川の南に帯広神社（明治四三年創建）が鎮座し、旧制帯広中学校（現・北海道帯広柏葉高等学校）を隔てて水光園が池泉に水を湛える。帯広神社から西に帯広川を渡ると支庁（河西支庁）となり、近くに税務署も建つ。

市街地東に農事試験場（試作場）や競馬場が見える。市街地西に家畜市場や養鯉場、伏古《ふしこ》のアイヌ集落には日新小学校があり、チョマトーという沼を描く。市街地南部に十勝農業学校が

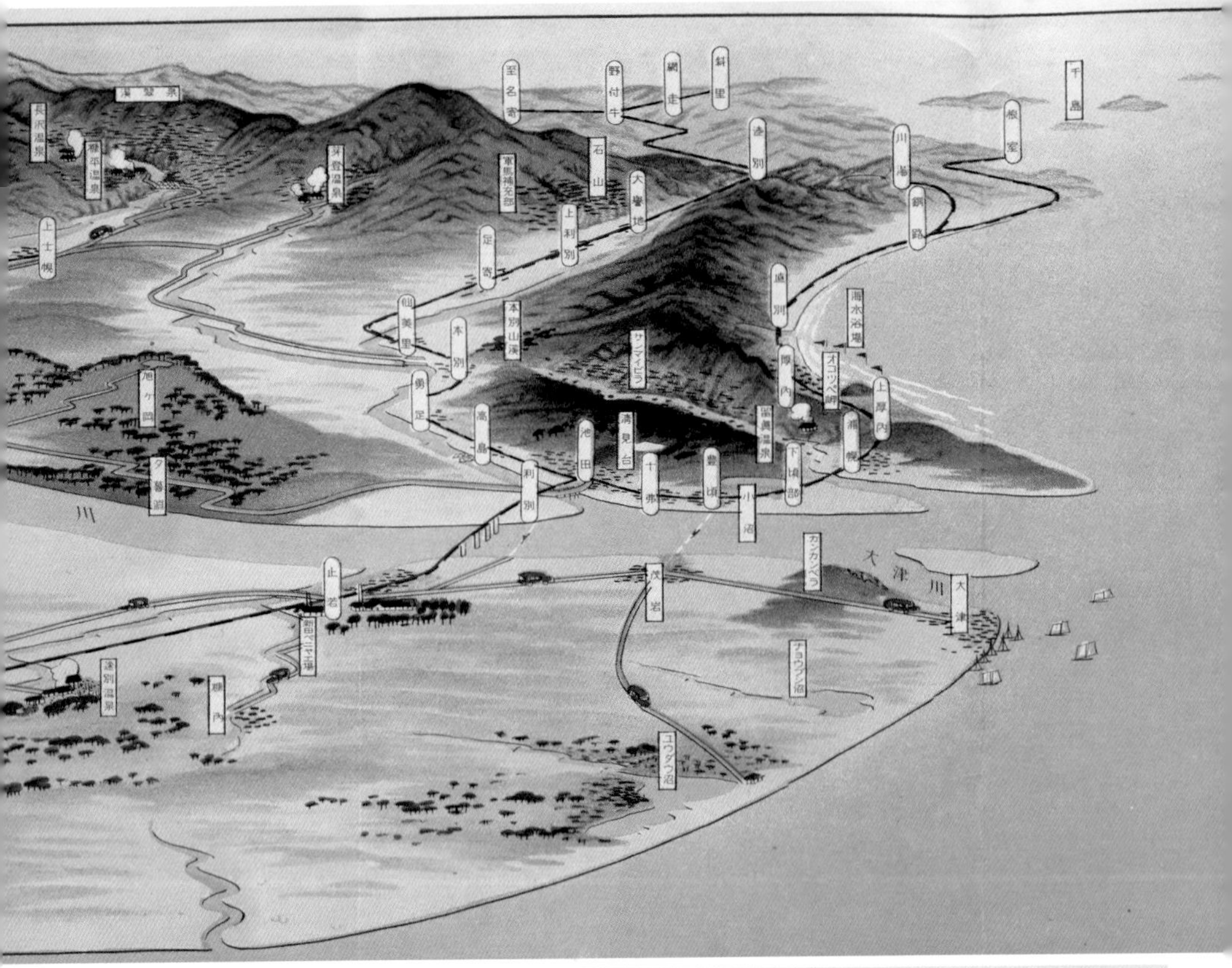

千島
斜里
網走
野付牛
至名寄
根室
川湯
釧路
石山
上利別
足寄
上士幌
仙美里
本別
本別山渓
勇足
高島
池田
利別
満見台
十弗
豊頃
留真温泉
下頃部
浦幌
上厚内
厚内
海水浴場
オコツペ岬
小沼
大津
大津川
カンカンベラ
止若

十勝岳
上幌内
下幌内
上然別
鹿追
瓜幕
東瓜幕
然別温泉
南鹿牛
下美蔓
中美蔓
上美蔓
芽室
伏古
国見山
日新小學校
チヨマトー
スケート場
帯廣
新帯廣
工場前
川西
愛国
家畜市場
図書館
十勝會館
公會堂
土木事務所
役場
裁判所
郵便局
警察署
商工會
税務署
西本願寺
測候所
競馬場
大通公園
柏小學校
十勝農學校

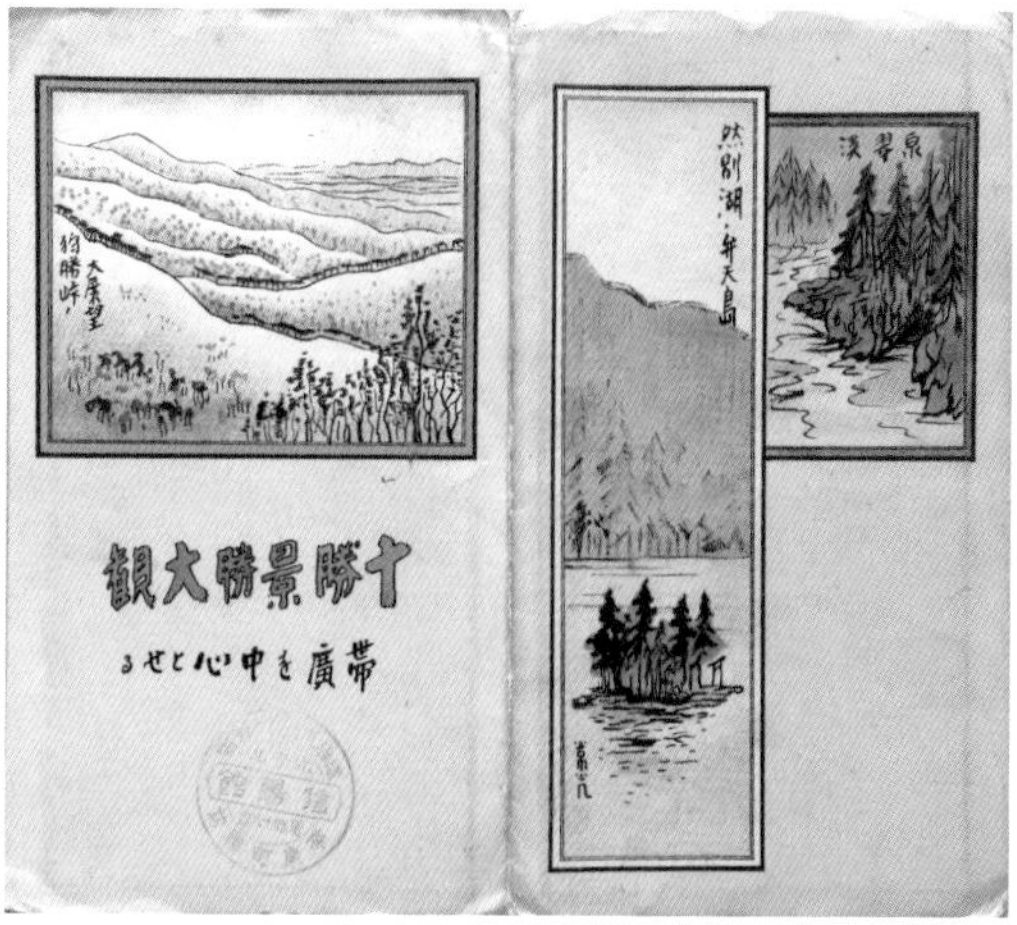


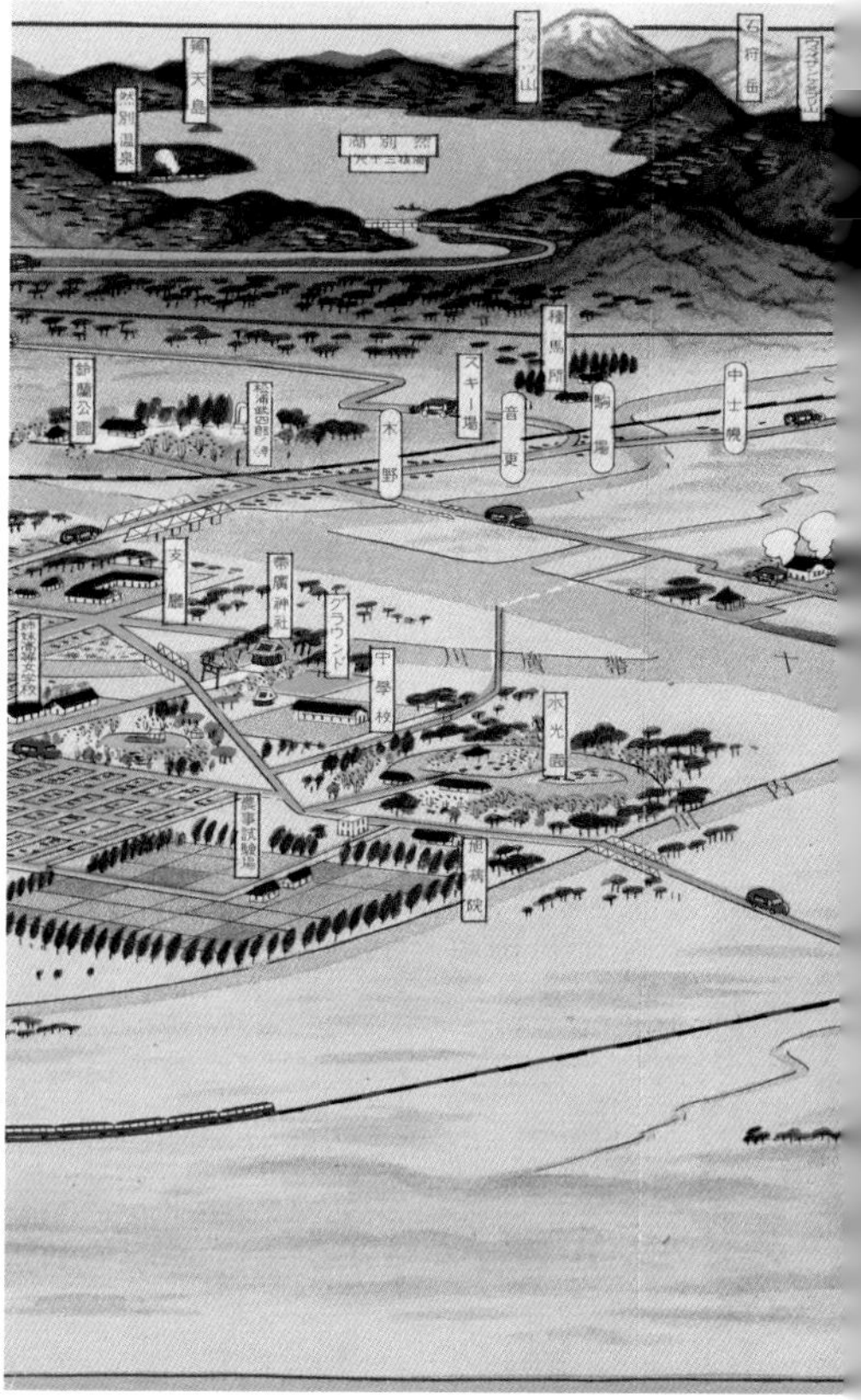

〈図8〉「十勝景勝大観　帯広を中心とせる」
（昭和５年８月、金子常光画、帯広商工会）

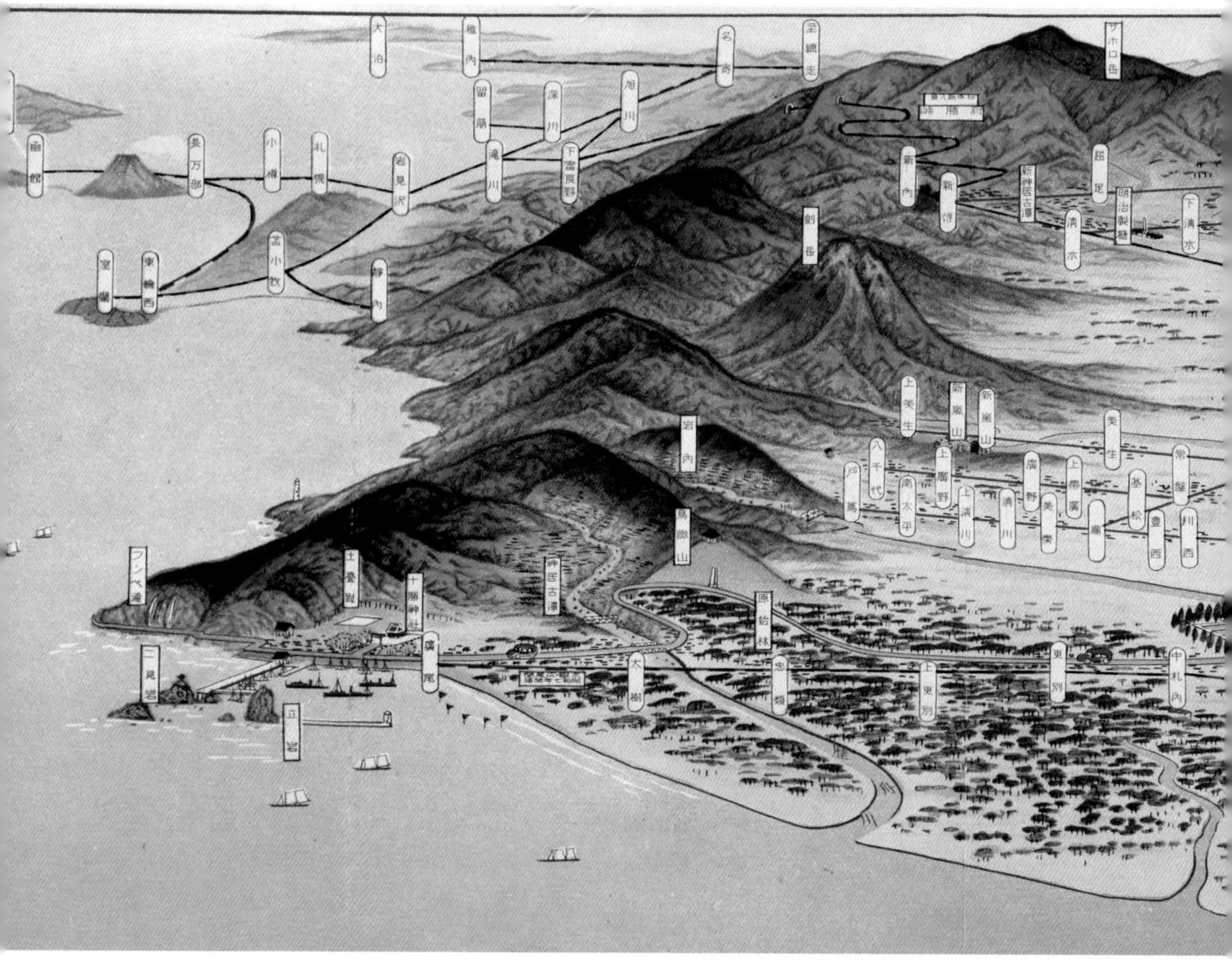

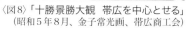

校地を構え、町はずれの森を公園候補地と記すが、すでに昭和四年に緑ヶ丘公園が同地に開園している。

昭和初期の観光案内書は、帯広の廻覧順路をこのように示す。

帯広駅—十勝支庁—農事試験場支場—帯広神社—帯広川逍遥地—藤丸百貨店—公会堂—十勝会館—緑ヶ丘公園—帯広駅（『日本案内記』北海道篇、昭和一一年）

十勝支庁は、河西支庁が移転・改称（昭和七年）したものである。藤丸百貨店は、明治三三年創業の呉服店を発祥とする老舗であるが今はない。街中の見所は、帯広神社・緑ヶ丘公園と少ない。農事試験場が廻覧先に含まれているのは、十勝の農業見学ということだろうか。街がひらかれる前の帯広の地はアイヌ人の猟場で、オペレペレケプと呼ばれた。それを探検家の松浦武四郎がオベレベレフと記し、これが訛ってオビヒロとなった、と地名の由来も同書は紹介する。

「十勝景勝大観 帯広を中心とせる」〈図8〉の案内文に目をやろう。

内地人の始めて当町に移住したる当時は一帯茫々たる原野にして、道路交通の便なく只僅かに旧土人の操縦する丸木舟の十勝川を徂徠するのみなりしが、明治二十五年大津港より始めて一条の道路を開かる、……

道もなく、アイヌの操る丸木舟が唯一の交通手段であった帯広の茫漠たる原風景が目に浮かぶ記述である。大津港からの道路敷設は北海道集治監十勝分監の設置に因むとも記すが、監獄の設置により人跡稀な原野にようやく道路が敷設されたのである。この大津と帯広とを結ぶ大津街道は、囚人たちによって開削された道路である。なお、北海道には明治二〇年代、囚人労役によってできた道路が少なくない。

十勝地方には、明治三〇年頃から養蚕が導入された。また、大正期に入ると牧畜が盛んになり、家畜市場が設置（大正五年）され、煉乳の製造が開始された。さらに、甜菜栽培がすすみ、製糖業が興ったことは前述した。大正期に十勝平野で酪農や換金作物栽培が盛んになった様子も図は物語る。

帯広を訪ねてみよう。帯広神社東の水光園北側に、旧帯広川の蛇行した流路が残り、水辺が「発祥の地公園」となっている。付近に「帯広発祥の地」碑や、晩成社幹部の「渡辺勝・カネ入植の地」碑も建立されている。このわずかに残された水辺こそ、帯広の原風景オペレペレケプ（アイヌ語、川尻が裂けたところ）を彷彿とさせる風景ではないか。渡辺夫婦の住まいは、この家に三日間滞在したイギリス人探検家・サベージ・ランダーの油絵（明治二三年）が伝える。なお、横浜の共立女学校出身のカネは英語を話し、開拓民の子供を自宅に集めて教育した賢女である。

鳥瞰図に描かれた水光園の池泉は、図には表現されていないが旧帯広川流路につながっている。水光園は、大正一一年に一個人がオベリベリ（オベレベレフの別称）の湧泉地を整備してボート乗り場を整備し、池でウグイ・ヤマメ・ニジマスを養殖して町民に憩いの場を提供した施設である。昭和五三年には温泉を掘りあて、現在の「オベリベリ温泉水光園」となった。温泉前のハルニレの根元に開園三十周年記念碑（昭和二七年）が立つ。

緑ヶ丘公園の一角に、瓦葺き煉瓦造りの十勝監獄石油庫が残る。監獄の灯火用石油保管庫として建築（明治三三年）された帯広最古の建物である。やや離れて囚人たちが煉瓦・瓦を焼いた登窯跡もある。緑ヶ丘公園は、十勝監獄跡地である。当時、人口わずか約三〇〇人の下帯広村に、職員・囚人合わせて一、五〇〇人余りの監獄十勝分監が開庁し、囚人たちは労役として道路建設をはじめ、明治末年までに四五〇 haの未開地の開墾も成し遂げた。帯広は、そのようにしてひらけていったのである。

鳥瞰図に描かれた場所を訪ね歩くと、河西支庁（昭和七年移転）跡に帯広市総合体育館が建ち、帯広小学校（昭和四七年移転）跡には中央公園が造成された。また、十勝競馬場は家畜市場の地に移転（昭和七年）し、跡地に翔陽中学校が建つ。その他、農事試作場（昭和三五年芽室町に移転）跡はかしわ公園、十勝農学校（昭和一〇年川西村に移転）跡は明星小学校となった。

伏古のアイヌ集落にあった日新小学校は、アイヌ民族と和人との分離教育が廃止されて廃校（昭和六年）となった。隣接するチョマトー（アイヌ語、恐ろしい沼）は、十勝のアイヌと日高・北見のアイヌの戦いの伝説の沼であるが、埋め立てによりわずかに形跡をとどめるに過ぎない。図に描かれた昭和初期の帯広の光景は、すでに戦前、大きく変わっていた。

昭和のはじめ、石狩と十勝との境界にある狩勝峠からの平原の眺めは、わが国随一とされていた。それは、とりもなおさず十勝平野の風景である。昭和初期の十勝平野は、カシワの木などが繁茂する原野を拓き、広大な畑作・酪農地帯となっていた。図に描かれた帯広の街や平野に点在する諸施設もまた、農業振興につながるものが目につく。それらを含めて、鳥瞰図は、風光雄大な北海道らしい暮らしの風景を伝えている。

# おわりに

『日本の観光』全五巻執筆の発端は、偶然の出来事からだった。日本交通公社・ＪＴＢで編集の仕事をされていた安藤典子さん（元『旅』副編集長、『るるぶ情報版』編集長）からの、この一言がきっかけである。

「父親が集めた昔の観光パンフレットがあるけれど、捨てるのは忍び難い。よかったら差し上げます」

典子さんのご尊父・藤井務氏は、昭和一三年にジャパン・ツーリスト・ビューローにお勤め以来、観光業一筋に過ごされ、長年の業務を通じて入手されたパンフレット類だという（詳しくは一巻参照）。届いた段ボール箱を開けると、昭和初期から高度経済成長期にかけての観光パンフレットがあふれ出した。大学で観光文化論の講義を担当していたものの、これをどのように活用してよいやら見当がつかず、途方に暮れた。

手始めに、いただいた資料を地域ごとに分類し、年代順に仕分けする作業に取りかかった。困ったことに、発行年がないパンフレットがいくつも出てくる。戦前の観光パンフレットの多くに鳥瞰図が掲載され、鳥瞰図主体の折本も多数出版されている。案内文の記述や、図に描かれた鉄道路線や建物などをひとつずつ検討すると、おおよその発行年代が浮かびあがってくる。その作業は時間を要したが、また楽しみでもあった。

表紙絵を眺めると、旅心を誘う山河、憧れの近代的乗り物、モダニズム漂う人物などなど。いずれも味わい深い手描きで、その時代の好みや、観光地への眼差しなどが伝わってくる。誘客を目的につくられた観光パンフレットではあるが、発信する情報は無尽蔵。はからずも、作成された時代の一断面が見えてくる。残された紙片から時代を読み取り、観光文化を考える手がかりになりはしないだろうか。そんな思いが膨らんだ。

わたしの旅は、今から半世紀前、伝統的な民家や町並みを訪ねることから始まった。やがて、地域文化・観光文化へと関心はひろがり、旅を愛するひとりとなった。昔のパンフレットに接したとき、思わず血が騒いだ。

若き頃、約一〇年にわたり教えをうけた民俗学者・宮本常一先生（一九〇七～八一）の言葉を思い出す。

「私にとって旅は学ぶものであり、考えるものであり、また多くの人と知己になる行動であると思っている」

これは、日本の隅々をひたすら歩き、村里や海辺に暮らす人々の生き方にふれ、その生きざまを学び続けた師の訓えである。謙虚な姿勢でフィールドワークを重ねて思索を深め、地域の方々に暖かな眼差しを注いでこられた先人の一言は、深みを帯びている。この言葉を心に刻み、わたしは歩き続けてきた。

旅に学ぶ、それは見知らぬ世界にふれて自分の世界をひろげ、自己を知ること。旅先で本物に接し、一歩踏みこんでその本質を見つめ、思索を深める。また、旅先で出会った人々の生き方の一端にふれる。地域に生きる人々の放つ輝きを見つけたとき、旅はより味わい深いものになる。昔の観光パンフレットや鳥瞰図は、そのような旅の手がかりのひとつを与えてくれるのではないか。

本シリーズは、服部徳次郎氏（一九一三～二〇〇七）旧蔵コレクション（愛知県東浦町郷土資料館所蔵）および藤井務氏（一九一六～二〇〇三）旧蔵コレクションを主資料として執筆したものである。これに加えて本巻では、国際日本文化研究センター・仙台市歴史民俗資料館・八戸市教育委員会ご提供の資料を掲載した。服部徳次郎氏旧蔵コレクションの閲覧および撮影・掲載許可をいただいた東浦町郷土資料館、藤井務氏旧蔵コレクションをご寄贈賜った安藤典子さん、ならびに資料ご提供の関係機関に御礼申し上げる。また、本書は、在職時の愛知淑徳大学研究助成による一連の調査研究を基礎に、新たな取材を加えて執筆したものである。ご配慮くださった大学当局、そして、全五巻の出版を快く引き受け編集にご尽力いただいた八坂書房・八坂立人氏に心より感謝申し上げる。

谷沢　明

# 索　引

著者略歴

谷沢　明（たにざわ・あきら）
1950年　静岡県に生まれる
法政大学工学部建築学科卒業
法政大学大学院工学研究科修士課程修了　博士（工学）
日本観光文化研究所　放送教育開発センター助教授を経て
1995年　愛知淑徳大学教授
2021年　愛知淑徳大学名誉教授

［専門］
観光文化論　地域文化論　民俗建築論

［主な著書］
『日本の観光―昭和初期観光パンフレットに見る』（2020年9月）、『日本の観光2―昭和初期観光パンフレットに見る〈近畿・東海・北陸篇〉』（2021年4月）、『日本の観光3―昭和初期観光パンフレットに見る〈関東・甲信越篇〉』（2022年5月）、『日本の観光4―昭和初期観光パンフレットに見る〈中国・四国・九州篇〉』（2023年5月、以上　八坂書房刊）、『瀬戸内の町並み―港町形成の研究』（未來社、1991年2月）、『住いと町並み』（ぎょうせい、1982年1月）

［受賞］
日本民俗建築学会賞　竹内芳太郎賞（2020年）

日本の観光5　―昭和初期観光パンフレットに見る《**東北・北海道篇**》

2024年 3月25日　初版第1刷発行

著　者　谷　沢　　明
発行者　八　坂　立　人
印刷・製本　中央精版印刷（株）
発行所　（株）八　坂　書　房
〒101-0064 東京都千代田区神田猿楽町1-4-11
TEL.03-3293-7975　FAX.03-3293-7977
URL. http://www.yasakashobo.co.jp

ISBN978-4-89694-362-7

# 日本の観光 全5巻完結！

谷沢 明著
菊判・並製

近代的交通機関が津々浦々に張り巡らされた大正から昭和初期、わが国は旅行ブームに沸き立っていた。第一次大戦後の好景気はつかの間、大正から昭和初期にかけての日本は、度重なる恐慌に見舞われた。そんな時期、なぜか多くの人が興味津々と旅行に出かけていた。

その時代背景を探り、代表する観光地を厳選して概観したのが、シリーズ第一巻である。第二巻から第五巻の完結編にかけては、各地の詳細な昭和の観光地の姿を描いてみようと試み、鳥瞰図をなるべく多く掲載した。鳥瞰図に描かれた光景を読み解くことにより、その地域、その時代の発する情報に接することができ、そしてその舞台を旅してみれば、その暮らしぶりに直接ふれることができる。（第五巻「はじめに」より）

## 日本の観光 —昭和初期観光パンフレットに見る

日本を代表する観光地（日光・塩原・那須・箱根・伊豆・大雪山・阿寒湖・登別・松島・十和田湖・信越のスキー地・讃岐・松山・雲仙・阿蘇・別府ほか）や東京近郊私鉄沿線など。

［ISBN 978-4-89694-277-4］ 312頁 本体3,600円

## 日本の観光❷ —昭和初期観光パンフレットに見る 《近畿・東海・北陸篇》

京都（平安神宮・清水寺・嵐山・宇治ほか）・奈良（春日大社・法隆寺・興福寺ほか）・琵琶湖・若狭湾・南紀・伊勢志摩・名古屋・三河・伊勢湾・美濃・飛騨高山・金沢・立山・黒部など。

［ISBN 978-4-89694-284-2］ 280頁 本体3,000円

## 日本の観光❸ —昭和初期観光パンフレットに見る 《関東・甲信越篇》

鎌倉・江の島・横浜、成田山・銚子・香取神宮、筑波山・鹿島神宮・水戸、伊香保・水上・草津温泉、多摩湖・秩父・昇仙峡、善光寺・戸隠・上高地・浅間温泉、新潟・佐渡島など。

［ISBN 978-4-89694-299-6］ 256頁 本体2,800円

## 日本の観光❹ —昭和初期観光パンフレットに見る 《中国・四国・九州篇》

鳥取・松江・出雲・岡山・広島・尾道・萩・山口・秋芳洞、鳴門・徳島・讃岐・松山・面河渓・高知、博多・北九州・唐津・長崎・熊本・大分・宮崎・高千穂峡・鹿児島など。

［ISBN 978-4-89694-341-2］ 256頁 本体2,800円

## 日本の観光❺ —昭和初期観光パンフレットに見る 《東北・北海道篇》

仙台・石巻・鳴子温泉・白河・福島・会津若松・山形・蔵王・酒田・猊鼻渓・厳美渓・盛岡・水沢・秋田・青森・弘前、札幌・小樽・函館・洞爺湖・登別温泉・室蘭・旭川・帯広など。

［ISBN 978-4-89694-362-7］ 256頁 本体2,800円